东西方
文明交流
互鉴论要

向云驹 著

中国文联出版社

图书在版编目（CIP）数据

东西方文明交流互鉴论要／向云驹著． －－北京：
中国文联出版社，2023.1
　ISBN 978-7-5190-5030-6

　Ⅰ．①东… Ⅱ．①向… Ⅲ．①东西文化－文化交流－
研究 Ⅳ．① G115

中国版本图书馆 CIP 数据核字 (2023) 第 005474 号

著　　者　向云驹
责任编辑　邓友女　阴奕璇
责任校对　张　苗
封面设计　十　一

出版发行　中国文联出版社有限公司
社　　址　北京市朝阳区农展馆南里 10 号　邮编100125
电　　话　010-85923025（发行部）010-85923091（总编室）
经　　销　全国新华书店等
印　　刷　北京地大彩印有限公司

开　　本　710 毫米 x 1000 毫米　　1/16
印　　张　35
字　　数　452 千字
版次印次　2023 年 1 月第 1 版第 1 次印刷
定　　价　140.00 元

版权所有·侵权必究
如有印装质量问题，请与本社发行部联系调换

目录

导　言 　　　001

编一　中国文明与人类命运共同体的关系

第一章　中国文化的极致性与构建人类命运共同体的关系　　　030
一、中国文化的极致性来自地理闭环效应　　　031
二、地理的一统与思想的道统使中国文化"从未中断"　　　035
三、"全球化"使世界发现中国　　　036
四、欧洲思想家"中国观"的比较与分析　　　037
五、中国文化的"人类共性"/"世界性"案例　　　039
六、中国文化的"个性"样式惊艳了世界　　　040
七、人类命运共同体的根源与起源　　　042
八、结语：我们的未来观和文明观是"文明互鉴论"　　　043

第二章　大唐开放气象的民间口传镜像　　　047
　　　　　——唐代胡人识宝传说新论
一、胡人识宝传说散发着迷人的时代魅力　　　047
二、胡人识宝传说的几种类型　　　050
三、历史"宝物"与传说"宝物"的比较分析　　　059
四、胡人识宝传说的价值及对今天的启示　　　065

第三章　他者的眼光："看中国"的历史和现在　　　074
一、"看中国"的历史丰碑　　　075
二、"看中国"的历史之痛　　　078
三、在更高的层次上打开历史的眼界　　　082

四、当下外国青年的影像的"看中国" 084
　　五、结语：看中国的历史曲线 087

第四章　全球化背景下的中国非物质文化遗产保护 090
　　一、非物质文化遗产保护的全球化可能和被可能 091
　　二、非物质文化遗产的全球关联和濒危性全球挑战 096
　　三、非物质文化遗产保护的全球化价值导向与价值统领 102
　　四、中国非物质文化遗产建立的国家形象和文化形象 107
　　五、未来非物质文化遗产在走出去和户外休闲文化中的意义 115

编二　东西方文明交流的三个节点与历史开启
　　　　——意大利与中国文化的相遇相见

第五章　恺撒与丝绸 133
　　　　——开启东西方古代文明标志性艺术审美和造型
　　一、以丝绸为媒介的东来西往 133
　　二、艺术的丝绸之路与魅力叠加效应 137
　　三、东方的回响与相映成辉 140

第六章　马可·波罗的游记 146
　　　　——开启西方对东方的空间想象与浪漫精神
　　一、质疑的产生与事实的传奇性 146
　　二、马可·波罗的讲俗能力及其游记的风俗志特征 150
　　三、东方的现实打开西方的空间想象力 156

第七章　利玛窦的入乡随俗 161
　　　　——开启东西方文化双向互动的深知与碰撞
　　一、前所未有的策略——"利玛窦规矩" 162
　　二、利玛窦的影响是东西方两个方向两个方面的 165
　　三、更加深刻、深层次的矛盾和冲突 169
　　四、悖论：通过成为他者而改造他者 173

编三 西方对东方文明的接触了解及其历史启示

第八章 欧洲中国风的始末、范围和广度深度 186
一、认识中国在完型世界地理格局中的作用与意义 187
二、欧洲中国风的浪潮与文明交流互鉴启示 198
三、欧洲中国风折射的文明互鉴价值 249

编四 欧洲启蒙思想的中国进入和中国他者的意义

第九章 莱布尼茨中国观的知识关怀 273
一、莱布尼茨对中国的调查研究与评价 274
二、莱布尼茨的二进制与中国八卦的比较研究 278
三、求证和寻找打开中国语言便捷之门的钥匙 283

第十章 伏尔泰的中国历史西方观照与戏剧表达 291
一、伏尔泰发现的中国和他的中国观 293
二、伏尔泰世界文明观中的中国风俗历史 299
三、伏尔泰戏剧《中国孤儿》见证和回答了文明史问题 310

第十一章 中国启示与东方他者的思想资源 328
一、魁奈重农主义的中国启示 328
二、孟德斯鸠的中国专制主义及其否定性 336

编五 东西文明的礼物礼仪与世界历史的哲学思辨

第十二章 马戛尔尼使团使华及其前因后果 350
一、东西方两端一个大国与一个强国的遇见 350
二、见面礼的命名与意义的阴错阳差 355
三、丰厚的回礼是友善也有警觉、拒绝、无知与傲慢 359
四、觐见礼仪交涉中的戏剧性与中西礼仪冲突的实质 364
五、胜利的仪式和失败的外交 373
六、最后的行程和行程最后的收获 380

七、人类学史析出的思想史和世界史意义　　386

　第十三章　黑格尔的"中国观"："向往西方而贬抑东方"　　399
　　一、黑格尔"中国观"的思想和材料来源　　399
　　二、黑格尔的中国地理思想　　408
　　三、黑格尔的中国历史哲学　　417
　　四、黑格尔中国观的世界影响　　434

编六　明清时代以来中国对西方文化的定性与定位

　第十四章　"西学中源"说及西学在中国引发的诸种问题　　452
　　一、"西学中源"说的提出和它的学术源头及更深层的历史原因　　452
　　二、"西学中源"说在文化史的思想渊源和方法论必然　　465
　　三、"西学中源"说的中国学人主张和文化立场　　476
　　四、"西学中源"说的现代重述与科学表达和追问　　489

编七　何谓东方或何谓西方

　第十五章　日本文明的东西徘徊与文化的契机和楔子　　512
　　一、问题：日本是东方还是西方　　512
　　二、西方发现日本与日本发现西方　　516
　　三、近代历史开启时日本的东张西望　　524
　　四、福泽谕吉的文明观与日本的文明抉择　　531
　　五、日本的悖论：在东西之间　　542
　　六、日本是西方打入东方的一个楔子吗　　548

导 言

〈一〉

文明问题是当今时代的一个特别突出、特别重大的问题。它是一个古老的问题。从狭义的世界史研究出现以来，文明的不同、比较，文明出现的先后，文明水平的高低，就进入了人们的视野。全球化时代的到来，开启了真正的文明研究和世界史研究。文明的独特性和多样性，文明的接触与冲突，文明的交往和互鉴，闯入人文和社会科学研究。现代文明不仅要处理古老文明和新兴文明的关系，也要处理文明与非文明、文明与宗教、文明与进步、文明与文化的关系。

当今时代，文明是一个包容多种层级、形式、样态的社会存在。从历史进程来看，文明是人类社会从原始蒙昧时代发展到城邦、农耕、发明文字、金属工具、国家、宗教等阶段的产物。古代的埃及文明、两河流域文明、印度文明、中国文明都是这种文明的经典形式和代表。它们标志着人类社会出现了智慧的光芒，人类将进入一个伟大的文明时代。从社会发展阶段来看，文明是不同生产力时代的标签，一种文明标识着一种独特的生产力水平，如狩猎和游牧文明、农耕文明、工业文明、科技文明等。从不同的宗教对历史、社会、政治、经济、风俗产生的巨大影响和地理版图的划分看，文明也成为人类文化差异、信仰区别的分类，如基督教文明、东正教文明、伊斯兰文明、佛教文明、儒家文明等。从文化的分布和多样性形式看，文化的独特性也构成文明的特定概念和指向，如欧洲文明、中华文明、阿拉伯文明、非洲文明、印第安文明等。从社会进步、时代发展看，文明也被视为人类先进性和理想性的内容，包括文明素养、制度文明、精神文明、文明风尚等。由此可见，文明问题涉及诸多方面，是当今世界的核心概念之一。

在当今中国，文明问题实际上可以分为三个范畴，一是文明的大同世界，构建人类命运共同体，包括共建人类文明美美与共、贡献和丰富人类文明宝库问题。二是文明与文明之间的关系问题，以文明互鉴代替文明冲突，不同文明和谐相处、彼此尊重、交流对话，使文明因多彩而熠熠生辉。三是国家治理和执政能力追求的社会全面发展以文明为目标，掌握先进的科技文明，使科学技术成为第一生产力；广泛吸纳世界文明先进成果，构建制度文明，增强道路自信、理论自信、制度自信、文化自信；以社会主义核心价值观为要旨，建设精神文明，发展和繁荣社会主义先进文化；继承和弘扬中华民族优秀传统文化，丰富和发展伟大的中华文明，深入研究中华文明、中华文化的起源和特质，形成较为完整的中国文化基因的理念体系，使之获得创造性转化和创新性发展；把提高社会文明程度作为建设社会主义文化强国的重大任务，坚持重在建设、以立为本，坚持久久为功、持之以恒，努力推动形成适应新时代要求的思想观念、精神面貌、文明风尚、行为规范。建设现代化强国就是建设一个基于古代文明基因又充满现代文明活力的文明中国，这个目标既宏大又散发着迷人的魅力，需要我们付出百倍的努力去追求、奋斗、实现。

在当今世界，文明多极化是文化多样化、文明多元化的基础。随着世界政治、经济格局的大调整、大演变、大重组，中国的作用和地位日益引人瞩目，中国崛起所根植于其中的中国古老文明也日益受关注。中国文明因其远东和最东方的地理位置，经常成为东方文明的重要代表。虽然东方文明从整个西方的立场和角度来观察，除了古代希腊、罗马文明是欧洲文明的母体和源泉以外，其他古老的或者后起的文明几乎都被称为东方文明，比如埃及文明、两河流域美索不达米亚文明、伊斯兰文明、印度文明、佛教文明、中国文明等。通常情况下，西方文明向东流布、运动，由近及远，它首先接触的是自己身边的东方文明，然后向东渐行渐远，直至到达最东方。这是一个漫长的历史过程。而且，这个历史过程是双向的、逆反的，也就是说，是一个同步存在和发生的从东向西的历史过程。最西方的文明和最东方的文明互相想象（或一无所知）、互相来往、互相接触、互相学习、互相借鉴，必须基于双方的文明高度和彼此文明的互补性，以及两种文明的丰富内涵和复杂结构，才能互相产生吸引力和影响力。值得庆幸的是，最西方的文明和最东方的文明都具有这个特点。所以，在人类文明史上，东西方文明的互相吸引、互相往来、互相借鉴和互相冲突，成为文明历史和文明问题的重要对象和现象，也成为世界历史若干重大变迁、重大转折、重大结果的起因。这些因果关系和历史事件，以及文明史缘起，不仅是研究世界史、文明史不可缺少的一部分，也是当今世界国际关系、文明交往、和平共处的思想资源和历史经验，是文明发展规律的延伸和延时，因而也凸显出东西方文明比较研究、关联研究、互鉴研究的重要价值，具有极其重要的现实意义。今天，站在自己伟大文明高原上的中国正在崛起，它与世界的交往回到了它长期失落或迷失了的方位上。就像一个文明经历了自己的起源、发展和高峰，又经历了从高峰上的降落和下滑。中国文明在这个上升和下降的过程中，轨迹特别清晰。其间，是否开放和与世界交往程度的深浅是文明上升或下降的根本动因。当今时代，中国的开放程度，直追盛唐。开放就是向外和对外接触。文明的接触交往，是和平的方式，还是战争与冲突？汤因比对文明接触给予深切关注，指出其中的多种可能性后果。亨廷顿则直言当今的文明相邻和相遇必然带来文明冲突，文明与文明之间的接触线就是文明冲突的发生线。中国正以一种文明的方式崛起，它的崛起过程是和平的、睦邻的，是有益于世界和互惠互利的。它的文明观也是文明互鉴论。因此，回首东西方文明互鉴的历史是我们拥抱文明、互鉴未来必不可少的功课。

由于历史过于漫长，东西方文明交流的事实是难于穷尽的庞大芜杂的对象。一部东西方文明交流史细数起来几乎就是一部真正的世界史或人类文明史。大概正因为如此，东西方文明交流史，一直是一个学术空白。东西方文明交流还有一个重大特点，鸦片战争前是一个正常的不断深入扩大彼此认知的交流史，鸦片战争后则是西强东弱并以西方殖民和东方被殖民为特征的交流史。后半段的西方文化强势进入东方，使历史充满复杂的情绪、复杂的过程、复杂的变迁。因而，东西方文明交流史也成为把握世界历史进程的重要维度。东西方文明的关系从古至今都是整个国际关系的重要内容，是影响世界、影响历史的一对关系。

〈二〉

此文明与彼文明的交流交往，从中国文明及其对外交流史看，存在着几个重要维度。

第一，基于本土视角，所见基本上是西人"走进来"——由此出现中国人的域外观。中国人的域外观，折射出的历史阶段和历史事实就是这样一些关键词及其丰富复杂的历史分析研究，如：①西域与狄夷胡戎蛮；②万国来朝，胡人识宝，石窟与佛教；③胡人华化论；④徐光启与杨光先的完全不同的西学态度，此种对立性态度的比较、分析；⑤唐代、元代、明代、清代（康、雍、乾）帝王域外观比较；⑥晚清洋人、洋鬼子、洋教、洋枪、洋炮、洋火和洋务运动，西方的船坚炮利；⑦太平天国学、宗基督教又反洋人的矛盾现象分析：从太平天国到义和团运动；⑧清中期"西学中源"说及其分析；⑨近代知识分子的见识：认知西方文明，全盘西化问题及其论辩。

第二，基于中国人朝向外界、外国或西方的视角，所见就基本上都是东方、中土、中人"走出去"的历史现象。这里可见的是中国人的世界观。如：①丝绸之路；②陶瓷之路；③茶叶之路，四大发明西传；④取经，送经，鉴真；⑤游记，郑和下西洋；⑥郭嵩焘与刘锡鸿的矛盾、对立与文化分析；⑦"西学中源"在中国出使者身上的反映；⑧对礼仪之争的反应；⑨对黄祸论的反应；⑩辜鸿铭的"文化自大"。

第三，基于外国视角，所见的是中国文化传至西方，由此形成了西方人的中国观。如：①想象与传说的中国，大航海时代的"东方"诱惑；②丝绸与陶瓷的中国；③中国风，洛可可、园林与建筑、中国宫；④为我所用的肯定中国；⑤为我所用的否定中国；⑥中立的科学的肯定中国；⑦礼仪之争。

第四，基于外国的视角，外国人从中国回去，经过接触后传回西方的中国，因此形成西方人眼见为实的中国。如：①耶稣会传教士传教的中国；②外人游记中的中国；③西方哲人对中国资料的反应；④商业、外交、军事中的中国；⑤中西对抗中的中国；⑥鸦片战争中国失败后，西方胜利者眼中的中国；⑦西方黄祸论产生的原因、由来等；⑧客观认识中作为东方文明的中国；⑨轴心时代的中国，依然活着的中国；⑩丝绸之路的中国；⑪西方文明东方起源的中国：它与古代"西学中源"说的比较；⑫李约瑟问题。

假如以我者、他者区别东西方，只要站在不同的立场就会有我你的互换。比如，东方是我者时，西方就是他者，那么，东方就是我者的东方，会形成以下关系：我者自识的东方、他者眼中的东方、我者看见的西方、他者自述的西方。西方是我者时，东方就是他者，那么，西方就是我者的西方，也会形成以下关系：我者自识的西方、他者眼中的西方、我者看见的东方、他者自述的东方。这看起来似乎有点像绕口令或者弯弯绕，其实，在深入丰富的东西方交往的历史细节时，碰到的就是这几对关系，就是这些我者、他者不断转换关系、不断变换角度来观察和比较的问题。

〈三〉

文明之间的往来交际，毫无疑问是由近及远的。中国作为最东方的大体量长时段文明，长期以来，就与周边、附近的文明发生着影响深远的交流。最著名的是汉唐与印度佛教文明的往来及其佛教东传的史实、宋元以来与阿拉伯和伊斯兰文明的深度往来、明代郑和下西洋的东南亚与印度洋海路及与海岸国家的通联。但是，论及时间的久远及连续性和影响力的深刻及深远性，还是要数中国文明与西方文明的关系、关联。其渊源可至商周，以后秦汉、隋唐、宋元、明清，络绎不绝，其间还多次高潮迭起。甚至若干时段、人物、事件震古烁今，或者彪炳史册，或者臭名昭著。无论是正面效应还是负面效果，东西方文明往来，都比中国与任何一个其他文明往来要重大得多。然而，正如我们前面所说，东西方文明往来历史繁复无比，欲得穷尽，几乎不可能。所以我们只好撮其要而言之。这里有两个切入点吸引了笔者的极大关注。一个是东西方文明交流史中那些给我带来新的启迪的事，或者说笔者从历史中发现了一些极富思想魅力的事实，有必要把它们串联起来；另一个是东西方文明交流史中那些极其重要或者极大影响历史进程和历史转折的事情，把它们发生的时间节点排列出来，庞杂的文明历史就会相对清晰。当然，将这二者统合在一起，其中又有一个关键点就是东西方文明交流中的互鉴。互鉴并不是一蹴而就的事，有时会走弯路，甚至会走向初衷的反面，但总体上的历史结果是积极的、正向的，正面大于负面的。这是本书将主题定为"东西方文明交流互鉴论要"的原因。"东西方文明"中，东方文明指中国文明，这与萨义德的"东方学"之东方是不一样的；西方文明则指源于希腊、罗马文明的欧洲文明乃至与其相关联的美国文化。因此，本书中的东西方文明，又特指最东方和最西方两个相隔最远、处于东西两个极端又是两个体量最大的文明之间的关系。"交流"指东西方的往来、互动、渗透，丝绸之路、海上陶瓷之路、中国茶叶之路、西方大航海开辟的世界航路，是这种往来最重要的纽带和历史轨迹。"互鉴"主要着重于东西方文明交流中产生的正向结果，也不回避其中的深刻教训和惨痛历史，总之，让人在思想上有所收获，以便启悟现在与未来。"论要"则指论述的对象是有所选择的，是那些笔者有了新见或者是蕴含极大思想价值的事情、事件、人物。当然，笔者的论述还必然体现着笔者的学术专长：文艺史、民俗学、人类学、非物质文化遗产学。这种学术背景的文明研究与传统历史学的世界史中的国际关系史的研究是不完全一样的。好在人类学研究"他者"及"他者史"，也是世界史和文明史的最早参与者和其中的重要学术力量。这个学术立场和角度至少可以为文明史研究贡献一些不一样的思考与叙事。

为了把庞杂的对象梳理得相对清晰，本书采取了分编、分章的体例，共计七编十五章。每编都有一个主题，有的一编分为若干章，有的一编只是一个大体量的专章。为了让章与章之间保持完整性，每章就是一个文明史主题。这样，虽然章与章之间篇幅不一，有的一编多章，有的一编只有一章，但是每编的主题是集中的，有内在一致性。当一编只有一章内容时，该编章的内容是集中、完整、饱满的。编与编之间既有历史的编年性和纵向性，也有相关又不相同的文明主题。本书"编一"的主题是"中国文明与人类命运共同体的关系"。这个主题是笔者参加 2019 年 10 月 21

日至 22 日中法两国联合主办的中法文明对话会在巴黎所做的发言题目。主办双方都高度重视此次对话。中国国务委员兼外交部长王毅出席并发表演讲，中共中央宣传部副部长蒋建国出席并演讲，法国宪法委员会主席洛朗·法比尤斯出席并演讲，法国前总理多米尼克·德维尔潘出席并演讲，联合国教科文组织前总干事伊琳娜·博科娃出席并演讲，此外还有中法两国著名学者、哲学家、艺术家、作家、教授与会。笔者有幸忝列其中，在对话上发表了《中国文明与人类命运共同体的关系》的演讲，受到与会中法学者的好评。2019 年 10 月 31 日的《光明日报》用了整整两个版面全面报道和呈现了此次论坛的盛况。笔者讨论的问题是：中国文明是世界文明中的一个极致性文明，其个性生成于独特的历史地理环境，但又极大地贡献于人类文明。它的个性特殊，共性普遍；文明的个性与共性从个性出发，一圈圈扩大，直至实现美美与共、天下大同。这是从中国文明出发提出构建人类命运共同体的文明依据。中法两个文明的交往，不仅是东西方文明交流的光辉范例，也是当今在不同文明之间构建人类命运共同体的历史镜鉴。这个演讲稿成文在 2019 年 11 月 29 日的《文艺报》上刊发（题为《中华文明与构建人类命运共同体的关系》）。在此基础上，笔者对这一论题的进一步展开构成了这一编的第一章。第二章是一个有趣的文化史实研究，即对唐代"胡人识宝"传说的研究。这是民间文学史上一个重要的文学现象，但一直研究得不多，几乎淡出在学者们的研究视野之外。但是笔者发现：这是域外文明进入中国后中国民间留下的珍贵的口头记忆，是唐代民间对外国人来华的一种当时的口头议论、评价、传说，在文明交流史上是一朵文化奇葩。这一章以《大唐开放气象的民间口传镜像——唐代胡人识宝传说谫论》为题在学术刊物《中原文化研究》上公开发表后，引起学界广泛关注和好评。假如说第二章是一个横断面研究的话，那么，本编第三章"他者的眼光：'看中国'的历史和现在"就是一次纵向的学术梳理。

　　他者的眼光看中国，既有一个漫长的岁月，也有一个曲折的过程，是我们判断我们自己世界形象、国际印象、人类影响的重要参考。这段历史错综复杂，正反交织。笔者的结论是，西方"看中国"历经了猎奇时代、调查时代、征服与反征服时代、比较博弈竞争时代、互鉴时代。"看中国"的历史为我们把握全球化趋势和世界发展大势提供了深刻的启迪。在中西文明交流交往交通的历程中，首先是猎奇时代的"看中国"，此时，中华文明正值它的成熟时期，所以它让世界为之惊奇，诱发了世界性的中国想象和浪漫精神。随后便进入调查时代的"看中国"，此时，正值西方工业革命和资本主义文明发轫期，东西方文明旗鼓相当，以调查为基础的西方了解中国，是一种求真的"看"。中西方的这一蜜月期过后，"看中国"进入了征服与反征服时代，此时，西方的"看中国"基于西方工业文明的成熟期和中华文明的衰落期，许许多多的历史悲喜剧于是集中登台上演。两次鸦片战争和两次世界大战的血雨腥风后，"看中国"在表面平静却暗流涌动的世界进入比较、博弈、竞争的时代，此时，冷战热斗，文明角力。但我们终在冷战结束之后，文明问题凸显在世界舞台之时，百年未有之大变局风云际会之际，更加需要也必须倡导一个全球性文化交流文明互鉴的时代。于是，"看中国"来到中西方交流文明互鉴的时代。这个时代的到来，表征着中华文明在实现学习外来文明，对外改革开放后，获得了文明品质的再造，中华文明进入了一个更加立体、更加全面的重塑时代。2020年，北京师范大学中国文化国际传播研究院主办，曲阜师范大学传媒学院承办的"看中国·外国青年影像计划"10周年学术论坛在山东日照举行，笔者就此做了一个即兴演讲，表达了笔者的最新认识和思想。以下是经过记录整理的演讲全文，可以见出"看中国"深化的可能性：

用"他述"重塑中国的"他者形象"
——"看中国·外国青年影像计划"10周年的一点观察与思考

中国具有独特的地理位置：它在东方，又相对封闭，不仅是长期历史上的封闭，还有相对封闭的地理环境。它体量非常大，历史非常久，曾经非常繁荣，所以当西方发展起来的时候，特别是欧洲工业革命大航海时代以来，西方就开始"发现"世界、"发现"东方，以及正式地"发现"中国。这是一个复杂的时代，当西方"发现"中国的时候，西方正在大幅度地崛起，而中国则进入一个反向衰落的历程，所以"看中国"有非常复杂的历史。可以说一些重大的历史事件，都是因为对中国"看"得准或者不准，"看"得好或者坏，才影响了整个世界格局的构成。所以我认为，"看中国"是一件很大的事情。当然，真正的"看中国"有这么几个基本的点或者关键词：一是接触调查观察记录；二是图像形象真象思想。这两者之间还有很大的关联度。

接触是非常重要的，到中国来了解中国，和不到中国得出的结论是完全不一样的；"他述"或者"自述"，即外国人说的中国和我们自己自说自话的中国，可信度也是完全不一样的。从历史上看，中国以外的他者，特别是西方，还是基于他们自己人来到中国观察的结论、提供的材料、提供的形象，来判断中国，因此接触是非常重要的。鲁迅先生也说过："倘使长久地生活于一地方，接触着这地方的人民，尤其是接触，感得了那精神，认真地想一想，那么，对于那国度，恐怕也未必不能了解罢。"所以亲历和接触中国至关重要。尽管马可·波罗的中国游记有很多似乎不能证明他是否亲历过中国的疑点，但是大多数人还是相信他到过中国，否则他讲不出这样传奇又逼真的中国故事。马可·波罗开启了东方中国的西方形象。利玛窦也起到了全面调查、观察、记录、报告中国的作用。西方学者普遍认为，马可·波罗首次"发现"中国，或者说他带动了哥伦布、麦哲伦他们"发现"地球、"发现"东方、"发现"中国；而利玛窦等人所开启的大规模到访中国，也不亚于马可·波罗的功绩，可以说是第二次"发现"中国。另外，许多重要的西方思想家对中国的评价，包括伏尔泰、孟德斯鸠、黑格尔等，都来自早期观察中国的一些游记、传教士的报告，他们真正到中国的很少，但用尽了一切办法了解真正的中国，哪怕通过二手材料。孟德斯鸠的判断，来源于他在法国对一个中国人的深入访谈，长达几个月的调研。莱布尼茨也是不断地和传教士白晋等人对中国进行深入的探讨，所以虽然他自己没有亲历，但通过很深入的调研结果得出了对中国的评价。黑格尔对中国的结论的一个很重要的来源是马戛尔尼英国使团在乾隆时代来到中国的报告，他对这方面非常关注。也就是说，西方重要的思想家、历史学家在关注中国的时候，对那些接触、亲历中国的报告非常重视，他们的结论是基于这个基础的，这些结论又影响了世界史的进程。譬如启蒙运动中，中国因素、中国思想、中国历史就产生了重要的作用。伏尔泰的《风俗论》是第一部真正意义上的世界史著作，其中最重要的出发点就是从中国历史出发才有了世界史的结论，这佐证了中国当时在世界上的重要地位。当然，最重要的是近代以来中国发生了巨大的历史转折，包括鸦片战争，但这些历史后面也都有受到马戛尔尼对中国全面调查影响的影子。马戛尔尼使团在中国设计了无数套调查提纲，最多的列了35个提纲，对中国的军事设施、军队建制，进行了大量的科学性的调查，得出的结论是，这个时期的中国，英国是能够打败的，但是不能轻举妄动。后来，日本侵华战争也是基于他们的中国调查作出的抉择，当然也是一个误判，他们与中国离得太近了，没有看清楚。他们曾经系统地调查过中国，最后选择脱亚入欧，不走东方的路，这个结论后来也影响到抗日战争的爆发。马戛尔尼使团为鸦片战争的爆发埋下了很大的伏笔，但是马戛尔尼使团是个很复杂的现象，他们本身还是很绅士的，一些结论也很讲究，并不完全是侵略性的，我们中国当时确实错过了一次重大历史机遇。到后来，使团当中的一个随行英国小孩长大了又以使团高官身份来中国，再次遭遇挫折，他得出中国不可救药的结论，回英国后在英国议会上辩论，强烈主张用武力征服中国。他也非常了解中国，看到了中国一些弊端、问题。但是他们也都意识到不能够整个吞并中国，因为中国太大。日本人的重大误判就是对中国的体量没有真正的领悟。外国人"看中国"的规律有一个曲线，当中国在上升繁荣和壮丽的时候是一个拐点；当中国停滞下滑衰落、西方进步科技发展的时候是另一拐点，这是两个高潮，上扬的高潮和下滑的高潮，一个是高点，一个是低点。我们现在可能正在进入第三个时代。第三个时代就是中国再崛起，需要重塑中国的时代。前面两个点都有重要西方他者观察、接触使西方做出判断，包括重要的军事判断、政治判断。从前他们对中国有高度的评价，形成了历史开端论、哲学王统治论、重农学派、易卦二进制论等，后来又发现中国的衰落腐朽，形成一个强烈反差，引起了许多西方人的震惊，最后出现了黄祸论、野蛮论、中国停滞论等。这样，整个舆情改变和反转，也助推了对东方殖民主义的一些动作。这是一个值得重视的历史现象。

但是实际上，"看中国"本身具有丰富性。17、18世纪中国的正面性并不可能是虚假的，我个人认为，当时伏尔泰等人对中国的判断是对的，中国确实强大、繁荣，而且有丰富的内涵。19、20世纪中国的负面性，现在已经经过新中国70多年的建设、特别是改革开放40多年的奋斗，发生了本质性的扭转。在这样的背景下，崛起的中国形象需要重新被定位的时候，也非常需要掀起新一轮"看中国"的运动，因此"看中国·外国青年影像计划"的实践正当其时。这个项目的核心价值是民心相通，核心要义是外国青年的看（他者的看，青年人不带偏见地看），核心理念是外国青年的亲历亲至（接触），核心方法是影像观察并有逼真呈现，同时，它是长时段连续性的、大体量的、民间性的、青年视野的、动态性的。我的结论是，"看中国·外国青年影像计划"可以为思想家、政治家提供重新定位中国、重新判断中国的丰富的材料。这里面也有两个重要原因，其一，疫情时期，以美国为首的西方国家对中国的评价、评论是大大出乎意料而且不同以往，除了经济以外，国际关系的破裂趋势也大大出乎我们意料。其二，对中国的崛起如此恐惧，对中国的发展如此抵触，对中国的作用如此曲解，这是许多人没有料想到的结果。如今，东西方出现了全新的后全球化或者非全球化，可能将会出现一个新的世界格局，充满未知，充满挑战。这时，我们原来所设想的中国形象，突然出现了很多的负面评价，这些负面评价的历史根源可能一直可以追溯到19、20世纪。也就是说，40多年的改革开放改变了我国的经济和国际地位，但是中国的整体形象、评价，并没有完全改变。某些西方国家的政客们还在用非常古老的、非常陈旧的、非常具有殖民色彩的眼光看中国。因此，改变中国老形象，传递中国当代形象、重塑中国外部形象，特别重要的就是用他者的眼光、用"他述"来重塑中国。"看中国·外国青年影像计划"正是在这个时期，经过长期方方面面的努力，在系统呈现中国的影像，引发他者观看的热潮，给世界和外部提供观察的新材料，最后生发出新的结论。这也是一个可以使世界的政治家、思想家参与到重新解读中国当代形象和中国历史进程中来的文化工程。

关于"看中国"的研究本身就是一部大书的题材，笔者的这一章专论，只能说是蜻蜓点水、挂一漏万而已。但是笔者的确深深地认为，"看中国"的历史非常值得研究，里面深潜着无限的历史结果和结论。

本编第四章是"全球化背景下的中国非物质文化遗产保护"。这一章写完，正好中国艺术研究院创刊《中国非物质文化遗产》杂志，于是被编辑索去做了这个杂志创刊号的一篇。2020年年底该刊创刊号推出拙文后，颇得了一些好评，上海师范大学非遗传承研究中心主办的《非遗传承研究》还要去转载。此章内容可以说是第一次把非物质文化遗产保护的历史回溯到全球化开端的时代，将非遗的文化、历史、保护、理念置于一个辽阔的时空，力图揭示中国非遗保护的历史广度和时代高度。

〈四〉

本书"编二"以意大利和中国相遇相见中的三个历史节点为核心，将其视为东西方文明交流的重要历史关节，以恺撒、马可·波罗、利玛窦这三个著名历史人物为聚焦点，从他们的时代和他们个人的作为中发掘出深刻的历史启示和文明规律。最近若干年，笔者前后去了若干次希腊和意大利，造访了马可·波罗的故乡威尼斯和利玛窦的故乡马切拉塔市，在希腊则多次久久驻足在雅典卫城神庙的着丝绸的女神（柱）像前凝思。丝绸对恺撒的影响之巨自不待言，更令人不可思议的是丝绸对希腊人体雕塑的影响如此深刻，开创了这一伟大艺术的伟大历程。雕塑用来表现丝绸衣饰的透明感和"犹盖琵琶半遮面"的"色诱"效果，令人叹为观止！而且笔者还发现此伟大艺术技法和艺术形式，终究因其独树一帜，又像丝绸西传一样，往东回传到东方，成就了东方的"曹衣出水"和"吴带当风"。当然，史料还证明，秦汉时代，中国典籍就记载了古罗马（大秦）的由巨大圆石柱支撑的殿堂庙宇。本编对于马可·波罗的研究，在前人汗牛充栋的研究面前，另辟蹊径，将其转换成历史民俗学问题，从而使这个世界史陈旧的研究焕然一新。民俗学角度，不仅证明了《马可·波罗游记》的真实性，也获得了一些全新的研究结果和文化判断。利玛窦研究也是如此，笔者把研究中心指向他的文化悖论。东西方文化相交相遇史上，利玛窦的出现是一个标志性的时间节点和历史事件。几经挫折，利玛窦以入乡随俗的方式进入中国腹地，也进入了中国文化的深处。利玛窦的策略的确前所未有、史无前例，因此被誉为"南昌传教模式""学术传教"或者"利玛窦规矩"。利玛窦的言行事迹不仅在南昌、南京士林引起轰动，在南京还得到时任南京国子监司业的焦竑和当时学问影响正如日中天的李贽（卓吾）的注意。徐光启是利玛窦晚年最著名的学生。利玛窦规矩是一把双刃剑。它既使东西方互相进入文化深层次，也使东西方无一例外地爆发"中西礼仪之争"。这些都反映了中西礼仪之争的复杂性、深刻性，文化接触在东方引起的震荡一点儿也不亚于西方的中西礼仪论争。由于西方的影响，利玛窦的著述有些是为了西方或者传回西方，因此有些影响立马就轰动一时，有些则不断发酵，在深层次的西方革命、西方思想中发生作用，有些则引发历史波动振荡，有些是至今仍让西方世界震撼不已。东方的康熙皇帝和西方的罗马教皇都参与和介入其中，成为重大历史事件。文明的交流与文明的冲突，其复杂性让我们思考：文化交流——差异性会导致互鉴和启发，也会导致冲突和对立，需要掌握一个度和临界点，需要一个循序渐进的过程，需要历史的长时段才能看清它的本质和真相。

显然，东西方文明交流中，由恺撒、马可·波罗、利玛窦引发的历史是重大、深刻、复杂的。每一个节点都有继续深入进去的空间。

然后我们进入欧洲文明最伟大的时代——启蒙时代。"编三"即第八章，以整编一章的特殊体例整体性俯瞰了欧洲中国风的浪潮与文明交流互鉴的启示。触及的是西方对东方文明的接触了解及其历史观，统摄了欧洲中国风的始末、范围和广度深度。从欧洲出发的哥伦布发现美洲后，其后继者麦哲伦完成了环球航行并认识了太平洋，东方中国虽然仍在未知之中，但从西向东和从东向西都可以抵达中国的各种具体航线都被一一探索清楚。东方和中国作为目的地的追求从来没有被放弃。从马可·波罗以后，14世纪到19世纪中叶，整整550余年，西方都徘徊着中国的影子，哪怕中国此间已经历经元朝、明朝、清朝三个历史朝代的更替，中国对西方的影响一直存在，并在18世纪时达到高峰。这种中国像影子一样伴随西方发展的现象，被史学家称为欧洲的中国风，或中国趣味、中国风格、中国潮、中国时尚。中国风在欧洲刮了6个世纪，其间西方也历经文艺复兴、启蒙运动、英国工业革命、法国大革命、马克思主义兴起等，中国作为西方的他者从风尚、审美到思想制度，始终存在。这样一种特殊的历史现象和文明景象，是值得高度重视和深入探究的，应该给予它应有的历史评价。笔者甚至在研究中直觉性地发现，中国园林风与后来英法联军火烧圆明园存在着某种难以言说的因果关系。

"编四""欧洲启蒙思想的中国进入和中国他者的意义"，是前一编的深化或展开研究。笔者特别关注到一批欧洲思想家对中国的浓厚兴趣。他们为什么喜欢研究中国？他们研究了中国的什么问题？他们用什么方法来研究中国？他们获得了对中国的什么认识和他们的认识产生了什么样的影响？他们之间为什么会产生对中国的不同甚至相反、矛盾、对立的结论？他们关于中国的思想今天还有什么价值和意义？这个可言说和可研究的对象也是庞大而驳杂的，有挑战性也有思想的快乐。2019年10月，笔者在巴黎，独自一人依靠一部不断靠充电宝充电的该淘汰了的手机的导航功能，终于找到先贤祠，在面对伏尔泰、卢梭、孔多塞、雨果等人的伟大灵魂时，深深地感受到一种历史的震撼。他们"世界史"和"文明史"的思想境界令笔者惊叹不已！

〈五〉

1793年的英国马戛尔尼使团使华是中英、中西交往中一次重要的历史事件，其中为了要不要行三跪九叩之礼，导致中英两国不欢而散。法国著名历史学家布罗代尔对此事件给予的评价是：这是思想史最有价值的历史事件之一。但是这个事件在中国引起的关注和重视似乎完全与它的历史影响不匹配。关于此事件的研究完全没有得到充分的展开，熟知此历史事件的人少之又少。而这一历史事件的细节最终都聚焦在"礼物"和"礼仪"之上。研究礼物和礼仪正是人类学、民俗学之所长，笔者对此事件的研究兴趣正是由此而来。礼物和礼仪是此次历史事件的核心物象和事实过程，它们描述了历史事件本身，也左右和影响着此前和此后的历史。当然，在"编五""东西文明的礼物礼遇到礼仪的冲突"主题中，笔者在梳理其中的历史细节时，还发现中英双方跪叩博弈过程中，充满了戏剧性。笔者把这个戏剧性做了一个还原。笔者甚至还发奇想，这是个多好的戏剧题材呀，是不是什么时候可以据此写一出话剧或戏曲剧本？

马戛尔尼使团访华事件在西方和整个世界史都产生了巨大而深远的影

响。黑格尔不仅注意到此一事件，还在著作中引述了相关资料。他对中国的研究主要集中在《历史哲学》中，不仅占用了大量篇幅，而且也像伏尔泰一样，是以中国为历史起点的。他从中国的历史地理出发，最后却形成了自己的"精神现象学"。他的"中国观"是庞杂而混沌的，其方法论是在世界史与文明比较的背景下展开。这一点我们过去关注得不够。费尔巴哈说黑格尔总体上是"向往西方而贬抑东方"，是有道理的。在第十三章里，笔者用打开的方式，呈现和解析黑格尔的"中国观"，从文明视野、东西方比较中去客观地认识黑格尔中国思想的对错是非。一直以来，人们总是记得黑格尔对中国的批判，可是却忽略了对黑格尔中国观的批判的"批判"。

"编六"的学术主题是"明清时代以来中国对西方文化的定性与定位"，笔者用第十四章一个大章来论"西学中源"说及西学在中国引发的诸种问题。这个问题是由东西文明交汇、撞击而来。清代以来古今东西问题杂陈，东奔西突，中国学人文人士人官人到底怎么看待西方文化我们应该有所了然，其中"西学中源"说的提出和演变包含着丰富的现代思想的素材。笔者对这一学术思潮的看法和评价与别人不太一样。笔者的结论是："西学中源"说是中国文化接触接受西方文化特别是西方科技过程中出现的一种学术思想，这一学说萌芽于东西方接触之际，形成于清初康熙年间，以后又延续到乾嘉学派时期，一直到近代的洋务运动和现当代的中西科技史研究都有若隐若现的影响。"西学中源"说的出现既有东西方交流和文明互鉴中的历史的必然性，也有文明碰撞的特定原因和固有规律，是一个古老文明面对突如其来的冲击时的一种反应，也是它接受和适应强大冲击时的一种策略。"西学中源"说导致的中国文明对外来文明的反应，既有有利的一面，也有造成弊端的一面。这一学说提出的文化溯源问题至今还存在，依然启示着东西方众多研究把学术目光停留在东西方文明的比较、溯源、影响、互鉴等方向上。它是一个历史现象，也是一种有效的或者说重要的文化研究方法。而且，笔者还认为这个问题与李约瑟之问有关联，可以贯通起来加以研究。这使本章内容具有很大的学术张力和思想穿透性。

"编七"讨论的是日本文明问题。日本文明最吸引人的学术节点在于：它属于东方还是西方；它的近代化历程对中国的巨大影响；它的军国主义及其对中国的侵略；它向美国宣战及其在中国抗日战争和世界反法西斯战争中失败的各种不断反转的历史过程。日本的这一切历史反复、曲折，都是由日本精英阶层的"文明观"决定和导致的。这给我们的警示是：文明观或者标榜文明者，不一定都是真正的"文明"。文明的标榜或宣示，有时确是为了反文明反人类的。殖民主义、殖民统治、殖民侵略就是打着"文明"的旗帜而推行的血腥、残酷、无情的种族灭绝行径。中日之间的甲午海战、日本侵华战争也是日本军国主义者自以为拥有了西方文明而在东方"高人一等"。所以，日本文明的东西徘徊是文化的契机还是战争的楔子？在这里，笔者也提出了与亨廷顿文明接触线就是文明冲突线不同的观点。笔者认为，即使存在文明的冲突或者一旦文明发生冲突时，其爆发并不是线性的，而应该是点性的，是一些特殊的文明接触点最终演变成冲突的矛盾点。历史的确让我们不得不深思！

中国近代史其实就是由东西方关系的变化引发的。中国近代史的复杂程度也是在世界史上前所未有。在这个历史时段，东西方关系，是用东西方文明还是用东西方文化来界说，是应该辨析的。当然会有文明问题，但主体已经转为文化问题。文明和文化在这个时段是交织交叉的，不可能截然分开。其中太平天国运动、义和团运动的起因都有西方文化对中国的大举进入的因素。两次鸦片战争、中日甲午战争、辛亥革命、大清帝国覆灭、五四运动爆发、马克思主义的传入、中国共产党的诞生、中国红色革命、新中国成立……所有这一切后面，也都是东西方关系的历史作用。所以，我们的研究如果要充分展开，真可谓有无穷无尽的课题。

编一

中国文明与人类命运共同体的关系

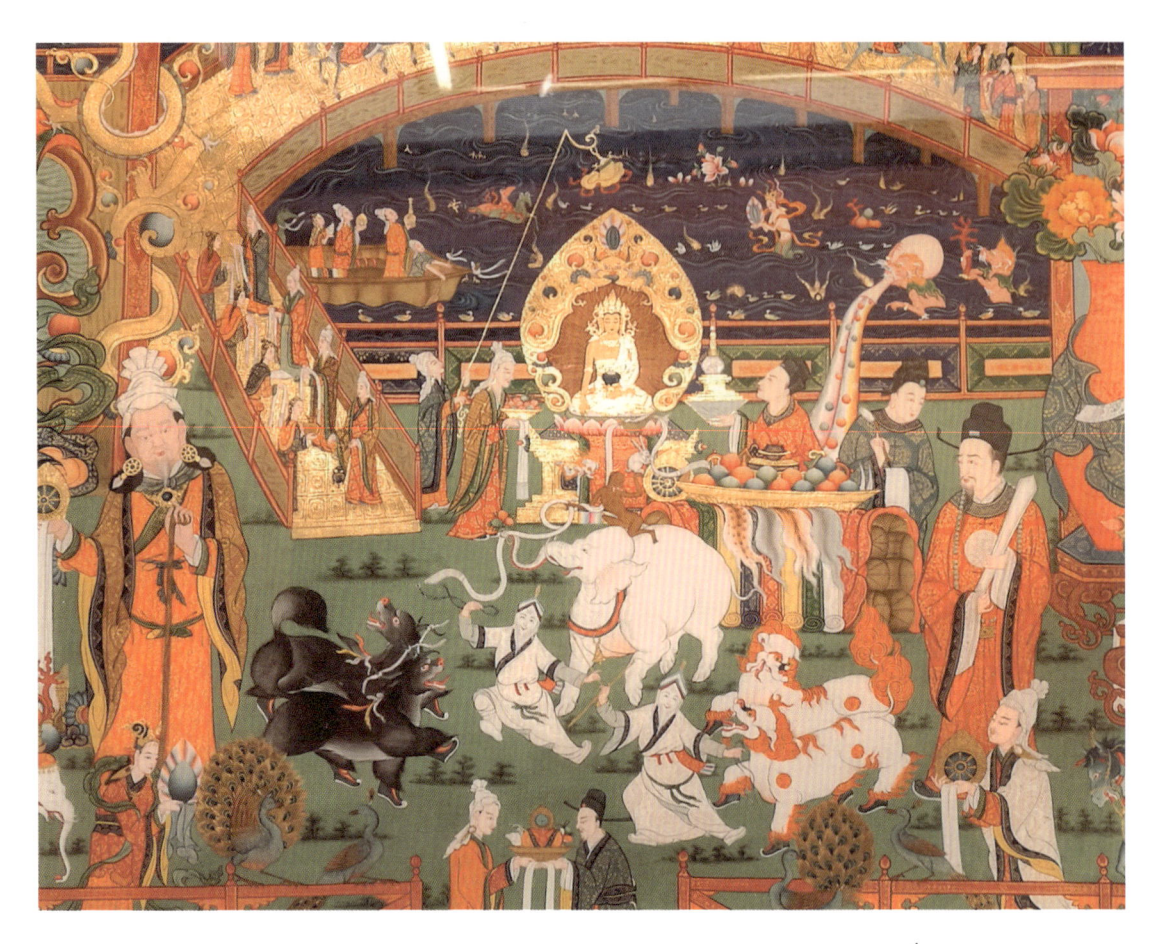

1

1 藏族唐卡中的民族和谐气象
2 中国民间绣像

3

3　　湖光塔影的中国
4　　中国屋顶上的戏剧
5　　屋顶上的中国龙狮
6　　中国民间造型艺术

7

8

9

7　《西游记》与民间记忆
8　青州雕塑的曹衣出水风
9　青州雕塑

10

11

12

13

14

15　中国最著名的天马

16　骑驼跋涉而来的胡人

17　大唐气象

18　文化交流的缩影

10、11、12、13、14　非洲非遗：木雕

(本书配图，除个别注明为资料图片外，其余均系本书作者摄)

第一章

中国文化的极致性与构建人类命运共同体的关系

众所周知，随着中国改革开放不断深化的进程和日益丰硕的发展成果和成就的呈现，在 20 世纪末和 21 世纪初，国外和中国都有一批著名的文化理论家、思想家开始思考中国经济社会发展全面崛起之际、之后，文化何在、文化何为的问题。研究和探讨中国文化的个性与它的世界影响及其与构建人类命运共同体的关系，就有必要首先厘清中国文化的特殊性、极致性和传播魅力。在 20 世纪末联合国教科文组织召开的一系列国际会议、论坛、世界哲学大会上，当一大批国际著名思想家、哲学家不约而同地提出，未来世纪的思想、哲学、文化继续发展的出路在于回首东方，向孔子、老子、庄子、孟子、墨子的东方思想回归，寻找思想动力和出路时，中国的文化学者、思想家也提出了同样的思考和回应。获得中国政府在庆祝新中国成立 70 周年隆重颁发的共和国友谊勋章的法国前总理拉法兰先生，在他的著作《中国的启示》一书中说过一段令人印象深刻的话："中国思想作为'人类经验的另一极'让我们着迷。西方思想和中国思想就像阴和阳的关系，形成了创造性的互补。我们的差异表现在许多方面，这让我们互相思考，也激发了我们对彼此的兴趣、好奇和尊敬。"[1] 德国诗人黑塞说过，老子的思想体现了尽善尽美的人类极致性。日本学者沟口雄三预言中国将是与美国、欧洲三足鼎立的一极。我国著名东方学者季羡林先生提出了以天人合一为核心的 21 世纪是"东方文化的世纪"的理论；著名社会人类学家费孝通先生提出了文化自觉和"美人之美、各美其美、美美与共、天下大同"的文化发展走势和文化选择；著名哲学家张世英先生提出了融东、西方主客分离对立为主客融一的新"天人合一"观为未来文化的出路。21世纪初，黄会林、绍武两位先生以高度的文化责任意识和强烈的学术理论担当，既谨慎又大胆地提出了"第三极文化"思想，接续前辈话语，顺应时代发展所需，使中国文化再一次获得了前沿性、战略性的理论支撑。

一、中国文化的极致性来自地理闭环效应

中国文化的极致性与它所处的地理环境具有重要的关系。中国文化生长、形成和定型的自然地理空间是位于欧亚大陆东南部，西部以青藏高原和喜马拉雅山脉、昆仑山山脉、天山山脉等为地理高度，从西向东倾斜下滑，即所谓"折天柱，绝地维，故天倾西北，日月星辰就焉；地不满东南，故百川水潦归焉"（《列子·汤问》）。向东形成1.8万公里漫长的海岸线，面向浩瀚的太平洋。北部是沙漠和草原，接壤广阔的西伯利亚地区。南方是山地丘陵，一直抵达南亚和东南亚海域。以中国华北平原、东北平原、西北黄土高原、西南盆地、云贵高原、江汉平原、黄河中下游、长江中下游、江南湖泊地区等为核心，人口繁衍、文明起源，构成一个具有闭环性的地理空间。在这个空间里，多元一体是其基本特征。多元一体既包括中华民族的多元一体，即主体民族汉族与55个少数民族的民族共同体和民族历史命运的多元一体；也包括文化上的多元一体，即汉族文化与55个少数民族文化的多元一体，以及草原文化、游牧文明、农耕文明、稻作文化、海洋文化、山地文化、森林文化、雪域文化等地域性、差异性和同一性、交融性相统一的中华文化的多元一体。高山、沙漠、蛮荒和汪洋的阻拦隔断，使中华文化和中国文明数千年来处于独立自足、封闭自洽

的发展环境之中，成为人类文明独一无二的伟大样式，以其独特性、丰富性彪炳世界。

中国文化传播有年轮一样清晰的涟漪：向外的扩散与辐射，向内的吸引与魅力，多圈多极。包括：

黄河文化圈——①陕西文化圈，极点西安；②河南文化圈，极点郑州；③山东文化圈，极点曲阜；④山西文化圈，极点太原。

长江文化圈——①湖北文化圈，极点武汉；②浙江文化圈，极点杭州；③江苏文化圈，极点南京；④四川文化圈，极点成都。

以上每一个文化大圈（黄河、长江）、中圈（陕西、河南等）和每一个文化极点（西安、郑州等）都由相应的地域性文化构成层次、层级和文化核心，从而可以展开成为一幅波澜壮阔的文化图景。限于篇幅，这里不再一一展开。但我们可以打开个别文化圈和文化极点，以管窥豹，略见一斑。具体而言，以黄河文化圈为例，又可展开其极圈文化和极点文化。例如：

1. 极圈文化：黄河文明——女娲神话、盘古神话、愚公移山、大禹治水、黄帝与中原神话群，殷墟与甲骨文，许慎《说文解字》，定鼎中原，青铜文明，逐鹿中原，百家争鸣，汉画像石，轴心时代及哲人——孔子、老子、孟子、鬼谷子、孙子、《诗经》与淇水及部分国风，儒道释中心，大唐盛世——唐诗宋词、洛阳石窟，古都与历史名城——郑州、安阳、洛阳、开封，仰韶彩陶，唐三彩，数千年中20多个朝代建都迁都于河南，农耕文明发祥地，商业文化起源地，青铜文明，司母戊鼎，中国古代科技发明中心——地动仪、观星台，中医之核——《黄帝内经》、张仲景《伤寒杂病论》、宋针灸铜人，文学——《诗经》、汉赋、魏晋文学、唐诗、宋词、唐宋八大家，佛教东传——取经、白马寺。

2. 极点文化：郑州——五岳之中岳，天下之中，百姓之祖，伏羲、黄帝、嵩山、嵩阳书院、少林寺、具茨山岩画、彩陶——大河村遗址出土，古都文明——夏都、商都、管国、春秋郑国韩国都城，青铜艺术——莲鹤方壶、杜岭方鼎，戏曲与勾栏瓦肆、朱仙镇木版年画、嫘祖桑蚕、陶瓷钧瓷，唐诗杜甫，唐诗李商隐，白居易，刘禹锡，《清明上河图》，古都文化——大宋王朝，宋代皇室陵墓群（宋太祖赵匡胤永昌陵、宋英宗赵曙永厚陵、宋神宗赵顼永裕陵等），高度城市化的宋代文化，书法与中国画，宋词，元代观星台，宋欧阳修。

以上是中国文化的经典形式。我们还可以从民间文化样式来观察。

民间文化在一国文化中是一种基础性、全民性的文化。民间文化是伴随着一国人民民族性格、个性、特质的形成而形成并发展的文化。民间文化既来自历史的深处又具有现实的广度，既具有时间历时性又具有空间共时性。中国民间文化由于中国历史地理的相对独立、封闭而具有突出的地域特征，有典型的土生土长性质。由于中华文明是目前世界各种文明类型中始终在活态传承，有明确的文献记载和史传传统，文字和语言一贯到底，历史沿革脉络清晰的文明，所以，中国民间文化就相应地具有独特的品质和价值。概括起来有这样一些特质：①中国民间文化是一种文明体内没有出现过大的断裂、变更、改写的民间文化，具有始终在传承的韧性和延续性，世所罕见；②中国民间文化孕育与催生了中国文字和书写文明，但它的口头文学、口头文化传统始终在民间得以传承、传播、生长，有一套与典籍文化和书写文明相媲美、相匹配的民间传统和文化谱系；③中国民间文化以不识字的民众为传承主体，同时又具有全民性，使它成为中国文化的底色、根基、源头，要理解中国文化必须理解中国民间文化。所以，如果要讨论中国文化的国际影响力，要使中国文化在国际文化交流中获得有效的影响力和传播力，还应该充分认识到中国民间文化是中国文化影响力的丰富资源和魅力基因。

中国民间文化的分布特征是"百里不同俗"。中国人长期以来就对自己的文化有清醒的描述和认识。俗语说："十里不同风，百里不同俗。"这里包括两种认识：一是中国民间文化具有多姿多彩、和而不同的丰富性；二是中国民间文化依据中国的地理板块、生态样貌、生产方式、历史传统形成了地域性或区域性特征。比如，北方的游牧文化以长城以北的内蒙古草原、东北平原与原始森林、西北高原中的部分高原草原为主，典型的文化样式有岩画、蒙古包、撮罗子、马头琴、牧歌、长调、呼麦、叙事诗、民间长诗、英雄史诗、桦皮文化、鱼皮文化等。

中原农耕文化以华北平原、黄土高原为核心，扩散到全国的农耕文化地域，主要的文化样式有丝绸与织锦、彩陶与陶瓷、土木与卯榫建筑、窑洞、二十四节气与岁时节令、汉族的民间神祇信仰与祭祀、剪纸、年画、民间口头文学等。

西南山地文化以云贵高原和中南山区为主，重要的文化形式有刀耕火种、原始文化、自然崇拜、多神崇拜、干栏式民居、多声部民歌、文身绘面佩饰、神话、叙事诗、古歌、祭祀歌、傩戏与面具等。

沿海渔猎文化以东部沿海从北到南形成的海洋和渔业文化为主，重要的文化类型有妈祖信仰、隔舱木船、渔歌、铜鼓与羽人竞渡、赛龙舟、精卫填海神话、八仙过海传说、蓬莱仙境、海神庙等。

中国民间文化的历史底色以先秦时代形成的文化板块为主，继续在地域认同中维持文化个性，如燕赵文化、秦晋文化、齐鲁文化、吴越文化、湘楚文化、岭南文化、巴蜀文化等。

二、地理的一统与思想的道统使中国文化"从未中断"

中华文明是世界上最古老、最伟大的四大文明之一。它又是这些文明中唯一从未中断，从古至今传承未绝的文明。这种"从未中断"的原因，首先是我们前面所讲的地理环境决定的，是这种地理造成的闭环效应所致；其次是中国从古至今都有一种根深蒂固的"大一统"思想，即地理的一统、王朝的一统、政治的一统、文化的一统思想。2500多年前的《诗经》就说："溥天之下，莫非王土；率土之滨，莫非王臣。""大一统"的观念，其基本内涵就是高度推崇和颂扬国家的统一、民族的融合、文化的认同。西汉刘向《战国策·赵策二》说："中国者，聪明睿知之所居也，万物财用之所聚也，贤圣之所教也，仁义之所施也，诗书礼乐之所用也，异敏技艺之所试也，远方之所观赴也，蛮夷之所义（仪）行也。"东汉时学者何休指出："统者，始也。总系之辞。夫王者，始受命改制，布政施教于天下，自公侯至于庶人，自山川至于草木昆虫，莫不一一系于正月，故云政教之始。"（《春秋公羊传解诂》）秦汉大一统帝国的形成，使"大一统"的理念和道统变成了客观的历史王朝、政治实际和文化行为。特别是秦始皇于公元前221年，统一六国后下令在全国范围内推行"书同文、车同轨、行同伦"的政令，实行包括统一文字和语言，统一车轨的轨距，统一道德与规范，以及统一度量衡等相关举措，为维护、保持中华文明传承不绝开启了历史的可能性和可行性，产生了深远的影响。中华文明的"从未中断"，具有丰富多样的表现形式。包括王朝历史的代代更替，编年清晰可溯，二十四史代代编修，文字从甲骨文时代一直活到今天，古代语言音韵依然可考，文献积累浩如烟海，口头文学代代相传，民俗民风古朴世袭，诗歌传统代有新出，等等。其传承不绝的原因在环境的大体量封闭、地理多样性与生态多样性和思想传统的大一统观下形成的分分合合、合久必分、分久必合以外，还包括文化多元一体，文化统一、文化认同的传续，帝国王朝体制的代代沿革，中医药对人口繁衍和人种生殖的保续，文化包容上的海纳百川、儒释道圆融，农耕文明的土地养人、可以靠天吃饭，人民安土重迁、认祖归宗、守望故土，坚守天下中心、华夷观念，文明中心始终不向海外域外转移，孔子及其思想道德观通过教育和"传而习之"产生的深远影响。自给自足的农耕文明成就了文化的封闭，保持了文化的多样性，中华文明为人类文化和文明贡献了自己的个性风格和独特创造。由此，形成中国文化的圆柱式模型：自成一体、自树标杆、圆柱体式生长、在世界文明中独树一帜、达到极致的个性化程度和极致性的文明高度。

三、"全球化"使世界发现中国

虽然自古以来中国就处在相对封闭的地理环境中发展中华文明，但是这个封闭并不是完全不与外界往来或者根本拒绝和完全杜绝与外界交往。事实上，从古至今，中华文明都不断地汲取着外来文明的滋养和营养，出现多次大规模的吸纳、学习、模仿外来文明的热潮。汉代的百戏就是一个世界性表演舞台，西方的杂技、魔术、驯兽、幻术大量涌入中国，佛教传入和汉代以后不断有人去西天取经并使佛教在中国普及和深入人心直至本土化、中国化。唐代富甲一方，胸襟博大，万邦来朝，文化盛极一时，气象开放景象繁华。陆路丝绸之路和海上丝绸之路同步繁荣，丝绸和陶瓷成为中国文化最亮丽的名片。宋、元、明时代中国文化日益走出去，其间高潮迭起。这些实际上是大航海时代全球化之前的前史，是工业革命之前的农耕文明时代全球化史，并且代表和达到了那个时代全球化的顶峰，也因此才孕育了工业革命的大航海全球化史。当然，这个时候，中国大清王朝逐渐闭关锁国，完全沉醉在自恋之中，把自己置于井底之蛙的境地，终于饱尝政策的恶果。中国文化由强到弱、由盛而衰，而欧洲或西方文化则由弱到强、由衰而盛（比如，文艺复兴），全球化都是其中的一个转折点。其中，对于中国文化，全球化之前的前史，是西方发现东方文明，更多地表现为称羡东方文化优秀优点优势的时代；而全球化之后，随着对中国的殖民侵略和掠夺，随着鸦片战争中国貌似强大却不堪一击的失败，西方又出现了更多地表现为极力否定贬低歪曲中国文化的思潮。所以，西方对中国的发现经历了对其优点的发现和对其缺点的发现这两个方向。

四、欧洲思想家"中国观"的比较与分析

我们需要选择几个具有代表性的西方思想家对中国文化的评价性观念，在比较的基础上，从他者的观察中把握中国文化国际传播的启示。由于他们是那个时代最杰出的思想家，尽管他们大多没有到过中国，但他们凭着思想家的敏锐、深刻、胆识，使他们能够发现中国文化的时代意义，能够对中国文化作出精辟的判断，善于有效地把中国思想的启迪融入自己的思想理论体系之中，所以，他们的"中国观"能产生更加深远的影响。

培尔（Pierre Bayle，1647—1706）在思想史上被马克思、恩格斯称为使"一切形而上学在理论上威信扫地的人"[2]。他认为，古代中国人承认万物之灵中，以天为最灵，天能支配自然，即自然界中其他之灵非顺天不可。这种在德谟克利特和伊壁鸠鲁那里出现的思想，在东方却极为普遍。但伊壁鸠鲁否认有统摄一切的天理天则，从而肯定神的存在；而儒家却肯定有一种天理天则，从而否定神的存在，这是中国儒学与伊氏的不同处。培尔从东西方同一现象中比较出两者在思想上的完全不同。

维柯（Giovanni Battista Vico，1668—1744）在自己的《新科学》研究

中，多次提到"龙"在中国古代文明中的意义，认为这是一种"纹章方式"。他感叹："这一点值得惊讶，中国和雅典这两个民族相隔那么久又那么远，竟用同样的诗性方式去思考和表达自己。"[3] 这证明了他关于诗性智慧的理论的普适性，因为"古代民族中的波斯人以及近代才发现的中国人，都用诗来写完他们最早的历史"[4]。这是东西方文化的相同性引起的惊奇和因此得出的深刻判断。

休谟（David Hume, 1711—1776）对中国的观察有其独到的敏锐性，他肯定中国的富庶、广大和悠久，也看到了工业革命时代、大航海时代、殖民时代以来中国落后的具体态势和原因。他认为，中国的周边没有相邻而独立的国家可通商贸与政策联合，使其没有更多的外贸对象，这是外因；从内部来说，中国的大一统状态、说一种语言、在一种法律统治下、赞成相同的生活方式，以及对权威的宣传、敬畏、迷信。这些是中国的大缺陷，导致本来可以生长出更完美和完备的教养和科学的枝干，但却在许多世纪进程中，收效甚微。

莱布尼茨（Gottfried Wilhelm Leibniz, 1646—1716）是德国思想家中对中国文化倾注了最大兴趣和耗费最多精力的人。他的一个重要思想超越了此前一概否定和全盘肯定的时俗，认为中国文化对于西方文化具有互补作用，两者在思维上有同构性。他指出："中国是一个大国，它在版图上不次于文明的欧洲，并且在人数上和国家的治理上远胜于文明的欧洲。在中国，在某种意义上，有一个极其令人赞佩的道德，再加上有一个哲学学说，或者有一个自然神论，因其古老而受到尊敬。这种哲学学说或自然神论是自从约三千年以来建立的，并且富有权威，远在希腊人的哲学很久很久以前。"[5] 莱布尼茨还对中国的文字、易经、数学、哲学等展开了艰苦的研究，从过去的同样被人评论过的中国现象推导出更高层次的不同结论。

从以上思想家对中国的认识看，无论是肯定还是否定，中国文化中都具有一种东西方文化共有的共性和中国文化独有的个性，这两者都能引起他者的共鸣和惊奇，也能得出完全截然相反的评价。中国文化的独特性、自闭性、悠久性既包含着人类的共性也包含着民族的个性。文化独特性是文化共性和民族个性共同的生发处和生长点。

五、中国文化的"人类共性"/"世界性"案例

远隔万水千山的文化往往也会有许多具有高度相似性的特质，或者是出于"东海西海，心理攸同"的原因，或者由于某种尚未被厘清的传播而致。在中国文化的若干经典样式中，特别凸显着它们的世界性特征。

1. 岩画。与西班牙阿尔塔米拉岩画的风格、技法、功能等高度吻合，不仅北欧、东欧、非洲、美洲存在大量古代岩画遗存，甚至还有当代土著民族的活样本。中国的岩画遍及整个大陆，阴山岩画可考的有两万余年历史，南方花山岩画以绘为主，规模宏大，被列为联合国教科文组织世界文化遗产名录。新疆岩画、西藏岩画、贺兰山岩画、连云港岩画、云南沧源岩画、黑龙江大兴安岭岩画、广西花山岩画等岩刻或绘画的岩画群，不仅具有生动准确的造型能力，而且风格与世界各地岩画吻合。

2. 史诗。中国汉族目前还流行着众多说唱的曲艺形式，其中有许多代表作都是鸿篇巨制。同时，《格萨尔》《玛纳斯》《伊玛堪》等英雄史诗还被列入人类非物质文化遗产代表作名录。21世纪初还发现一部长达三万多行的苗族史诗《亚鲁王》。这些都是活的荷马和活的史诗现象，是人类文明重要的世界性样式。正如维柯所说，各民族都有自己的荷马，凡是最早的民族都是些诗人，所以，像希腊各族人民自己就是荷马一样，世界各民族人民自己就是荷马。

3. "叶限"。这是我国唐代段成式在其笔记著作《酉阳杂俎》里记录的

一则民间传说。据记载者说，他记录的是一个很早以前的故事，即早在唐代以前就已经口头流传。这个传说有后来风靡世界的"灰姑娘"传说的基本母题和情节，被国内外民间文学专家确认为是"灰姑娘"型民间传说最早的记录文本。这个记载或者这个传说见于中国，至少比欧洲早了700多年。它成为一个世界性童话，其间的传播路径、传播秘密，都具有重大的研究价值。

4.马的艺术造像。马对人类从古到今的生产生活产生了巨人的影响，马的战争功能和冷兵器时代骑兵、骑士的威风凛凛，使马的形象成为雕塑艺术的重要对象，在西方则把纪念有征伐伟业的帝王、将军、骑士等的骑马形象布满城市的众多重要广场空间。从兵马俑到马踏飞燕，从三彩马到昭陵六骏，从霍去病墓石雕到徐悲鸿马画，中国马包括了泥塑、烧陶、石雕、铜铸、木刻、绘画、玩具等各种形制。艺术造型上千姿百态，达到了极高的艺术水准，为人类马的艺术造型增添了中国的艺术风采。

六、中国文化的"个性"样式惊艳了世界

作为农耕文明最成熟的代表国度，也作为具有历史最悠久的自足发展时间的文化和文明，中国文化的确产生和形成了许多特立独行的文化艺术样式，给世界和人类，给西方和外部带来了巨大的美学惊奇。

1.中国戏曲。中国戏曲有自己独特的艺术起源和戏剧发生的历史。在经历了漫长的说唱、讲话、鼓书、滑稽表演等曲艺艺术的酝酿和发酵后，戏曲在宋元时代终于成熟。中国戏曲与古希腊戏剧、印度梵剧并称为世界三大戏剧体系。它不仅集诗、画、歌、舞为一体，注重唱、念、做、打，手、眼、身、步、法的四功五法，还以其程式化、虚拟性、写意性独树一帜。在表演成就上，梅兰芳表演体系与斯坦尼斯拉夫斯基表演体系、布莱

希特表演体系并称三大戏剧体系。布莱希特说:"对于我们这些已经习惯于西方戏剧艺术的人来说,中国戏剧提供了一种有益的清除错觉的作用。它不要求观众自始至终保持那种把戏当成真事的幻觉。中国戏剧所发展的间离化方式看来在这方面极为有用。"

2. 中国画。中国画以线条为造型手段,是一种"线条艺术"。线条也是中国画的艺术形式本身。黑白水墨是中国画的视觉效果和美学面貌。散点透视的构图方法是中国画的独特空间哲学。毕加索说:"中国画真神奇。齐(白石)先生画水中的鱼儿,没用一点色,一根线去画水,却使人看到了江河,嗅到了水的清香。真是了不起的奇迹。"[6]苏联艺术科学院院士B. H. 彼得洛夫说:"喜马拉雅山般宏伟的中国画。""中国画是哲学,是诗歌,是寓意的顶峰。"[7]

3. 中国书法。书法是汉字和毛笔的艺术,是中国特有的一种艺术样式,是世界艺术宝库中的一朵奇葩。它源自古老的中国象形文字,基于文字的实用又高度的艺术化,立于文字的抽象性又极其张扬艺术的感性化,形成楷、行、草、隶、篆等多种体裁和体式,熔想象、意象、形象于一炉,集诗、文、思、史于一体,汇纸、墨、笔、砚、印工艺于一隅,几千年来不断丰富发展提高,名家辈出,高峰迭起,蔚为壮观。已故的法国前总统希拉克曾经认为,中国书法在中国是艺中之艺;在画与书极少融合的西方文化中,如此独特的艺术,既使人惊诧,也使人着迷。

4. 中国园林。中国园林曲径通幽,移步换景,以"人在山水中,居家自然里"的独特审美趣味和高蹈的艺术造诣,被誉为可与西亚伊斯兰园林、欧洲古典园林并称的世界三大造园系统之一。由于起源古老,中国园林在几百年前就被欧洲人赞为"世界园林之母"。中国园林由建筑、山水、花木等组合而成,把诗、画情趣与园林山水融为一体,因画成景,以诗入园,叠山理水,集建筑美、自然美、人文美于一身,体现了中国人天人合一的哲学理念和崇尚田园风光、山水情趣的审美理想。中国园林可能是得到世界各国专家赞誉最多的中国文化艺术之一。雨果说，圆明园是"人类的一大奇迹"，"人们一向把希腊的巴特农神庙、埃及的金字塔、罗马的竞技场、巴黎的圣母院和东方的圆明园相提并论"。17世纪末，英国人坦普尔称赞，创造出中国园林的中华民族是"一个富有想象力和判断力的伟大民族"。

七、人类命运共同体的根源与起源

人类命运共同体思想的提出首先是基于人类的本质和天性，中国哲语称：东海西海，心理攸同；南海北海，道术未裂。人类命运共同体思想是未来的构想，也是一个实践性的历史进程。在远古的神话时代，人类命运共同体表现为伟大瑰丽的想象力，缔造和形成了人类的天神观、宇宙观、世界观；在人类自意识觉醒或人类自觉的传说时代，人类命运共同体表现为形成了人类的自我意识，明辨真善美，同母题传说故事出现在世界各地；在全球化（早期、中期、现在）时代，大航海开辟了地球一体的命运，两次世界大战促成世界存亡的命运一体，自由、民主、平等、博爱成为人类文明的核心价值追求；在信息化时代，科学进步，市场经济发育，生态环境同频共振，互联网无障碍联通世界，人类命运共同体表现在共享共建，和平共处，互惠互利，平等相待，睦邻友好，携手发展，共同繁荣。

人类命运共同体超越国家政治制度差异、国家意识形态差别、经济发展不平衡，追求人类文明的最大公约数。人类命运共同体追求和促进文明交流与互鉴，化解和超越文明冲突与敌视。

人类命运共同体的思想基于人类的共性和个性的辩证关系。

人类的共性包括：①人类性：直立行走、语言交际、艺术创造、使用工具，与动物相区别；②人性：人道主义，向真向善向美，追求真善美；③世界大同和大同世界：憧憬美好未来，追求和平、自由、民主、平等、博爱；④全球化使人类彼此关联命运与共；⑤生态环境的全球性、整体性，使人类命运一体化；⑥市场经济全球化、一体化，牵一发而动全身，使人类命运相关；⑦信息联通使人类彼此息息相关；⑧科技无国界。

人类的个性包括：①人种性，肤色与种族的特色；②语言的分类与差异；③地理地域的特色；④历史：部族、国家的地域性差异；⑤民族的个性：a.小型的民族，b.多元一体的民族，c.民族国家的民族；⑥宗教的个性；⑦历史遗留形成的文化圈个性，如中国文化中的齐鲁文化、楚文化、燕赵文化等；⑧宗族、家族的个性；⑨个体个人的个性。

人类共性个性关系包括了以下几方面：①所有个性中的共同性构成共性；②共性表达了所有个性中的共性；③个性是一级一级、一层一层、一圈一圈扩大、升级、外延的；④有无数个层次、层级的多元一体现象和表现；⑤人类命运共同体与政治多极、文化多样、经济多元、个性自由，互为表里；⑥越是科技化越要人文化，越是经济一体化越要文化多样化，越是全球化越要本土化，越是现代化越要传统化，越是市场化越要资源化，越是物质化越要精神化。总之，越是政治多极化越要人类命运共同体化。

八、结语：我们的未来观和文明观是"文明互鉴论"

文化差异性是不同人群和不同文化之间互相吸引的根本原因。艺术魅力来自文化个性，惊奇产生于个性的魅力。一种文化的伟大个性加上它高度的成熟，就形成它的文化高峰和极致性。中国文化是世界文化中的第三极文化，也是人类文明中的大体量、长时段的文化高峰。几千年来，古老的丝绸之路就建立起中国与世界的广泛联系，从陆路和海路等各种途径、路线、航程，丝绸之路打通了中国与世界，也创造了中华文明的世界史奇观和奇迹。中国为世界送去了中国风，掀起一次又一次的中国热潮。中国为人类文明进步和世界人民的福祉、幸福、美好生活做出了不可磨灭的贡献。中国的物产、陶瓷、丝绸、茶叶，以及四大发明、儒家思想、文学艺术，都曾通过丝绸之路播撒全球，吸引西方智者一次次注目中国，拉动西方文艺复兴、全球航行、启蒙运动、工业革命等重大历史事件的敏感神经，在世界文明史中书写了无数可歌可泣的篇章。一个具有独特气质、别具创造才华的民族一定具有自己的独创能力。思想、文化、艺术、科技、物产、制度、组织、管理等一切的独创性必然为人类做出新的贡献。中国的未来将更加现代化，更加世界化，更加文明化。我们古老的丝绸之路将在全新的"一带一路"重构中焕发全新的活力。中国制造和中国精神将为人类物质文明丰富和精神文明发展做出全新的贡献。

今天，中国的发展离不开世界，世界的繁荣也需要中国。中国坚持开放，坚持实行积极主动的开放政策，并着力于形成全方位、多层次、宽领域的全面开放新格局，就必须提出新的文明主张。这就是习近平主席提出的构建人类命运共同体的主张。他指出："自古以来，中华民族就以'天下大同'、'协和万邦'的宽广胸怀，自信而又大度地开展同域外民族交往和文化交流，曾经谱写了万里驼铃万里波的浩浩丝路长歌，也曾经创造了万国衣冠会长安的盛唐气象。正是这种'天行健，君子以自强不息'、'地势坤，君子以厚德载物'的变革和开放精神，使中华文明成为人类历史上唯一一个绵延5000多年至今未曾中断的灿烂文明。"[8] 开放是中华文明的未来选择，"一带一路"是中华文明与世界人民通融互惠相知的纽带，构建人类命运共同体则是中华文明向世界贡献的崭新思想智慧。总之，我们的未来观和文明观是"文明互鉴论"。这既是40多年来改革开放的宝贵经验，也是中华文明必然形成的历史终极目标。习近平主席在联合国教科文组织总部演讲时曾经指出："文明因交流而多彩，文明因互鉴而丰富。"[9]因为文明是多彩的，文明是平等的，文明是包容的。"历史告诉我们，只有交流互鉴，一种文明才能充满生命力。只要秉持包容精神，就不存在什么'文明冲突'，就可以实现文明和谐。"[10]中国是在文明互鉴中发展起来的，中国人民愿意将这一伟大的宝贵经验奉献给世界，中国也愿意为世界和平发展提出中国的方案：构建人类命运共同体。因为这既是历史所趋，也是世界各国的民心所向。推进人类各种文明交流交融、互学互鉴，是让世界变得更加美丽、各国人民生活得更加美好的必由之路。

进入21世纪后，以外空空间技术和虚拟空间数字技术、互联网技术与海陆空立体交通为标志的新型全球化时代已经到来，中国文化将以闭环时代的个性拥抱时代的开放和世界文明，中华民族和中华优秀传统文化也将在创造性转化、创新性发展中实现伟大复兴。中华文化将在雄厚的基石和伟大的高原上创造新的辉煌，也将以其独特面貌和巨大魅力传向世界、走向世界、吸引世界。历史的结论是：只要新的文化创造努力追求中国文化的极致性，彰显中国文化的极致性，达到中国文化的极致性，无论是讲世界故事还是讲中国故事，都能抵达文化交流和传播的彼岸，为构建人类命运共同体做出中国文化的贡献，使中华文明达到新时代的人类世界的高度。

注释

[1] [法]安娜-玛丽·拉法兰、让-皮埃尔·拉法兰:《中国的启示》,阚四进、范瑜瑜译,世界知识出版社2010年版,第6页。

[2] 马克思、恩格斯:《神圣家族》,《马克思恩格斯全集》第一卷,人民出版社1957年版,第162页。

[3] [意]维柯:《新科学》,朱光潜译,人民文学出版社1986年版,第189页。

[4] [意]维柯:《新科学》,朱光潜译,人民文学出版社1986年版,第219页。

[5] [德]莱布尼茨:《致德雷蒙先生的信:论中国哲学》,庞景仁译,参见何兆武、柳卸林主编《中国印象:外国名人论中国文化》,中国人民大学出版社2011年版,第109页。

[6] 引自杨继仁《张大千传》(下),文化艺术出版社1985年版,第587页。

[7] 引自陈传席《中国画在世界艺术中的实际地位》,《美术之友》2000年第1期。

[8] 习近平:《在庆祝改革开放40周年大会上的讲话》,《人民日报》2018年12月19日第2版。

[9] 习近平:《文明因交流而多彩,文明因互鉴而丰富》,载《习近平谈"一带一路"》,中央文献出版社2018年版,第14页。

[10] 习近平:《文明因交流而多彩,文明因互鉴而丰富》,载《习近平谈"一带一路"》,中央文献出版社2018年版,第16页。

第二章

大唐开放气象的民间口传镜像
——唐代胡人识宝传说新论

唐代是我国历史上第一次呈现全面繁盛和全面对外开放的朝代。有唐一代，不仅经济、社会、文化全面繁荣，国力强盛、精神饱满、胸襟开阔，出现了贞观之治和开元盛世的几次发展高潮，而且以海纳百川的文化自信，广泛交往和接纳外来物质文明和精神文明，为后世留下了丰富的具有启示的历史遗产和文化素材。唐代大量出现的胡人识宝传说就是其中饶有趣味和价值的文化材料，开启了一种独特的传说类型形成和传承传播的历史。唐代胡人识宝传说作为第一次大规模出现的中国民间对外国人事直接接触后产生的口头叙述，也不断吸引后世海内外学者的关注目光和学术兴趣。从中国文化对外开放的历史和中外文化交流的角度考察唐代胡人识宝传说，可以获得重要而独特的历史价值和文化价值，也可以对今天我们所处的开放时代和中国的全球化进程给予丰富而深刻的启迪。

一、胡人识宝传说散发着迷人的时代魅力

从《酉阳杂俎》等唐代笔记和宋人编纂的大型笔记小说丛书《太平广记》中，可以发现其中辑录和记录了众多唐代流传在民间的胡人识宝类传说。这些传说以其虚构性、幻想性、浪漫性、传奇性，反映出它们在大唐时代已经广泛地为人们津津乐道、口口相传，极大地满足着当时人们对所处时代的一种特别的现实景观的好奇，即对众多胡人来华经商、定居、从

政、朝贡的关注和关心。

从初唐至中唐的130年间，唐代就经历了贞观之治和开元之治。统治者开放、包容、自信的胸怀是有唐一代得以中兴的重要原因。早在即位之始，武德九年（626），唐太宗就表示："王者视四海如一家，封域之内，皆朕赤子。"贞观元年（627），他又说，"朕以天下为家"。贞观二十一年（647），他进一步阐述自己的观点："自古皆贵中华，贱夷狄，朕独爱之如一，故其种落皆依朕如父母。"这些思想对于一个强盛的王朝处理好与周边各民族乃至远方外洋的诸外域外国关系具有重要的历史意义。正是唐太宗在被回纥等族拥戴为"天可汗"（贞观四年），成为各部族的最高首领后，贞观二十一年，北部、西部各族还在回纥以南、突厥以北建立了一条"参天可汗道"。其间置六十八驿，以马匹和酒肉供应过使。这进一步打通和保障了大唐向更远的地域、国度和部族的交通往来。波斯、大食商人纷至沓来，长安、洛阳、广州、扬州等大城市商贾云集，各种肤色、不同语言的商人来来往往。唐玄宗时官修，成书于开元二十六年（738）的《大唐六典》，列举的开元时期前来朝贡的藩国多达70余国，包括了东亚的日本、朝鲜、东南亚诸国，西域诸国，直至南亚、中亚和地中海地区的一些国家。唐朝有鸿胪寺接待各国使节宾客，各地也设有商馆招待外商，朝廷设置互市监、市舶司掌管对外贸易，长安城还形成了以胡商为主的"西市"，留居此地的胡人多达5000余家。

与此同时，大唐之初，亚洲西端的阿拉伯帝国崛起，历经四大哈里发时期、倭马亚和阿巴斯王朝三个时期，唐人称后两个时期为白衣大食、黑衣大食。《旧唐书》载："永徽二年（651）八月乙丑，大食国遣唐使朝献。"宋代的《册府元龟》和《资治通鉴》统计，651年至798年，阿拉伯遣唐使达40次。851年，阿拉伯航海家苏莱曼见于著述的文字描述当时仅广州的阿拉伯商人和外国商人就多达10万人。《册府元龟》记阿巴斯王朝（黑衣大食）使臣来华，751年后50年间几乎从未中断，多次记有"黑衣大食遣使""献方物"。中国西域以外的国家地理格局的变化和变迁，使中国对外来"胡人"的指称在唐时就已逐渐从泛指西域、外域商人，逐渐特指或着重指"阿拉伯商人"。

在阿拉伯地区，波斯人以伊朗地区为中心建立的波斯帝国历经起起落落，但一直是中亚的强大帝国，虽然它在公元651年亡于阿拉伯帝国，公元874年才又重建波斯帝国，但"波斯国"字样在《梁书》《周书》《隋书》中不乏记载，并多伴有"其王遣使来献方物"的表述。因而，延至唐代民间，"波斯人"也实际上是特指泛指胡人胡商的一种。

《太平广记》辑唐时薛用弱的《集异记》中有一则唐代胡人识宝传说，讲了一个波斯老胡人的故事。唐代开元初年，浚仪县尉李勉在当官期满后坐船沿汴水去广陵游玩。船到睢阳，遇上一位有病的波斯老胡人（波斯胡老）。老人对李勉说自己病重，想回江都，希望得到帮助。李勉可怜他，让他上了船并给他吃的。老胡人感激万分，说自己本是王公贵族之后，出来做买卖已20多年了，家里还有三个儿子，他们会来找自己的。路上，老胡人病危，他告诉李勉，自己的国家丢了传国宝珠，征求能把宝珠找回的人。他是王公贵族，这正是报国之时，就离乡出来寻宝，幸好最近已经找到。这颗宝珠价值百万，为安全起见，就剖开自己的肉把宝珠藏在肉体中，现在得病要死了，为感救命之恩，这颗宝珠就送给李勉。说完就抽刀剖腿，珠出人亡。李勉把老胡人葬在淮水岸边，把宝珠放进老胡人的口中。后来，李勉抵达维扬（扬州），忽然与一群胡人相伴，就与他们交谈，其中一位胡人很像死去的老胡人。李勉与之攀谈，果然正是老胡人的儿子。于是李勉告之原委，带他到埋老胡人的地方。年轻胡人大哭一场后，掘开坟墓取出宝珠后走了。

这则传说间接地反映了波斯帝国的兴亡变迁，也反映了中土唐人与波斯胡人的友好关系。波斯国宝流失到中土,波斯王族来华寻宝,经商20余年。老人的儿子和许多胡人都在中国生存。唐人与胡人相处互不见怪,习以为常。波斯国的国宝并没有引起唐人的惊讶或贪财,而是以平常心待之。但是胡人与宝是常常关联的。在平静的讲述中,唐人对于胡人远道而来,是予以深切同情的,对他们的遭遇给予了悲悯和关怀。这则传说在唐代胡人识宝传说中具有典型性和代表性,其内容包含丰富的时代信息,情节生动曲折,情感深沉朴实,真实地反映了大唐时代的民间生活,具有隽永的文化魅力。

二、胡人识宝传说的几种类型

假如说波斯老胡人寻宝、得宝、赠宝、还宝的传说反映了胡人识宝传说的基本形态的话,那么随着唐人与胡人交往的加深,胡人识宝传说的内容也越来越丰富了。唐代至宋初的《酉阳杂俎》《宣室志》《稽神录》《广异记》《纪闻》《原化记》《集异记》《独异志》《尚书故实》《玄怪录》《续玄怪录》《乐府杂录》《金华子杂编》等文集记录了数十则此类传说,情节和内容都十分丰富。在已经钩沉稽录的数十则唐代胡人识宝传说中,我们把它们按照宝物的性质可分为如下类别:

1. 宝物来自外使进献或外域传入的胡人识宝传说。比如前引波斯老胡人寻回的国宝。这类宝物,有波斯国宝、大食国宝、罽宾国国宝,或者是"西国进献",或者"胡人国王至宝"之类。

皇甫氏的《原化记》讲了一个胡人国王的"宝母"传说:安史之乱间,有一个叫魏生的人,家里由盛而衰,他携妻避难江南,后又乘船返乡,经过虔州(今赣县)时,看见河滩上冒热气,近前一看,是块手掌大的青赤石片,就捡起走了。回乡后一时无事,租房度日,旧识的一些胡商可怜他，不时周济他。这些胡商按胡俗每年都举行展示自己宝物的"宝会"，谁宝物多而贵，谁就戴着帽子坐上席。有一次，胡商举办"宝会"，魏生也去参加，想起自己当时捡到的石片就揣上了它。他不好意思说出自己的物件，就悄悄坐在末席。饭后众人献宝，坐在上席的胡人拿出了四颗明珠，每颗都直径过寸。众胡人全站起来，向首席胡人稽首拜礼。然后大家依次亮宝。三枚两枚的，全是珍宝。轮到魏生，大家笑他："你有宝吗？"他说："有。"于是拿出石块。想不到30多位在场的胡人见后全都起立，把他扶上首席。老一点儿的胡人还当场泪流满面。众胡人一致要求魏生把宝卖给他们，出价多少给多少，决不还价。魏生也不客气，要价一百万。想不到众人齐怒，说："为什么要看低我们的宝物呢？"然后加价到一千万。魏生悄悄问一位胡人这是什么缘故。胡人说："这是我们国家的宝物，因为战乱已丢失30多年了。国王多次下令求寻，谁找到拜谁为国相。这次找到它带回国去，人人都能重赏。"魏生又问这是什么宝。胡人说："这是宝母啊，每月十五日，国王都要亲自到海岸设坛祭奠，把宝放在祭坛上，到晚上，各种珍珠宝贝就会自动聚拢而来。所以把它叫作'宝母'。"

这则传说，胡人所在国度不明，从祭海情节看，似是一个滨海国家。魏生从北方到南方避难，在虔州水边拾得宝物，说明宝物和胡人们都是从水路来到大唐的。几十年来，胡人聚居中国，不仅与中土人士相处甚洽，互相友好，而且坚持着自己的风俗：戴帽、排座次、比宝、年会等。但是中、外的区别和各自的家国情怀，胡人对国事的担忧，对国宝的尊崇、骄傲、自豪，依然强烈而鲜明。这说明胡人们的怀乡，也说明这时唐人、胡人之间的交往还是一种国际关系的交往与相处。

《续玄怪录》记述了一个更加传奇和神话性的"镇国碗"传说，直接说到了"罽宾国"。其中的中国和外国概念也十分醒目。传说大概是这样的：

洛阳人刘贯词在苏州乞讨。洛水的龙神之子蔡霞让刘带一封书信回洛阳老家，并给了他路费。刘回到洛水河畔见了蔡的母亲和妹妹。蔡母取出罽宾国旧宝"镇国碗"赠给刘作为答谢。蔡霞妹妹告诉刘，这碗是罽宾国祛灾驱鬼用的，在唐没有用，可卖10万钱，少了不卖。刘拿着碗告辞。路上看这碗实在平常，心起疑惑。他到市集上去卖，果然也没人肯出高价，不过几百钱而已。想到龙神叮嘱，他也没有出手，直到一年后在洛水边的西市碰到一个胡人。胡人见碗大喜，问价。刘说要20万，胡商说，这不是中国的宝物，中国人拿它也没有用，但它的价岂止20万？最后两人以10万成交。胡人告诉刘，在罽宾国，这只碗可为人免灾，现在碗丢了，国家持续闹饥荒并发生兵戎之祸。据说是一个龙子偷了它，已经4年了，国王正用全国半年的税收赎碗。问怎样得的宝。刘如实相告，胡人说，罽宾国守宝的龙正追寻蔡霞，所以他不敢回家。阴冥世界惩罚严厉，所以才托你送信取宝。50天后必大雨，涨洛水，那就是蔡霞回乡了。刘问为什么要50天，胡人说，他携碗越过岭南，需要50天，那以后蔡霞才敢回来。50天后，果然雨后洛水大涨。

罽宾国与中国往来在汉代即见于史籍。它的位置在今印度西北和巴基斯坦东北的喀什米尔地区，是古代西域诸国之一。这个传说再次强调了该国的宝物不能用于大唐，这为此宝为何流落大唐而没有引发同样的神力作出了解释，也为许多神奇宝物最终要"返国"提供了传说的可信逻辑。虽然大唐与罽宾国是两个不同的国度，但两国神龙却是同一个冥间世界的神灵，互相之间不仅往来，而且属于同一戒律管辖。这个情节实际上是与两国之间民间宗教信仰相同相似和当时的佛教互相传播有关系。信仰和神灵的相似性，是传说中神龙互通的现实基础。胡人返国走的路线是从洛阳洛水往岭南走，说明他走的也是海路。在此之前，东晋时期的法显去天竺学佛取经，去的时候是旱路走西北西域，回国的时候则是走海路，经印度洋过马六甲一路沿海岸北上。这则传说再次证明，神龙相通，不仅表征大唐和西域诸国宗教信仰的相通，也表征着东亚南亚之间海路的相通，说明"海上丝绸之路"在东来西往的胡人和唐人中是很熟悉并常有来往的，每段路程所需时日也成为常识。唐代的中国水路交通世界，《旧唐书·列传》卷四十四《崔融传》曾记其盛况："天下诸津，舟航所聚，旁通巴汉，前指闽越，七泽十薮，三江五湖，控引河洛，兼包淮海，弘舸巨舰，千轴万艘，交贸往还，昧旦永日。"

2."西国进献"的宝物传说。有若干胡人识宝传说的篇什都十分明确地指出这类宝物的出处。《广异记》有一段传说，甚至颇有些纪实文学的味道：武则天时，西国进献的珍宝里有一枚青泥珠。其珠拇指大小，发青。武则天不觉它的贵重，将它送给了西明寺的僧人。僧人则把珠子嵌在神像的额头上。后来僧人讲经时，有个听经的胡人总是盯着珠子，僧人见状起疑，遂问胡人是否想买此珠，胡人承认并愿出高价。僧人要价一千贯，胡人却说太低了，两人相商涨到一万贯，胡人还是说低，最后以十万贯成交。胡人买珠后，剖开腿上的肉将珠纳入其中，然后要回西国。僧人将此事禀奏武则天，武则天下令寻找胡人。几天后找到，问他宝珠何在，胡人说吞到肚子里了。找他的人威胁要剖他肚子，胡人只好从腿肉中取出宝珠。武则天召见胡人，问他花重金买宝有什么用。胡人说，西国有个青泥泊，泊中有许多珍珠宝贝，但淤泥很深，取不出宝。如果把这颗青泥珠投入泊中，淤泥就会成水，自然澄清，宝贝就可唾手而得。武则天于是将青泥珠当成宝贝。直到唐玄宗时，这珠还在。

这个传说中的西国宝物青泥珠，也不知是什么时候进献的，武则天已经不知它的来历和用处，听了胡人介绍，才又珍惜起来。这里面也反映了当时外国进献宝物，有一些是不可跨国使用的，有一些没有实用价值或者没有用于实际。由于事久年深，外国进献的国宝也变成平常之物并逐渐流落民间。《酉阳杂俎》也记了一则宰相李林甫向民间随意散放宫廷收藏，其中一段朽钉一样的东西被认为是完全不值钱的物件，不想在西市被胡人看见，指为"宝骨"，以千万钱买走。这大概是相当于"舍利子"之类的宝物了。

与"进献"类相关相似的是一些传说中的宝物明确来自胡地，由胡人带入中土，又由胡人寻得并赠予中土唐人，最后又被胡人购走。这类传说通过宝物经手胡人传至唐人，又回至胡人，描述了宝物与中土、胡人与唐人的交往、交情、交易。《集异记》中有这样一个故事：一个胡人为报恩邻居唐人，送他一宝，又说此宝中土人不识也无用。宝是胡人在外国寻得，带入中土，可用于入海。建议邻居唐人最后再卖给胡人。此中透露出胡人的寻宝是世界性活动。《尚书故实》有一则讲的是生病的波斯人给唐人留下珠子，10年后，珠子含在死人口中，死者的面目依然如初。类似的传说在其他笔记中也多有记述，其中都有生病或病危的波斯胡人，把自带自藏的珍珠赠给了同情和帮助他的唐人。这些传说，不仅反映胡人从民间渠道带来域外珍宝，更赋予传奇的温馨情调，讲述着胡人与唐人之间的温情人性。

3. 来自天上、天然或仙界的超自然宝物传说。这类宝物，被中土唐人发现收藏却并不知情，胡人别宝识之，买去。这类传说进一步把胡人识宝的特异才能神奇化，与前述传说往往强调中土唐人持宝无用不同，着重强调的是中土唐人的不识或不能识宝。

徐铉的《稽神录》讲了这样一个传说：有个姓岑的人游山时看见溪水中有两块大如莲子的白石头，两石互相追逐嬉戏。岑氏把它们抓住带回家放在箱子里。当天晚上，他梦见两个白衣美女自称姐妹，前来奉侍左右，岑氏醒来知道两块石头非同寻常，就藏在身上。后来，他在豫章（江西）被一个胡人拦住，问他身上是否带有宝贝。他说是，于是掏出两块白石给胡人看。胡人出价三万钱购买。岑氏虽知此是宝物，但又自觉留着没有别的用途，就很高兴地卖给了胡人。岑氏由此而富。但他也一直遗憾自己当时为什么没有问问那石头的名字和用处。

这个传说中的岑氏所得之宝来自中国的天然环境里。其实它们已经显灵，但岑氏贪于胡人的高价，为了致富，卖掉了它们，只是后来一直后悔没有刨根问底。胡人则具有高超的识宝能力，没见宝就知谁身上藏着宝，而且肯出高价。这说明宝物的真正市场不在中国而在国外，胡人的寻宝购宝是基于一个外部的国际宝物市场。

张读的《宣室志》讲述的一个传说则涉及唐代长安和广陵（扬州）之间的市场对比。一个叫韦弇的人，原是长安人，开元年间落第后就寄居蜀地。有一次在蜀郡郊外的亭子前，看见了十几位仙女在那里翩翩起舞。韦弇问她们是什么人，答是玉清仙女，特约韦氏前来托事。仙女托韦氏将一支"紫云"乐曲带给唐天子。韦氏认为自己一介平民连天子大门都看不到，这事办不到。仙女也不勉强，说她们自己托梦去送就是。但也要送三件宝贝给韦氏。一是碧瑶杯，二是红麸枕，三是紫玉匣。韦氏辞别后回到长安，第二年又落了第就到了广陵。他把三件宝物拿到市场，有一个胡人见后立马下拜说：这是天下奇宝啊，尽管已经千万年了，但是从来没有人得到过它们，你是怎么得的呢。韦氏以实情相告，并问这是什么宝。胡人说："这是玉清三宝。"胡人用数千万钱买去三宝。韦氏则从此定居广陵，置办房产成为土豪，到老也没有做过官。

在这里，胡人对中土流传的道教信仰也十分熟悉，连中土文人都不认识的有中国特色的天上宝物，胡人也一眼就识出，而且顶礼膜拜，知其来龙去脉。其中，胡人识宝的眼力已经深入中国文化的深层次核心世界了，或者说讲述传说的中国人让被讲述的胡人更加懂得中国了。胡人识宝的能力眼力也更加神奇，更加亲近中土文化。扬州，在唐代则是胡人众多、胡汉交往深入骨髓的地方。

此外,《原化记》讲了一则一个守船人得了一颗宝珠,但不知其宝,最后被胡人高价买走的故事。《宣室志》还讲了一个由龙赠送的龙珠,被胡人识别为"骊龙之宝"买走的故事。《广异记》有这样一则传说,胡人在中土发现了方石中的宝珠,后来从海路返乡,在海上被风浪所困,胡人知道这是海神索要宝贝,在众人为保命的逼迫下只好奉出。海神便从水中伸出一只毛茸茸的手拿走了珠子。《原化记》中的"破山剑"传说,也是这类中土的天然宝物,中土唐人不但不识反而误解误会,最后误用了一下,败坏了宝物的灵性和效用。

4. 不可想象、不可思议的宝物的传说。这类传说使胡人与宝物之间发生了更加令人称奇的联系。

《宣室志》中有一则"面虫"的传说。吴郡的陆颙,从小喜欢吃面食,长大后他到长安参加会试又在太学中学习。一些胡人主动与他接近,说了他一些好话,又与他一起宴饮,还不断找他并送他黄金和丝绸。后来他避开胡人另居一处,不想胡人又找到他,告诉他实情。胡人问他是否喜欢面食,陆颙答是。胡人告诉他,是他肚子里有一条虫喜欢吃面。于是给他一些药来打虫。陆颙照办,果然吐出一条二寸左右的青虫。胡人说,这叫消面虫,是天下奇宝。原来胡人从宝气连天的征象上发现了陆颙和他的行踪。胡人又告诉了他许多这个虫子的习性。说它是天下奇宝,是中和之气的精华。后来胡人用了一车的金玉丝绸与陆颙交换宝虫。一年后,胡人又来邀陆颙现场去海中游览并观看宝虫的作用。到了海边,一群胡人住下搭起锅灶煮油,放虫入鼎,火炼七天,终于使一个穿青袄的小孩从海水出来,托着一盘寸径的珍珠,后又出来一位美女披玉饰珠,也捧着一盘数十枚珍珠献给胡人。他们都被胡人骂走了。终于又出一位仙人,捧着一枚直径二寸的珠子,光彩四射,献给胡人。胡人这才收下,并对陆颙说,最好的宝贝来了。然后灭了火,取出虫子,放回金匣。虫子完好如初,蹦跳如常。胡人吞下大珠,带着陆颙下海,海水自然分开。他们到了龙宫,见到了堆积如山的奇珍异宝。他们拿了一些,胡人说这些可以换得亿万钱,送给陆颙好几种珍宝。陆颙果然用它们卖了大价钱。

观察宝气是胡人识宝的秘诀,所以他们屡屡不用唐人相告就先知道唐人身上有宝。但是,他们不仅于此,而且有着丰富的海洋知识,从而知道宝物的使用方法,会用宝物深入或漂行海洋,从海洋中取得更多珍宝。这个传说情节和细节更加丰富,宝物和识宝用宝,以及宝物中蕴含的精神理念也更加融合中国的民间信仰和精神理念,故事也更加小说化、文学化,是识宝传说后期的一种变异性文本。《广异记》记了一个中土官吏能吃生鱼,后来口吐一物并拿到扬州去卖,被那里的胡人高价求购,说是要拿去治他们国家太子的病。这个宝物叫"销鱼精"。《乐府杂录》里有一则传说:一个老妪在外面卖旧锦织的破被褥,被人买去后又被一个波斯胡人发现,胡人告之这是冰蚕丝织物,炎热时可使满室清凉。胡人出价千万买下。胡人对宝物的认识已经到达中国文化的肌理,对冰蚕丝的认识甚至超过了丝绸之乡的中土唐人。

5. 识别与宫廷收藏有关的宝物传说。这类宝物存于或得于宫廷收藏或墓葬,间接地从一个侧面反映了中国与海外的朝贡和国际交往关系及其历史。其中的胡人重新发掘了宝物的功能和价值,也揭开了过往的历史真相和秘密。

《宣室志》的一则传说讲一个胡人发现旧宝的故事。

在咸阳岳寺后面,有一顶北周武帝的帽子,上缀一珠,大如瑞梅,由于年久,历代都已不把它当珍宝了。到了唐武则天时,有一位士人见到这颗珍珠,不经意地取了下来,拿走了。第二天他去扬州收债,途中住在客栈里,夜间听到胡人斗宝,就去观看,无意说了那颗北周武帝帽子上的珠子。几位胡人大惊,说早就听说中国有此一宝,他们就是来寻它的。众人让士人赶快去取珠子,扬州的债款胡人按数付给他。士人就这样返回咸阳取来珠子。几位胡人见宝兴高采烈,饮酒庆祝了十几天。他们问士人要多少钱。士人大胆喊了一千缗的价,胡人大笑,说他侮辱了这颗宝珠。几个胡人一商议,给了他五万缗。他们还邀他一起到海上见识珠子的神奇。他们来到东海上,胡人用银锅金瓶煮那珠子,煮了七天,出来两位老人带着百余人和许多宝物,要赎那珠子。胡人不允,他们又带来更多的堆积如山的宝贝,胡人依然不允。30多天以后,老人与众人散去,出来两位洁白端庄的龙女,她们跳入盛珠子的金瓶之中,与珠子融为一体,成为膏状物。士人问询原委,一个胡人告知说这颗珠子是至宝,由两个龙女守卫,诸龙爱怜二女,故用很多宝物相赎。但我图的是超凡入仙,难道还贪恋这些人间财富吗?说完,胡人用膏药涂脚,在水上行走,舍船而去。其他胡人纷纷说,"是我们一起买下宝珠,为什么你独占好处,你走了,我们去哪里"。那个胡人让他们用煮珠的醍醐涂船,这样可顺风还家。众人照办。不知那个"大胡"究竟去了哪里。

这里的宝珠是帝王衣冠上的宝饰,虽然胡人听说中国有此宝,似乎也可理解成胡人早就知道这个宝物"献"到中国来了。宝物作为海上奇珍,神奇的功能又只有这位熟悉海事的胡人谙熟,可以推定是来自国际交往的宝物,所以才有被中土唐人忽略的遭际。这说明在大唐盛世前后,许多国家送来了许多的"国宝",这才有后世引发出来的胡人寻宝热潮,唐代胡人识宝传说的大量出现和被广泛传讲,正是这一历史现实的生动而真实的反映。唐代裴铏的《传奇》中的崔炜事迹更是直接提到距唐已经一千余年前的汉初南越王赵佗的历史,把赵佗墓中的"阳燧珠"与大食国的国宝联系起来,以老胡人之口说出阳燧珠是赵佗派人盗走的,如今找到意欲购回。为了使"国宝"回家合法化,老胡人虚构了一千年前赵佗派人盗大食国国宝的故事。其实，赵佗在南越称王时期对海上丝绸之路的初创是大有功劳的。中国20世纪80年代的重大考古发现之一——第二代南越王赵眜墓中就出土了各类随葬品一万余件，其中就有古波斯银盒、蓝色平板玻璃牌饰等大批珍品。可见，此传说中的阳燧珠即使是域外国宝，也应该是两国友好交往的结果。

当然，从形式来看，以上这些唐代胡人识宝传说都具有民间传说类型化的特征：（一）某人或某处有珍宝而人所不识，胡人识之，胡人给予高出想象的价格将宝买走，剖肉藏之——用这样的母题类型组合而成。（二）由某人同情胡人，胡人遇难或病危，托宝唐人，嘱其卖与胡人可得重金，某胡人见宝大喜或大悲，重金购宝，这是另一变异类型。（三）某人得到或拥有一物不知其宝，胡人识之，重金讨购，他们一起到海上见识宝物功效，胡人用宝逼出仙人并获得更多更珍贵的宝贝等。这些组合变式和母题形式，组成了大同小异或小同大异但又丰富多彩的胡人识宝传说。这些类型化的形式特征恰恰说明了通过唐代书面文字和书籍流传下来的胡人识宝传说，正是被记录的唐代流行的口头文学。

三、历史"宝物"与传说"宝物"的比较分析

唐代的对外开放及其与世界各国的广泛交往，使从外域传入中土的物产、进献和文化比此前和此后的各个历史朝代都要显得五彩缤纷。目前所见，对唐代文物的考古发掘发现中有众多的胡俑塑像，其中有明显的不同于黄色人种的黑人人种、白人人种，出现了许多包括中亚、西亚、南亚、欧洲和非洲的人像俑。骑骆驼、牵骆驼和坐在骆驼上的粟特人或胡人乐舞队也多次出土。"胡风盛炽"已经是大唐繁荣的一个重要标志性景观和民风民俗。唐代的诗人们更是在唐诗中留下了许多鲜活生动的吟唱。不仅

有众多类似于"胡旋女,胡旋女,心应弦,手应鼓"(白居易)、"胡人献女能胡旋"(元稹)的诗句,也有许多涉及胡人献宝或胡地宝物的唐人诗句,如"胡人岁献葡萄酒"(鲍防《杂感》)、"驱犀乘传来万里"(白居易《驯犀》)、"洛阳家家学胡乐"(王建《凉州行》)、"胡人吹玉笛"(李白《观胡人吹笛》)、"执玉来朝远,还珠入贡频"(包何《送泉州李使君之任》)等。

著名唐史学者向达先生在其1933年发表的名作《唐代长安与西域文明》中专节研究了"流寓长安之西域人",其中特别提到"波斯诸国胡人"。他指出:"唐时波斯商胡懋迁往来于广州、洪州、扬州、长安诸地者甚众,唐人书中时时纪及此辈。"[1] 他还特别指出当时来华最著名的波斯人是波斯萨珊王朝的两位皇室。"唐时流寓长安之波斯人,最显赫者自推波斯萨珊王朝(Sassan)后裔卑路斯(Firuz)及其子泥涅斯(Narses)二人。卑路斯为伊嗣俟(Isdigerd)子。伊嗣俟为大酋所逐,奔吐火罗,中道为大食所杀。卑路斯穷无所归,咸亨间乃至中国,客死长安。长安醴泉坊之波斯胡寺,即卑路斯请立以处波斯人者。子泥涅斯志图恢复,调露初因唐之助,终未能果;景龙二年(708)复返长安,埋骨中土。此为客死长安之名波斯人也。"[2] 这是波斯萨珊王朝末代皇帝之子孙来大唐避难并力图复国的历史,事虽未成,父子两人终死于中土,这件事在大唐上下想必影响甚巨。难怪唐代胡人寻宝传说中有那么多的波斯胡人和波斯国宝流失的事。向达先生的著述中还有"西市胡店与胡姬"的研究,引用明代典籍关于唐代胡人识宝的议论。北宋时钱易的《南部新书》说:"西市胡人贵蚌而贱蛇珠,蛇珠者蛇所吐尔,唯胡人辨之。"[3] 向达先生评道:"皆云西市有贾胡及波斯邸,能辨识珠宝。"[4] 这说明在唐和唐后很长时间,"胡人识宝"是比较广泛的说法并有社会性的共识,由此才生出这么多的识宝传说来解读和夸大这一史识和史实。

美国汉学家薛爱华1963年出版的《撒马尔罕的金桃——唐代舶来品研究》，对域外传入中国大唐的物产等进行了全面的梳理和研究，列出成千上万种的事物。书中的章节列出的外来人、事和舶来品有人（俘虏、奴隶、人质、贡人、乐人、舞伎等）、家畜、野兽、飞禽、毛皮和羽毛、植物、木材、食物、香料、药物、纺织品、颜料、工业用矿石、宝石、金属制品、世俗器物、宗教器物、书籍等，可谓涉猎广泛、钩沉细致。由此可以真实可信、细致入微地感受到大唐接纳外来事物巨细无遗、来者不拒的壮阔景象。其中在"宝石"一章中提到的外域入华宝物就有"奇珍""名宝""罽宾献宝带""西突厥可汗献宝钿金带""金银珠宝十五种""大食使臣献宝钿带""珠宝""一枚大珠""宝石""水精珠""白玉""黑玉""美玉""月光宝石""昆仑玉盏杯""白玉环""玉带""各种神话动物形象的玉雕作品""玉鱼儿""玉兽""玉龙子""玉像""水晶杯""却火雀""水精钗""象牙""玛瑙""光玉髓花瓶""玛瑙床""玛瑙杯""石绿""孔雀石""碧玕""天青石""蓝宝石""瑟瑟""真金""云珠""瑟瑟珠""琥珀""金精""拂林国献赤颇黎、绿颇黎""吐火罗献红颇梨、生玛瑙、生金精""玻璃""蕃琉璃""玻璨""碧玻璃""红玻璃""火珠""阳燧""夜光珠""金饰象笏""犀角""犀角如意""鱼牙""真珠""上清珠""大珠""无孔真珠""波斯再献真珠""玳瑁""车渠""珍珠母""珊瑚""煤玉"等。这些为中土朝野津津乐道的主要来自周边各国进献的宝石宝物中，有的是天然形成的奇石奇物，有些是稀有材料做成的宝物，有些是化学合成的结晶，有些是稀有材质与人工精雕的工艺美术品。但是一般看来，都不是实际实用的宝物，而是身份、神器、饰物等。所以，开国之初的唐高宗还曾经为了宣示自己的"德行重于财富"，婉拒过外国友好的进献。《旧唐书》记载，唐立国之始，西突厥可汗被唐朝皇帝赐封归义郡王称号时，他向天命所归的唐高祖贡献了一枚大珠,"高祖劳之曰:'珠信为宝,所重者赤心,珠无所用。'竟不受之"(卷194下)[5]。唐皇帝的言行可能影响了唐人对待胡人识宝和自己持宝的态度:不重收藏和拥有,无论多么神奇,用来换钱即可,不指望用它们换取其终极性的价值,国际市场的最大利润或者终极性的使用价值,当下卖个大价钱就大喜过望、大感意外了。这是唐代胡人识宝传说的一个基本的调性。

我们再来看看唐代出土和出水文物中的宝物。1970年,陕西西安市碑林区何家村出土了稀世唐代珍宝1000余件,震惊世界。这些珍宝埋葬在两个大陶瓮和一个银罐中,大都是海内外的孤品,以金银器为最多。著名的器物有鎏金舞马衔杯银壶、金开元通宝30枚、葡萄花鸟纹银香囊、整套炼金丹的药具和丹砂、仕女狩猎纹八瓣银杯、金梳、金碗、金盆、金筐、银盘、银碗、玉带、鎏金鹦鹉提梁银罐、小金龙一组、兽首玛瑙杯等,被公认是唐宫廷之物。如此丰富的唐代金银器宝藏集中出土,是目前为止空前绝后的一次考古发现。何家村遗宝中既有非常中国化、本土化的器物,也有众多外来文化遗物,除可观的异域钱币外,值得注意的是粟特入华的素面罐形带把银杯,西亚风格的镶金兽首玛瑙杯,罗马风格的狩猎纹高足银杯,等等。何家村遗宝显然是在一次战乱中匆匆埋下的,其器物的纹饰风格有初唐的,也有中晚唐的,其中有明确标示刻记开元十九年(731)字样的租庸调银饼,说明它的埋藏时间不早于731年。学者推测是755年到805年间埋下的(此间783年发生过泾原兵变)。

1998年在马六甲海峡发现的唐代沉船"黑石号"大食商船,出水文物价值可与何家村文物媲美。沉船出水文物6.7万件,大多为中国瓷器,另有古币"开元通宝"和10件精美金器,以及24件银器、18枚银铤、30件铜镜等。其中陶瓷出现大量过去鲜为人知的长沙铜官窑产品,另有三件唐青花也被今人视为至宝,金银器则有与何家村相类的器物,等等。

日本奈良时代756年启用的正仓院也是当今收藏唐代文物最丰富、最真实、最有序的地方。正仓院藏品作为日本皇室藏物，有许多当时的唐代物品或宝件，包括：一是唐代传入日本的中华文物，二是经中国传入日本的波斯等西域文物，三是奈良时代日本模仿中华文物所制作之物。总数300余件，有绘画、剑、镜、武器、乐器、佛具、法器、文房四宝、服饰、餐具、玩具、图书、药品、香料、漆器、陶器、染织品、玻璃品等，其中最可珍贵的文物是螺钿紫檀阮咸、螺钿紫檀五弦琵琶、金银平脱八角镜箱、银平脱八面镜箱、黄金琉璃钿背十二棱镜、漆金箔绘盘、羊木藤缬屏风、树下美人图屏风、碧琉璃杯、漆胡瓶、伎乐面等。基本上可以说这些物品在当时有些有一定等级，属于皇室宝藏，但更多的则是日常日用之物，不属于神奇型宝物。只是由于传承有序，当时的任何物件到今天自然都会无比宝贵起来。

中国大陆多年来的考古发掘，特别是丝绸之路文物考古，也发现了大量的奇特宝藏和文物。如法门寺窖藏文物，丝绸之路沿途省、自治区和几个著名古都的发掘和考古报告，也有相当数量的珍宝。只是这个当代文物珍宝（如国家一级文物）与我们讨论的唐代胡人识宝之宝还是有所不同或所指范围、性质不尽相同。国家文物是由文物等级、年代、文化内涵、历史价值来确定的，当时一件俗物或民俗器物，也会上升为今天的国宝或一级文物，而当时的传说宝物，一定要有它的神奇性。所以，我们不能简单地把出土和出水的唐代胡人俑、器皿、金银、碗罐、陶瓷、乐器等视为传说中的"宝物"。当然，这些出土文物、法门寺地宫珍宝、何家村遗宝、"黑石号"文物和正仓院藏宝也都有许多稀世珍宝，它们中有些物什、珍藏、极品也有着胡人识宝中宝物的影子。

通过对胡人识宝传说中的宝物名称统计，可以发现传说所述宝物相对集中在珠类宝物上，也有一些神奇材料或普通但有神性的材料。唐代胡人识宝传说中的宝物,大约有宝骨、白石、宝珠、龙珠、青泥珠、方石、水珠、宝母、清水珠、珍珠、腹虫、阳燧珠、破山剑、夜光珠、镇国碗、销鱼精、冰蚕丝、象牙、琉璃珠、白玉盒子、龙食、龟宝等。这个宝物的种类比唐代传奇、笔记、史籍记述或叙述的各种宝物要少一些,比考古类文物宝贝的种类也要少不少,比薛爱华在《撒马尔罕的金桃——唐代舶来品研究》中钩沉的宝石种类更要少很多。胡人识宝传说的宝物多集中在"珠"这样一个既实也虚的品类上,还有一些虚构性宝物,难与现实存物比较,这是传说的文学性使然。用"珠"做传说之宝不仅因为它是唐代进献、史载、现实中最常见也最珍贵的珍宝,还与它的体积更加适用于胡人剖肉藏宝这样的情节设置。甚至是为了保留剖肉藏宝情节而不得不虚化、小化、单一化"宝物",使"宝"只具有叙述的象征功能即可。这说明剖肉藏宝情节有着更加古老的来源,与一种更原始、更宗教性的血祭有关,是巫术仪式的遗存。英国人类学家詹·乔·弗雷泽在其著作《金枝》中阐述过类似的原始法则。他指出:"有些人不仅把自己的生命同无生命的物体以及植物互相交感地联系在一起……新赫布里底群岛中莫塔岛上的美拉尼西亚人,在日常生活中都体现出灵魂存在于体外的概念。在莫塔语里,'塔曼纽'(tamauiu)一词意思是'某种有生命或无生命的东西',有人以为自己和这件东西之间有着亲密关系……并非每个莫塔人都有自己的塔曼纽,只是有些人想象自己跟蜥蜴、蛇,也可能某块石头有这种关系。有时这件东西要经过寻找才能发现……当地土人相信只要召唤,它就会来,与它有此种关系的人,生命就同这东西的生命(如是活物,便同它的生命,如是无生命的东西,便同它的安全)紧密联在一起:若该物死了,或该无生命之物受损坏或丢失了,其人也就死亡。"[6] 弗雷泽的这个观点和材料,使我们意识到为什么唐代胡人识宝传说中除了几乎每篇都有胡人剖肉的情节外,还有这些胡人为什么能未卜先知地识宝,有些宝被败坏以后,胡人一眼就发现了问题所在。应该说，弗雷泽的这个理论能够很好地解释这些神奇的现象。这也表明，这类传说，不仅有现实的生活的影像和影子，也有古老的巫术传统，是一种古老习俗在传说时代的世俗化、日常生活化的表现而已。

四、胡人识宝传说的价值及对今天的启示

经过一千多年的岁月沉淀，中国历史经历过大唐盛世的开放之后，又在岁月的风云变幻中几经烽火战争、改朝换代、开放闭锁、兴衰哀荣。是不是能够正确地向外敞开，能否充分地了解和把握世界的变化，以什么样的胸襟与气度对待他者和外来文明，是变幻无定的历史风云中可以捕捉其规律的几条测试历史的重要的草蛇灰线。

唐代的胡人识宝传说具有丰富的意义和内涵，即使从今天的眼光来看，也具有重要的文化价值和思想启示。

1. 作为口头文学的价值和意义

唐代的胡人识宝传说大量存见于唐时各种笔记、志怪、小说、传奇文本之中。因为有了文字的记录，这些口头传说才得以被确凿地记录并流传下来，获得除了口头传承以外的另一种口头文学的书面记载与传承。口头和文字的双重传承，是中国民间口头文学的独特优势：一是中国文字文献发明得早，成熟度高，且又有纸张发明和印刷术发明予以保障、巩固和扩张；二是中华文明传承不绝、生生不息，构成连绵不断的传统，也使它的传承具有多样性、多方向性、多路径性；三是口头讲传与书面记述互相进入、互相转化，形成互动式的动态传承链。胡人识宝传说在唐代大量出现，表明过去那种神话式、幻想式为主的宝物传说，开始进入一个更具现实写照和生活常态的传说阶段，是宝物神话向宝物传说进行类型转化的历

史现象。唐代胡人识宝传说的"口传性"还表现在这个时代的众多民间口头文学都在文本文字的笔记体、小说化、传奇式的书写中被记录下来,印证了口头文学的年代和可考性。比如,唐代段成式的《酉阳杂俎》记载的"叶限"故事,经过中外学者的长期考据和研究,已经被公认是"灰姑娘"故事的最早文字记录。这个故事类型在民间文学"A-T 分类法"中被归为510A 型。经过中国民间文学三套集成普查工作以后的统计表明,它在中国流传于 20 多个民族之中,依然还在民族民间讲述之中,有作品(包括异文)70 多篇(这个数量的口头文学记录,较之同一文本被不同文字翻译和不同版本出版,性质和价值还是不同的)。欧洲的记载始见于 17 世纪法国作家夏尔·佩罗编撰的童话集《鹅妈妈的故事》,后又见于 19 世纪初德国的《格林童话》,从此广布世界,现已统计到的文本在欧洲就有 500 余个。中国的叶限作为灰姑娘最早见于记载的文本,其被记载的年代早于欧洲 700 余年。所以,美国民俗学家 R.D. 詹姆森为此惊叹:"中国这个灰姑娘故事的记载比西方最早的记载还早 700 年。这一事实提出了很多有价值的问题。"[7] 叶限作为灰姑娘型故事被记载,其实它本身也是一个宝物传说,它的核心情节和关键母题是"其轻如毛、履石无声"的"履",也就是一只除了叶限或灰姑娘谁也穿不上的宝鞋。这些都表明,在段成式于唐代记下这则传说以后,它的口头文本一直在流传,在传承和传播,直到成为今天这样一个包含着众多文化秘密和文化价值的口头与文本双重存在、双重传承的口头文学。此外,始于南朝至唐代记载而后见于中亚、西方的民间故事还有刘义庆(403—444)《幽明录》中的"妙音"与《一千零一夜》中"终身不笑者故事"同型,唐代谷神子著《博异志》中的"苏遏"与《一千零一夜》里"阿里·密斯里故事"同型,唐《幻异志》中的"板桥三娘"与《一千零一夜》中"波斯王子巴西睦遇女王施法"故事同型,《酉阳杂俎》中的阿主儿降龙故事与德国《尼伯龙根之歌》《沃尔桑格萨迦》有历史和传说的关联,《酉阳杂俎》中的"旁㧙"是两兄弟型故事的早期样本,里面包含的长鼻子母题,比意大利《木偶奇遇记》(1883)见于记载早了1000年。《旧唐书·大食传》所述大食西北有女儿国,阿拉伯作家盖兹威尼的《地理志》和著名的民间故事集《一千零一夜》等中也有女儿国,此中也有一脉相承的关系。

唐代胡人识宝传说也具有同样的传承与传播史。它在后来随着中国历史的变迁,特别是鸦片战争以后中西中外关系的变质,外来的胡人变成洋人,且洋人大肆掠夺中华珍宝、侵凌中国人民,于是,胡人识宝传说变异出一种"洋人盗宝"传说,借以揭露、批判、痛斥近代以来的外国侵略历史。与此同时,作为一种对比,也作为一种对历史的记忆,胡人识宝传说本身也在原汁原味、原样原型地传承与传播。1928年至1936年,我国著名民俗学、民间文艺学家钟敬文先生从广州来到杭州,不仅开设民间文学课程,也参与创办中国民俗学会,还与娄子匡、陶茂康合编了月刊《民间》(陶为出资者,编刊主要是钟、娄二人),共出过12期。这12期《民间》中发表了当时采风记录的口传文学胡人识宝传说21篇。[8]这些材料不久就被日本学者关注。1936年,日本近现代著名东洋史学者石田干之助便在日本刊物《民俗学》上发表文章《再论胡人采宝谭》,对这些千年以后仍然来自口传的采录表示了极大的"震惊":"这些故事不是从文献中抄出,而是将今日浙江绍兴、杭州等地实际口耳相传的故事采集记录而成的,让人震惊。"[9]钟敬文、娄子匡编《民间》所录"回回采宝"("胡人"在这里已演化为"回回")传说,大都与唐代胡人识宝传说有相同的情节,只是一些情节、名物、细节有时间流逝的影响和变化,但均鲜明地显示出两者的一脉相承和口口相传。这种千年演化的口头传承,使口头文学的研究价值极大地获得提升,而它那种口头讲述的浪漫、率直、单纯、朴拙,也使传说的文学价值闪耀出夺目的光辉。口头文学横向地传播之广和纵向上的传承之久都是巨大的文化谜团，仍然具有深入研究的丰富课题。

2.作为历史记忆的价值和意义

唐代胡人识宝传说，开启了对大唐盛世开放气象的历史记忆和口口相传。

首先，胡人识宝传说从多角度、多侧面反映了唐代中土人民与外来胡人的友好、友情、友谊。其中重点从这几个角度互相印证此一关系。一是中土人士对胡人的尊重与关爱。许多传说都叙述了唐人对流浪胡人、遇困胡人、病危胡人的帮助、关心、接济。正由于此种受助，才感动了胡人或托宝或托孤于唐人。二是传说中大量情节、细节表现唐人携宝、拥宝却并不识宝，但只要胡人征询都能坦诚相告，并无奸诈、欺瞒、哄骗的现象，表明唐人与胡人虽有买卖关系、虽然非亲非故，但他们之间存在普遍性和时代性的坦诚、信任、率真的性情和人际关系。三是胡人在受唐人相助后会有真诚的报答报恩举措，甚至是取出自己秘藏在腿肉之中的宝物来相赠相报。四是胡人在首先向唐人询问宝物价格时，往往会大大低估，这时的胡人并不是按常见的商人习性乘机低价得手，而是直言相告对方低估了宝物，有些胡人甚至表示如此低估有辱宝物或者有辱胡人国宝的尊贵、珍稀和品格。于是主动告以实价，出手以天价。这些都增加了宝物的传奇经历，但也更加有力地说明了唐人与胡人的坦诚相待的人际关系。而胡人之所以可以做到出手大方，也是与他们来华经商获得了巨大的商业利润，成为巨富有关。历史记载表明，唐代时来华的胡商中巨富者无数。在一本流行西亚的《印度流浪记》的散文集中，记述一个犹太商人凭着极少的资金，在883—884年到东方经商，913年回到阿曼后，顿成巨富，他献给了阿曼城统治者"一件顶端镶金的深色瓷壶"[10]。中国的考古报告中，西安附近唐墓发现了波斯萨珊王朝库斯老二世（590—627）银币，以及阿拉伯金币。1959年，考古工作者在新疆丝路古道上的考古发掘中，发现一处古代胡商的埋藏，里面有7世纪时的波斯、阿拉伯银币947枚，金条13根，似乎是商人遭遇抢劫之际，匆忙埋下，以后再没来取走。这些都直接或间接地说明了唐代胡商的获利和富足情况。

其次，胡人识宝传说，传递传播了大量丰富的关于域外、国外、海外的外部世界信息。其中以下几点尤其令人瞩目：一是中外关系大量出现"海外""海洋""海路"的信息。秦汉以来，中国与域外的关系，重点在西域和西域以西经陆路到达的域外之地。《旧唐书·地理志》记四夷与中原交往贡献的贡道有七条，多以陆路为主，但渤海道和广州通海夷道已经成为不可或缺的海路。《广异记》胡人买方石的传说中，波斯胡人得宝后回国走的就是海路。《原化记》中的"宝母"是胡人国家在海岸祭祀的国宝。"阳燧珠""金瓶煮珠""石油煎珠"的传说也都是来自海洋的胡人或寻找与海有关的珍宝。而历史记载也突出了海上丝绸之路的事实："蕃国岁来互市，奇珠、玳瑁、异香、文犀，皆浮海舶以来。"[11]天宝十年（751）高仙芝在怛逻斯战役中败于大食军队，陆上丝绸之路往西从此一度受阻，大唐与中亚西亚的来往更加依赖于海路，也使大唐胡人识宝传说中的胡人更多地与海洋发生关系。二是传说中的各种宝物，有很多都是域外胡国的国宝、重宝、珍宝，它们或是贡献后从宫廷流入民间，或是传说被人盗走流入中土，或是原因不明地流入异国他乡直到进入中土，这使宝物具有异国情调，也传达了丰富的外国信息。比如，有的宝物可用于沙漠取水，或澄清混浊之水，一旦丢失，举国伤痛，或者全国遭殃染病，等等，是中东沙漠国家的写照。三是传说中的胡人虽大多为胡商，但也有许多人是以胡商的身份来完成国家的使命，负有专门的特殊职责来寻宝，暗示在那个时代大唐和外国的关系具有多元性的特征，不仅有两国使节正常往来，也有战争和矛盾，还有民间大量的商旅行者。四是许多传说都言及宝物的国家性（地域性），意思是说这种宝物在大唐中土并无实用，或者在此无效只有在彼有效，而且唐人也不能识别，只有胡地胡人独擅识宝之道，某些宝物只有回到胡人国家才真正有用。这种说法反映了大量胡人客商长期从事珍宝生意具有专门的知识和特长，同时，也强调了胡地胡国与中土大唐的地域不同、地理不同、民俗不同、器物不同，在中土之外，有完全不一样的国度。这大大增强了唐人对世界的了解和认识，是对"普天之下，莫非王土"的传统地理观、世界观的纠正。所以，唐德宗年间宰相贾耽才能撰著出《海内华夷图》《古今郡国县道四夷述》这样的著作。胡人识宝传说大大渲染和普及了大唐时代的开放气息和精神气质，在大唐的繁华居于世界之最之时，也同样引导国人对外来文明和外部世界给予高度的好奇、关切和注意。

再次，胡人识宝传说中无不竭力渲染胡商的买卖原则：公平交易、诚信为本。胡人善贾是中国与外界接触以来就形成的认识。像粟特人、胡人回回那样不仅专门经商而且逐渐融入中华民族之中，也是不争的历史。传说中不仅多次表明某胡人已来华几十年或几代相传世居中国，而且反复描述他们保持着胡商的本性和恪守经商原则。不仅买卖公平，不因唐人不懂而有意欺瞒，而且坦诚真诚地交易、出价、成交。不仅不独守宝物秘密，而且以实相告，揭秘宝物作用，甚至带唐人去现场观看宝物效力。这些不仅带来鲜明生动的异域的商业观念，有利于纠正中国传统的重农轻商、贬商、抑商的观念，传输进来一种国际性的商业精神和市场公平、买卖自由的国际规则，也大大彰显了大唐时代的开放气象、博大胸怀和市场氛围。有些传说通过描写某些唐人一时贪婪或出于无知，乘胡人不在企图让宝物升值或据为己有，结果破坏了宝物神力，又从反面强化失信贪婪的危害，发出警示信息。

最后，胡人识宝传说在大唐时代无疑极大地发挥了传说的传奇作用，引发人们更加广泛地对"胡人""宝物""识宝"的关注，从而放眼世界，摈弃夜郎自大和无视他者的闭锁观念。这是一个开放时代必然带来的精神气象和精神气质。唐代胡人识宝传说正是这个时代中外经济往来、政治友好、民心相通、文化交流的生动写照，是以传奇性、夸张性、幻想性、浪漫性增强人们接触和接受外来外部文明意识、增强人们的包容性和开放性意识的文化激励和煽情，起到了别开生面的作用，留下了一笔宝贵的精神文化遗产。

3. 作为"宝物"传说开启的世界性想象及其正反面效应

作为第一批也即首次出现的反映中外关系，反映外国人在华与中国人和中国文化相处、相融、相遇的传奇经历，反映外国人来华在中土人眼中的异域异国异人所做的"异事"的口头文学作品，唐代胡人识宝传说是中国文学对大唐时代万邦来朝、外商云集、胡人遍地现实的想象性解释。唐代胡人识宝传说不仅以自洽的方式浪漫地解读、记录、讲述了这个时代的新气象、新现象、新鲜事，这个传奇性的讲述的传播（如"叶限"变身"灰姑娘"），也开启了世界范围的"中国宝物"故事或寻找中国奇迹的"世界神话"。比如至今还广为传说的六七世纪时的阿拉伯箴言：哪怕学问远在中国，也要努力去追寻。比如，阿拉伯民间故事《一千零一夜》中的中国神灯传说（阿拉伯人在八九世纪时就宣传中国有三宝：丝绸、陶瓷、神灯）。比如，后来的马可·波罗的中国记忆和神奇讲述风靡欧洲。比如哥伦布对前往中国寻宝的极大兴趣和随之生发的冒险精神，乃至英法诸联军对圆明园珍宝的洗劫、近代以来的"洋人盗宝"，等等。这些历史事实和事件中，都隐隐约约地折射着胡人识宝传说的正面和反面的影响，值得做出进一步的更加深入的研究。

4. 作为唐代对外关系的一个民间镜像，胡人识宝传说也埋藏着中国后来历史对外关系的曲折伏笔

胡人识宝传说上承浪漫主义的神话，将宝物神话从虚幻缥缈的神话世

界与世俗的、市场的、实用的、现实的生活世界和器物关系嫁接，变身为现实性的人物、器物、风物传说，成为现实生活的口述样本。而大唐开放的现实和胡人潮流般的涌入，建构出中国对外关系的重要思维方式和行为模式，影响波及后世诸多王朝开放或封闭的对外关系。有唐一代，向西取经的"拿来主义"有玄奘式的光辉范例，向外输出的"送去主义"有鉴真式的伟大创举。但此中拿来和送去也有不平衡现象，拿来的宗教和哲学居多，而送去的则除宗教和哲学之外，还有建筑技术、百匠工艺，特别是怛逻斯之战后，大唐万余名被俘士兵中有百工百匠把中国的发明和技术大规模地带出去并深刻影响中亚和世界文明。这种不平衡现象实际上在识宝传说中也有了某些民族心理的折射，值得深思。胡人识宝传说反复出现中土唐人对宝物不问究里、不识究竟的讲述，反映出中土唐人与胡人在知识体系、知识结构上的差异，唐人普遍缺乏比"西天大竺"更远更广阔的世界知识，当时中国的国力所及，送来的很多，去取的则仅达于与中国地理上更接近的印度文明。几番盛世之后，中国人更加自视为天下中心，又富甲天下，所以多见他者的"送来主义"和"拿去主义"，少有自主的"拿来主义"。识宝传说以传奇、志怪、述异为手段，唤起和利用读者的好奇心，但其实这些讲述中，中土唐人普遍缺乏真正的好奇心，更没有刺激出一种探险精神。对宝物只关心它的昂贵价格，并不好奇它的"神奇"是由什么造成、原因何在。所以，这些传说中也没有人像胡人那样去域外寻宝或去国际市场卖宝，也没有人冒险去"拿来"别人的"宝物"，只有别人"取走"，而没有传播式的"送去"，也不启发和激励人们去向外学习新知。唐初的"取经"和"送经"精神，到晚唐由于社会动乱和国势日衰国力式微，玄奘、鉴真等人开创的"拿来主义"和"送去主义"也渐渐淡出。胡人识宝传说本来具有引导唐人将对外部世界的关注从宗教、哲学引向科学、技术的方向，可惜没有得到充分培育和发展，以至于无疾而终，止于文学。这不能不说是一个重大的历史遗憾。须知，差不多同一时代，830年，在巴格达成立了"智慧宫"，其中的译学馆专门用阿拉伯文翻译希腊文、叙利亚文、波斯文、梵文等各种著作，不仅促进了阿拉伯文明的繁荣，而且为东西方文化交流和互相促进做出了历史性的贡献，也为古希腊文明的传承和欧洲文艺复兴的出现，埋下了文明的火种。胡人来华寻宝、识宝传说间接地反映了那个时代阿拉伯文明善于博采众长、沟通中西文化交流的特性和地理意义。所以，在胡人识宝传说中，固然有唐代开放的强健精神气象，但也隐藏着这种开放中断和未及深化的遗憾乃至我们民族性格和社会结构上的先天不足。这也是这类传说给我们留下的额外的思考课题。

注释

[1] 向达:《唐代长安与西域文明》，商务印书馆2015年版，第34页。

[2] 向达:《唐代长安与西域文明》，商务印书馆2015年版，第34页。

[3] 向达:《唐代长安与西域文明》，商务印书馆2015年版，第40页。

[4] 向达:《唐代长安与西域文明》，商务印书馆2015年版，第40页。

[5] 转引自向达《唐代长安与西域文明》，商务印书馆2015年版，第546页。

[6] [英]詹·乔·弗雷泽:《金枝》(下)，徐育新等译，中国民间文艺出版社1987年版，第966—967页。

[7] 刘守华:《中国民间故事史》，商务印书馆2012年版，第209页。

[8] 参见钟敬文《我与浙江民间文化》，载《钟敬文文选》，中华书局2013年版，第424页。

[9] [日]石田干之助:《长安之春》，钱婉约译，清华大学出版社2015年版，第173页。

[10] 转引自沈福伟《中西文化交流史》，上海人民出版社1985年版，第205页。

[11] 《全唐文》卷639，李翱《徐公行状》。

第三章

他者的眼光：
"看中国"的历史和现在

如果说地域广大、历史悠久的中国及中华文明代表着地球和世界的东方的话，那么在欧亚大陆西端的欧洲诸国和希腊文明就代表着西方。东方和西方是欧亚大陆的东西两端，也是世界文化的两个极端。自古以来，由于万水千山的阻隔，中西方交往、了解、互知，历经了种种曲折。见于史籍文字记载的东西方互相了解，都是从神话、想象、传说开始的，其中充满了误会、猜测和道听途说。人类史自非洲古人类化石算起有数百万余年的历史，世界史从四大文明古国相继发端于两河流域、尼罗河流域、恒河流域、黄河流域也有万余年历史，欧洲文明从古希腊罗马文明演变至今也有数千年的历史，但是，到了诺贝尔文学奖得主英国诗人吉卜林的名作《东西谣曲》（1899）中，依然写道："东方是东方，西方是西方，尾碰不到头，二合不成一。"[1]

鲁迅先生对国与国之间人民的互相了解发表过一个重要的意见，他说："倘使长久地生活于一地方，接触着这地方的人民，尤其是接触，感得了那精神，认真地想一想，那么，对于那个国度，恐怕就未必不能了解罢。"[2] 在这里，"接触"是了解和认识一个陌生国度的基本的出发点。事实上，东西方的互相认识，特别是西方人对中国的了解和认识，"接触"也是一个最基本的逻辑起点。

虽然自古以来，东西方就有无数条香料之路、宝石之路、丝绸之路、茶叶之路、陶瓷之路、传教之路、商旅之路、战争之路在有形和无形地沟通着世界，但是，由于路途遥远和道路阻隔，起于"接触"的西方对中国的认识及其西方的中国形象，在驿路或道路的不断转换、中断中，也不断变形变换变相，或者被不断美化以至虚幻，或者被不断丑化以至扭曲。在数千年的历史中，中国形象在西方一直来自道听途说。一种亲历亲述亲记的"看中国"的出现，成为西方对中国了解的历史期待。

一、"看中国"的历史丰碑

公元100年，马其顿商人马埃斯·蒂蒂亚诺斯派商使来到中国洛阳（西方文献中称中国为塞里斯Seres，称都城洛阳为赛拉Sera），这一历史信息被敏锐的历史学家载入史册，150年时，著名的历史地理学家托勒密在其《地理学》中据此材料得以首次在西方学术界专述中国地理。

851年著成的《苏莱曼东游记》，是阿拉伯人苏莱曼来中国游历并在广州居住数月后写就的中国亲历记。其中首次出现了关于茶叶的记述。苏莱曼说："中国人用一种干草冲水喝。无论哪一个城里，都有人卖这一种草的干叶，而且数量极多。这种草的名目叫'茶'。茶的叶子比苜蓿多些也比苜蓿略香一点，不过味道是苦的。人们把水煮开了，然后浇在这草上。要是有什么小小的不舒服，吃了这种冲泡剂就可以好。"[3]时在中国唐代，饮茶已经在中国广泛普及，先此百余年唐代陆羽已经完成对中国茶叶历史、功能、种植、煮饮、器具、品类、文化、精神等的全面总结，写就了茶叶百科全书式的著作《茶经》。但是，茶叶的外销和海外畅销大约还要两个世纪之后。苏莱曼的记述对茶叶外销大概也发生过有力的助推作用。因为，苏莱曼还在书中记述了一位久居中国的阿拉伯人伊本·瓦哈伯与中国皇帝的对话。伊表白了他来中国的目的主要是"久闻中国是个华美的国家，好奇心盛，欲身历其境，以扩眼界"，并表示马上回国去，要

"宣传中国之华丽及其土地之广大"。[4]

西方历史上最伟大的"看中国"事件，发生在13世纪。这个事件的主角就是来自意大利、享誉世界的著名旅行家和商人马可·波罗。马可·波罗在中国游历17年，回国后留下了影响世界历史进程的《马可·波罗游记》。在1324年马可·波罗逝世前，他的游记已被翻译成多种欧洲文字，后人评价他的游记"不是一部单纯的游记，而是启蒙式的作品，对于闭塞的欧洲人来说，无异于振聋发聩，为欧洲人展示了全新的知识领域和视野"。《马可·波罗游记》大大丰富了欧洲人的地理知识，打破了传统的"天圆地方"说，对15世纪欧洲的航海事业起到了巨大的推动作用。意大利的哥伦布，葡萄牙的达·伽马、鄂本笃，英国的卡伯特、安东尼·詹金森、约翰逊和马丁·罗比歇等众多的航海家、旅行家、探险家都是读了它而冒险东来寻访中国。其中哥伦布的航行是带着《马可·波罗游记》并携带着西班牙国王致中国皇帝的国书而启航的。马可·波罗以他的亲历亲述开启了美化中国、神话中国、向往中国的世界历史。

1534年，西班牙贵族伊纳爵·罗耀拉在巴黎创立耶稣会。此后，耶稣会即向亚洲、非洲、美洲不断派遣传教士。耶稣会传教士都是经过严格选拔，具有坚定宗教信仰、较高哲学素养和丰富自然科学知识的人士。他们把基督教信仰与最新的科学成就协调起来。罗马的耶稣会学院不仅开设神学课程，还有几何学、算术、天文学、光学、钟表原理等课程。1582年抵达中国的中西交流史上的伟大人物利玛窦，就是罗马耶稣会会士，他为中国了解西方和西方了解中国耗尽了毕生的精力。他尽了极大的努力学习汉语，学习儒家经典，与中国士人和知识阶层交往，并且不断把中国经典著作翻译回西方，是将中国哲学和思想比较准确地翻译回西方的人。他的《利玛窦中国札记》也对西方认识中国发生了重要的影响。但是，与其说利玛窦的贡献是在让西方认识中国方面，不如说他的伟大贡献更在于让中国了解西方方面。他的另一个无形的影响或者说容易被人忽略的贡献，是他开辟了一条用科学技术知识为传教服务的新的方法论通道。他的这一手段或方法，不仅传播了西方科学技术，而且为后来大规模的耶稣会传教士携带科技知识入华打开了传教思路和现实通道。

法国赴中国传教的耶稣会传教士还受到法国科学院的特别关注，双方甚至直接开展了相关的合作。1684年，法国科学院院士们致书来华的耶稣会士柏应理，向他寄出科学调查的问题表，要求他调查：耶稣会士神父们是否在中国对经纬度作了某些大规模的勘察；中国人的科学以及他们的数学、星相学、哲学、音乐学、医学以及他们诊脉方式的优缺点；茶叶、大黄以及他们的其他药剂和珍异植物，他们是否消费烟草；他们的日常饮食，是否拥有葡萄酒、面包、磨坊、印度鸡、鸽子等；另外还有兵械、防御工事、战船、兵勇以及民众和皇帝的财富等问题。

1688年，路易十四的陆军大臣卢瓦侯爵选派6名科学家型的耶稣会士入华传教（其中一位留在了暹罗），因为他们同时被授予国王的代表的身份，故被称为"国王的数学家"。其中领衔的一位是来自克莱芒学院的数学教授洪若翰。洪若翰一行到达中国受到康熙皇帝的召见，并将其同行人员白晋留在皇宫内为皇帝工作。洪若翰一到中国就致书法国科学院共商科学考察中国的工作计划，考察内容包括中国天文学和地理史、中国古今通史、汉字的起源、中国的动植物和医学等自然科学史、中国各门艺术的历史、中国的现状和国家治安、政局和习俗、矿藏和物产等。[5]耶稣会士的入华，掀起了历史上首次真正意义上的中西文化交流，也使欧洲得以看见一个比较真切、真实的中国。传教士们对中国进行了大规模的描写，撰写了大量的著作，也翻译了不少中国的典籍，为遥远的欧洲提供了一个全面的、丰富的、复杂的中国形象。一大批西方思想家得以借此认真思考中国、分析中国，思考人类、分析世界。远在欧洲以外的中国通过耶稣会士们的描写、介绍，呈现出一个在政治、制度、思想、宗教、历史、经济、法律、风俗、哲学、军事、语言、文字、艺术、生活、工艺、技术等无不具有悠久历史而又独具特色的样貌。这是任何一种已知的文明或国家都未曾展示过的独特个性。凭借这些来自中国的正面或反面的借鉴与启示，欧洲思想获得了伟大的飞跃。法国当代著名汉学家雅克·布洛斯高度评价了这一历史的意义。他指出："中国被发现以来对法国哲学思想的形成产生了撞击作用。事实上，此次撞击是近代西方文明与另一种遥远而直到那时又恰恰不为人知的文明所造成的撞击。根据这一观点就能证实，17世纪发现中国至少与16世纪时发现新大陆一样重要。"[6]

如果说西方的"看中国"历史从17世纪耶稣会传教士入华开始，由于他们有的长期生活在中国（最长者达50余年），许多人还终老或亡故在中国，有些还在宫廷、各地官府工作，活动于名儒和士大夫之中，也有的生活在贫民之中，他们对中国文化能做到读中文、习汉书、循华礼，对中国有着透彻的理解和深厚的感情，故而使他们的"看"具有了全面性和深入性。那么，他们坚持用西方立场、外位角度和他者眼光看见的中国，就开辟了正向和反向也即正面和负面的两个方向、两个维度。其中正向维度的正面评价可以说在此一阶段达到了一个评价高峰，抵达了历史的天花板。而负向维度的评价也开启了一个在殖民历史深化中对中国评价每况愈下的局面。

二、"看中国"的历史之痛

随着全球化历史的形成，随着殖民历史的全球化，随着越来越多的西方人以各种方式来到中国，特别是鸦片战争以来，中国的失败和沦为半殖民地，以及清政府的腐败与腐朽，西方的中国形象向着它的反向、负面急剧下滑，成为一段难以言表的中国痛史。

17世纪中叶，耶稣会士采取的入乡随俗的传教策略和欧洲教廷对教宗的教条主义偏见的矛盾，引发了一场旷日持久又介入深广的"中西礼仪之争"。这场争论的结果不仅最终严重挫折了耶稣会传教士开辟的中西交流的良性局面，甚至直接导致了中国的闭关锁国，也是开启中国形象负面历史的一个重要转折点。一直到19世纪，随着中国历史呈现出日益衰败直至晚清灭亡，西方的中国形象在负面化方向中变本加厉，"停滞论""野蛮论""黄祸论"纷纷出台，一个比一个负面，甚至到了惨不忍睹的局面。

"停滞论"。在启蒙哲学和社会达尔文主义思潮影响下，中国文明的悠久古老及未曾中断，成为反衬西方文明进步变革的负面形象。"停滞的帝国"成为中国的一个重要的负面表征。这种"停滞"的概念，为西方的进步、西方的今天，乃至西方的东向殖民、侵略、战争，提供了文明比较的依据。"停滞论"认为中国代表着过去的传统社会，而英国则代表着当时的先进社会。中国历史的停滞，是因为它的历史有着惊人的一致性，它不断地在朝代更迭中回到过去。黑格尔甚至说中国是一个没有历史或者说历史尚未开始的国家。中国没有进步，它不断地改朝换代、治乱更替，都不过是重复庄严的毁灭。[7] "停滞论"因为马戛尔尼率领英国使团访华，更加得以被使团成员的访问报告或纪行确证，并进一步指认了停滞中所伴随的东方专制主义。1792年至1794年间的马戛尔尼率领英国使团访华，在文化上影响极大，甚至被史家评论为改变了欧洲人五个世纪以来形成的对中国的看法（当然是指正面的看法）。1792年9月26日，英国政府任命马戛尔尼为正使，乔治·斯当东为副使，以贺祝乾隆皇帝80大寿为名，出使中国。使团的许多成员，从副使一直到使团的随团科学家、列兵、大使的仆人，回国后都发表了自己的见闻著作。其中最著名的有斯当东的

《英王陛下遣使觐见中国皇帝纪实,主要摘自马戛尔尼勋爵的文件》,使团士官安德逊的日记《英使访华录》,使团总管约翰·巴罗的《巴罗中国纪行》。《巴罗中国纪行》的中国书写被认为是"使'半野蛮的'帝国'声誉扫地'"[8]。该书认为,"中国是东方专制主义暴政的典型"。作者指出:"他们两千年前就达到今天这种文明水平,那时欧洲还荒蛮未开,但此后他们在各方面停滞不前,甚至还有许多退化。如今,与欧洲相比较,他们的伟大只表现在一些无足轻重的小事上,而在一切伟大的事业中,他们又表现得无足轻重。"[9]

"野蛮论"。 启蒙时代、工业革命、全球殖民,是撬动三千年未有之大变局的历史动力和杠杆,不仅改变着西方的历史,也改变了整个世界的历史。其中,文明与野蛮的价值标签的标榜、施予、变更,成为一个重要的时代特征。这些时代变迁和时代特征,使西方将非西方以外的亚洲、非洲、美洲等文化、文明、国家、人种等视为非文明的野蛮世界。18世纪末至19世纪初,古老的中华文明和庞大的中华帝国也被西方如看待非洲原始土著黑人、美洲印第安人一样,归入史前文化般"野蛮""未开化""半开化"的一类,"文明"只留给西方自己了。布朗杰的《东方专制主义的起源》用野蛮形容中华帝国东方专制主义的奴役精神,孔多塞的《人类精神进步史表纲要》用野蛮形容愚昧和专制造成的中国历史的停滞,赫尔德的《关于人类历史的哲学思想》用野蛮说明中华帝国的制度、精神与性格。马戛尔尼使团见闻中的中国负面现象记述,突出了杀婴、酷刑、淫乱、男人吸食鸦片、动物般地繁殖、植物般地无所作为、女人缠足等恶习陋俗,又用他们的"耳闻目睹"证实了西方人眼中"野蛮"的中国形象。野蛮论为西方对中国进行的数次鸦片战争和多国联军侵略中国的行径张目,为其提供了理论的"正义"和历史的"道德"。令人玩味的是,一向以自我为中心而强调中心以外都是夷狄戎蛮的中国,此时却被西方的文明与野蛮观划为"野蛮"之类，很有点以其人之道还治其人之身的意味。

"黄祸论"。肇始于 11 世纪蒙元铁蹄横扫欧亚大陆带给西方的恐慌及其留下的历史阴影。马戛尔尼使团在中国出访时，由于马戛尔尼拒绝向乾隆皇帝行使中国的三跪九叩之礼，中英双方再次爆发"礼仪之争"。这给随行的小斯当东（儿时的小斯当东跟随父亲乔治·斯当东一起访华）留下深刻记忆，他后来成为英国第一位最负盛名的汉学家，并再次出使中国且再次因是否向嘉庆皇帝行跪拜礼而发生"礼仪之争"。这一事件导致了第二次鸦片战争及英法联军的"火烧圆明园"，而小斯当东则是其中力主用"正义"的战争手段征服中国这个"专制民族"的重要人物。鸦片贸易和鸦片战争的根源是中西贸易的巨大逆差，以及西方白银的过度向中国流入。经济利益的失衡导致中国被妖魔化，进一步的闭关锁国和色厉内荏则使晚清进一步走向自我妖魔化。1895 年，德皇威廉二世亲自构思，由画家克纳克福斯绘了画作《黄祸图》。画面中天使手持利剑，正引领着欧洲基督教徒们准备保卫自己的家园。象征基督精神的十字架在空中照耀着他们。乌云密布的对立方是象征着黄祸的佛像与龙，指代来自东方的黄种人，他们正乘风而至，乌云正欲笼罩欧洲的田野和村庄。这幅作品被当作珍贵的礼物送给了沙皇尼古拉二世。事实上，正当欧洲不断联手侵略、瓜分中国之际，《黄祸图》却渲染了中国和东方的威胁论，这正是侵略者的自我"正义"法的强盗逻辑。此图集中体现了西方人对几百年前蒙古军队横扫欧亚大陆的惨痛记忆，更重要的是为当时现实的殖民主义行径提供了"理由"和"精神"，因而一举成为一幅影响巨大的世界名画。英国皇家地理学会会员戴奥西还在其《新远东》一书中专述《论"真正的黄祸"》对《黄祸图》进行了详细解读。1900 年爆发的针对教士教民教案的义和团运动，似乎也证实了《黄祸图》的预见性，于是此图在西方名声大噪。"黄祸"的概念也迅速传遍西方社会，"中国形象"在西方被扭曲到极点，欧美各国后来相继产生了大量针对庚子事变（1900）的屠龙漫画。"中国形象"被丑化、漫画化的情况盛极一时，与印刷术和图书、报纸、期刊快速繁荣相同步，被丑化的中国和黄祸论中国成为世界图像史的一个独特图景图式，迄今为止也依然是许多西方人看中国时的一种集体无意识的影像底色，或者是其有色眼镜的滤色镜片。

三、在更高的层次上打开历史的眼界

辛亥革命以后，中国历史迈入现代化的历史进程，中国的政治体制结束了封建王朝时代，中国进入了向西方的政治、经济、文化、科技等全面学习、模仿、融合的时代。以这个三千年未有之变局的到来为标志，中国历史和中国形象将得以完全重塑，而西方人"看中国"的进程也将在更高的历史层次上打开一个新的眼界。这个更高层次，一方面表现为时代的转折、进步和提升所导致的"被看"的必然更新，另一方面则体现在一批来自具有更深刻思想和外交经历的哲学家、诗人、作家、政治家、外交家、记者、汉学家等对中国的全新考察、体验和思考。现代历史以来的中国，事实上也经历了不逊色于此前数千年的错综复杂的变局和历史事件，它们也为西方"看中国"者提供了判断的困难和多样的价值维度，因而也必然导致新的莫衷一是和相互矛盾，形成肯定与否定并存的局面或结论。在整个20世纪百年的"看中国"事件中，早期罗素的"看中国"和晚期基辛格的"看中国"，就全局性和全面性而言，最为引人瞩目。此外，还有李约瑟的由其所见进而长期研究中国科技史，还因此提出了著名的"李约瑟之问"。此间，来华"看中国"的还有罗曼·罗兰、杜威、赛珍珠、埃德加·斯诺、泰戈尔、萨特、波伏娃等。

20世纪初五四新文化运动期间，美国哲学家杜威来华讲学并在中国逗留两年多；1920年，英国哲学家罗素来华考察和讲学一年；1924年、1929年，印度诗人泰戈尔两度来华演讲。他们来到中国，也可以说是历史上最伟大的哲学家、诗人亲历中国的一个重大历史事件。杜威、泰戈尔来华，重点是宣讲自己的哲学思想和文明理念，对中国只作出了一些印象式的评价。而罗素则是以一位哲学巨匠的身份，用学术精神大量阅读和研究了有关中国的历史和文化文献，在中国期间又访问和深入细致地观察了中国社会生活诸方面，接触了各阶层的人士，回国后于1922年撰著出版了《中国问题》一书。他不仅对中国问题作出了自己的深刻判断，而且从中国文明发展的未来、方向、选择、可能等方面，提出了自己的建设性意见。这使他的"看中国"达到了前所未有的高度，具有不可估量的价值。他的确无愧于世纪智者和20世纪最伟大哲学家的称誉。

罗素指出，在未来的两个世纪里，全世界都会受到中国事务发展的影响，无论好坏，中国问题都可能会产生决定性的作用。他认为，西方要向中国学习的和中国要向西方学习的一样多，但是对西方来说很少有这种学习的机会。他甚至预言："如果中国有一个稳定的政府和充裕的资金，在三十年内必然会取得科学上的巨大进步。中国人很可能会超越我们，因为他们朝气蓬勃，有着高涨的复兴热情。"[10]

罗素在观察中国时还有自己的重要发现："到目前为止，我仅发现一个答案：中华民族是世界上最有忍耐力的民族；当其他民族在考虑几十年的事情时，他却目光长远地考虑到几个世纪以后。"[11]"看到中国人用平静而又端庄的礼节对待白人的蛮横无理，而不是自贬身价地以粗鲁回敬粗鲁时，我们感到羞愧。欧洲人经常将这种行为当作软弱，殊不知这才是真正的力量。依靠这种力量，中国人最终战胜了所有曾经征服中国的一切征服者。"[12]此外，罗素还特别强调中国人的天性是非常崇尚和平的，他们可以成为世界上最强大的国家，但他们天生就有宽容友爱、以礼待人、礼尚往来的态度和"不恃""不宰"的美德。事实上，在罗素的中国形象和中西文化比较中，他已经对过去西方的"停滞论""野蛮论""黄祸论"进行了深刻的批驳，得出了完全相反的结论。

2011年，在罗素之后快100年时，美国著名政治家、外交家基辛格出版了他的重要著作《论中国》。该书用世界视角和国际眼光，重新解读中国的过去、现在和未来，是作者对中国问题数十年研究的成果，不仅是作者与中国40年交往的总结，也充满了对美中关系的现实思考。与不绝于耳的"唱衰中国"和"中国威胁论"的西方以及美国众多舆论观点不同，基辛格认为中美合作对世界稳定与和平至关重要；中国人的韧性和创造力，让中国在一百多年的近现代史中获得胜利。许多西方读者高度肯定《论中国》，认为它"绘出了一幅中国肖像""表现出一个西方学者对中国特色毫不掩饰的认可"。

内因是变化的根本动力，中国的变化是"看中国"发生变化的根本原因。如果说罗素在20世纪初描写了中国的可能性和潜质性，那么基辛格在21世纪初看到的就是中国的现实性和实践性。而这一有别于18、19世纪的中国形象，都取决于中国自身的百年奋斗和百年巨变，取决于我们获得和具有的"四个自信"，来自中国人民近代以来前仆后继不懈奋斗的伟大的民族复兴的中国梦。

四、当下外国青年的影像的"看中国"

在历经了40多年改革开放后，中国已经发展成为世界第二大经济体的今天，改革开放不仅使世界走向中国，中国也更加广泛地走向了世界。"一带一路"倡议的实施使中国走向世界、中国向世界敞开，进入一个更加伟大的时代。中国倡导与世界更加和平友好地相处，中国与世界在经济上日益互相开放、互惠互利，中国文明与文化同世界各文明与文化互相包容、互学互鉴。在经济全球化、市场一体化、政治多极化的今天，中国提出了构建人类命运共同体的主张。中国的形象、面貌、精神、气质、体量、成就、发展，都进入一个史无前例的时代和水平。世界对中国已经刮目相看。工业革命造就了一个空间战胜时间的时代，信息革命又使人类进入时间重塑空间的时代。摄影、电影、电视、互联网、移动媒体、数字时代等影像与传媒技术的变革，再一次打破时间与空间的阻隔，人类的互相了解、互相观看，在影像直播、传播中已经可以达到"同时""同在"的在场和跨越时空的"面对面"。当今世界，国与国间的频繁交往，全球事务、国际安全、生态环境，甚至旅行的便捷和旅游的普及，无一不使全人类牵一发而动全身，也使"看中国"成为常态化，达到广义性和普泛化。创造一种新型的"看"法成为一种时代之需。

基于曾经有过的对中国历史的深深的歧视、否定和歪曲的印象；基于中国现代史以来中国经历过的辛亥革命、北伐战争、抗日战争、解放战争、新中国成立、抗美援朝战争、"文化大革命"、改革开放等一系列重大历史事件，中国形象在重建中也出现了新的复杂而多维的变化；基于中国的崛起带来的世界性震撼、震惊，在读图和影像的时代，"看中国"不仅是必要的，而且是具有独特视角的。北京师范大学黄会林先生组织领导实施的"看中国·外国青年影像计划"就是具有当今时代特色的"看中国"大型文化项目。它的核心价值是促进"民心相通"：中国人民的生活，以及他们生活中蕴含的深刻的思想、悠久的历史、丰富的文化、诚挚的感情，使之成为外国青年看不尽的对象。它的核心要义是外国青年的"看"：青年人在学习、了解中成长，他们的求知欲与"看中国"相契合，他们的"看"将影响和决定他们未来的作为及未来对中国的态度。它的核心理念是亲历亲至：是感性、直观、接触、互动、交流、对话、情感，这有益于去除偏见、防止先入为主的误解,能眼见为实。它的核心方法是影像：以纪实的微电影的形式来"看中国",用形象说话,用事实理解真实的中国、民间的中国和百姓的中国,用生动的故事呈现感人的中国和形象的中国,以及真切的中国形象。

迄今为止,这一外国青年"看中国"的影像计划已经实施11年,有美国、英国、法国、加拿大、以色列、南非、希腊、印度等五大洲80个国家73所高校804名外国在校学习影视专业的青年及80余位外国影视专业指导教师来到中国,国内有100余所高校参与其中。外国青年接触和深入中国大部分的省、自治区、直辖市,拍摄了779部纪录短片并在国内外多种网络平台和影视机构播出,获得100余项国内外影视奖项。这是世界"看中国"历史中独一无二的创新性文化计划。外国青年拍摄的"看中国"短片里,有中国的自然、生态、民族、生产、生活、节日、礼俗、工匠、高铁、农民、医生、茶农、学生、老人、工人、志愿者、打工者等,构成了万象纷呈的中国。外国青年们用自己的镜头,表达了自己对中国的感性认识,他们在采访、观察和追问中呈现出自己所认知的中国。所以,"看中国"的数百部作品都是引发外国青年兴趣的"中国"。这些外国人眼中的中国,比中国人眼中的中国更生动别致,更有独特情趣,更加有"陌生化"效果。这些影像作品,虽然短小,但是小中见大,并且以一种以小博大的方式传播着鲜活的中国,在世界各国民众和青年中重塑着中国形象。这也是一种聚沙成海、集腋成裘的积累过程,它已坚持十余年,构成一种"长时段"的看中国,其真实性也得以因此而毋庸置疑。假以时日,将构成一种蔚为壮观的既具有历时性又具有丰富性的真实的中国形象库存,成为具有巨大观赏价值和研究价值的中国影像资料,成为珍贵的世界青年为中国形象留下的记忆遗产。影像的"看中国"在方法论上也给中外参与者以极大启示,产生了溢出效应。有些地方衍生出"看××"的细化项目,有些国家受到启发开展了"以亚洲的眼光看亚洲"的影像活动。众多外国青年参与者的感触和感言更是呈现出"民心相通"的情感力量和穿透人心的情感力度。

五、结语：看中国的历史曲线

在历史的长河中，在中西方经济、军事、宗教、政治、文化、艺术交流的广阔背景下，由西方人亲历性的"看中国"及其对西方反馈后产生的影响，以其接触性构成中西关系的历史曲线，它与真切的各种直接或间接的中西关系历史事实及其历史轴线一起，互相作用，构成了互为印证、诠释、互文、强化的作用。"看中国"造成的影响，包括引发探险家的长途远航，激发哲学家的思想激辩，启发政治家的外交政策，触发军事家的战略决策，生发艺术家的审美风尚，诱发民众间的相拒或相亲。"看中国"实际上是全球化进程中的一个必然产物或者说它本身刺激着全球化的进程。"看中国"也是世界现代化进程中的一个重要历史侧面和缩影。

"看中国"的历史也为我们把握全球化趋势和世界发展大势提供了深刻的启迪。中西文明在交流交往交通的历程中，西方的"看中国"与中国的"被看"经历了五个时代：猎奇时代、调查时代、征服与反征服时代、比较博弈竞争时代、文明互鉴时代。第一个时代是猎奇时代，此时，中华文明正值它的成熟时期，所以它让世界为之惊奇，诱发了世界性的中国想象和浪漫精神；第二个时代是调查时代，此时，正值西方工业革命和资本主义文明发轫期，东西方文明旗鼓相当，以调查为基础的西方了解中国，是一种求真的"看"，是中西方的蜜月期；第三个时代是征服与反征服时代，此时，西方的"看中国"基于西方工业文明的成熟期和中华文明的衰落期，许许多多的历史悲喜剧于是集中登台上演；第四个时代是比较博弈竞争时代，此时正是两次世界大战的血雨腥风之后，世界形势表面平静却暗流涌动，冷战热斗，文明角力，这个时代的到来，表征着中华文明在实现学习外来文明，对外改革开放后，获得了文明品质的再造，中华文明进入了一个重塑的时期；而当下和未来将是第五个时代，即文明互鉴时代，是一个人类命运共同体时代，中华文明正处于一个文明复兴期，中国梦正与人类大同梦同频共振。让世界看见中国、看好中国，让中国放眼世界、海纳百川，让人类各美其美、美人之美、美美与共、天下大同。这就是"看中国"的历史指向、现实走向和未来趋向。

注释

[1]　[英]吉卜林:《东西谣曲——吉卜林诗选》，黎幺译，人民文学出版社2018年版，第27页。

[2]　鲁迅:《序内山完造〈一个日本人的中国观〉》，[日]内山完造:《一个日本人的中国观》，尤炳圻译，新星出版社2015年版，第4页。

[3]　[阿拉伯]苏莱曼:《苏莱曼东游记》，刘半农、刘小蕙合译，中华书局1937年版，第37、38页。

[4]　[阿拉伯]苏莱曼:《苏莱曼东游记》，刘半农、刘小蕙合译，中华书局1937年版，第76页。

[5]　参见[法]叶理世夫《法国是如何发现中国的》，载[法]谢和耐、戴密微等《明清间耶稣会士入华与中西汇通》，耿昇译，东方出版社2011年版，第53页。

[6]　[法]雅克·布洛斯:《从西方发现中国到中西文化的首次撞击》，载[法]谢和耐、戴密微等《明清间耶稣会士入华与中西汇通》，耿昇译，东方出版社2011年版，第22页。

[7]　参见[德]黑格尔《历史哲学》，王造时译，上海书店出版社2006年版。

[8]　[法]转引自阿兰·佩雷菲特《停滞的帝国——两个世界的撞击》，王国卿等译，生活·读书·新知三联书店1995年版，第565页。

[9]　转引自王寅生编订《西方的中国形象》，团结出版社2015年版，第533页。

[10]　[英]罗素：《罗素论中西文化》，杨发庭等译，北京出版社2010年版，第88页。

[11]　[英]罗素：《罗素论中西文化》，杨发庭等译，北京出版社2010年版，第35页。

[12]　[英]罗素：《罗素论中西文化》，杨发庭等译，北京出版社2010年版，第85页。

第四章

全球化背景下的中国非物质文化遗产保护

世界历史的全球化时代是以哥伦布、麦哲伦的全球航行为标志的。马可·波罗的游记，不仅长期刺激着西方人的东方想象，而且在参与和推进全球化中发生了直接的作用。人类的足迹遍布地球的每一寸土地的时候，人类学家发现了人类历史的许多奥秘和文化的许多奇迹。20世纪末至21世纪初，是全球化更加深度发展的时代，现代化和现代性进程也与日俱深。传统文化、传统社会、传统生活，面临瓦解和崩溃。作为历史的遗存和历史的创造，文化遗产都处于越来越严重的危机之中。民间文化通过非物质文化遗产的概念转换，进入人类文化遗产的天地，无疑是一次普及广大民众的文化变革，也是一场规模宏大的文化观念上的思想解放运动，更是一个全民性接受全球化事实并汇入全球化进程中去的重大历史事件。中国积极参与国际非遗保护行动，不仅使很多中国非遗从中获得了世界性声誉，而且在这个参与中，也包括中国为国际社会贡献了很多非遗保护的独特智慧与经验。中国在破解非遗主客体身份纠缠的哲学悖论时，找到了两把打开难题的钥匙。国际休闲产业和人类休闲文化将是可持续发展的一个重要方向。未来的非物质文化遗产及其保护必然与休闲文化深度融合。

一、非物质文化遗产保护的全球化可能和被可能

联合国教科文组织开展的非物质文化遗产保护，是一场前所未有的全球性文化保护运动，没有建立起全球统一的共识，它不可行也不可能；没有建立起全球协调的法律性规则，它不可行也不可能；没有建立起全球认可的文化价值标准，它不可行也不可能。中国非遗和中国非遗的保护，两方面如今都成为举世瞩目的对象。这一切的肇始，都在于全球化的到来。而全球化的启动，却不能忽略中国在世界历史中的作用和曾经发生过的催化意义。

世界历史的全球化时代是以哥伦布、麦哲伦的全球航行为标志的。大航海证明了地球是圆球体，哥伦布发现了美洲大陆，麦哲伦完成了哥伦布寻找东方中国的航海目标。人类完成了对整个地球（陆地）的发现，也就建立起真正的全球观，人类的历史从此进入真正的世界史，启蒙主义思想家从东方获得批判的武器成为可能，达尔文的人类起源和生物进化论成为可能，孟德斯鸠的比较法学和世界三种政体的划分成为可能，马克思主义的社会发展理论成为可能。这些伟大的历史人物和他们的理论背后，都有中国的"幽灵"在其中徘徊。哥伦布是大航海时代打开全球化大门的关键人物。哥伦布的航海勇气和灵感都来自早于他几个世纪的西方著名的旅行家马可·波罗。元朝时不远万里从意大利经陆路来到中国的马可·波罗，在中国停留了17年之久。他在中国的足迹从西域、西藏、西北，到华北、大都、华中、江南、西南、云南，再到东南沿海、华南，等等，几乎遍及全中国。他回国后讲述和笔录下来的《马可·波罗游记》风靡西方数个世纪。从民俗学的角度看，有一些民俗事象被作为局外人的视点聚焦，并且呈现其准确的细节，如果没有到达现场并亲自观察亲身体验，就不可能被描写。风俗的被描写程度和其中的深广度，是亲历与否的一个重要试金

石。马可·波罗在观察、记录、讲述风俗方面是有天才般能力的，他自己似乎也对此做过刻意的训练。马可·波罗讲述的中国包括了大元帝国时代的蒙古统治阶级层次，也讲述了蒙元统治下的南方汉人社会，以及西北丝绸之路沿线和东南沿海商业通向海外的港口城市，最后还包括处于相对原始落后的西南少数民族地区的社会风俗状貌。这种中国描述空前绝后，不仅完全符合中国人文地理历史史实，具有丰富的历史层次性和文化的多元一体性，也使后世所有描写中国样貌的亲历者的图书都难以达到这样的高度。他的讲述，描画了从陆路再到海路、从西方到东方又从东方回到西方的欧亚大陆的圆圈形路线。他讲述的中国是满目繁华、遍地黄金的中国，也是风情万种的中国。他首次向西方呈现了奇风异俗的中国。奇异的中国风俗包括丝绸、陶瓷、桥梁、纸币、火器，此外还有蒙古包的形制和建造、哈密的歌舞、沙州及多地的葬礼、驿站的运行模式、十二生肖和纪年、元朝的节日、逆水行舟的拉纤和竹缆、云南少数民族地区的巫师施法治病，以及云南地区所见到的产翁制等。

马可·波罗的游记，不仅长期刺激着西方人的东方想象，而且在参与和推进全球化中发生了直接的作用。第一，对毛拉世界地图的贡献。15世纪初，葡萄牙人的航海事业异军突起，航行西非成功，国王阿方索计划更大的航海行动，出资重绘大型世界航海图，要突破托勒密的世界地图，反映更多更广大的世界。葡萄牙派人到了恰是马可·波罗的家乡威尼斯找到著名制图家、修道士弗拉·毛拉（Fra Mauro，一译佛拉·毛罗），希望他绘制一幅全新的世界地图。毛拉1448年开始工作，1453年完成。毛拉的世界地图绘在羊皮纸上，为传统世界地图的圆形版式，直径196厘米。毛拉地图广泛吸收了当时东西方文化交流的成果，包括马可·波罗带来的丰富信息。毛拉直言从其游记吸取极多，比如其中的日本、南中国海、印度洋、缅甸、爪哇、中国的景象，图里还有中国的船只在海上航行，中国都城附近有狮子装饰的桥梁（卢沟桥），图的左下方中国处标有"赛里斯""契丹"字样。东西方城市都画成威尼斯建筑风格，但却专画了蒙古大帐篷表示元大都。毛拉地图绘出了东亚的海岸线，在西边则绘出只要驾船绕过非洲南端仍可到达东方，它是保存下来的最大的中世纪航海图。第二，对西方探险和大航海起到了精神领航作用。西方对东方的向往和憧憬无非两个因素：一是东方有黄金、香料等巨大的财富唾手可得；二是前往东方不是走陆路那样千山万水、国家与战争一样多地横亘其间因而遥不可及，其实还有便捷可行的直达海路。马可·波罗让这两种可能因素都明朗无误地呈现出来，大大激发了野心勃勃的欧洲航海事业家和航海家。哥伦布、达·伽马、麦哲伦这些载入大航海史册的功勋，无一例外都是《马可·波罗游记》的忠实读者，并醉心于游记描绘的东方财富，渴望去东方收获横财。其中，哥伦布受马可·波罗影响最深。他对游记做了近500行264处边注，可见阅读之细。1492年哥伦布首次按托斯卡内利建议从大西洋东岸往西远航时，还带着西班牙国王致统治中国的蒙古大汗的国书和两份空白的备用国书（西方当时还不知道中国已经改朝换代）。抵达美洲东部沿海后，他以为到了亚洲东部沿海，还到处寻找游记中的"行在"，即杭州，把古巴当成了日本。他虽然没有到达东方中国，但他发现了美洲大陆，进而使后继者发现了太平洋，发现了西方的世界地图中从来没有出现和被描绘的世界地理空白并填补了它。世界比所有人的想象都要巨大。这个历史结果的触发点之一正是马可·波罗启动的。法国著名科幻作家、地理学家，著名作品《海底两万里》的作者儒勒·凡尔纳在其《地理发现史》中对此评论说："这位著名的旅行家的一生就是这样。据他口述所记录的著作给地理学的发展以巨大的影响。18世纪中叶以前广泛流传着的这本以《世界奇迹之书》（即《马可·波罗游记》——引者注）为名的著作，被用于开拓到印度、中国及中亚贸易路线的指南。马可·波罗这本著作的更大功绩还在于它在开辟新大陆的历史上所起的伟大作用。因为书中讲到的东方国家如此丰富的财富,刺激了欧洲人要寻找一条到印度和中国海岸的较短的航路,并引出了伟大的地理大发现。"[1]

完成了地理大发现,也就完成了地球上不同国家、不同种族、不同文化、不同动植物资源的地理分布的大发现。以耶稣会士为主的西方传教士在明末清初大批来华,成为继马可·波罗以后又一次影响世界的发现中国。来华传教士揭开了中国作为东方古老而神秘的文明的面纱。达尔文正是在这个过程中发现了人类起源的进化树线索和生物进化论思想。他从传教士的中国记录中也发现了珍贵的资料。达尔文在1868年发表的《动物和植物在家养下的变异》一书中列举了中国的材料来说明"人工选择":"中国人对于各种植物和果树也应用了同样的选择原理。皇帝敕令选用长势异乎寻常的稻种,甚至选种亦出自帝手。因为据称'御稻米'是昔日康熙帝在一块水田里注意到的,并且在禁苑内加以保存和培育,因此稻是能在长城以北生长的唯一稻种,所以更显得可贵。"[2] 达尔文这里的引述,其实来自耶稣会士的一个中国传奇性实录。这是法国传教士古伯察1853年刊于巴黎的《中华帝国》中的记述。古伯察的材料又来自他在中国从《四库全书》中《康熙几暇格物编》发现的记述。康熙自述道:"六月初一日,朕漫步至已播种之稻田,虽不能指望在九月前割稻收获。但朕忽见一棵稻此时已生穗,比其余稻都高,稻粒已熟。朕采集其实并带回,谷粒甚好并充实,朕拟用其做实验,看来年是否仍早熟,而实际上确是先熟。从此稻所繁育的所有稻都在正常时间以前长出穗,而在六月即可收获。每年不断繁殖下去,到如今已三十年,内膳所用皆此米也。谷粒长,略呈红色,但味香,且有令人惬意之滋味。因其于朕之苑田内所培育,故一直名为'御稻米'。此乃长城以北能成熟之唯一稻种,这一带很早即开始变冷,而转暖甚迟。南方各省气候温和,土地更肥沃,以此稻很容易于一年内两种两收，有此稻可造福黎民百姓，亦朕所欣慰也。"[3]康熙的御稻米育种过程和育种技术，不仅被达尔文用来证明物种进化中变异变迁的现象，康熙本人也颇有今日袁隆平的意味，后者看来在育种精神上是由来已久，堪称非物质文化遗产传承的经典案例。

大航海时代的全球化在已知的人类历史特别是欧亚大陆历史的基础上，又发现了一系列的土著民族，包括印第安人、夏威夷人、毛利人、爱斯基摩人等。人类学和民族学得以迅速发展，原始文化、民间文化、口述文化登上西方学术殿堂。在所有活态的和湮没了的文明（包括美洲大陆新发现的玛雅文明、印加文明、阿兹特克文明）都被纳入学术视野后，土著文明为人类的史前史即原始社会提供了"活化石"即活态的佐证。马克思、恩格斯在《共产党宣言》初版时，只是从阶级斗争史开始历史叙事，后来在人类学家摩尔根研究美洲印第安易洛魁人的《古代社会》的基础上，他们才得以重新叙事人类社会的原始时代。这样，在纵向上和横向上，历史叙事都可以被全面地敞开。于是，比较文明和比较文化成为可能。任何地域、任何国家的任一时期历史和任一形式文化，都可以在世界史的坐标中找到自己的定位。以利玛窦为代表的耶稣会传教士在向中国传播基督教神学思想以外，也同时把中国文明的基本形态和主要内容带回到西方。与此同时，陆地和海上的丝绸之路把中国的丝绸、陶瓷、茶叶、香料等源源不断地运往西方，导致长达几个世纪的欧洲"中国风"文化、艺术、建筑、园林、装饰、审美的流行，历经文艺复兴到巴洛克风格，至18世纪的洛可可风格达到顶峰。这个"中国风"可以说是中国非物质文化遗产首次集群在西方隆重登场，具有深远的历史影响和意义。2020年，英国海洋考古学家在地中海发现12艘古沉船，内有大量完好的中国明朝景德镇瓷器。据英国《每日邮报》2020年4月21日报道，一支名叫"谜团沉船计划"的英国考古探险队近日使用精密的机器人在黎凡特海面以下

1.2英里（约19.3千米）的海床上发现了12艘古代沉船。这些船据传在埃及和土耳其伊斯坦布尔之间航行时于1630年左右沉没。沉船中发现大量完好的青花瓷器。这些古代沉船中有一艘是地中海地区发现的迄今为止最大的古代船只，这艘船在塞浦路斯和黎巴嫩之间东部海底的泥泞部位被找到。"谜团沉船计划"的考古学家肖恩·金斯利告诉英国广播公司说："对于考古学家来说，这相当于找到一个新的星球。这里有令人震惊的奇观，我们在地中海这些沉船中发现了最早的中国明朝瓷器，通常很难找到它们，更何况当找到它们时，它们还保存得非常好。"[4]这个沉船是具有象征意义的。它似乎象征着曾经的陶瓷的辉煌，后来沉默在时间的深海中，而今又重露旧时的荣光，迎来大放异彩的新时代。这，正是中国非物质文化遗产历史命运的真实写照。

二、非物质文化遗产的全球关联和濒危性全球挑战

人类的足迹遍布地球的每一寸土地的时候，人类学家发现了人类历史的许多奥秘和文化的许多奇迹。人类文化不仅在地域、人种、民族、国家、宗教、语言各方面展现出无比的丰富性，而且在心理、情感、形式、本质、意识等方面展示出高度的一致性和共同性。"东海西海，心理攸同；南方北方，道术未裂"，说的就是这个道理。人类学正是在这样的时代背景下诞生和发展的。一部人类学学术史，就是人类非物质文化遗产调查和研究史。9世纪时，阿拉伯阿巴斯王朝在巴格达建立智慧宫，进行了长达两个多世纪的典籍翻译整理，将古希腊科学文化遗产从即将断送殆尽的环境中拯救、挖掘出来，从各地搜集了数百种古希腊哲学和科学著作的原本和手抄本，并加以整理、校勘和收藏。智慧宫的图书馆收藏有希腊语、古叙利亚语、波斯语、希伯来语、奈伯特语、梵语、阿拉伯语等有关

哲学、自然科学、人文科学、文学及语言学的原本和手抄本数万册，为学者进行翻译、研究和教学提供了大量珍贵文献。几乎同时，中国唐朝的玄奘远赴印度取经，带回佛经657部，永徽三年（652），玄奘在长安城内慈恩寺的西院筑五层塔，即大雁塔，用以贮藏自天竺携来的经像。他花了十几年时间在铜川市玉华宫内将约1330卷经文译成汉语。这些佛经后来从中国传往朝鲜半岛、越南和日本。这是人类典籍史上的重要事件。1792年，英国派出以马戛尔尼为特使的首个大型访华使团访问中国，随团成员有百余名各方面专家，专家们的任务就是全面调查中国的情况。1798年，拿破仑率法军南下以占领埃及作为打击英国的战略目标，同时，他也敏感地意识到要统治这个文明古国，必须十分重视埃及古迹，了解其历史文化传统。于是精心制订了前所未有的研究埃及的计划，挑选了由考古学家、东方学家、天文学家、几何学家、化学家、物理学家、矿物学家、文学家、数学家、博物学家、建筑师、语言学家、工程师、画家和多语种翻译等组成的167人的庞大科学艺术考察团，调查埃及地理、动植物、当地人生活习俗、古代建筑遗迹等。这次研究所获成果，不仅是埃及学的肇始，而且至今影响世界文明史和世界史研究。这是欧洲对中国和埃及两个世界上最为古老文明展开的两次类似的国家调查，深刻地影响到世界文明的研究、交流和进程，也促进了世界格局的改变。在典籍文明、物质文明的全球性互相影响越来越深刻的时候，非物质文化遗产的起源性研究也终于得以展开。1855年以来，英国人类学鼻祖爱德华·伯内特·泰勒多次赴欧美大陆旅行，广泛搜集民族学、考古学资料，先后发表了《阿瓦纳克人——古代和现代的墨西哥和墨西哥人》（1861）、《人类古代史和文明发展的研究》（1865）等一系列人类学著作。1871年，泰勒入选英国皇家学会，同年出版了代表作《原始文化》。1881年他撰写的《人类学》奠定了现代人类学的文化概念和理论的基础。1883年，泰勒出任牛津大学博物馆馆长，并开始教授人类学。1896年成为牛津大学设立的第一位人类学教授。这标志着人类学在著名高等学府登堂入室。1884年，由于泰勒的努力，人类学成为英国皇家学会一个正式分支机构，泰勒随即受命筹建一个组织，调查和出版加拿大邦西北部落人群的体质特征、语言和工业以及社会状况的报告，供政府官员等使用。与此同时，欧洲的民间口头创作的记录整理开始蔚然成风，德国、法国、英国、芬兰、俄罗斯等国家推出了一批影响欧洲和世界的民间文学作品，如格林兄弟的《格林童话》、胡加科夫的《大俄罗斯故事》《大俄罗斯谜语》、埃利亚斯·伦落特的《卡勒瓦拉》等，它们汇入本来已经在历史上占据显赫地位的荷马史诗、吉尔伽美什史诗、印度史诗、阿拉伯的《一千零一夜》、古印度《五卷书》等民间文化的洪流之中，使民间文化或口头文学在人类文明中有了一席之地。

  人类学的发展，一开始就特别关注人类文化的传播。线性传播和波圈传播是最为突出的现象。联通东西方的中国丝绸之路可能是线性传播中最经典的范式。至今，我们依然可以从丝绸之路上看到很多一连串的文化关联现象，如十二木卡姆的沿途分布无数国家，从新疆地毯到波斯地毯到土耳其地毯，阿凡提故事一路西行，雕塑从古希腊到犍陀罗到西亚新疆再到云冈和龙门石窟，等等。波圈式传播后来逐渐演变为对文化圈的研究。传播学派的文化圈理论认为，某些文化元素或文化特质，起源于某个地方，通过传播到了另外的地方；当一个别种文化元素到了自己的文化之中，是通过己方文化的接受、互动、吸收、学习种种方式得以站住脚的。传播论者感兴趣的是追溯文化现象或作品在时空方面的起源点以及某种现象或文化产品的传播过程。美国人类学家博厄斯对欧洲传播学派理论进行了丰富和发展。他认为，复杂文化要素很少能够独立产生，"我们必须记住这些文明没有一个是某一单独民族的天才产物。思想和发明是从一个民族传到另一个民族的；而且，虽然这种相互交流很缓慢，但每一个在古代参与了文明发展的民族都对整体进步作出了它的贡献"[5]。他特别对民间故事的传播现象给予高度关注："没有其他东西比富于奇特想象的故事更易流传了。我们都知道若干复杂的故事，其复杂性使人们不可能第二次发明它们。这些故事摩洛哥的柏柏尔人讲，意大利人讲，俄国人讲，居住在丛林中的印第安人和西藏高原、西伯利亚平原及北美草原的人也讲。……这种传播的例子不胜枚举，使我们开始认识到人种之间的早期相互联系几乎遍及世界各地。"[6]传播学的欧洲学派在芬兰也有与美国博厄斯学派异曲同工的发展。埃利亚斯·伦落特从 1835 年出版他搜集整理的首版《卡勒瓦拉》，后又陆续出版《康泰莱女歌手》《芬兰民间谚语》《芬兰民间谜语》《芬兰民间咒语》等。从 1831 年开始，芬兰学者就建立了采集民间诗歌、故事、谚语等民间文学等档案库。故事的比较研究也随之展开。关于故事的传播，芬兰学派认为，故事是从一个发源地中心波浪式地扩展开来的，其间也有大跨度的跳跃式传播，而且其跨度之遥远可能超出人们的想象。就像弗雷泽运用全球化以后传教士、旅行家、商人、殖民地官员等的人类学记录，在孟德斯鸠的比较法学之后，以他卷帙浩繁的《金枝》写作，完成了比较巫术学的集大成之作一样，芬兰学者以阿尔奈、汤普森为代表，集全球视野和世界性资料，就民间故事推出了他们的世界故事分类法——"A-T 分类法"。此后，世界各国学者都据此推出了不断丰富其内容和范围的民间故事类型索引，多达百余国家。中国也从钟敬文先生开始陆续加入这个世界文化体系研究。台湾学者金荣华先生长期坚持用中国故事对应此一分类，不仅把中国台湾民间故事悉数纳入其中，而且随时跟踪大陆三套民间文学集成中国民间故事集成的进度，积数十年之功，将中国民间故事融入其中，使"A-T 分类法"全球化程度大大提升。我们必须在这里强调指出，芬兰学派的传统得以继续和传承，是当代国际性非物质文化遗产保护的重要发动和推进力量。芬兰当代人类学和民间文艺学家劳里·航柯先生，不仅主持了联合国教科文组织的《保护民间创作建议案》草拟和出台，而且也是"人类口头和非物质遗产"全球保护的重要推手，此遗产的最初定义即出自他的手笔。

文化的差异性和多样性，确定了人类创造的丰富性和想象力，维护这种差异性和多样性，不仅是文化平等、种族平等、人类平等的世界和平的重大事业，也是维系人类创造力和想象力的必然要求。文化的一致性和共同性，是世界全球化在当下时代的基石，是人类团结、合作、和平的基础，没有人的确证，没有人类的共识，没有差异中的似曾相识，就不会有人类的未来。正是在全球化过程中初起的殖民主义导致了人类之间的歧视、杀戮、征服、掠夺等恶行。但是，在这个过程中，随着人类学和人文科学的日益深入，人类的平等观、包容性和求同存异的文化观逐渐确立起来。全球化使人类在只有一个地球、生态一体化的共识中，越来越发现人类是一个命运共同体。发展的国际化和可持续性是必然的选择。而人类面临的共同的挑战、困难和问题却越来越多。文化遗产的全球性保护，正是在这样的背景下启动的。20世纪六七十年代埃及修建阿斯旺大坝时，为抢救有湮没之虞的阿布辛贝神庙和菲莱神庙，一次史无前例的国际合作得以开启。包括中国在内的22个国家，出资4000多万美元，将其拆迁。神庙原来是在山中雕凿的，拆迁后又人工堆起一座山。由于拆迁前精心绘制了图样，使神庙得以复原，几乎看不出拆迁重建的痕迹。阿布辛贝神庙和菲莱神庙1979年入选世界文化遗产名录，和金字塔一起成为埃及第一批列入世界文化遗产保护的古迹。事实上，正是这次彪炳史册的国际合作，最后使得联合国教科文组织主导1972年《保护世界文化和自然遗产公约》的出台以及1979年"世界文化和自然遗产名录"的公布及世界遗产系列名录的诞生。在专家、技术、资金和策略等方面集合起国际性的力量来应对文化遗产濒危和被破坏的挑战，这就是世界遗产名录的意义所在。20

世纪整个八九十年代,世界遗产保护可谓功勋卓著,文化遗产、自然遗产、文化与自然双遗产等遍布世界、动员世界、震撼世界。中国也在改革开放的进程中,很快就加入世界遗产名录的体系之中,并且获益多多,也贡献良多。非物质文化遗产的保护在20世纪80年代末就已经进入国际视野。它最初是以民间文学的身份和样式引人注目的。芬兰学者直接推动了民间文学的国际化搜集、整理、保管、研究,促成了《保护民间创作建议案》,南美玻利维亚等国对民间文艺版权保护的诉求,日本等国对无形文化财的保护经验,中国的民族民间文艺十大集成志书的保护业绩等,汇聚成2001年的"人类口头和非物质遗产代表作名录"的公布。2003年,联合国教科文组织通过《保护非物质文化遗产公约》。非物质文化遗产之所以被推上国际保护的层面,也是有两个原因:一是它的价值是世界性的,具有人类共同文化财富的高度;二是它们同样面临着紧急的、濒危的、严峻的消亡形势。非物质文化遗产的消亡形势比其他遗产形式面临的挑战更加严峻,它的原因更加复杂,更加难以应对,更加需要国际合作。就其根本而言,非物质文化遗产是一种前所未有的身体遗产。身体离开非遗语境和环境,非遗危矣;身体虽然在场但是并无非遗自觉,非遗也危在旦夕。20世纪末至21世纪初,是全球化更加深度发展的时代,现代化和现代性进程也与日俱深。传统文化、传统社会、传统生活,面临瓦解和崩溃。作为历史的遗存和历史的创造,文化遗产都处于越来越严重的危机之中。联合国教科文组织在描述文化遗产的形势时指出,遗产的年深日久使其材质腐败,社会和经济的变化造成保护遗产时应对失据,遗产的消失将使人类文化资源枯竭,许多国家不具备保护遗产的经济、科学和技术的力量。其中,非物质文化遗产又有自己独特的危机,如经济转型,农耕文明在工业时代的不适应,都市化对乡土艺术的挤压,青年人对传统的冷漠,家族、群体等传承人的衰落,人口的减少,文化空间的萎缩,丛林的生态破坏,移民、迁徙、人口流动的瓦解性影响，现代传媒的冲击，生活方式的改变，外来文化的冲击，贫困，自然灾害，等等。如果没有国际合作和国际性保护行动，人类文明和文化遗产就会岌岌可危。如果没有全球性共同应对，仅凭一国之力，要对付如此多因素、大范围的遗产危机，也几乎是不可能的。既然每一种文化都是人类文明和文化的一部分和共同的构成，那么，一国遗产的濒危，也绝不仅仅是一国自己的问题。全球化已经把人类带入美美与共的时代，保护文化遗产也使人类进入谁也离不开谁的世界。

三、非物质文化遗产保护的全球化价值导向与价值统领

自从马戛尔尼 1793 年带着西方当时最先进的科学技术来到中国，试图与中国建立外交关系却被拒之门外以后，中国错失了一次与西方齐头并进发展的历史机遇。从那以后，西方发展逐渐如日中天，中国形势却每况愈下。鸦片战争后，中国从一个文明古国，被西方列强打入"野蛮"的行列。中国形象，逐渐负面化，"黄祸""恶龙""满大人"充斥西方的新闻漫画、美术杂志和出版物插图，丝绸、陶瓷、塔桥不再被西方津津乐道，圆明园作为世界园林不可逾越的巅峰之作，被英法联军当作击垮中国的象征付之一炬。缠足、辫子、宦官、酷刑、吸食鸦片等成为中国形象的突出特征。历经一百多年的抗争、苦斗、拼搏，中国人民才终于站起来、富起来、强起来。中国的文明和文化形象也开启了重塑和复兴的历程。

近代以来，在东西冲撞和文明冲突中，中国遭遇重大挫折，文化自信长期处于低落状态。新中国成立以后开始了文化重建，改革开放以来文化自信逐渐恢复。中国非遗保护不仅是参与全球化时代的国际合作和国际事务，也是中国通过非遗恢复、重塑和复兴中国文化的重要举措。这个过程中的一个关键词就是文化自觉，亦即非遗的主体——民、民间、非文

人、"下里巴人"——发现和自觉自己所传承的文化是一种伟大的、世界的、人类的文化或者文明的瑰宝。

文化保护，首先取决于文化的价值观高度。中国历史长期以来就有雅与俗、阳春白雪与下里巴人、曲高和寡与通俗易懂、典籍文化与口头文化、上层文化与下层文化、士文化与俗文化、官方文化与民间文化的区别，一方处于高端，一方处于低位。底层民众的文化通常不登大雅之堂。也就是说，民众的民间文化是长期不被认为是可以作为文化获得认定的。虽然新中国成立以来，在尊重提高人民政治、经济、文化地位的时候，人民过去的文化创造和今天的文化传承，都得到了极大的认可，民间文化遗产也得到广泛采集整理和研究保护。但是"文革"十年，旧文化、旧风俗、旧习惯与旧思想同罪，又受到集中的批判和全面否定，把已经重建的文化价值观又重新予以解构和摧毁。当改革开放时代到来时，否定之否定还没有完成，新的现代化又一度等同于西方化，民间文化于是雪上加霜，再次遭遇否定和放弃的处境。此时此刻的中国非遗，处于双重的时代打压之下，在民众的生活认识中，面临着消失的危险。如果不是国际性非物质文化遗产保护工作的及时全面展开，中国非遗的命运后果不堪设想。民间文化通过非物质文化遗产的概念转换，进入人类文化遗产的天地，无疑是一次普及广大民众的文化变革，也是一场规模宏大的文化观念上的思想解放运动，更是一个全民性接受全球化事实并汇入全球化进程中的重大历史事件。

加入世界文化遗产和人类非物质文化遗产保护序列和国际行动，就是人类文明"各美其美，美人之美，美美与共"的生动的文化实践。

1. 把低位的民间文化提高到世界巅峰。自从马克思主义把人民作为历史的主体和历史的创造者、历史发展的主要推动力量后，新中国在坚持为人民服务，坚持以人民为中心的发展观方面始终不遗余力。"人民的创作"也曾经广泛进入教育体系。但是，人民群众对自己文化创造的自觉，并没有得到突破性的推进。非遗处于濒危境地的一个重要原因，就是处在民众层面的非遗传承者不以自己传承的文化为美，传承的和传统的美学标准坍塌了，民间的美学趣味转移了。或者转向上层高雅系统，或者转向西方他者系统。本来，雅与俗是一个互补关系和互生关系，为"礼失求诸野"预留可能的空间，也为"礼崩乐坏"留下"别求新生"的转型机制；内与外也是一个内因和外因的关系，没有内因的作用，外因都是无所依附的。民间文化的自我解构，就必然导致我们文化基础的大量的水土流失。民间传统文化的保护不是去努力实现上述两种转向（转向上层高雅系统和转向西方他者系统），而是应该将民间文化的低位价值观直接提升到世界文化的巅峰位置。这就是世界非遗名录的作用与意义。联合国教科文组织为此通过多个文件、规约指出，世界遗产不论属于哪个国家人民，都是无可替代的遗产，都对整个世界具有重要意义；需要把世界遗产作为全人类遗产的一部分加以保护；整个国际社会都有责任援助和参与到对这些遗产的保护行动中来；非物质文化遗产是文化多样性的熔炉，又是可持续发展的保证；强调口头遗产因其多样性和跨文化性而具有普遍价值，口头遗产和非物质遗产是不可分的，这种遗产也是各国人民集体记忆的保管者，只有它能够确保文化特性永存；有必要向各国政府、各非政府组织，尤其是向有关社区宣传其口头和非物质遗产的价值以及保护和振兴这一遗产的紧迫性和重要性；应该提高各国对保护面临消失或退化危险的非物质遗产的重要意义的认识，确保非物质遗产的历史连续性，促进人类创造的多样性，提高人们对非物质遗产的欣赏能力。"人类非物质文化遗产代表作"的标识和殿堂级的地位，以及联合国教科文组织为代表作设定的文化标准和价值解读，是基于全球化的历史进步和全球性的覆盖广度做出来的。这是人类文明史迈出的巨大进步，也是影响中国文化发展路向的重要历史机缘。高度决定广度。非遗文化地位的直线提升，直接拉高民众作为非遗传承人对自己传承的文化的文化自觉，全民性非遗保护热潮在中国的出现，呈现出一幅波澜壮阔的图景。

2.用非遗保护的国际伦理原则重塑民众的世界观。2014年3月27日，中国国家主席习近平访问联合国教科文组织总部，他在发表演讲中高度肯定了教科文组织与中国的各种合作，肯定了教科文组织"通过文明交流、平等教育、普及科学，消除隔阂、偏见、仇恨，播撒和平理念的种子""忠实履行使命，在增进世界人民相互了解和信任、推动不同文明交流互鉴方面进行了不懈努力"。[7]在推动各种文化遗产保护的过程中，联合国教科文组织基于人类和平、全球可持续发展的原则，基于国际普遍认同的伦理法则，将遗产的保护和相关的人道主义原则结合起来，推动了人类命运共同体的若干原则的贯彻落实。在非遗保护的国际公约中，教科文组织强调了《世界人权宣言》《经济、社会及文化权利国际公约》《公民权利和政治权利国际公约》《保护民间创作建议案》《教科文组织世界文化多样性宣言》《伊斯坦布尔协议》等国际条约及其原则，将非遗保护与联合国和国际社会努力致力的人道主义、反对种族歧视、生态与环境保护、消除贫困、动物和濒危物种保护、尊重知识产权、维护和平等统一和协调起来。只有在这样的文化语境中，妈祖俗信之类的民间信仰文化才能卸掉封建迷信的桎梏，作为人类海洋文明、世界华人华侨精神家园、祖国大陆与港澳台地区文化纽带的世界非遗代表作惊艳世界。2015年11月30日至12月4日联合国教科文组织保护非物质文化遗产政府间委员会（IGC）第十届常会在纳米比亚温德和克市乡村俱乐部举行。会议审议并通过了《保护非物质文化遗产伦理原则》（*Ethical Principles for Safeguarding Intangible Cultural Heritage*），采纳了12项伦理原则，旨在防止对非物质文化遗产的不尊重和滥用，涉及道德层面、立法层面或是商业利用层面。其中，第三款、第五款、第八款尤其值得关注，即"三、相互尊重以及对非物质文化遗产的尊重和相互欣赏，应在缔约国之间，社区、群体和个人之间的互动中蔚成风气""五、应确保社区、群体和个人有权使用为表现非物质文化遗产所需而存在的器具、实物、手工艺品、文化和自然空间以及纪念地，包括在武装冲突的情况下。接触非物质文化遗产的习惯做法应受到充分尊重，即使这些习惯做法可能会限制更广泛的公众接触""八、非物质文化遗产的动态性和活态性应始终受到尊重。本真性和排外性不应构成保护非物质文化遗产的问题和障碍"。[8]这几条都涉及国际环境中的非遗关系和非遗的国际交流原则。也就是说，进入世界非遗体系，就是加入一种公认的国际关系，就必须有一种高屋建瓴的世界观，有全球化的语境。这对中国民众的文明素质和修养是一个很高的要求，也是很大的挑战。非遗的文化范围到达了活态文化、民间文化、身体文化的方方面面，在中国这个传统文化无比深厚的国度，几乎具有全民性质。在20余年的世界和中国非遗保护中，民众过去很少关心的生态环境问题、文化平等问题、人道主义原则、文化多样性问题、种族歧视问题等都在申报非遗名录，特别是在申报世界非遗代表作时，屡屡经受调查、核实和质疑，反复获得价值强调。加入世界非遗的项目无不是反复确认了持有项目的精神高度和价值标准。这是贡献世界和参与世界的过程，是广大民众层面的面向世界、面向未来、面向现代化的将开放意识深入民间的文化运动。随着非遗保护的深化和非遗伦理原则的不断强化，中国民众的开放意识、世界知识和世界观，都将与国家改革开放的大门越打越开的必然趋势相结合相适应，为中华民族伟大复兴注入民间的力量。

四、中国非物质文化遗产建立的国家形象和文化形象

中国是一个文明古国、文化大国。中国也是非物质文化遗产的大国。我们是最早、最积极参与和介入国际非遗保护事务的国家，我国也是进入世界非遗代表作数目最多的国家。我们国家在世界上率先一批加入非物质文化遗产保护国际公约，通过和公布了《中华人民共和国非物质文化遗产法》。通过普查，我国的非物质文化遗产共计87万项，其中国家级非遗代表性传承人3068人，国家级非遗3145项，世界级非遗40多项（含急需保护的濒危项目等）。这种规模和数量可以说在世界上独一无二。这不仅是因为我们地大物博、地理生态多样化、人口众多、民族多样，而且因为我们的古老文明代代相传、口耳相传、笔墨相传。中国从世界各国保护非遗的经验中得到受益。教科文组织肯定和推广的非遗保护经验中，包括：为保护非遗进行专项立法，设立专项基金纾解保护资金的窘况，建立记录制度和设立档案库，建立博物馆、图书馆、资料馆，开设传承学校，成立研究机构，互联网和数字化传播传承，开办文化节，保护特定语言，等等。一项全球性调查显示，在众多国家中普遍采取的非遗保护举措有：将非物质文化遗产保护作为国家文化政策的一部分；普遍具有保护非物质文化遗产的基础设施；国家培养非遗收藏家、档案管理员和纪录片制作人员；在学校开设非遗课程；成立有全国性的民俗协会或相似社团；对致力于非遗保护的个人和机构提供道义上和经济上的支持；为艺术家和从业者提供支持；国家在立法中包含了非遗的知识产权方面的条款；等等。中国的非遗保护既从其中获得启示，也为这些经验提供了行之有效的实践。以中国非遗的体量和进入世界非遗代表作的数量世界第一的事实，中国非遗所代表的中国文化形象，让整个世界刮目相看。在中国的世界非遗项目中，有可与荷马史诗相提并论的三大史诗（《格萨尔》《玛纳斯》《伊玛

堪》），有曾经震惊世界的雕版印刷，有惊艳世界的丝绸文化，有举世无双的中国书法和篆刻，有享誉世界的陶瓷技艺，有自成表演体系的若干种中国戏曲，等等。就像当年风靡欧洲若干世纪的中国风一样，中国非遗的风采再一次在世界非遗的舞台集体亮相，重新获得世界的瞩目。

中国积极参与国际非遗保护行动，不仅使很多中国非遗从中获得了世界性声誉，而且在这个参与中，也包括中国为国际社会贡献了很多非遗保护的独特智慧与经验。这里略述其中最突出的几点：

1. 文化生态保护区实践和整体性保护理论。人类非物质文化遗产代表作的类别里，有一项是"文化空间"。我国的非遗项目和非遗分类中都没有"文化空间"。非遗的文化空间与人类学的文化圈理论有密切关系。但是，在教科文组织的世界非遗代表作中的文化空间一般都相对封闭，是一个可操作的文化对象。中国在非遗保护中探索性地开展的文化生态保护区实践，在理论上和实际情形中与人类学的文化圈更吻合。2007年，文化部（现文化和旅游部）正式设立了第一个国家级文化生态保护实验区——闽南文化生态保护实验区，标志着国家级文化生态保护实验区建设工作在我国正式开展起来。2011年通过的《中华人民共和国非物质文化遗产法》专设第二十六条运用整体性理论通过文化生态区保护非物质文化遗产。中国的这一实践，既没有拘泥于国际保护的规定，又创造性地对非遗开展了更加科学有效的非遗保护。虽然文化生态区保护并没有出现在世界非遗保护的条规中，但是，中国的非遗法却明确规定："对非物质文化遗产代表性项目集中、特色鲜明、形式和内涵保持完整的特定区域，当地文化主管部门可以制定专项保护规划，报经本级人民政府批准后，实行区域性整体保护。确定对非物质文化遗产实行区域性整体保护，应当尊重当地居民的意愿，并保护属于非物质文化遗产组成部分的实物和场所，避免遭受破坏。"2007年以来，文化部先后批准设立了闽南、徽州、热贡等21个国家级文化生态保护实验区，这21个实验区涉及福建、安徽、青海等17个省、自治区、直辖市。参照国家级文化生态保护实验区的理念和做法，各省、自治区、直辖市也设立了范围有大有小、特色鲜明的146个省级文化生态保护区。每一个国家级文化生态保护区都以一种文化样式为其文化中心，构成对一种非遗的整体性保护和对一个区域多种相关文化的集群保护（整体性）。这里有双重叠加的"整体性"。2010年，文化部印发《关于加强国家级文化生态保护区建设的指导意见》，明确了国家级文化生态保护实验区建设的意义、建设方针和原则、设立条件、设立程序、基本措施等，对实验区建设工作加强指导。指导意见规定，申报设立国家级文化生态保护实验区需符合以下条件：传统文化历史积淀丰厚、存续状态良好，并为社会广泛认同；非遗资源丰富，分布较为集中，且具有较高的历史、文化、科学价值和鲜明的区域、民族特色；非遗所依存的自然生态环境和人文生态环境良好；当地群众的文化认同与参与保护的自觉性较高；当地人民政府重视文化生态保护区建设工作，保护措施有力。由此可见，它的非遗性质是鲜明而突出的。已认定的国家级文化生态保护实验区包括：闽南文化生态保护实验区、徽州文化生态保护实验区、热贡文化生态保护实验区、羌族文化生态保护实验区、客家文化（梅州）生态保护实验区、武陵山区（湘西）土家族苗族文化生态保护实验区、海洋渔文化（象山）生态保护实验区、晋中文化生态保护实验区、潍水文化生态保护实验区、迪庆民族文化生态保护实验区、大理文化生态保护实验区、陕北文化生态保护实验区、铜鼓文化（河池）生态保护实验区、黔东南民族文化生态保护实验区、客家文化（赣南）生态保护实验区、格萨尔文化（果洛）生态保护实验区、武陵山区（鄂西南）土家族苗族文化生态保护实验区、武陵山区（渝东南）土家族苗族文化生态保护实验区、客家文化（闽西）生态保护实验区、说唱文化（宝丰）生态保护实验区、藏族文化（玉树）生态保护实验区。它们的共同特点是将非遗的生态保护、活态保护、业态保护、物质与非物质一体保护、文化圈整体保护等，予以集中实施，将非遗的集中连片分布突出的地区予以与符合文化特点的行政管理体系配套，使保护的力度具有刚性。非遗在文化空间赖以生存的生态环境、生产方式、经济形态、民俗传统、节令时序、文化场所、物质材料、社区群体等都以就地化和在地性为原则，这是基于文化空间项目式保护又超越项目实现本真意义上的文化空间的保护。这是中国非遗保护最具创新价值的探索。

2. 传承人保护与传承人口述史实践。作为一种身体遗产，非遗存续和非遗保护的关键就在于传承人和传承人传承的在场。教科文组织在保护非遗时注意到了传承人之于非遗保护的重要性，日本等国也有过"人间国宝"之类的保护实践和经验，但是把传承人保护作为提纲挈领式功能加以突出并大力推行，在国际非遗保护中依然是一个空缺。中国非遗保护在这方面再一次做出了突出贡献。中国学界在理论上厘清了非遗的本质是"人传人"的传承和传播，是以人为本的遗产，人是此遗产保护的主体也是它的客体，保护的成功与否，既取决于传承主体的文化自觉，也取决于对保护客体的间离意识。在身体与活态的意义上，没有一个人能把自己排除在非物质文化遗产的习得、遵从、传承之外，但是，作为身体性的遗产，我们又会在主体与客体的同一性上产生哲学悖论。也就是说，在当下非遗保护大热，发生全民性非遗狂欢的语境中，我们自己会出现既是保护的主体，也会是被保护的客体即保护对象的现象，这往往会导致在通常情况下，特别是在传承人群体中，要么主体与客体角色混乱，主、客体两种需求互相矛盾，使传承和保护都无所适从，要么主体与客体浑然一体，传承和保护的内在需求和外在要求，或者都被置之不理，或者会有很好的融合，究竟哪种情况则取决于传承人文化自觉的程度，而这恰恰是一个极高的要求，需要人的素质的极大提升。这使非物质文化遗产的传承和保护都十分地复杂化。这是完全有别于物质性的文化遗产保护只要对对象施以科学的方法就可以解决问题的局面。非物质文化遗产传承和保护的主体、客体身份意识和主客体纠缠的哲学悖论，是这一遗产保护最深刻、深层的困境。它的破解之道取决于两个层面的展开：一是个体的遗产自觉或主客体跳进跳出的自意识能力；二是社会性介入和制度设计的干预，即制度性地对传承与保护、主体与客体进行身份识别和主客体区分。所以，传承人的身份、传承人的意识、传承人的知识、传承人的意义，应该如何确立，应该如何定位，应该如何行止，都是至关重要。国家级非遗传承人名录工作，是破解这一难题的第一把钥匙。从杰出传承人开始，确立传承人的文化自觉，确定非遗保护客体(对象)的重点和重心，从而抓住了非遗保护的牛鼻子。迄今为止，已经公布国家级非遗代表性项目传承人 3068 人，往下还有梯次递传的各层级传承人，极大地保障了非遗保护的有效性和本真性。

　　破解难题的第二把钥匙是传承人口述史实践。这也是中国非遗保护的重要创新和关键性实践。濒危性是启动非物质文化遗产保护的重要原因。2001 年，联合国教科文组织首次向全球公布人类口头和非物质遗产代表作，非物质文化遗产保护从此正式进入世界文化视野。从联合国实施此遗产保护行动伊始，濒危性就是促成遗产保护所有举措的重要原因。联合国教科文组织早在 1989 年第 25 届巴黎大会通过的《保护民间创作建议案》中就提出了濒危性问题。该文件指出，制定这一文件，就是"承认民间创作之传统形式的极端不稳定性，特别是口头传说之诸方面的不稳定性，以及这些方面有可能消失的危险，强调必须承认民间创作在各国所起的作用及其面对多种因素的危险"。1998 年 11 月，联合国教科文组织第 115 届执行局会议通过《联合国教科文组织宣布人类口头和非物质遗产代表作条例》，其中规定设立、宣布和评估代表作的"标准"之一就是："是否因为缺乏抢救和保护手段，或因迅速的变革进程、或因城市化、或因文化适应而有消失的危险。"作为此条例的附属文件，教科文组织公布了《联合国教科文组织宣布人类口头和非物质遗产代表作申报书编写指南》，其中醒目地指出，"非物质文化遗产行将消亡，已是迫在眉睫"。具体情况是："在世界全球化的今天，此种文化遗产的诸多形式受到文化单一化、武装冲突、旅游业、工业化、农业人口外流、移民和环境恶化的威胁，正面临消失的危险。"在2001年公布首批19个来自全球的非遗代表作中，每一个项目都特别呈现了本项目的"濒危报告"。针对不同的濒危原因，也提出摆脱危机危险的举措。2003年，联合国教科文组织第32届巴黎大会通过《保护非物质文化遗产公约》，此公约制定的一个重要原因是"非物质文化遗产面临损坏、消失和破坏的严重威胁，在缺乏保护资源的情况下，这种威胁尤为严重"。其中第十三条还特别指出："鼓励开展有效保护非物质文化遗产，特别是濒危非物质文化遗产的科学、技术和艺术研究以及方法研究。"第十七条则专列为"急需保护的非物质文化遗产名录"，提出"为了采取适当的保护措施，委员会编辑、更新和公布急需保护的非物质文化遗产名录，并根据有关缔约国的要求将此类遗产列入该名录"。非物质文化遗产在它丰富的地域性、民族性、差异性中，也存在一个最大的公约数和共同性，那就是传承人。传承人是非物质文化遗产的根本特征。人在艺在，人亡艺绝。传承人是非物质文化遗产的主体，他们也是非物质文化遗产是否濒危的检验标准。有生动的、活跃的、活力的、可持续的传承和传承人，它就不会濒危，相反则濒危。解决传承人的问题，就是解救濒危问题，记录传承人，也是记录、抢救、保护、延缓遗产濒危的根本举措。对传承人的记录又分两种：一是记录传承人的作品和他们的技艺；二是结合作品记录他们的口述史和技艺记忆。国际上各个国家过去普遍采取了很多亡羊补牢的办法加大了抢救性记录工作。但不得不说基本上是侧重在第一种传承人记录上,第二种记录还没有真正在国际上全面地推广开来。中国首先开始了传承人口述史的实践。借鉴历史学的口述史实践和研究,总结人类学口述调查的传统经验,结合中国民间文艺调查的访谈方法,中国学界制定了传承人口述史的方法论,逐渐实施规模越来越大的传承人口述史调查、记录、整理、立档、研究、出版,开创了非遗保护的新格局,在世界非遗保护中独树一帜。

  3. 重大自然灾害中的非遗抢救与保护经验。战争对人类文化遗产的破坏和自然灾难对人类文化遗产的摧毁是全球化形势下人类遗产保护面临的最大挑战和最不可预见的突发公共危机和遗产危机。文化遗产特别是非物质文化遗产在战争中被破坏是国际非遗保护高度关切的问题,也是一直束手无策的问题,文化遗产方面,如阿富汗战争中古代佛教石窟和巴米扬大佛的炸毁,伊拉克战争中国家博物馆遭遇的打砸抢;非遗方面,如也门冲突中世界非遗萨那歌曲遭遇灭顶之灾,阿富汗、伊拉克、利比亚、叙利亚战争中对各种世界遗产和世界非遗的巨大破坏,等等。除了呼吁和谴责,人类社会对此类现象还拿不出有效的办法。2008 年汶川大地震,一时间震惊全世界。那里是我国羌族核心聚居区,约有 3 万羌族同胞在地震中罹难,占全国羌族人口的十分之一。我国相当一部分少数民族,他们的文化主体是他们口口相传的民间文化和非物质文化遗产,是教科文组织所说的"对大多数文化遗产均以口头遗产为基础的各地区人民之文化特性的特殊重要性"。这就意味着我们碰上了以前从来没有遇到过的遗产灾难事件,一个古老而重要的少数民族非物质文化遗产在大地震中遭遇到前所未有的危机。这也是联合国教科文组织在全球开展非物质文化遗产保护以来,遭遇到的首次自然大灾难对非物质文化遗产的巨大破坏。全世界都还没有过这样的经历和经验。其中要解决四大难题:一是救人生命还需救其被灾难毁坏了的精神支撑;二是易地搬迁如何使其可以携带其文化;三是灾后重建中的文化重建;四是灾后恢复中民族特性的可持续存续和发展。中国非遗专家和政府针对这些难题,采取了相应的应对措施,包括抢救非遗必须与救灾同步进行;国家级和省级传承人尽量安置在羌民群体中;在灾时为传承人提供文化传承便利;在避灾期间的安置地恢复灾民的民俗生活;古碉楼尽可能按传统样式和传统建造技艺(具有抗震设计)恢复重建;异地重建尽可能形成一种新型的又符合羌族文化传统的羌族聚落,充分考虑传统的羌族文化环境、场所、空间的复原和功能再造;清理地震废墟时及时保留非遗的物质遗存,建立非遗博物馆;全面整理羌族非物质文化遗产;碉楼、羌年等物质和非物质遗产紧急申报联合国教科文组织世界遗产名录和代表作名录;将一批羌族非遗列入国家级非遗代表作名录;羌绣等非遗技艺纳入生产生活恢复的重要内容;等等。中国开展的汶川大地震救灾和灾后重建,在当代世界救灾史上留下了浓墨重彩的一笔,其中非遗抢救和保护不仅是遗产保护,也是受灾羌族群体身心康复不可或缺的内容,可圈可点。再以后,恢复重建中羌族文化得到极大的张扬和保护传承。仅羌绣一样,就在民间大大激活,羌绣绣品供需活跃,其市场影响和社会知名度传遍全国。这是中国非遗保护为世界创造的一个成功案例,是自然大灾难中救人救灾救精神救文化多位一体同步跟进的成功案例。这也为国际非遗保护留下一座中国纪念碑。

此外,中国的非遗保护还创造了许多走在世界前列的中国经验和中国智慧,比如,国家级非遗节日和国家假日制度的整合,为非遗生活化创造了时间性制度,为非遗活起来搭建了空间性舞台,为非遗的经济价值、文化价值的释放提供了周期性节律性时空轨道;比如,从 2012 年开始我国共确认和公布了五批共计 6819 个国家级传统村落,在文化空间的意义上为乡土性农耕性手艺性非遗的存续提供了文化家园和物质载体;比如,我国广泛多样的非遗创意产业、休闲产业、文创产品,使非遗的原生态成为创造性转化和创新性发展的取之不尽的源泉，文化创意焕然一新；比如，中国的非遗理论、非遗学研究、非遗濒危抢救、非遗数字化保护、非遗教育体系、非遗进课堂、非遗学术研究等，也都处于世界的尖端和前沿；比如，中国非遗概念、非遗知识、非遗价值的普及、提升，非遗保护的政策性、政府性、全民性热潮的持久不衰也可以说是独步世界的。非遗是世界文化也是中国文化的一宗巨大的文化遗产，它所蕴含的价值和意义也是巨大而深刻的，非遗传承、保护与发展已经成为全球化时代世界和平与发展的一个前沿性课题和方向。

五、未来非物质文化遗产在走出去和户外休闲文化中的意义

在某种意义上，全球化就是"他者化"。没有他者，只有我者，不是真正意义上的全球化。所以，全球化背景下的非遗，就是有他者的"我文化"。此次全球性新冠肺炎疫情的大流行，其间人类不得不封闭、隔离、阻断、蜗居等，让整个人类意识到户外对生命的意义，对生产生活的至关重要。国际休闲产业和人类休闲文化将是可持续发展的一个重要生长点。

在联合国教科文组织制定的《非物质文化遗产保护公约》和人类非物质文化遗产代表作公布条例中，非物质文化遗产的类别包括：①口头传统和表现形式，②表演艺术、社会实践、仪式、节庆活动，③有关自然界和宇宙的知识和实践，④传统手工艺，⑤文化空间等。中国的国家级非遗名录则将非遗类别分为：民间文学、杂技与竞技、传统音乐、传统美术、传统舞蹈、传统手工技艺、传统戏剧、传统医药、曲艺、民俗等。由此可见，非物质文化遗产是可以创造物质文明的精神文明，非物质文化遗产是以人为本的身体性遗产。它由我们的生活传承，它也丰富着我们的生活。

它包括了我们的生命过程中的衣食住行、生老病死、婚丧嫁娶，也包括了我们生存世界的我者与他者、人与人、人与社会、人与自然、人与自我的所有的关系和关联。

保护和利用非遗，回到遗产，并不是让生活倒退，而是让都市化、城市化、现代化、科技化、市场化、信息化、物质化的进程有一种逆反的平衡力量，使人类同时可以回到精神家园、回到传统与现代的统一，回到身与心的统一，回到乡愁，回到山水田园的生态美学，回到创意世界，回到感性的丰富性，回到好奇心世界，回到手感和触觉，回到想象力，回到身体美学，回到美的生活，回到"美人之美，各美其美，美美与共"。这一切都与休闲生活、休闲文化、休闲产业、休闲经济密切相关。

非遗是无所不在、无处不在的文化，因而可以与任何地方的休闲文化及产业联系起来。非遗无不具有地方特色，所以又可以与任何地方休闲经济发生标志性联系。非遗的文化空间就是天然的休闲文化空间。休闲的本质包括：休息、休假、休养、休暇、休整。其对于人类的核心价值在于两个基本点：一是调整生活节奏，使生命节律和谐；二是提供幸福源泉，使生命丰富美满。在中国社会基本矛盾已经转化为人民日益增长的美好生活需要和不平衡不充分的发展之间的矛盾的新时代，休闲的意义显得格外醒目。非遗的意义通过休闲价值的实现，也可以使非遗的保护传承增添更多的时代意义和生活内涵。

就中国而言，非遗和休闲两种文化形态都有必要互相渗透、互相转化、互相融入，即非遗要大力挖掘自身的休闲功能、休闲价值、休闲潜质，在休闲世界展示风采，发挥引领，释放能量，促进中国休闲的大发展，同时休闲要充分融合非遗，用创意、创造、创新使非遗更具魅力、活力，搭建创造性转化和创新性发展的平台，使休闲更具人性、更加亲近、更有生活。笔者以为，在这方面有几个大的方向值得特别关注：

一是节日非遗的休闲价值。中国是一个节日大国,过节的传统历史悠久。春节如果从腊月开始,一直要到二月二龙抬头才结束,历时近两个月,其间有小年、除夕、正月、元宵等几个高潮,春节的腊八、祭灶、年夜饭、拜年、元宵等仪式性进程又是大餐、小吃、零食、服饰、玩具、年画、剪纸、对联展示的大舞台,抢年、社火、灯会则是游艺、娱乐、表演、竞技、武术、舞龙狮、跑旱船、赛社、唱大戏、观灯、猜谜的大聚会。节日的时间是非遗,节日也是所有非遗汇聚、集中、竞赛的舞台。中国56个民族的节日加上贯穿全年的世界非遗二十四节气,中国大大小小节日数量过千,实现了对960万平方公里国土的全覆盖,而且串联起全年每个季节、每个月份甚至每一天。2007年,公布《国务院关于修改〈全国年节及纪念日放假办法〉的决定》,其中最重要的变化是:春节按民俗惯制从除夕开始放假,传统节日清明节、端午节、中秋节新增为放假的节日。这是一项十分重大的制度设计和制度调整,直接表征着新中国对人民民俗节日的高度尊重,对民俗节日和节日民俗的传承产生了巨大的国家推动力和制度保障力。此后十余年的传统节日和假日的合一,让人们有假日去过节,有节日去度假,既保障传统文化连绵不绝、年复一年、代代传续,又为人民的美好生活需求提供丰富的物质和精神产品,调节了人们的生产生活节律和身心健康,还极大地拉高了节日经济,促进了文化旅游和国际国内两个市场的消费增长,成为中国文化和经济双赢的壮观奇观。节日非遗的休闲意义大有作为。

二是中国乡村中的6819个国家级传统村落,不仅是宝贵的文化财富,也是乡村振兴战略的数千个亮点,是非遗和休闲的共同的文化空间。每个传统村落都蕴含着丰富的非物质文化遗产,有丰富多彩的民俗生活和民俗文化。所谓"五里不同风,十里不同俗",传统村落是乡村旅游、休闲度假、农家乐、民宿、生态游、田园风光的理想目的地。目前,这近七千个国家级传统村落都刚刚经历定级公布阶段，除极少部分发展相对成熟外，绝大部分都有待于向现代转型。从 2014 年起，中央财政给予每一个国家级传统村落一次性补助 300 万元，目前已有 4350 个传统村落获得了这项补助，补助金额总计 130 多亿元。在中央财政大力支持下，传统村落的道路、供水、垃圾、污水等人居环境的基本条件得到了一定改善。在保持其原貌风貌外，向舒适、宜居、宜人发展。这也将是中国成为世界休闲目的地的一个重要生长点。

三是中国的特产和手工艺是休闲产品的巨大宝库。中国物产丰富，经初步调查统计，全国各地历史上不断列为"贡品"的高品质特产就达数千种，不仅有东西南北之异，也有吃、穿、用、娱、器、艺的不同品类。著名的丝绸织锦就有几百种之多，不同陶瓷品种和产地也达数百种，年画产地有 100 多个，剪纸有 40 多个民族的不同样式，等等。民间美术仅大的种类就有 300 多种，手工作坊、手工技艺、手工艺品更是成千上万。中国手工是中国农耕文明的结晶，也是它的杰出代表。手艺对心灵手巧、巧夺天工、化腐朽为神奇、培育能工巧匠功不可没，对慢生活、对静心宁气、对审美趣味、对参与体验都大有裨益，对文创产品和文创产业更是巨大的孵化器。手工非遗是各个地方个性化标志性符号，是中国传统文化最具品质和丰富性的文化，也是休闲生活须臾不可或缺的触手可及的对象。

四是武术、竞技、表演类非遗的感官性、观赏性、实践性、行为性可以让休闲更具感性和美感，让生命充满动感，让生活更加赏心悦目。中国的戏曲种类有 300 多种，曲艺品种也有 500 余种，民间音乐、舞蹈、杂技、魔术等等也多姿多彩。传统武术、传统体育项目繁多。国家已经举办了 11 届的全国少数民族传统体育运动会，参赛项目有花炮、珍珠球、木球、蹴球、毽球、龙舟、独竹漂、秋千、射弩、陀螺、押加、高脚竞速、板鞋竞速、民族武术、民族式摔跤、民族马术、民族健身操。另有表演项目达194项。所有这些项目几乎都是国家级非遗。在城乡广场，广场舞风潮历久不衰。能歌善舞已经不仅仅是对少数民族生活的夸赞，而是今天各族人民休闲文化的一个突出标志和休闲常态。感官的丰富性和身心的愉悦正在这些非遗文化普及中得到恢复和提升。剧场和广场、观赏和参与正在产生互补效应，它们的桥梁和媒介正是我们应该刮目相看的休闲。

总之，非遗与休闲更紧密地融合，将是未来社会和文化发展的又一匹黑马，我们不仅要拭目以待，更要深度挖掘非遗的价值和意义，大力弘扬保护非遗的世界遗产精神，在全球化的世界和文明互鉴的时代中，创造生活美好和美美与共的人类未来。

注释

[1] ［法］儒勒·凡尔纳:《地理发现史》，戈信义译，海南出版社2015年版，第75页。

[2] 转引自潘吉星《中外科学技术交流史论》，中国社会科学出版社2012年版，第815页。

[3] 转引自潘吉星《中外科学技术交流史论》，中国社会科学出版社2012年版，第818页。

[4] 2020年4月22日《环球时报》新媒体:《载有大量中国明朝景德镇瓷器！土耳其沉船在地中海被发现》。https://hqtime.huanqiu.com/share/article/3xwLkPuQ6Gq

[5] ［美］弗兰兹·博厄斯:《原始人的心智》，项龙、王星译，国际文化出版公司1989年版，第4页。

[6] ［美］弗兰兹·博厄斯:《原始人的心智》，项龙、王星译，国际文化出版公司1989年版，第92页。

[7] 《在联合国教科文组织总部的演讲》,习近平:《论坚持推动构建人类命运共同体》,中央文献出版社 2018 年版,第 76 页。

[8] 联合国教科文组织:《保护非物质文化遗产伦理原则》,巴莫曲布嫫、张玲译,《民族文学研究》2016 年第 3 期。

编二

东西方文明交流的三个节点与历史开启

——意大利与中国文化的相遇相见

1

2

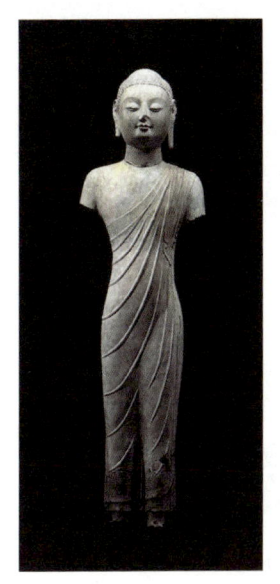

1 "曹衣出水"
2 "曹衣出水"
3 "曹衣出水"
4 "曹衣出水"
5 长沙马王堆出土的丝绸薄衣（以上均为资料图片）

6

7

8

9

11

10

6　中国丝绸与希腊雕塑
7　希腊古代造像
8　古希腊的高浮雕
9　利玛窦家乡的"马"
10　利玛窦家乡的利玛窦像（中国赠送）
11　意大利马切拉塔市一瞥（利玛窦故乡）

12

13

14

15

16

12　古与今
13　历史记忆

14　古希腊剧场
15　建筑上的风景
16　希腊神庙穿丝绸的神女

2

17

18

19

17　意大利罗马凯旋门
18　意大利的"碉楼"
19　水城威尼斯
20　意大利古代诗人但丁造像
21　意大利博洛尼亚柱廊（世界遗产）
22　意大利古代罗马雕塑
23　意大利罗马古斗兽场

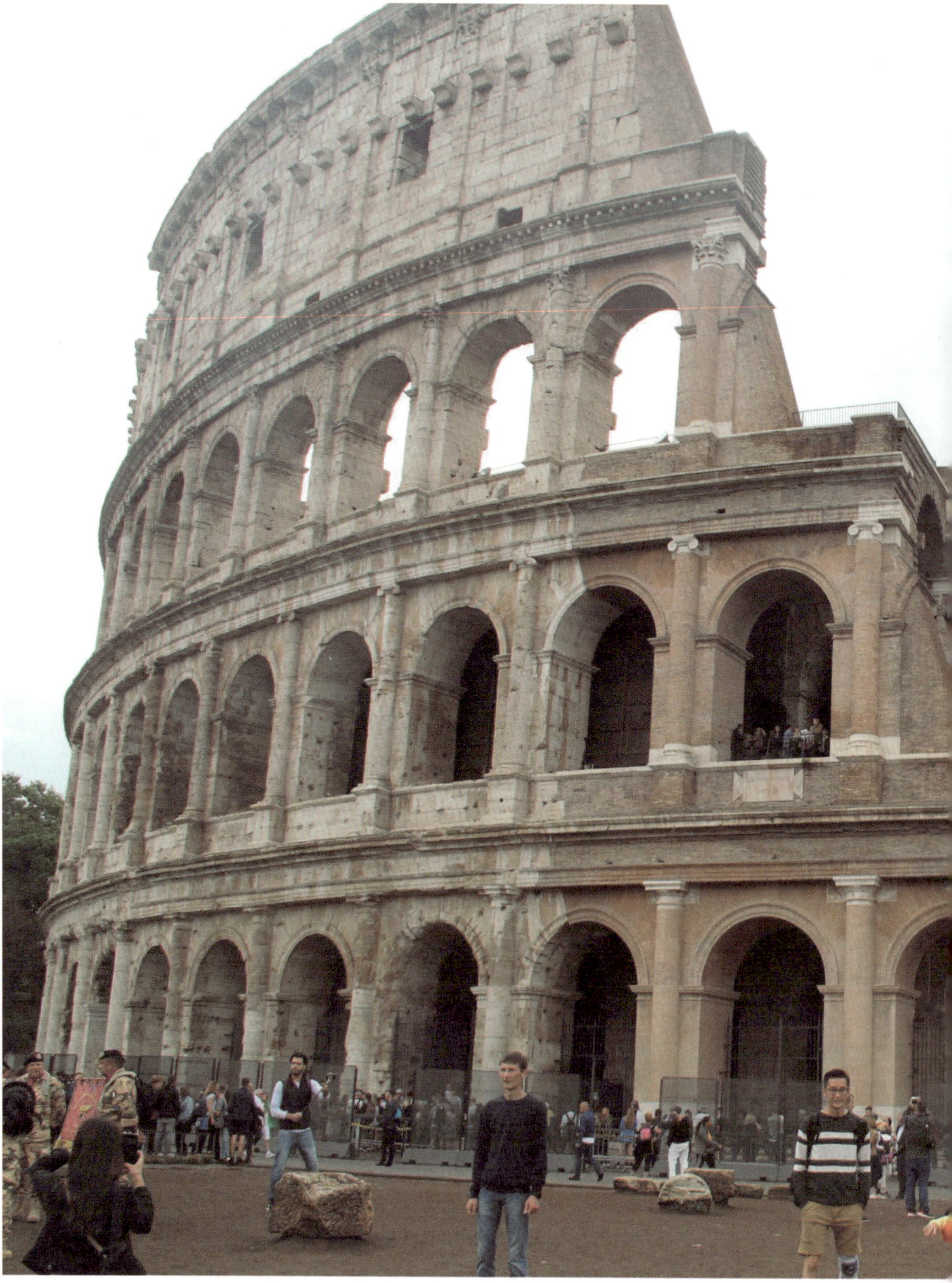

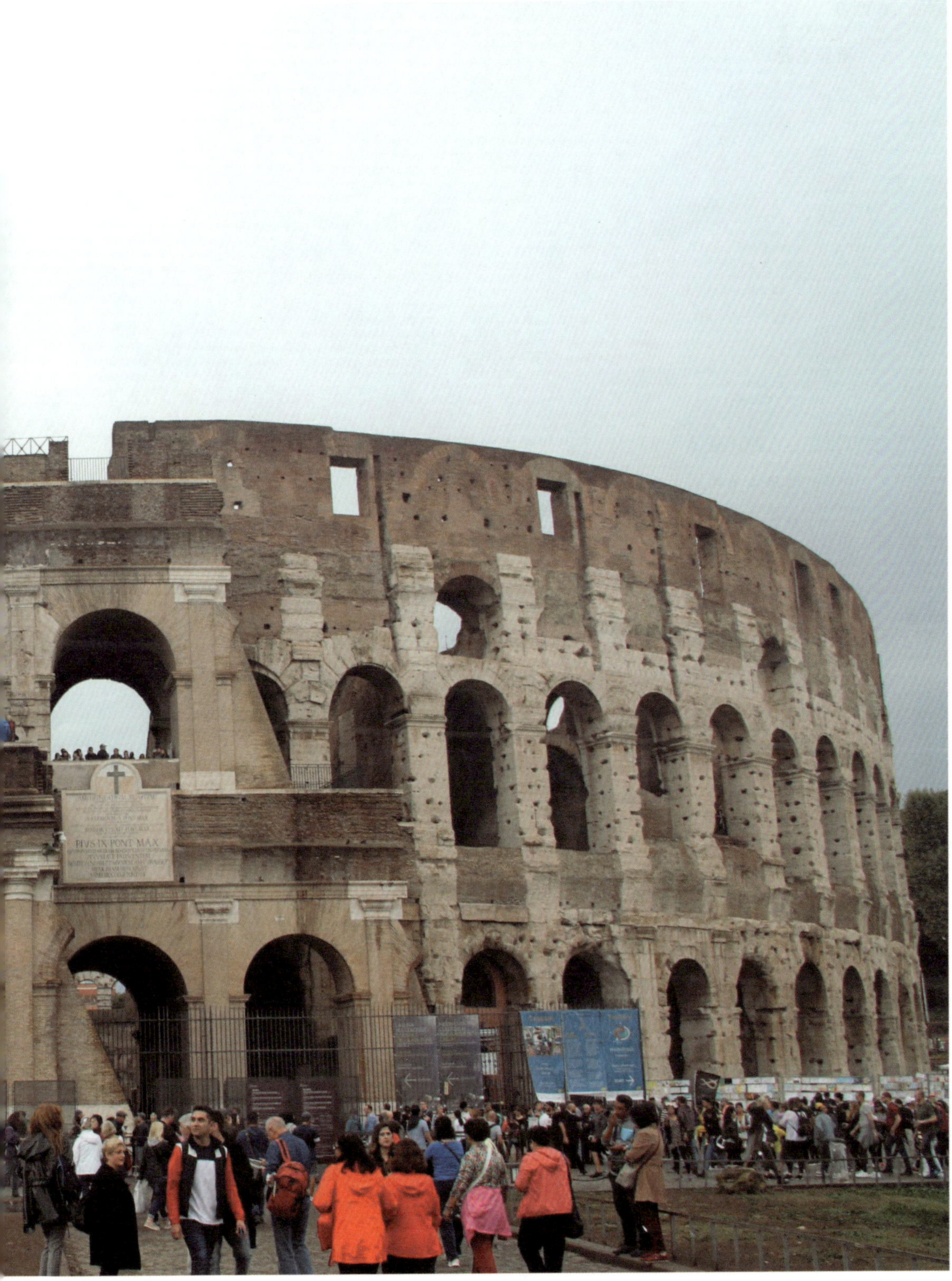
PIVS IX PONT MAX

2019年3月23日，中国和意大利签署政府间"一带一路"合作谅解备忘录。中国国家主席习近平在罗马同意大利时任总理孔特会谈并双双出席备忘录签署仪式。习近平在会谈时指出："中意关系植根于双方千年交往的历史积淀中，拥有深厚民意基础。中国和意大利分处古丝绸之路两端，开展'一带一路'合作天经地义。"这是一个值得中国人民和意大利人民共同铭记的重要时刻。中国和意大利不仅是分处古丝绸之路的两端，代表了这条伟大的历史道路的双向的起点与终点，也代表和象征着东西方文明互相往来、互相交流、互相影响、互相镜鉴的两个重要的历史地理。回望历史，我们可以发现，正是中国与意大利的三次重要的相遇相见，记录和见证了东西方的几次历史性遇见，这些遇见深刻地影响了历史的进程，改变了历史的面貌，也彰显出东西方文明交往的伟大价值和意义。

第五章

恺撒与丝绸
——开启东西方古代文明标志性艺术审美和造型

一、以丝绸为媒介的东来西往

丝绸是中华文明最古老、最伟大、最杰出的发明。1926年,在山西省夏县西阴村遗址,出土了一个距今6000余年的半截蚕茧,证明中国先民曾食用蚕蛹,对蚕茧有相当的了解。中原古老的神话传说是嫘祖等发明了桑蚕。1921年,在辽宁砂锅屯仰韶文化遗址中发掘出了一个长数厘米的大理石制作的蚕形饰。1936年,在江苏吴江梅堰良渚文化遗址中出土过一个绘有两个蚕形纹饰的黑陶。1977年,在浙江余姚河姆渡遗址中发现了一个刻有四个蠕动蚕虫纹饰的骨盅。这些都证明在5000多年前,中国的广阔地域上都出现了人工饲养蚕和蚕神崇拜。中国也是发明养蚕织丝的国度。1958年,在浙江吴兴钱山漾新石器时代遗址下房,发现了由家蚕丝织成的绢片、丝带和丝线。这个遗址年代距今4700余年,时在公元前2800年。商代以来,丝织物就成批地向外推销,其中又以向西北和通过西北向西方传播为外销的主途径。公元前5世纪,在阿尔泰地区卡童河、伯莱利河、乌尔苏耳河和乌拉干河领域都发现了此时代的巨石墓遗址,出土了一批中国制造的丝织物。古代希腊及其之后的罗马已经成为丝路西端,希腊的雕刻、陶器彩绘人像中,已经发现了细薄透明的丝绸服饰。在希腊艺术中,巴特农神庙的命运女神、雅可波利斯的科莱女神石像,希腊陶壶绘画中的狄奥希索斯、彭贝,象牙绘画"波利斯的裁判"等女神像,都穿着只有中国才能制造的丝织。

公元前 1 世纪，当西欧古典奴隶制社会进入罗马帝国时期后，"赛里斯"[1]（Seres，丝国）成为罗马时代对中国的记忆。丝绸以其高贵的触感、丝滑的流线性、挺括的质地、华丽的视觉感，长久地刺激着罗马人对"赛里斯"的好奇与兴趣。公元前 80 年前后，古代罗马百科全书式作家普林尼在其传世名作《自然史》中说："赛里斯人以他们的森林里盛产毛织品而著名。他们从树叶中采取的白丝绒，然后又加入水，最后又由妇女们承担络丝和纺线的双重担子。正是由于采取了这样复杂的技术，才在那样遥远的地方生产出了这种琳琅满目、绚丽多彩的产品，这才使罗马贵妇们得以扮饰这样透明的服装在社交场合抛头露面。赛里斯人具有高度的文明，但又与野蛮人很近似。他们不与其他民族相交往，仅仅坐等买卖上门。"[2]《自然史》还记述了发生在公元前 53 年的一次事关丝绸的奇怪战争。那年盛夏之初，古罗马"三巨头"（克拉苏、恺撒、庞培）政治之一的执政官和叙利亚的总督克拉苏率领七个军团越过幼发拉底河，征伐东方，在卡尔莱被安息人[3]包围。罗马人一时陷入困境，长久不得脱围，只有负隅抵抗一途。一天正午，安息人在战斗中突然展开他们的无数军旗，这些军旗鲜艳夺目，猎猎作响，令人眼花缭乱、胆战心惊，疲惫不堪的罗马军团受到惊吓，顿时崩溃。历史学家指出，这些耀眼的军旗就是出乎罗马人意料的丝绸制作的军旗。卡莱尔战败后 10 年，恺撒在罗马庆贺他东征的战绩，就向罗马人展出了一批丝绸织物，令目击者惊诧不已，赞叹有加。这也算是替克拉苏的卡莱尔之败出了一口气。恺撒还在此后的公元前 48 年，公开身穿一件中国丝袍去剧场看戏，被认为奢侈至极，致使在场的王公贵族无心看戏，把目光全集中到他所穿着的光彩照人、华丽夺目的丝绸上了。正是由于恺撒的喜好与推崇，丝绸在罗马愈发大行其道。不仅妇女们穿着薄如蝉纱的丝绸招摇过市，成为一时时尚，既显示风流，也显示财富，似乎是一种美丽与华贵的完美结合。史学家认为,当是时,中国丝绸最大的主顾是罗马帝国。在当时,这种现象就引起了争议和警惕。罗马的监察官们批评过丝绸服装过分下流猥亵,败坏了社会风气。罗马帝国初期,皇帝梯皮留斯曾下令禁止男子身穿丝绸衣服。但此风不仅未刹,而且势头更猛,丝绸热一直持续数百年,到6世纪时仍未衰退。公元571年,东罗马皇帝查士丁尼为了摆脱位居东西方之间的波斯人高价垄断经营中国丝绸的局面,联合突厥可汗攻伐波斯,战争长达20年之久,未分胜负。这就是西方历史上著名的"丝绢之战"。

在中国古代典籍记载中,中国丝绸向西输出直到抵达罗马,也是有迹可循。周代周穆王(约前1026—约前922)时,曾西征犬戎,打开了通往西北的通道。《史记》(成书于公元前90年)等书记载周穆王还曾向西巡狩,得见西王母。周穆王时代,在中西两端文明的东方中国和希腊罗马中间,东欧、亚洲的辽阔草原、沙漠半沙漠和山区地带,散居着许多独立的游牧部落,希腊罗马人把这些散居在东欧、西伯利亚和中亚细亚的部落统称为斯基泰人。中国古代称这些人为塞人。周穆王是到中亚会见了西王母。西王母是塞人一部的国王。史载周穆王从洛阳出发向西在西王母那里受到隆重接待,几乎要"乐而忘归"了,之后才跨越数千里东归。出土于古汲县(今河南卫辉)战国时期魏国墓的《穆天子传》(281),记周穆王从群玉之山(叶尔羌河上游,葱岭以东)到西王母之邦,相距三千里。

到了汉代,中国当时的典籍已经用"大秦"专指罗马帝国。中国人认为大秦就是泰西,即西方西海之国,是"近西王母所居处,几于日所入也",也就是日落之地。而东方正是日出之地。公元50年,罗马史学家波庞尼斯·梅拉在他的书中写道:"亚细亚极东地方有印度人、赛里斯人、斯基泰人。印度人地处最南,斯基泰人居于极北,而赛里斯人则住在正中。"[4]这种用东西方极端、终点地理意识定位中华帝国和罗马帝国的表达,与1世纪初罗马作家把赛里斯当作亚细亚极东国家的做法,可谓如出一辙,殊途同归。在世界史的一个漫长的时期,西方的罗马帝国和东方的中国都是东西两端体量最大、实力最强的国家。这两个国家实际上自己对自己和互相彼此间也意识到了这一点。中国典籍在秦始皇统一中国后自称"秦"帝国,而在秦亡汉兴后,汉代典籍开始确指西方的罗马帝国为"大秦",可见两者在汉字和称谓上都关系密切,关联度很高。南朝范晔作于432年的《后汉书》,记述的是公元25年至220年的东汉王朝的历史。其中卷八八《西域传》有对大秦国的描写和介绍:"大秦国一名犁鞬,以在海西,亦云海西国。地方数千里,有四百余城;小国役属者数十。以石为城郭,列置邮亭,皆垩墍之。有松柏诸木百草。人俗力田作,多种树蚕桑。皆髡头而衣文绣,乘辎軿白盖小车,出入击鼓;建旌旗幡帜。所居城邑,周圜百余里,城中有五宫,相去各十里。宫室皆以水精为柱,食器亦然。其王日游一宫听事,五日而后遍。常使一人持囊,随王车,人有言事者,即以书投囊中。王至宫发省,理其枉直。"其中最为直观的是"以石为城郭""宫室皆以水精(水晶)为柱",逼真地描写出罗马建筑的石材性和圆柱体,这与中国建筑的土木结构完全不同。

中国与罗马的往来,在西汉(前202年—8年)得到转折性的突破,这就是中国历史上著名的汉代张骞出使西域,凿空式地开通西域,开辟了中外中西文化交流的官方形式和官方渠道,丰富了历史的可能性。从公元前138年开始,到公元前115年结束,张骞以23年时间,两次分率百余人使团、300人使团出使西域诸国,历经千难万险,其间还向大宛、康居、大月氏、大夏、安息、身毒、于阗等国分遣副使。以后大夏诸国使者随副使来长安,西域始通。张骞还报告了匈奴的情况以及大月氏、乌孙等西域诸国的地理、人口、物产、交通、气候、经济、文化、军事、风土人情等,使西汉帝王大开眼界,对中国西部和世界西方有了深刻认识,推动形成了持续的官方和民间的通西域热潮。以后,汉朝政府多次派出使团去西域诸国,每年多者十余次,少则五六次,每次百余人或十余人,史载:"使者相望于道。"可见盛极一时。这种西行应该也有到达罗马的。2世纪,罗马史学家佛罗勒斯的《史记》,以赞颂的言辞宣扬奥古斯都的功绩,说世界各国都见到罗马的光荣富强而生敬畏之心,不但斯基泰人、萨尔马提人都遣使通好,"而且远到赛里斯人和地处太阳直照之下的印度人,也都派遣使者奉献珠宝和象,要求和罗马订结盟约"。[5]无独有偶,中国古代史学家也记录了罗马使者来中国的情况。《后汉书》卷八六《南蛮西南夷列传》记:"永宁元年(120),掸国王雍由调复遣使者,诣阙朝贺,献乐及幻人,能变化、吐火、自支解、易牛马头,又善跳丸,数乃至千。自言我海西人,海西即大秦也,掸国西南通大秦。"

二、艺术的丝绸之路与魅力叠加效应

但是,中国和罗马由于位于东西两端,相距遥远,沿途国家众多,其间还有若干实力强大的帝国。所以两国的交通往来也曾经阻隔重重。三四世纪时,丝织衣物成为古罗马全国唯一崇尚的时髦服饰。古罗马一直是中国丝绸的最大主顾,而贩运丝绸的则都是会做生意的波斯人。几百年来,波斯人想尽办法阻拦罗马人直接与中国人交往,意图永久独霸丝绸贸易,为此,罗马人与波斯人发生过多次战争冲突,积怨很深。直到6世纪,东罗马皇帝查士丁尼为了摆脱位居东西方之间的波斯人高价垄断经营中国丝绸的局面,曾打算与埃塞俄比亚人联合,绕过波斯,从海上去印度购买丝绸,然后东运罗马。然而波斯人知道这个计划后,安息王国以武力向埃塞俄比亚威胁,阻止他们充当罗马人的丝绸居中掮客。查士丁尼无奈,又请安息近邻的突厥可汗帮助从中调解与波斯人的关系,不料波斯王不但不听调解，还毒杀了突厥可汗的使臣，使双方矛盾激化，最终爆发长达20年的丝绢大战。西方如此，东方亦然。《后汉书》卷八八《西域传》记载了这样一件类似阻隔东西方的事："和帝永元九年（97），都护班超遣甘英使大秦，抵条枝，临大海欲度，而安息西界船人谓英曰：'海水广大，往来者逢善风，三月乃得度；若遇迟风，亦有二岁者，故入海皆赍三岁粮。海中善使人思土恋慕，数有死亡者。'英闻之乃止。……自安息西行三千四百里至阿蛮国，从阿蛮西行三千六百里至斯宾国，从斯宾南行渡河，又西南至于罗国九百六十里，安息西界极矣。自此南乘海，乃通大秦，其土多海西珍奇异物焉。"在另一处，该书还说出了安息阻隔中国和罗马直接交往通使的原因："大秦国……其王常欲通使于汉，而安息欲以汉缯彩与之交市，故遮阂不得自达。"

但是，不管有过怎样的道路远阻和关山重重，以丝绸为主体和象征的东西方文化交流从来就不可能中断。除了中国的丝绸、陶瓷日益深入西方，西方的文化也日益东传留下无数历史的痕迹。比如，斯泰基—西伯利亚野兽纹和阿尔泰艺术同时传入中国。公元前4世纪时，赵武灵王大力推广胡服骑射，胡服衣冠和中亚风格的动物纹饰流行中原。起源于两河流域近东的鹰头兽纹成为早期中国三大纹饰主题之一。再往西就是希腊罗马的文化和艺术直接传入中国了。20世纪初，日本大谷探险队在新疆和田采集到一个出自约特干遗址的埃及沙罗毗斯神的红陶俑坐像。同一遗址还出土过与公元前4世纪希腊双面神相同的双面神陶塑。约特干遗址这些陶塑，为公元前2世纪左右的作品。20世纪初，河南一座汉墓中发现了一件亚历山大城生产的模制玻璃瓶。模制玻璃是埃及希腊化时代特有的产品，往往在玻璃器上模塑宙斯、阿希娜、双面神等希腊神话人物头像。20世纪初，瑞典探险家斯文·赫定在中国新疆楼兰一佛寺遗址发现众多希腊罗马艺术风格的木雕构件，包括2世纪的一件有翼神兽形象木雕、一件花瓶木雕。这来自希腊罗马格里芬守护花瓶的神话母题和雕塑主题。1997年新疆尉犁营盘墓地发掘出百多座汉晋墓（前202—420），其中15号墓出土一种双层两面纹组织的精纺毛织物，通幅织出成组的以石榴树为轴的两两相对的裸体人物、动物，带有浓郁的希腊罗马风格。在新疆山普拉墓葬（前217—283）中出土一件剪裁成四块缝成裤子的壁挂，其图案上部是希腊神话中吹奏竖笛的人首马身像，下部是执矛武士像。此外还有罗马金币、起源于埃及的箜篌、希腊酒器、希腊雕塑、罗马装饰纹饰，等等。

最后，我们重点说说希腊罗马雕塑中的丝绸表现与其对中国的影响和雕刻之间的关系。首先，我们看看两汉时代中国丝绸的发达程度。1972年，在湖南省长沙市发掘的马王堆汉墓出土了大量西汉初年（前2世纪）时代的丝织品和纺织服饰，一时轰动中外。该墓共出土纺织制品114件，有丝织服装、鞋袜、手套等一系列服饰。丝织物有素绢、绣花绢、朱红罗绮等，有朱红、泥金彩底、黄地素绿、红姜纹罗、泥银黄地、绛绢、锦绣、绣花、彩绘等多种纹彩丝绢，有纱、绢、罗、锦、绮、绣等品种，有云气纹、鸟兽纹、文字图案、菱形几何纹、人物狩猎纹等纹样。还有超轻薄的素纱禅衣，有彩绘帛画，有罕见的帛书，等等。墓主人只是一个管辖七百户的小诸侯，其家庭墓葬达到如此奢华的程度，具有如此精美的丝绸品种，说明当时中国丝绸业已经十分发达和精致，其成就为世界瞩目就是理所当然的了。马王堆出土了一件令世人叹为观止的丝衣。这件素纱禅衣，衣长128厘米，两袖通长180厘米，重量只有49克。该衣由超细蚕丝织就，千米长丝仅重1克，每平方米衣料仅重12克，其牢度却与军用降落伞不相上下。马王堆丝织品普遍丝线纤维都极其纤细，比现代家蚕蚕丝普遍还细，说明当时养蚕水平已经十分高超，同时这也是在长期研究饲蚕方法才会有的结果，只有这样才能使家蚕丝达到如此纤细的程度。丝纤维如此之细是马王堆考古最重大的发现之一。同时，我们也知道，希腊雕塑中的人物所着丝绸服饰，是希腊雕塑最引人注目的精湛技法、美学范式、雕塑风格。由于罗马人对希腊文化艺术的崇拜或者说征服希腊的罗马人反过来又被希腊文明征服，所以现今存世的许多希腊雕刻，实际上都是罗马时代的复刻。希腊罗马雕塑除了裸体和人体的健美外，另一个突出表现并令人叹为观止的就是人物身上的衣饰。衣饰雕刻的成就一是对女神女性薄如蝉羽般的透明的丝绸的刻画和表现，二是对挺括的绸缎衣饰的表现。前者突出薄、透和贴身，人体美及女性性征的表现既真切又朦胧，比裸体造像多了一份娇羞，也多了一些诱惑，服饰美与人体美相得益彰。在技法上是用有丝感的细小皱褶及其垂感表现丝衣，又用突出女性乳房圆度、身体曲线、肚脐细节等逼真反衬丝绸之薄，然后用整体的贴身、贴肉的紧身性表现细薄透。比较著名的作品有：巴特农神庙的"运命女神"、埃里契西翁的加里亚狄像、雅可波利斯的科莱（Kore）女神大理石像等。后者通常以男女人体半裸相衬，或者大线条披挂周身，显示出衣着的华贵、挺括、皱褶，与裸身形成动感的对比，与姿态气质形成高贵典雅的烘托。最具成就的还是其中对薄丝的表现，在形成这种视觉感时雕刻的技艺运用得炉火纯青。从中国马王堆出土的丝极细、衣极薄、质极透的丝衣看，从罗马人受恺撒鼓吹妇女们狂热追逐丝绸情色效果的风习看，希腊罗马的这些雕刻是有生活依据的。希腊罗马的平面绘画和陶瓷、象牙版绘也有表现极薄丝衣的优秀作品和精良技法。

三、东方的回响与相映成辉

希腊罗马雕塑因其文明的高度和艺术的极致，必然会像水到高度就向四周和低处流淌一样向他处传播。此种艺术向中国的传播，经过斯基泰文化和犍陀罗艺术，从中亚和印度北部继续向东，形成了中国一大批石窟艺术和佛像泥塑、石雕等中国雕刻艺术遗存。《汉书》记载："秦始皇二十六年（前221），有大人长五丈，足履六尺，皆夷狄服，凡十二人，见于临洮。天戒若曰，勿大为夷狄之行，将受其祸。是岁始皇初并六国，反喜以为瑞，销天下兵器，作金人十二以象之。"史学家认为，这个秦始皇十二金人可能是从斯基泰人那里学来，是模仿希腊战神阿瑞斯神像铸造的十二尊青铜雕像。汉代墓葬大量出现画像石，大多为线刻、浅浮雕构图成形，有埃及浅浮雕之风。汉画像石中的神仙羽人和裸体人像，与希腊罗马雕刻的表现手法在艺术构思上极为相似。来自西方传统的有翼神像、有翼神兽、羽人、有翼动物等造型在汉画像石中大量涌现；马首人身、人首马身、人首蛇身、鸟首人身，以及裸体人像、裸体舞、裸体力士、大力神像等图像也频频出现在汉画像石中。这些都直接或间接出自希腊罗马的石雕艺术。

在绘画方面，新疆塔里木盆地南部发现的米兰壁画是罗马式绘画在中国的重大发现。1906年，英国探险家斯坦因博士在新疆若羌东北50余公里的米兰遗址进行考古调查，在两座佛塔中发现了一批带双翅的半身人物画像（共有十余幅此类形象），此造型从内容到形式都体现了鲜明的罗马风格。斯坦因将其命名为"有翼天使"，认为是从希腊神话中的"爱罗神"演变而来。这些作品属于4世纪。米兰壁画题材多是佛教内容，但神和人的容貌却是罗马式的，有些则完全是基督教艺术。画中的马车是罗马式驷马车。绘画色彩鲜艳，采用了西方透视学上的渲染法，具有浓厚的罗马风格。

直接受到希腊罗马刻画丝绸女性、神像雕塑影响而在中国美术史彪炳千秋的是曹仲达和吴道子。他们两人留下了曹衣出水、吴带当风的中国绘画顶峰式样式和范式。曹仲达是南北朝（420—589）时北齐人，是被当时和后世极为推崇的中国美术大家。唐代张彦远著《历代名画记》中说：

"曹仲达，本曹国人也，北齐最称工，能画梵像，官至朝散大夫。国朝宣律师撰《三宝感通录》，具载仲达画佛之妙，颇有灵感。僧惊云：'曹师于袁，冰寒于水，外国佛像，亡竞于时。'"这是说曹仲达师承自南北朝南齐画家袁昂，但比老师更加优秀，尤其擅长描画传入中国的外国佛像，无人可比。宋代郭若虚《图画见闻志》卷一"论曹吴体法"，将曹仲达和唐代著名画家吴道子相提并论，使用"吴带当风，曹衣出水"来形容二人的艺术风格和成就。《图画见闻志》说："曹之笔，其体稠叠而衣服紧窄。故后辈称之曰：……曹衣出水……雕塑铸像，亦本曹吴。"就是说曹仲达的绘画特别擅长人体和紧身衣服的关系，后人誉之为曹衣出水，即他绘画的衣服像人穿着丝绸衣服刚从水里出来一样，既透明又贴身，具有肉感和流畅的线条曲线。以至于他的风格又叫曹家样，时人雕塑铸像都是学的他和吴道子。"曹衣出水"，多么生动形象的描状！这不得不让我们联想到希腊罗马的穿透明丝绸的女神像。而郭若虚说曹仲达"尤得绮罗之妙"，就是说他也特别会表现丝绸的韵味和精妙，是从丝绸衣饰的穿着效果获得了绘画雕塑的衣饰塑造的艺术灵感和艺术技巧。这可算得上是东西方的异曲同工、殊途同归、不约而同了。曹仲达的作品没有留传下来，但是他的曹衣出水的曹家样式的作品在敦煌壁画、佛像泥塑、石雕中都到处可见其踪影。1996年发现的山东青州佛像窖藏，出土了400余尊南北朝时期的石雕和各种材质的佛像，大部分作品都精美绝伦，具有极高的艺术水准，代表了中国佛教造像和雕塑艺术的一个高峰。其中有号称东方的维纳斯的最美女神像，也有被专家认定为堪称"曹衣出水"典范的穿丝绸袈裟的佛像。此外，山西天龙山石窟的雕像也有此风。天龙山石窟在山西太原市西南40公里天龙山腰。天龙山历史上曾是北齐（550—577）皇帝高洋之父高欢的避暑宫。四周山峦起伏，遍山松柏葱郁，山头龙王石洞泉水荡漾，山前溪涧清流潺潺。北齐时山下兴建天龙寺。石窟分布在天龙山东西两峰的悬崖腰部，有东魏、北齐、隋、唐开凿的 24 个洞窟，东峰八窟，西峰十三窟，山北三窟。共存石窟造像 1500 余尊，浮雕、藻井、画像 1144 幅。各窟的开凿年代不一，以唐代最多，达十五窟。唐代石雕体态生动，姿势优美，刀法洗练，特别是其中的衣纹极其流畅，具有丰富的质感。第九窟观音立像，高约 11 米，形体丰满，璎珞富丽，纱罗透体，是石雕群中的精品。此观音立像形态生动，姿态优美，身披璎珞，体态丰满，薄软的丝绸罗纱质感清晰，极巧妙地表现出肉体、纱衣、饰物三者之间的关系，显示出雕刻技法穿插迂回的功力，是天龙山石窟中艺术价值最高的一尊雕像。"曹衣出水"佛像雕塑与希腊罗马雕塑之间的相通性、关联性、继承性是显而易见的。史载曹仲达本人是来自西域的曹国人，是粟特人的一支。粟特人，在中国史籍习称昭武九姓，其原本居处的主要范围在今乌兹别克斯坦泽拉夫珊河流域的索格底亚那（Sogdiana）。包括有若干城邦小国，如康国（飒秣建，今撒马尔罕 Samarkand）、安国（捕喝，今布哈拉 Bukhārā）、曹国（劫布呾那 Kapūtānā）、石国（赭时 Chach）、米国（弭秣贺 Māymurgh）、何国（屈霜你迦 Kuṣāṇika）、火寻（花剌子模 Khwārizmik）、史国（羯霜那 Kashāna）等。其中以康国为最大的宗主国。粟特人姓氏以安、康为主体，包括曹、安、史、康、石、罗、白、米、何等。这给我们研究中意丝绸雕塑之间的关系留下了丰富的想象空间。还不止于此。中国绘画家们将衣饰表现艺术又推到另一极端极致。于是又有"吴带当风"的出现。吴，就是吴道子（约 680—759）。他是盛唐时代最负盛名的画家，后人尊为画圣。所谓吴带当风，就是他所绘人物衣带宛若迎风飘曳之状，即"天衣飞扬，满壁风动"。吴道子长于壁画佛像创作，在描画人物衣饰上开一代先河，创其动态表现新风。他把线条用到极致，将衣纹绘出高、侧、深、斜、卷、折、飘、举各种姿势，人称"风云将逼人，鬼神若脱壁"，可见其造像栩栩如生，充满动态美、韵律美。代表作有传世的《送子天王图》《八十七神仙卷》等，据载他曾于长安、洛阳两地寺观中绘制壁画300余堵。唐张彦远《历代名画记》曰："唯观吴道玄之迹，可谓六法俱全，万象必尽，神人假手，穷极造化也。所以气韵雄壮，几不容于缣素；笔迹磊落，遂恣意于墙壁；其细画又甚稠密，此神异也。"宋代郭若虚《图画见闻志》说："吴之笔，其势圆转而衣服飘举。"这就是"吴带当风"。曹、吴二人所创曹衣出水、吴带当风，一静一动地表现丝绸衣饰，静到肃然起敬，动到运斤成风，把一种衣饰绘出两种姿态和线条，成为艺术史上开宗立派的一代大家。东方和西方各自相关、各行其是，各美其美、美美与共。

恺撒开启和巩固了以西方为终点的丝绸之路的终点、目的地，历史以终端打通中端，贯通了整个丝绸之路。中国到罗马的丝绸之路及其贯通，实现了欧亚大陆时代已知陆地世界的"全球化"。希腊罗马雕塑的丝绸衣饰的美学魅力和艺术范式，造型的技法传统，对东方和后世产生了深远的影响。这种影响主要表现在几方面：①形成东西方相通的人体、神像衣饰美学传统；②形成精雕细琢、精美绝伦的造型技法；③东西方互相以异域性、陌生化、新奇感的审美偏好，互致美人之美的审美胸怀与情怀，形成他美与我美融合统一的典范，开辟西方美术东方性、东方元素（如陶瓷出现在油画中）、东方题材、中国风尚（如洛可可风格）的源头；④中国曹衣出水、吴带当风的衣饰线条法，与希腊罗马丝绸造像相映成辉，分别是东西方表现衣饰的各自的艺术巅峰，为世界艺术史留下了标志性、标杆性风格。

注释

[1] 公元前4世纪，古希腊学者克提希亚斯（Ctesias）第一次将"赛里斯人"（Seres）与北方印度人并提，从此，东方丝国的概念开始出现在古希腊的文献里。

[2] [古罗马]普林尼：《自然史》，转引自许苏民《比较文化研究史》，云南人民出版社1992年版，第40页。

[3] 安息帝国又称帕提亚帝国（前247—前224），是亚洲西部伊朗地区古典时期的奴隶制帝国，是位于罗马帝国与汉朝中国之间的商贸中心。

[4] 转引自沈福伟《中西文化交流史》，上海人民出版社1985年版，第52页。

[5] 转引自沈福伟《中西文化交流史》，上海人民出版社1985年版，第52页。

第六章

马可·波罗的游记
——开启西方对东方的空间想象与浪漫精神

中国与意大利的一次重要的相遇相见，记录和见证了东西方的一次历史性遇见，这次遇见深刻地影响了历史的进程，改变了历史的面貌；也彰显出东西方文明交往的伟大价值和意义。这就是伟大的马可·波罗和他不朽的传奇。《马可·波罗游记》问世以后，曾经有很多人质疑其真实性。这种质疑其实主要来自他叙述的中国太伟大、太传奇、太陌生、太遥远。从民俗学的角度看，有一些民俗事象作为局外人的视点被聚焦，并且呈现其准确的细节。如果没有到达现场并亲自观察亲身体验，就不可能去描写。风俗的被描写程度和其中的深广度，是亲历与否的一个重要试金石。马可·波罗在观察、记录、讲述风俗方面是有天才般能力的，他自己似乎也对此做过刻意的训练。这种中国描述空前绝后。作为一名民俗学者，我们有必要表明我们对于《马可·波罗游记》真伪的民俗学立场。

一、质疑的产生与事实的传奇性

恺撒开启和巩固了以罗马为终点的丝绸之路的终点、目的地，历史以终端打通中端，贯通了整个丝绸之路。中国到罗马的丝绸之路及其贯通，实现了欧亚大陆时代已知陆地世界的"全球化"。同样缘自将地球另一端作为目的地进行探险、不惜身家性命也欲以到达的历史，再一次在古代希腊罗马千余年之后，又得以轰轰烈烈地上演。只不过这一次的历史不是帝王的推动而是一介平民，目的地也不是丝绸之路终点的西方而是遥远的东方。起点成为终点，终点成为起点，事件发生的一个共同点就是此一历史事件仍然发生在同一个国度——意大利——的历史地点。这就是伟大的马可·波罗和他不朽的传奇。

中国著名历史学家张星烺先生在其1931年出版的著作《马哥孛罗》中指出，马可·波罗是在极东的中国和极西的罗马之间在长期的遥远的时间和空间阻隔后，第一位实现了将两国直接交通的人，并且从此开启了新的世界交通史。他指出："当今世界大通，历史家眼光扩大，知悉古代世界上最大文明国有二：极东为中国，极西为罗马，中间有数万里山河沙漠之隔，自汉武帝以后，中国极力向西扩张势力，经汉唐两代，兵威所布，声望所及，不过至里海滨而止。罗马人亦极力向东开拓领土，最东亦未过油付莱梯斯河及梯格莱斯河。中国史书上空闻极西大秦国文物昌明，土宇广阔，人皆长大平正，土多金银奇宝。罗马人白里内（Pliny）、梅拉（Mela）等书中，盛称中国之丝，远贩罗马，为彼邦贵族妇女之华服。席摩喀塔（Simocata）记中国法律严明，持正不阿，人性温和，技巧异常。《汉书》记大秦王安敦（Marcus Aurelius Antoninus）于桓帝延熹九年来献。《唐书》记贞观十七年，拂菻王波多力遣使来献。以后历高宗、武后、玄宗诸朝，皆有使来献。罗马史家佛罗鲁斯（Florus）记奥古斯都皇帝时（西汉末时）中国有使臣朝贺帝之威德远被。以上记载皆模糊印象，片段之辞。而所谓使臣，或为商贩冒充，回国以后，毫无记载。所传口碑，大约即上方各书所留之记载也。即为真使，而古代航海学未精，船舶不坚，或为海洋中风涛所破，葬身鱼腹，或旅行沙漠，中道渴死也。以此各种原因，故自古以来，迄于元初，东西皆无直接交通，真确详细记载。其情形犹之今代天文家，以望远镜窥测火星中有黑影线，而揣测其中人文明程度若何之高，使人欣羡，恨不能亲往一游也。设有人能造一飞行机，其速率千万倍于今之飞行机，游客乘之飞达火星，归报其中真况若何，详言空中航路若何,可作后人航空之指南,为探险各星球之导引线,则其人必名传全球,受全人类之顶礼膜拜,可断然也。……马哥孛罗犹之飞机中之乘客。乘客得达火星,而享盛名,岂可忘其飞机,及造飞机之人乎?马哥孛罗不过商人之子,非有过人之才,及超人之智,而得享盛名者,完全风云际会使之也。"[1]这段论述指出了马可·波罗的平民商人身份及其意义,强调了他东行并著述的首创性,随后还指出他之所以成行是由于出现了蒙古大帝国创造的广大地理,以及帝国为商人横贯东西提供的便利。

马可·波罗(Marco Polo)(1254年9月15日—1324年1月8日),生长于威尼斯一个商人家庭。他的父亲尼科洛和叔叔马泰奥都是威尼斯商人。17岁时,马可·波罗跟随父亲和叔叔前往中国,路途历时约四年,于1275年到达元朝的首都,与元世祖忽必烈建立了友谊。他在中国游历了17年,曾访问当时中国的许多古城,到过西南部的云南和东南地区。回到威尼斯之后,马可·波罗在一次威尼斯和热那亚之间的海战中被俘,在监狱里口述旅行经历,由鲁斯梯谦(Rustichello da Pisa)写出《马可·波罗游记》。

《马可·波罗游记》记述了马可·波罗在东方最富有的国家——中国的所见所闻,后来在欧洲广为流传。《马可·波罗游记》是欧洲人撰写的第一部详尽描绘中国历史、文化和艺术的游记。16世纪,意大利收藏家、地理学家赖麦锡(Ramusio)说,马可·波罗在1299年写完《马可·波罗游记》,"几个月后,这部书已在意大利境内随处可见"。在1324年马可·波罗逝世前,《马可·波罗游记》已被翻译成多种欧洲文字,有数十种版本广为流传。现存的《马可·波罗游记》已达143种不同文字的版本(据杨志玖先生《马可·波罗在中国》统计)。在把中国文化艺术传播到欧洲这一方面,《马可·波罗游记》具有重要意义。

大概由于马可·波罗第一次基于自己近二十年的经历和父亲、叔叔此前亲历中国的经历，他才能首次这样全面、这样细节、这样丰富、这样传奇地讲述遥远富有的中国。他不无夸耀地讲述自己的经历。但是他讲述的目的却主要集中在三方面：一是盛赞给予他此次旅行、此番经历创造条件、提供便利、给予信赖、委以重任的中国皇帝忽必烈。他明确表示："请为君等叙述'诸汗之大汗'之伟迹异事，是为鞑靼人之大君，其名曰忽必烈，极尊极强之君主也。"[2]正是这位帝王对马可·波罗一行颇为信任，赐予金牌可用驿站，受沿途供应，可驶驰驿，还让他奉使办理公务乃至担当地方长官数年，最后托付远嫁公主让他们护送随行。在马可·波罗眼里，忽必烈的历史地位是这样的："第一君主成吉思汗之后，首先继承大位者，是贵由汗。第三君主是拔都汗。第四君主是阿剌忽汗。第五君主是蒙哥汗。第六君主是忽必烈汗，即现时（1298）在位之君主也。其权较强于前此之五君，盖合此五人之权，尚不足与之抗衡。更有进者，虽将全世界之基督教同回教帝王联合，其力量及其事业亦不及此忽必烈汗之大。此汗为世界一切鞑靼之君主，统治东方西方之鞑靼。缘鞑靼皆是其臣民。"[3]二是炫耀他在商旅之中所见到的东方的富庶和巨大的财富。全书有大量的篇幅讲述中国的地大物博、城市的繁华，金银珠宝香料触目即见，商业繁荣、贸易发达、港口繁忙。三是作为一个西方人在东方的见闻，介绍了东方的政治、经济、宗教、文化、风俗、地理等。其中又有三点：①从陆路由西向东，沿途所到所见国家、城市、地方；从中国的西域、北方到中国的西南、南方、东南沿海诸地诸城；从中国南海及海路返回西方途经东南亚、南亚、波斯湾等诸岛、国、港、地方、城市等。②在中国西部、北部、京城、小市、西南、东南、港口、大城等种种地方数十个大小城市所见到的中国样貌。对中国重要区域和主要城市叙述得如此完整、如此具有整体性，如果不是亲历亲见，仅凭道听途说和发挥想象，是很难做得到的。③中国所见到的奇风异俗、西方未有未见的事物、迥异于西方的风物风俗风景，是一个外来的他者对异域最直观、最敏感、最特殊的事物。这三个目的都使他的讲述必然具有传奇性，也使讲述中的中国具有整体性和丰富性。这使它成为一次前所未有的中国讲述，是一次有来有回、路线清晰、目的合理、经历真实的传奇游历，也是东西方第一次真正意义上的相遇和交流。

《马可·波罗游记》问世以后，曾经有很多人质疑其真实性。但是，正如他在生前就坦然面对这些质疑，并且在临逝世时有人希望他赶紧澄清并忏悔他的讲述都是虚构和欺骗，而他最后的回答依然斩钉截铁。他说："我还没有说出自己所见所闻的一半。"

二、马可·波罗的讲俗能力及其游记的风俗志特征

马可·波罗自述在大汗麾下任职外务，回大汗帐下述职时，其他官员的讲述寡淡无味，而他的讲述则使大汗听得津津有味，尤其喜欢听他讲各地奇风异俗。这也使他强化了自己对风俗的搜集和观察能力。《马可·波罗游记》第一卷有两节专门叙述了这个情况："尼古剌君之子马可，嗣后熟习鞑靼的风俗语言，以及他们的书法，同他们的战术，精练至不可思议。他人甚聪明，凡事皆能理会，大汗欲重用之。所以大汗见他学问精进、仪态端方，命他奉使至一程途距离有六个月之地。马可慎重执行他的使命，因为他从前屡见使臣出使世界各地，归时仅知报告其奉使之事，大汗常责他们说：'我很喜欢知道各地的人情风俗，乃汝辈皆一无所知。'大汗既喜闻异事，所以马可在往来途中注意各地之事，以便好归向大汗言之。"在随后讲述中，马可·波罗不无骄傲自己的此种才能："马可奉使归来，谒见大汗，详细报告其奉使之事。言其如何处理一切，复次详述其奉使中之见闻。大汗及其左右闻之咸惊异不已，皆说此青年人将必为博识大

才之人。自是以后，人遂称'马可·波罗阁下'，故嗣后在本书中常以此号名之。其后马可·波罗仕于大汗所垂十七年，常奉使往来于各地。他人既聪明，又能揣知大汗之一切嗜好，于是他颇习知大汗乐闻之事。每次奉使归来，报告详明。所以大汗颇宠爱之。凡有大命，常派之前往远地，他每次皆能尽职。所以大汗尤宠之，待遇优渥，置之左右，致有侍臣数人颇妒其宠。马可·波罗阁下因是习知世界各地之事尤力。尤专事访询，以备向大汗陈述。"可见马可·波罗在风俗方面是很用心用功的，"专事访询"做的就是民俗调查了。

由此之故，马可·波罗于风俗志方面，在其游记中对当时的中国是有深度观察的。他大概是随手将当年向忽必烈展示的讲俗能力现在拿来向家乡的意大利人略加表现而已。以下试举若干例子：

1. 关于纸币。这是中国最早最重要的发明之一。早在宋代中国就广泛推广使用纸币，元朝继承金、宋体制，继续使用之。马可·波罗作为商人对此十分敏感。他在叙述多个城市时，都不会忘了根据所见注上"使用纸币"字样。他记录的使用纸币的城市有泰州、南京、强安、襄阳、镇巢军城、新州、临州、邛州、西州、镇江、行在、刺桐、高邮、宝应等。这说明纸币使用的广泛性和全国性，说明这种独特而便捷的货币及其货币制度给他留下了深刻的印象，所以用了很大篇幅描述其中具体结构模式。他说："凡州郡国土及君主所辖之地莫不通用。臣民位置虽高，不敢拒绝使用，盖拒用者罪至死也。兹敢为君等言者，各人皆乐用此币，盖大汗国中商人所至之处，用此纸币以给费用，以购商物，以取其售物之售价，竟与纯金无别。其量甚轻，致使值十金钱者，其重不逾金钱一枚。"他为此还记述了中国的造纸技术和过程："此薄树皮用水浸之成泥，制以为纸，与棉纸无异，唯其色纯黑。君主造纸既成，裁作长方形，其式大小不等。"

2. 关于丝绸。中国是丝绸的故乡，马可·波罗对此也多次述及。在南京、苏州、涿州、太原、土番州、镇江、福州、行在等地,他都有"织罗甚多""织造金锦丝绢及最美之罗""产丝甚饶"等字样。对南京的丝绸他用"有丝甚饶,以织极美金锦及种种绸绢"表述。至今,南京云绵技艺被确定为世界非物质文化遗产,仍然可见当年风采。可见他的描述不虚。

3. 关于陶瓷。陶瓷也是中国极具东方个性的特产。马可·波罗对此种器物印象极深,观察也细。他的陶瓷记述成为西方文献对中国陶瓷的首次记载。马可·波罗到达"一座叫作'Tinju'(泰州)的城市,这里:人们制作瓷碗,这些碗大小不等,美轮美奂。瓷碗只在这座城市制作,别处没有;它们从这里出口到全世界。在这座城市,瓷碗到处都是,且价格低廉,一个威尼斯银币可以买到三只精美的瓷碗,其玲珑可爱,简直无法想象。这里的杯盘碗盏用易碎的泥土或者黏土制成。土块似乎采自矿山,被堆成高高的土丘,三四十年间听凭雨打风吹,日晒雨淋。此后,灰土变得如此细腻,用它做成的杯盘呈天蓝色,表层晶莹剔透。你们要明白,当一个人把这种土堆积成山时,他是为了自己的子孙后代;风化成熟需要漫长的等待,他本人无法从中获取利润,也不可能把它派上用处,但他的儿子将继承它得到酬报"[4]。当代英国陶瓷史家埃德蒙·德瓦尔说:"这是西方文献第一次提到瓷器。"[5] 马可·波罗关于陶瓷材料用土需囤积、老土化,在今天中国诸多制陶地方如景德镇、宜兴、无锡、德化等地,依然如故。八九百年前能描写出这样的细节,令人叹服。

4. 关于中国的桥。游记对中国的桥梁印象深刻。在北方,他记述了著名的卢沟桥,称它是普里桑干河上的美丽石桥,桥两旁皆有大理石栏、石柱,柱顶别有一狮。"此种石狮巨丽,雕刻甚精。每隔一步有一石柱,其状皆同。"卢沟桥和桥上的狮子给马可·波罗留下深刻印象应该是合乎情理的,因为这座石桥石狮在中国人眼里也是别具一格的。民间有很多关于这座桥的建桥传说和狮子传说。"卢沟桥的狮子数不清",这句北京人妇孺皆知的俗语，明代就见于典籍，说的就是桥上的狮子大大小小，造型各异又复杂万状，狮子数量之多竟达数百，使这座桥无与伦比。南方是水乡，诸多水上人家和水上城镇，大概堪比威尼斯，所以马可·波罗多次述及。他说行在城（杭州）有石桥一万二千座。大的桥桥拱甚高，大船不放桅杆也可通行。因为这个城市是完全建筑在水上的。苏州也是如此，有石桥六千，"桥甚高，其下可行船，甚至两船可以并行"。

5. 关于若干生活习俗。在大量风俗描写记录中，有一些非常中国化，是观察者细心体味过的。比如中国人的"生辰八字"和运用于占卜。马可·波罗说："此地（杭州）之人有下述风习，若有胎儿产生，即志其出生之日时生肖，由是每人知其生辰。如有一人欲旅行时，则往询星者，告以生辰，卜其是否利于出行，星者偶若答以不宜，则罢其行，待至适宜之日。"这种情况，对旧时中国人来说是一点儿都不虚的日常生活。比如中国人的生死轮回观。"彼等信灵魂不死。以为某人死后，其魂即转入别一体中。视死者生前之善恶，其转生有优劣。"此外还有蒙古包的形制和建造，哈密的歌舞，沙州及多地的葬礼，驿站的运行模式，十二生肖和纪年，元朝的节日、逆水行舟的拉纤和竹缆，云南少数民族地区的巫师施法治病，以及云南地区所见到的产翁制。在云南大理往西骑行五日后，马可·波罗在金齿州（此地之人皆用金饰齿，至今云南多地有染齿、黑齿、凿齿习俗，如壮族、布朗族等）的永昌，发现一种产翁制："妇女产子，洗后裹以襁褓，产妇立起工作，产妇之夫则抱子卧床四十日。卧床期间，受诸亲友贺。其行为如此者，据云妻任大劳，夫当代其受苦也。"产翁制作为一种奇风异俗，据人类学家报告，早在罗马时代、罗马地区有过遗存。拉法格在其所著《母权制：家庭探源》中描写道："生于纪元前 2 世纪的亚波罗尼就有一个居住在黑海沿岸的民族，曾经说道：'在女人们生孩子的时候，丈夫们也参与其事。他们躺在床上，蒙头盖脸，呻吟哭叫，妻子们则给他们喂饭，喂水，替他们洗浴。'"[6] 法国巴斯克人也有过此俗。美洲亚马孙河流域印第安人有过此俗。印度南部也有类似习俗。世界各地一直以来都有发现和报告。"法国巴斯克人有一种产翁的习俗。当妻子要生产的时候，丈夫就躺到床上，盖了被，开始呻吟喊叫。干亲和邻居到来，纷纷向他道喜，恭贺他生产顺利。"[7] 当欧洲人发现美洲大陆时，他们在那里发现了同样的习俗。在南美阿比朋人中，"当你看见新生儿的时候，你会同时看到一个丈夫躺在床上，严严地盖着被衾和皮衣，不让一点儿凉风吹着。他守持斋戒，躺在一个封得很严实的房间，自愿地许多天不进肉食，这样就可以发誓赌咒地说，是他生了孩子"[8]。圭亚那的印第安人也有此俗。中国壮族、傣族、仡佬族、藏族都曾保留过这种古老习俗。宋代《太平广记》卷四八三引录《南楚新闻》记载，"南方有獠妇，生子便起，其夫卧床褥，饮食皆如乳妇。"这被认为是对仡佬族此风俗的记录。该书对壮族先民越族人的风俗记载有："越俗，其妻或诞子，经三日，便澡身于溪河。返，具糜以饷婿。婿拥衾抱雏，坐于寝榻，称为产翁。"元代李京的《云南志略》、明代《百夷传》、清代《顺宁府记》都记述有云南西双版纳傣族流行产翁制。《云南志略》载："妇女尽力农事，勤苦不辍，及产，方得少暇。既产，即抱子浴于江，归付其父，动作如故。"所以，中国学界大多都认为马可·波罗的记述讲的是云南傣族的产翁习俗。方国瑜、林超民两先生著述有《〈马可·波罗行纪〉云南史地丛考》详细论证了马可·波罗云南之行的具体事实，很有说服力。

产翁制是人类早期社会婚姻制度从母系社会向父系社会过渡的产物。瑞士著名人类学家巴霍芬在其名作《母权论：对古代世界母权制宗教性和法权性的探究》中指出："人类从母系观念发展到父系观念，构成了男女两性关系史上最重要的转折点。"[9] 恩格斯更是站在唯物史观的高度指出这一转变是人类历史上的又一次重大的革命。"母权制的被推翻，乃是女性的具有世界历史意义的失败。"[10] 拉法格在其著作《母权制：家庭探源》中结合评价马可·波罗的记述指出："在欧洲，在非洲，在旧大陆和新大陆，也无论是古代，还是现代，这种风习几乎到处可见。18世纪，马可·波罗在云南（位于中国西南部，在西藏和缅甸以东）也见到过这种风习。……产翁习俗——这就是男人为了取缔妇女的地位和财产而采用的花招之一。生育活动曾经宣告妇女在家庭中应有很高的权力。男人把这桩事体也拿来表演一番，正是为了使人承认孩子获得生命主要应归功于父亲。我们看到，父权制家庭——是一种比较新兴的制度。伴随着它的出现曾经演出了多少争讧、犯罪和荒诞不经的闹剧啊。"[11] 作为这一历史进程中特殊产物出现的"产翁制"，是在用象征的方法把父亲同化于母亲，以确立社会性的父权，它不仅适应着从母系社会向父系社会的过渡，而且对这一过渡起到了促进作用。我国历史记载和后来的民俗学民族学人类学调查证明，古代和现代中国一直存在着大量原始民族和原始婚俗。从母系社会向父系社会过渡转型变革的婚俗大量存在。除了产翁制多有流行外，还有痛哭母权丧失的"哭嫁"习俗在多地民族中保留。不落夫家、游方、跳月、浪哨、放牛出栏、串故娘、行歌坐月、放寮、抢婚、走婚、从妻居等此类过渡期婚俗更是随处都有。马可·波罗在游记中表示遇见过很多的女性习俗和特殊的两性习俗、接待和对待外来男性的习俗，大多也都属于这一类被后世归为人类学范畴的民族志现象。真正的民族志和人类学是大航海之后才逐渐兴起的。马可·波罗是启发启动这个学科的先驱者之一。他的很多记录我们必须从人类学的角度才能真正理解其中的意义、价值。在人类学未能展开和充分发展的马可·波罗时代，他的被误解和被质疑也就不可避免。这也是个中原因之一。

由上我们可以看出，马可·波罗讲述的中国包括了大元帝国时代的蒙古统治阶级层次，也讲述了蒙元统治下的南方汉人社会，以及西北丝绸之路沿线和东南沿海商业通向海外的港口城市，最后还包括处于相对原始落后的西南少数民族地区的社会风俗状貌。这种中国描述空前绝后，不仅完全符合中国人文地理历史史实，具有丰富的历史层次性和文化的多元一体性，也使后世所有描写中国样貌的亲历者的图书都难以达到这样的历史高度。

许多西方的研究者喜欢拿500年后马戛尔尼使团访华和他们对中国的记录与马可·波罗相比，认为前者（真实到达中国）有许多中国奇风异俗和独特事象物象的记录，可是在后者（是否到达中国存疑）所述中却付之阙如，因此可能是他没有到达并且虚构了中国。这些事象主要有长城、妇女缠足、鸬鹚捕鱼、筷子、中医、茶叶等。具体辨析这一质疑，我们就不展开了。可以肯定，马可·波罗的讲述有很多方面比马戛尔尼一个团队按科学调查方法开展的记录还要真实、准确、丰富，他们团队遗漏的中国独特文化要多得多。因为马可·波罗曾在中国生活了17年，而且他到过的中国地方比马戛尔尼他们多得多。即使如此，以中国历史之久、风俗之富、思想之深、现象之杂，任何记录者都会挂一漏万。我们不能以事象的无一遗漏来判断真伪，而应以其描写的真切度、不可虚构性的内容来作判断。

三、东方的现实打开西方的空间想象力

实际上，对《马可·波罗游记》的真实性，西方一直是一种将信将疑的态度。其根本原因之一在于蒙元帝国的铁蹄横跨欧亚，使整个欧洲震惊与恐怖。他们一方面根本不了解为什么会发生这样的历史巨变，另一方面也根本不知道东方和中国为什么会有这种铁血历史。所以，马可·波罗竟然与忽必烈汗为伍，发生亲密关系，这是不可想象的。原因之二在于马

可·波罗讲述的中国太富有、太有商机了。这个世界的东方还有这样一个世界，而在此以前的历史中几乎闻所未闻，这太出乎想象了，这让西方人实在难以置信。原因之三是中国的风土人情、风俗习惯和他们的历史太独特、太悠久了，这样特异的生活方式来自人类的创造，这也是不可思议的事情。所以，他们的质疑从马可·波罗在世时就层出不穷。他们不是质疑他的道听途说、转述他人见闻。他们质疑的是中国强大、富庶、独特的真实性（这正如数百年后中国人知道强大的西方，见识西方城市与繁荣时目瞪口呆是一样的）。

怀疑部分。他们把马可·波罗的讲述文本归于传奇文学，把它推向虚构文学，从文学归属上否定其写实性纪实性。后来也有人指出，此游记严重缺乏文学性，只是一种平铺直叙。它的文学性来自内容的超常性，所谓现实比文学更具想象力，此之谓也。所以，在当时浪漫传奇小说都弥漫着这种东方式的浪漫精神，许多小说还直接取材于马可·波罗的游记，比如14世纪的《耶路撒冷的第三王》，就是当时受其影响最深的文学作品。乔叟、但丁、弥尔顿等文学大家也都是参与这种影响的文学人物。马可·波罗的讲述的文学性（在这里这是贬义词，与指认他说谎骗人、非真实是同义词），有很大部分的原因是笔录者鲁斯梯谦是当时颇有名气的通俗小说家。后者按通俗文学的传奇叙事格式给游记穿靴戴帽，造成了"虚构"假象。有些版本的开场白就是当时许多浪漫传奇小说的同一模式的翻版。美国学者史景迁说："鲁思梯谦在记叙时，经常恪守宫廷传奇应有的格式，而不是我们认为像马可这种老练的旅行家所惯用的语汇。"[12]此外，在游记中，马可·波罗还结合所到之地和所见之人、物、事，附会编创了一些民间传说，记录重述了一些民间宗教神话，讲述描绘了一些虚幻的民间故事。比如，他用最新的史实对传说了很长历史的西方想象东方的著名的长老约翰故事，附会到与成吉思汗的经历中，为这则古老传说增添最新的解读，也使长老约翰传说再添新的谜团。比如，他讲的"巴格达之移山灵迹"，是一个圣迹显灵的神话，让山移动的情节颇与我国古代神话愚公移山类似。这种超自然现象也是很难让人置身真实历史。比如，他讲的波斯三王的传奇，极富民间文学特色，应该是对波斯民间文学的转述，但变成了历史人物讲述，让虚事变实有，其中超现实的神话传奇内容就很难让人信服。

信以为真部分。从一开始，很多人便因此游记开始向往、憧憬、梦想到达中国，激发了很多人探险的雄心壮志和勃勃野心。元代以后，东亚、中亚、西亚之间，战乱频频，陆路抵达已经失去蒙元帝国贯通东西的条件，而大航海时代的到来，以此互为因果，所谓陆路不通走水路（海路），或者说，海路实际上是陆路不通逼出来的。终于促成历史复活与重现。这就使哥伦布登上历史舞台。

有学者认为，马可·波罗早期的读者中，最著名的就是哥伦布。笔者以为，他也具备与马可·波罗相似的三个条件：一是西班牙、葡萄牙、荷兰、英国、法国等帝国的崛起和称雄世界的野心和科技、军事能力；二是他强烈地感受到了《马可·波罗游记》中隐藏的巨大商机和财富诱惑；三是对中国风俗有强烈的感同身受、亲历探险的冲动。美国学者史景迁在他的著作《大汗之国：西方眼中的中国》考据和介绍了哥伦布大航海的动机："哥伦布展开1492年的探险前，想必已熟知该书内容。他1496年返乡后，订购了该书，并且或在当时或日后，于书页空白处写下了近百个眉批。这些眉批主要以拉丁文写成，间杂以西班牙文，显示了最吸引哥伦布注意的段落。……虽然哥伦布对这些感官描述、奇闻搜秘深表兴趣，我们却不难发现，他真正的意图还是在贸易经商，以及其中隐藏的危险和机会。因此只要波罗提到黄金、白银、纯丝买卖、香料、瓷器、红蓝黄宝石、琉璃、醇酒、采珠人等事，哥伦布就会做记号。同样深受哥伦布注目的内容，包括季风期来临时船队航行的方向及时间、海盗或食人部落猖獗的情形以及类似食物及其他物资可能的位置。哥伦布特别对几个看来颇有潜力的中国城市做了记号，其中包括扬州和杭州，并对它们的通商机会做了些评论，不过他只对一个城市写下了'商机无限'这几个字，这个城市正是'汗八里'（Cambalu），也就是忽必烈汗在中国的新都，波罗对北京的称呼。为了强调他的兴奋，哥伦布在眉批旁加了一个图案，那是歇息在云端或浪涛上的一只手，所有手指紧握，只有顶端的食指直伸，指向撩动它的那段文字。"[13]1492年8月，哥伦布带着西班牙国王写给大汗的国书开始了他的以中国为目的地的远航。

意大利威尼斯的弗拉·毛拉修士也是对游记坚定的"信以为真"者。他受游记影响，于1460年绘制了一幅世界地图呈现给葡萄牙国王。该图依据游记补充了过去的欠缺，完善了世界地图，同时根据游记在地图中标示了一些中国地理元素，地图中最繁华的地方是最靠近伊甸园的中国与大都，其中还有游记特别叙述到的卢沟桥。地图的东部海域，游弋着高大威猛的中国式帆船；西部世界则是体型较小、单桅双帆的西方帆船；可见游记对毛拉影响至深。[14]这幅地图表达的意图就是：葡萄牙人应该绕过非洲，与中国人的世界相融合。30年后，迪亚士（好望角发现者）完成了这一"葡萄牙人的使命"，大航海时代拉开了序幕。

无论对马可·波罗是怀疑还是信以为真，它们的客观效果却是相辅相成形成合力的。以游记文学、传奇体式展现中国，开启西方的东方想象，打开西方思想的空间想象力。文学的浪漫主义为资本主义时代初期的创业雄心和探险精神添加了动力和想象力，设立了一个瑰丽的远方和诱惑的目的地。而坚定地确信东方黄金遍地从而付诸行动奋力前往，则开辟了首次真正意义上的"全球化"时代到来。以东方为目的地和终点的大航海，导致新大陆的发现，进而实现环球航行。世界历史从此进入一个全新的时代气象和世界景观。

注释

[1] 张星烺:《马哥孛罗》，系张著《欧化东渐史》附录，商务印书馆2015年版，第106、107页。

[2] 《马可·波罗游记》第一卷，冯承钧译，安徽人民出版社2012年版，第63页。

[3] 《马可·波罗游记》第一卷，冯承钧译，安徽人民出版社2012年版，第52页。以下所引游记，除特别注释外，均出自冯本，不再一一说明。

[4] 转引自[英]埃德蒙·德瓦尔《白瓷之路：穿越东西方的朝圣之旅》，梁卿译，广西师范大学出版社2017年版，第9页。

[5] 转引自[英]埃德蒙·德瓦尔《白瓷之路：穿越东西方的朝圣之旅》，梁卿译，广西师范大学出版社2017年版，第10页。

[6] [法]拉法格:《母权制：家庭探源》，刘魁立译，见《民间文艺集刊》第六集，上海文艺出版社1984年版，第248页。

[7] [法]拉法格:《母权制：家庭探源》，刘魁立译，见《民间文艺集刊》第六集，上海文艺出版社1984年版，第248页。

[8] [法]拉法格:《母权制：家庭探源》，刘魁立译，见《民间文艺集刊》第六集，上海文艺出版社1984年版，第249页。

[9] [瑞士]巴霍芬:《母权论：对古代世界母权制宗教性和法权性的探究》(选译本)，孜子译，生活·读书·新知三联书店2018年版，第60页。

[10] 《马克思恩格斯选集》第四卷，人民出版社2012年版，第52页。

[11] [法]拉法格:《母权制：家庭探源》，刘魁立译，见《民间文艺集刊》第六集，上海文艺出版社1984年版，第249页。

[12] [美]史景迁:《大汗之国：西方眼中的中国》，阮叔梅译，广西师范大学出版社2013年版，第21页。

[13] [美]史景迁:《大汗之国：西方眼中的中国》，阮叔梅译，广西师范大学出版社2013年版，第33页。

[14] 地图原件藏于意大利威尼斯马尔恰那国家图书馆。2018年6月9日至8月19日，中国国家博物馆联合国内外多家博物馆在北京举办"无问东西——从丝绸之路到文艺复兴"展览，展出了此地图。

第七章

利玛窦的入乡随俗
——开启东西方文化双向互动的深知与碰撞

东西方文化相交相遇史上,利玛窦的出现是一个标志性的时间节点和历史事件。几经顿挫,利玛窦以入乡随俗的方式进入中国腹地,也进入中国文化的深处。利玛窦的言行事迹不仅在南昌、南京士林引起轰动,在南京还受到时任南都国子监司业的焦竑和当时学问影响正如日中天的李贽(卓吾)的注意。徐光启是利玛窦晚年最著名的学生。利玛窦规矩是一把双刃剑。它既使东西方互相进入文化深层次,也使东西方无一例外地爆发"中西礼仪之争"。

东西方文化的相遇、看见、了解,也遵循着人类认知的一般规律,即对他文化的认识有两个路径:一是由浅入深、由外在而及内里、由形象上升为抽象、由物质达于精神的过程。首先基于外观、表象、具象、形象,如人种特征与类别、肤色五官发式、地理环境与空间、历史形态与民族发展史、服饰衣着装扮、建筑建造民居、图腾风俗景观、器物器具器皿、图画造型美术等,然后再进一步必将基于交流交往中的内在品质、气质、气派、气象,如趣味、饮食、语言、行为、文字、音乐、戏剧、信仰、宗教、思维、哲学等。二是由传播的单向性向双向性深化,从一来一去向你来我往和双向同步往来发展。

一、前所未有的策略——"利玛窦规矩"

16世纪以来,东方和西方文化交流由于意大利人利玛窦(马泰奥·里奇,Matteo Ricci,1552—1610)的出现就标志着这种交流进入一个互为目的地、互为出发点的新模式和由浅入深的深层次的历史阶段。

利玛窦是意大利天主教耶稣会传教士,也是一位具有深厚学养的学者。他于中国明朝万历年间来到中国传教,利玛窦是他的中文名字。利玛窦生于意大利马尔凯州的马切拉塔,曾在罗马圣汤多雷亚学院学习法律,又在罗马学院学习自然哲学和神学,学习古典文学和制图学,同时跟随数学家克拉乌学习几何学、数学和天文学,后又在葡萄牙、印度等地学习与掌握了多种语言。1578年,他受耶稣会派遣乘"圣路易斯"号船前往远东传教,同年9月到达果阿,1582年到达澳门,1583年9月到达广州。他是最早到达中国的传教士之一,也是在他之前之后到达中国的一批著名传教士(如沙勿略、马莱多、培莱思、黎伯腊、黎耶腊、加奈罗爵、范礼安、罗明坚、巴范济等)中最有影响的一位。在利玛窦来华之时,中国的帝王和官员依然深深沉迷在"天下之中"的夜郎自大心态中,对外商、海事、洋人等采取禁止或限制的政策;中国的士大夫和普通百姓对域外、地球、世界知识匮乏,甚至到了茫然不知的状态。比如,中国人会认为:一个外国人怎么可能比我们了解得还多呢?对那些只是来中国走一趟的外国人,由于他们还想返回自己的国家,中国政府就不会允许他们在此生活。利玛窦发现,中国人有一种害怕心理,不允许外国人踏入其领土。这些心理一直陪伴着中国人,并使中国人用这个信念来建立一个世界上独有的民族;这种信念也把中国发展成具有令人生畏的自卫措施和自动封闭的国家(《利玛窦中国札记》)。所以,他花费了十多年时间在中国南方学会融入中国,始终找不到门路也得不到允许可以抵达他向往的北京和觐见皇帝。直到1600年才进入北京，1601年才终于得以觐见万历皇帝。当然，也正是这十多年的底层徘徊和外围迂回，他才找到了打开中国大门的真正的钥匙。

利玛窦采取的是入乡随俗的策略，也就是他自述的是受到依纳爵·罗耀拉（耶稣会创始人）神学思想的启示而开创的与此前诸多传教士不得要领终不得入中国的各种方法绝不相同的策略，即同土耳其人来往，就应该把自己变成土耳其人，同阿拉伯人以及印度人也同样。他自认为把自己变成了一个中国人。于是他在中国人眼中焕然一新。他在书信中自述：在中国人的记忆中，我们这些外国人是前所未有的；对于他们来说我是另一个托勒密；最令人感到意外的是，在中国从没听说一个外国人会给中国人传授科学知识（《利玛窦中国札记》）。利玛窦的具体做法包括以下方面：①学习并掌握汉语，甚至达到可以用汉语做五言、七言体汉语诗；②学习中国礼节习俗；③改装易服，像中国士人和忠厚长者一样留发蓄须，先仿佛教僧侣并着僧服，继而改着更为世人尊重的儒服，模仿儒雅（蓄须特别有区别于削发剃须的佛教僧人之意）；④接近打进士人群体和文官人员；⑤攻读中国经典，特别是四书五经；⑥在自己的住所举办西方"科普展"，展示、讲解、宣传从西方带来的地图、圣像、圣经、图画、乐器、天文仪、玻璃器皿、地球仪、图书、三棱镜、自鸣钟等；⑦从地方官、省官、外放官、京官、重臣，直到皇帝本人，一层层、一级级深入中国主要阶层和核心权力。

利玛窦对以上易服入儒之事曾于1595年11月4日写信给耶稣会会长，通报了他这样做的原因和效果。他写道："离开韶州时，我为自己做了一件丝袍以备隆重的拜会之用，作了其他一些作为常备服来穿。那件隆重拜会用的丝袍是仿文人和达官们所穿的式样缝纫的，料子是深紫色的丝绸，袖子宽大而开口；在下襟边缘上，内部是一条非常浅的天蓝色绸带，宽约半掌；在袖口下面和从领子上垂到腰间，也都有同样的丝带。腰带和袍子是同样的丝料，两条下摆一直垂到地上，像是我们这里寡妇的那种服装。鞋子也是用丝绸做的，并且缀有加工的图饰；帽子与我们这里主教帽有些相似。当中国人开始建立友谊的时候，或者是在盛大节日，或者是在与居官的人打交道时，他们总是穿这种服装会面的；他们受访时也总是要穿自己的同样服装，以同样的或者是以与自己身份相称的礼仪相迎。这样就赋予了我很大的威望。"[1]

利玛窦的策略的确前所未有、史无前例，因此被誉为"南昌传教模式"或者是"学术传教"或者"利玛窦规矩"。例如，1596年9月22日，他在南昌成功预测了当日发生的日食，一时轰动。他还应名士之邀，在当时著名的儒学重镇白鹿洞书院讲学。他在南京与大报恩寺名僧雪浪（三淮和尚）进行了一次论辩，并以其新颖理智的自然科学知识占得上风，获得学界士子的倾慕赞赏。他经常向地方士人表演西方先进的记忆方法，此法对参加应试科举的士子有巨大诱惑力，他的表演颇受关注，于是他又用汉语写作印行《西国记法》一书。他用中文出版了当时中国第一份世界地图《山海舆地图》，开启中国近代地理学，传入日本后深刻地影响了日本的历史转向。鉴于中国传统对《论语》和圣贤哲人语录的推崇和传习，他第一次用中文出版《交友论》，把西方哲人的名言、哲思、格言用中文介绍过来，震撼了无数士人。如，朋友就是穷人的财富、弱者的力量、病人的解药；如果你不是自己的朋友，怎么能成为他人的朋友；如果一个世界上不存在朋友，就好像一个天空无太阳或者一个躯体无眼睛。他自己描述道："这部作品《交友论》给予了我自身和欧洲更多的信任。"(《利玛窦中国札记》)他的中文著作《天主实义》用适合中国人的伦理观刊行西方伟人语录和宗教教义，用中国的"上帝"翻译西方的"天主"，至今沿用不可易移。他在礼乐之邦以音乐为入口，不仅让入教宫里太监弹奏西洋琴，他自己还创作了8首乐曲并填配中文歌词用于表演和传唱，名为《西琴八曲》。他与徐光启合译西方欧几里德名著《几何原本》,其中所用"点、线、面、平面、曲线、曲面、直角、钝角、锐角、垂线、平行线、对角线、三角形、多边形、圆、圆心、外切、几何、星期"等都是首创并沿用至今。他到南京、北京后结识的官员中有高官叶向高(三次出任内阁首辅)、中国哲学家李贽、著名科学家徐光启,还把徐光启、李之藻、杨廷筠吸收为信徒,是为"圣教三柱石"。他进入北京即将觐见中国皇帝,并且证明《马可·波罗游记》中的契丹就是中国,汗八里就是北京,这些消息震动西方,教皇特意动用权力调度,从澳门给他送去许多拟送中国皇帝的礼物。

二、利玛窦的影响是东西方两个方向两个方面的

中国一些与利玛窦有往来的儒者,都对这个"远夷"印象深刻,留下一些文字有所记载。最著名的是利玛窦的言行事迹不仅在南昌、南京士林引起轰动,在南京还受到时任南都国子监司业的焦竑和当时学问影响正如日中天的李贽的注意。李贽平常拒见权贵,却主动去造访比他小25岁的利玛窦,并赠其诗扇。此事当即就轰动南都士林。明万历二十六年(1598),李贽送给利玛窦诗扇,其诗后收入他的《焚书》卷六,题为《赠利西泰》(利玛窦,字泰西,又称西泰)。这首五律诗,颂赞了利玛窦如北海巨鲲,世界留名,事业必成:"逍遥下北溟,迤逦向南征。刹利标名姓,仙山纪水程。回头十万里,举目九重城。观国之光未?中天日正明。"他还将利玛窦的《交友论》抄录数份寄给他在湖广的学生。在给友人的信中他也对利玛窦大加赞扬。收入他的《续焚书》卷一中的信函有这样的表述:"承公问及利西泰。西泰,大西域人也,到中国十万余里。初航海至南天竺,始知有佛,已走四万余里矣。及抵广州南海,然后知我大明国土

先有尧、舜,后有周、孔。住南海肇庆,几二十载,凡我国书籍无不读。请先辈与订音释,请明于《四书》性理者解其大义,又请明于《六经》疏义者通其解说,今尽能言我此间之言,作此间之文字,行此间之仪礼。是一极标致人也。中极玲珑,外极朴实。……我所见人未有其比。"作为中国文史哲兼通的文化名家的李贽,对利玛窦的学识、见地、语言、文字、礼仪、人品均给予这样高的评价,证明利玛窦的中国化的确炉火纯青。陈侯光《辨学刍言》记述说:"近有大西国夷,航海而来,以事天之学倡,其标号甚尊,其立言甚辨,其持躬甚洁。辟二氏而宗孔子。世或喜而信之,且曰圣人生矣。"被民间和士人誉为"圣人",可见他是深得中国人信赖的。谢肇淛的《五杂俎》也有相似描述:"天主国在佛国之西,其人通文理,儒雅与中国无别。有利玛窦者,自其国来,四年方至广东界。……其书有《天主实义》,往往与儒教互相发明,而于佛老一切虚无苦空之说,皆深诋之。余甚喜其说为近于儒,而劝世较为亲切,不似释氏动以恍惚支离之语,愚骇庸俗也。与人言恂恂有礼,词辩扣之不竭,异域中亦可谓有人也已!"

利玛窦的成功由此可见一斑,他的影响则是东西方两个方向两个方面。

在中国的影响。我们可以从与他关系密切深受其影响的徐光启的作为得以窥豹。徐光启是利玛窦晚年最著名的学生。万历二十八年(1600)徐光启在南京他的老师焦竑的座中初识利玛窦。万历三十二年(1604),徐光启中进士,考选翰林院庶吉士。万历三十四年(1606),他开始与利玛窦合作翻译《几何原本》前6卷,次年春翻译完毕并刻印刊行。翻译完毕《几何原本》后,他又根据利玛窦口述翻译了《测量法义》一书。万历三十六年(1608),徐光启邀请郭居静至上海传教,这成为天主教传入上海之始。其间,他整理定稿了《测量法义》,并将《测量法义》与《周髀算经》《九章算术》相互参照，整理编撰了《测量异同》，作《勾股义》一书，探讨商高定理，开辟双园、农庄别墅，进行农作物引种、耕作试验，作《甘薯疏》《芜菁疏》《吉贝疏》《种棉花法》和《代园种竹图说》。万历三十八年（1610），徐光启回到北京，官复原职。因钦天监推算日食不准，他与传教士合作研究天文仪器，撰写了《简平仪说》《平浑图说》《日晷图说》和《夜晷图说》。万历四十年（1612），他向耶稣会教士熊三拔（P. Sabbathino de Ursis）学习西方水利，合译《泰西水法》6卷。万历四十一年（1613），他在房山、涞水两县开渠种稻，进行各种农业实验，先后撰写了《宜垦令》《农书草稿》等书。他的《农政全书》更是中西农学合璧的科学技术巨著，不仅总结了中国传统农学思想的精华，提炼与筛选了农田水利耕作技术的优秀方法，而且吸收了西方农学的科学方法，成为中西农学的集大成之作。利玛窦去世后，徐光启也被公认为是其"天学"的晚明首席传人。

万历四十四年（1616），史称"南京教案"事起，中西文化冲突爆发。礼部侍郎署南京礼部尚书沈㴶三次奏疏请求驱逐传教士，提出的四条理由除一条政治性的有莫须有之嫌外，三条都是文化问题。这四条是：①认为传教士扰乱了中国的道统；②指认（诬名化式）耶稣会士图谋不轨；③西洋历法变乱中国纲纪；④西士教人不祭祖先，使人不孝不悌。因为沈㴶的上疏影射到徐光启等与西人交往密切的人，徐光启当即上《辨学章疏》，全面陈述他对耶稣会士的看法。此疏也直接反映了中国这些有影响、有学问的士人为什么认可利玛窦并接受利玛窦的思想、怎样理解和认识西方文化、宗教思想的重大原则与问题，具有重要的思想史价值。徐光启说："所以数万里东来者，盖彼国教人，皆务修身以事上主，闻中国圣贤之教，亦皆修身事天，理相符合，是以辛苦艰难，履危蹈险，来相印证，欲使人人为善，以称上天爱人之意。其说以昭事上帝为宗本，以保救身灵为切要，以忠孝慈爱为工夫，以迁善改过为入门，以忏悔涤除为进修，以升天真福为作善之荣赏，以地狱永殃为作恶之苦报，一切戒训规条，悉皆天理人情之至。其法能令人为善必真，去恶必尽，盖所言上主生育拯救之恩，赏善罚恶之理，明白真切，足以耸动人心，使其爱信畏惧，发于繇衷故也。""南京教案"有复杂的政治斗争、宗教斗争的背景，徐光启等人为传教士力辩，使事件经历了曲折后终得反转。此后数十年又有"康熙历狱"发生，最后汇合成中西同步的礼仪之争。这些都反映了中西礼仪之争的复杂性深刻性，文化接触在东方引起的震荡一点也不亚于西方的中西礼仪论争。

在西方的影响。因为利玛窦的著述有些是为了西方或者传回西方，所以有些影响是立马就轰动一时，有些是不断发酵，在深层次的西方革命、西方思想中发生作用，有些引发了历史波动振荡，有些则至今仍让西方世界震撼不已。他编就首部中西文字典《平常问答词意》。他首次用拉丁文翻译中国经典"四书"（有改写和编译的成分），用四书五经来宣讲基督教教义。他著述的《西字奇迹》（《明末罗马字注音文章》）使中国文字与拉丁字接轨。他著述的《畸人十篇》是他与中国十位士大夫的对话集，开启了中西对话、深度交流的崭新样式。他的书信日记和《利玛窦中国札记》传回西方后影响深远。利玛窦注意到中国和欧洲在社会政治和文化风俗方面的一些重要差异。比如，他认为在中国这样一个几乎具有无数人口和辽阔幅员的国家，他们拥有装备精良的陆军和海军，很容易征服邻近国家，但他们的皇上和人民却从未想过要发动侵略战争。在这方面他们和欧洲人很不相同。另外，与西方另一大差别是，他们全国都是由知识阶层，即一般叫作"哲学家"的人来治理的。利玛窦在中国也发现了某些欧洲看不到的事务。比如，欧洲大陆正处于皇权即世俗的国家权力和教权即宗教的政教合一权力互相斗争、博弈之中，但是利玛窦介绍了一种新型的权力模式。他在中国发现这个比欧洲还大的国家被全部组织于唯一的权力之下,全国分为很多州、府。他认为,中国可以向欧洲人提供某种与理想国家相似的内容。法国启蒙运动思想家伏尔泰就深得启示,使他对阻碍社会进步的教廷的批判火力十足。他在其巨著《风俗论》中盛赞中国:"人类肯定想象不出一个比这更好的政府:一切都由一级从属一级的衙门来裁决,官员必须经过好几次严格的考试才被录用。在中国,这些衙门就是治理一切的机构……土地的耕作达到了欧洲尚未接近的完善程度,这就清楚地表明民众并没有被沉重的捐税压垮。从事文化娱乐工作的人数甚多,说明城市繁荣,乡村富庶。帝国内没有一个城市举行盛宴不伴有演戏。人们不去剧院,而是请戏子到家里来演出。悲剧、喜剧虽不完善却已十分普及。中国人没有使任何一种精神艺术臻于完美,但是他们尽情地享受着他们所熟悉的东西。总之,他们是按照人性的需求享受着幸福的。"[2]

三、更加深刻、深层次的矛盾和冲突

利玛窦的中国经验和传教模式,也产生许多乃至是严重的出乎意料的效果。利玛窦对中西文化和东西方文明的交往带来的是深层次的理解和触及本质的比较。他引发的正能量正效应是无可估量的。但正因为是深层次的交流和互看,也会产生更加深刻、深层次的矛盾和冲突。这种情况在世界史和人类文明发展史上也是屡见不鲜,也是文明冲突论产生的重要历史原因。利玛窦的行为、表现和他的传教模式也产生过负作用,引发历史的负向功能,在东西方不约而同地产生过负作用,引发历史的悲剧性后果。这种冲突除了在中国不断爆发外,在西方的表现最集中的就是著名的中西礼仪之争。

礼仪之争最早发生在欧洲的教会内部,当利玛窦去世后,他的继任者龙华民由于改变利玛窦的传教策略而触发了这场争论。但是争论的苗头和原因还是来自利玛窦。他互译中西的上帝和天主，成为争论核心。1610年，利玛窦去世，死前指定意大利人龙华民接任教会中职务。龙华民成为引发"礼仪之争"的第一人。他于明万历二十五年（1597）进入中国，先在韶州传教，1609年入北京，他对利玛窦的思想和传教方法有不同看法，但是在利玛窦死后才提出的。当他接任中国耶稣会总会长后，主张废除"天""上帝""天主""灵魂"等词，一律采用译音。此外，中国信徒的祭祖、祭孔子也是争论焦点。这场争论逐渐演化，在华传教士之间、欧洲各国各教派之间争论蜂起；而且持续发酵历时一百多年。争论之中，为讨论问题，他们对中国资料、材料、文献、礼俗、宗教、哲学、翻译、研究深入展开并大规模西传，成为中学西传力度、广度、深度均空前绝后的一次历史过程。这场争论最后也蔓延到罗马教皇和中国皇帝，他们就此做出的表态、决定和谕令，改变了东西方关系现状，成为中西交往历史上的重大事件，影响极其深刻和深远。

1645年9月12日，罗马教廷经教皇英诺森十世批准，发布通谕禁止天主教徒参加祭祖祀孔。但到了1651年，耶稣会教士卫匡国又到罗马向教皇申辩，1656年教皇亚历山大七世决定准许耶稣会士照他们的理解参加祭孔等活动，只要不妨碍教徒的根本信仰。这两道矛盾的命令反映教廷对这一争论仍未有结论。1664年爆发钦天监教案，满汉大夫会审汤若望，所列十条罪状有八条系指责传教士"反对中国礼法"。值得注意的是，告倒汤若望的中国士人杨光先上疏攻击的缘由就是打出西洋人来华会使中国"全盘西化"。杨光先刊布自己的文集《不得已》，其中说："光先之愚见，宁可使中夏无好历法，不可使中夏有西洋人；无好历法，不过如汉家不知合朔之法，日食多在晦日，而犹享四百年之国祚；有西洋人，吾惧其挥金以收拾我天下之人心，如厝火于积薪之下，而祸发之无日也。"也是由于权力角逐的背景，汤若望等败阵，多人被处斩和下监，是为"康熙历狱"。1667年，因"历狱"而被羁押在广州的包括耶稣会、多明我会、方济各会会士共23人召开了一场长达40天的会议，讨论在华传教的方针，最后通过的决议之一，是遵守1656年教皇的裁定。其中多明我会士闵明我始终持不同意见，在获释后立即返欧，并于1676年在马德里出版《中国历史、政治、伦理和宗教概观》一书上册，三年后又出版下册，抨击在华耶稣会士的传教方式，罗马的耶稣会总会于是紧急将该书寄至中国，并要求各地的会士传阅和提供驳斥的论据。罗马教廷经过讨论，决定不更改1656年的命令。1687年，法王路易十四派遣法国耶稣会士白晋以修订历法的名义赴华，在北京建立法国耶稣会。值得注意的是，该会成员大多反对所谓"利玛窦规矩"。1693年3月，巴黎外方传教会的阎当主教奉教廷命在福建教区发出严禁教徒行中国传统礼仪的禁令。在华传教士徐日昇等四神甫为此专门觐见康熙皇帝，表达反对阎当禁令的意见。这就将传教士之间的礼仪争论第一次在中国摆在了最高统治者康熙面前，徐日昇等人的意见获采纳，康熙阻止了教廷禁令的执行。礼仪之争的冲突实际上升格为国家政令与罗马教权加法国政权之间的冲突和矛盾。此间，传教士李明给法王路易十四写了份报告，名曰《中国现状新述》，为中国传统礼仪辩护，提出六条肯定中国礼俗并认为其无悖于基督教的看法。但李明的六条在法国遭到激辩和批判，受到谴责。李明因此失宠于路易十四，形势日益一边倒。1704年11月20日，罗马教皇克莱门十一世通谕禁止教徒奉行中国礼仪，并且禁止教徒使用中国经籍中的天和上帝的概念。在西方做出谕令后，康熙也做出了相应的谕示表示了中国对礼仪之争的态度和立场。康熙特别重提、彰扬和肯定了利玛窦的规矩。1707年3月17日颁发谕旨说："自今而后，若不遵利玛窦的规矩，断不准在中国住，必逐回去。若教化王因此不准尔等传教，尔等既是出家人，就在中国住着修道，教化王若再怪你们遵利玛窦、不依教化王的话，叫你们回西洋，朕不叫你们回去……"1720年的康熙谕旨再次提及利玛窦："自利玛窦到中国二百余年，并无贪淫邪乱，无非修道，平安无事，未犯中国法度。自西洋航海九万里之遥者，为情愿效力。朕用轸念远人，俯垂矜恤，以示中华帝王不分内外，使尔等各献其长，出入禁廷，曲赐优容致意。尔等所行之教与中国毫无损益，即尔等去留也无关涉。"同年11月，康熙在乾清宫西暖阁召见在华教士苏霖等18人，再针对性地批驳了欧洲礼仪之争中三大焦点问题。他指责阎当不知文理，"他如何轻论中国礼仪之是非？"他指出，中国敬天问题，"若依阎当之论，必当呼天主之名方是为敬，甚悖于中国敬天之意"。他就敬祖之事说明："乃是人子思念父母养育。譬幼雏物类，其母若殒，亦必呼号数日者，思其亲也。况人为万物之灵，自然诚动于中形于外也。即尔等修道之人，倘父母有变，亦自哀恸，倘置之不问，即不如物类矣，又何足与较量中国！"他针对西方对中国敬孔，也说了一番肺腑之言和在情在理的话："敬孔子乎？圣人以五常而行之大道，君臣父子之大伦，此至圣先师之所以应尊敬也。尔西洋亦有圣人，因其行为可法，所以敬重。多罗、阎当等知识扁浅，何足言天？！何知尊圣？！"[3]从康熙这些言辞中可以看出，他对利玛窦的传教方式是高度认可并给予赞许，甚至认为如果不取利玛窦规矩就不许来中国传教；他高度评价利玛窦的人品和虔敬，既从外国来华，但二百年来与中国和睦相处，相安无事。

1720年，罗马教皇为了贯彻"禁令"，在此前专派多罗主教来华传谕后，又派嘉乐主教为特使访华。11月嘉乐抵京。12月康熙召见嘉乐一行，并在罗马教皇禁令后面做出朱批："览此告示，只可说得西洋人等小人，如何言得中国之大理。况西洋人等，无一人通汉书者，说言议论，令人可笑者多。今见来臣告示，竟与和尚道士小教相同。彼之乱言者，莫过如此。……后不必西洋人在中国行教，禁之可也，免得多事。"[4]康熙这一

"禁教令"在随后不久的雍正朝实施,直至1860年,其间一百多年天主教都被禁止,史称"百年禁教"。这是中西礼仪之争在中国产生的结果。在西方,罗马教廷的禁令直到1939年12月8日才予撤销,前后差不多二百余年。

四、悖论:通过成为他者而改造他者

利玛窦开创的入乡随俗、学术传教的"规矩"是一种异文明进入另一种文明的必要策略。大航海时代以后,西方在全球化进程中遭遇过各种各样的文明和文化,但一般都是在体量和质量上不能与西方抗衡、较量的文明文化,所以没有遇到更复杂的困境。只有中国文明,既古老又庞大,既有实力又有生命力,既有本土的宗教,也有高深的哲学和道德伦理礼仪。利玛窦也是借鉴前人无数的失败和自己深刻的观察领悟才创造出一套可行的入乡随俗的办法。他为此付出了巨大的心血、聪明才智、艰辛努力才终于达到目的。他的宗旨是通过成为他者而改造他者。这本身就是一个悖论。成为他者,只能融入其中,甚至是完成被改造,又怎么可能再改造呢?当完不成这一使命,原在国文化就会产生排异。当你已经不是原生样貌,你也不能代表原在国的标准。这是文化交流、文明相遇中的深刻命题和命运悖论。传教士的使命是传播基督天主教,"归化千千万万的中国人",改造一切人民成为教徒,进而改变其信仰和文化。把信仰和文化完全一体化的理想,实际上是行不通的。这是利玛窦时代传教士使命的本身命运悖论。所以,这双重的命运悖论就导致中西礼仪之争这样惨痛的历史结果。随着历史的进步和文明的发展,人们不禁要设问:假如利玛窦的文明交往范示没有中断而是一直沿续和扩展深化,东西方文明因此一直得以交流互鉴、互相促进,那后来的历史和今天的局面又是一种什么样的壮观景象？今天的人们已经能够深刻理解利玛窦规矩的超越文明冲突的性质、价值和意义。这是一种需要经过历史的惨痛教训以后才能认清的伟大历史人物和历史创造。世界两个终端和两个伟大文明的相遇是人类历史上最伟大的事件，也是人类未来最令人瞩目的发展可能，在这个伟大的进程中有一些血与火，有一些历史阵痛，还有什么不能理解的呢？

在深入接触和研究在华耶稣会教士们提供的中国材料后，德国著名科学哲学家莱布尼茨对东西方文化作出了一个著名的判断："我认为，命运特意决定让当今人类最高的文化和最高的技术文明集中于我们大陆的两端，即集中于欧洲和中国（人们如此称谓这个国家），后者犹如东方的欧洲装饰着大地的另一端。最高天意的目的也许在于，一方面让最文明（同时又相距最遥远）的民族互相伸出臂膀，另一方面则把居于两者之间的所有的人逐渐纳入合乎理性的生活之中。"[5]利玛窦的实践、追求、理想是：东西方交流互为目的地，双向互动，中西合一。他对中国历史、哲学、文化、风俗的深描，使东西方文化实现了首次双向的深度交流、比较，引发文艺复兴启蒙运动，引发对西方的批判；引发中国近代科技启蒙；引发西学东渐、中学西传的大潮。但是其导致的礼仪之争的历史事件和中西互相决绝断绝，又让历史呈现出复杂曲折的样貌。文明的交流与文明的冲突，其复杂性让我们思考：文化交流——差异性会导致互鉴和启发，也会导致冲突和对立，需要掌握一个度和临界点，需要一个循序渐进的过程，需要历史的长时段才能看清它的本质和真相。

注释

[1]　　转引自[意]石省三《利玛窦与中西文化的首次撞击》，载[法]谢和耐、

戴密微等《明清间耶稣会士入华与中西汇通》，耿昇译，东方出版社2011年版，第298页。

[2] [法]伏尔泰：《风俗论》(下册)，谢戊申等译，郑福熙等校，商务印书馆1997年版，第509—510页。

[3] 以上所引康熙言辞均见故宫博物院编：《康熙与罗马使节关系文书》(影印本)，故宫博物院，1932年。

[4] 以上所引康熙言辞均见故宫博物院编：《康熙与罗马使节关系文书》(影印本)。

[5] 转引自朱雁冰《耶稣会与明清之际中西文化交流》，浙江大学出版社2014年版，第253页。

编三

西方对东方文明的接触了解及其历史启示

1

3

1　欧洲大航海时代的图像记忆
2　中国对马可·波罗与成吉思汗的记忆

3

4

5

6

7

8

9

10

11

12

3、4、5、6、7、8　东方的古塔（中国）

9　中国四川的印度式古塔
10　中国浙江古塔
11　中国凤凰古城古塔
12　中国泉州古塔

13

14

15

16

17

19

18

20

13、14、15、16、
　　欧洲各地所见方尖碑（意大利）

17　欧洲各地所见方尖碑（法国）
18　欧洲各地所见方尖碑（法国）
19　方尖碑局部（埃及象形文字）
20　海外陶瓷一瞥

21

22

23

24

25

21、22、23、24、25
　　文艺复兴图景

26　中国的牛首人身（牛头马面）
27　西方的牛首人身

第八章

欧洲中国风的始末、范围和广度深度

人类一直以来都是通过自己认识自己和自己所处的世界的。所谓欧洲中心主义、中国中心主义，或者是民族主义，都是这种认识论的结果。事实上我们的周围和远处，一直都有他者的存在。我者和他者构成了超越我们或他们自己的普遍性。在我者与他者之间，一般而言，我们认识他者可以非常成功，而认识自己则往往失败。由于眼睛看不见自己，从哲学的根本意义上说，我们无法了解自己，我们只能了解他人。孟德斯鸠在他的名作之一《波斯人信札》中就是借用波斯人的眼光来看法国，重新认识了法国，令法国人不仅耳目一新，而且醍醐灌顶。他甚至认为，"要想了解自己所处的社会，应该先认识整个世界。普遍是认识特殊的工具，而不是特殊导向一般。不了解他人，最终就不了解自己"。[1] 人类中的某部分，作为自我与人类另一部分作为他者相遇，在大航海"全球化"时代开始了真正大规模的遇见。欧洲人与非洲黑人、美洲印第安人、澳洲土著毛利人等相遇，同时在全球各个陆地，甚至北极附近的爱斯基摩人都展开了人类学调查。土著人的社会历史、家庭、婚姻制、部落图腾制、称谓体系等最终成为西方学者了解欧洲和全人类原始社会、史前史、人类进化、社会发展阶段的活化石，复原了资本主义欧洲对自己远古历史的确认。对中国和东方文明的发现和不断认识，一直也是西方确证自我、发现自己优劣和人类普遍性的伟大"他者"。莱布尼茨评价传教士明末清初大规模赴中国传教并由此促进东方和西方文化交流的意义说："我认为（在中国的）传教活动是我们这个时代最伟大的壮举。它不仅有利于上帝的荣耀、基督教的传播，亦将大大地促进人类的普遍进步，以及科学与艺术在欧洲与中国的同时发展。这是光明的开始，一下子就可完成数千年的工作。将他们（中国）的知识带到这儿，将我们的介绍给他们，两方的知识就会成倍地增长。这是人们所能想象的最伟大的事情。"[2]

中国不同于此前西方对印度文明、埃及文明、两河文明的发现与征服，中国是体量巨大，依然活态并且一脉相承的文明。西方对中国的关注，有历史发展的特殊意义，这是西方对最后一个神秘文明的接触与了解，也的确改变了世界历史的进程和面貌。

一、认识中国在完型世界地理格局中的作用与意义

由于中国传统的地理天文观始终是被天圆地方的观念所主导，客观上中国的地理位置又在东亚的相对闭环的位置。辽阔的大陆、广阔的沙漠、草原、平原和南方对内陆水系交通的依赖，加上太平洋的浩瀚超过世界上其他任何海洋板块，进一步巩固和强化了中国人的天圆地方观念。《淮南子》说"头之圆也象天，足之方也象地"，所谓"天道曰圆，地道曰方"。《淮南子·地形训》对地方的认定是：九州、八风、八殥、八纮、八极、海外三十六国、五海。《尚书·禹贡》说大禹治水并定九州四海。关于天为什么是圆的，太阳为什么东出西落，与地有什么关系？中国人没有从日出日落推理出地球是圆的，反而用地方解释了天圆。《晋书·天文志》记载了古代著名哲学家王充的辩驳："旧说天转自地下过，今掘地一丈辄有水，天何得从水中行乎？甚不然也。日随天而转，非入地。夫人目所望，不过十里，天地合矣——实非合也，远使然耳。今视日入，非也，亦远耳。当日入西方之时，其下之人亦将谓之为中也。四方之人，各以其近者

为出，远者为入亦。何以明之？今试使一人把大炬火，夜行于平地，去人十里，火光灭矣——非灭也，远使然耳。今日西转不复见，是火灭之类也。日月不圆也，望视之所以圆者，去人远也。夫日，火之精也；月，水之精也。水火在地不圆，在天何故圆？"王充不相信日月是圆的，他认为的天地结构和形状，是上下平行的平面。这是典型的大陆性思维。其中谈到水"在地不圆"是一个重要的观点和思维形式。水向低处流，一碗水端平，即水是向下的，水平面是大地上最平展的现象。老子《道德经》说："上善若水。水善利万物而不争。"所谓"水惟善下而成海"。这种"春江潮水连海平"的认知，使我们的思维限制在地方观念中。如果球圆，水又怎么得平？"水平"阻碍了中国人对地球圆形的想象。水平与地方是互为因果的。关于大陆周边的海洋，中国人的认知来源于浩瀚的太平洋，因而是无边无际的汪洋，也就是无边无际的平面。庄子《秋水》说："秋水时至，百川灌河。泾流之大，两涘渚崖之间，不辩牛马。于是焉河伯欣然自喜，以天下之美为尽在己。顺流而东行，至于北海，东面而视，不见水端，于是焉河伯始旋其面目，望洋向若而叹曰：野语有之曰：'闻道百以为莫己若者。'我之谓也。"成语"望洋兴叹"就是由此而来。太平洋不仅容下了百川和大河（黄河），而且一望无际。司马迁在《史记·孟子荀卿列传》中也谈到邹衍由东方的现实海洋，推断出环绕大陆四周是"裨海""大瀛海"。其曰："儒者所谓中国者，于天下乃八十一分居其一耳。中国名曰赤县神州。赤县神州内自有九州，禹之序九州是也，不得为州数。中国外如赤县神州者九，乃所谓九州也。于是有裨海环之，人民禽兽莫能相通者，如一区中者，乃为一州。如此者九，乃有大瀛海环其外，天地之际焉。"《列子·汤问》则描写过远洋景象："渤海之东不知几亿万里，有大壑焉，实惟无底之谷，其下无底，名曰归墟。八纮九野之水，天汉之流，莫不注之，而无增无减焉。"这是中国缺席全球航行及其地理大发现的重要原因。晚至西方完成大航海，用环球航行证明地球是圆的，然后将这些知识传播到中国。但是到了康熙即位（1661），朝廷内为了西历、中历孰优孰劣，为了反对西方人的地圆说，中国士人官员竟然还在煞有介事地用水平说来反对地圆说。这次论辩导致"康熙历狱"，历史上又称为"杨光先教案"。中方主将是由明入清的安徽士人杨光先。1662年，杨光先著文批驳汤若望的西方天文地理知识和地圆说。他有四个论据证明地球不是圆的而是平的。第一，地球是水平的，否则不可想象水不倾倒。他说："今夫水天下之至平者也，不平则流，平则止，流则溢，水之性也。果大地如圆球，则西旁与在下国土洼处之海水，不知何故得以不倾？试问若望，彼教好奇，曾见有圆水、壁立之水、浮于上而不下滴之水否……苟有在旁下之国，居于平水之中，则西洋皆为鱼鳖，而若望不得为人矣。"这是典型的"水平"思维的语言和道理，是中国最普及又坚信不疑的大道理。第二，人站立平地，如果地似球圆，下面的人岂不倒立。他说："未闻有横立、倒立之人也。惟螺虫能横立壁行……请以楼为率，予顺立于楼板之上，若望能倒立于楼板之下，则信有足心相对之国。如不能倒立，则东极未宫第三百六十度之伯西儿（巴西）……若西洋亦是顺立，则东极未宫第三百六十度之伯西儿，不知何以得与西极午宫第一度之伯西儿接也。此可见大地之非圆也。"第三，杨光先认为汤若望把地球看成圆形，却把西方国家置于球面的顶部，把中国人置于几乎是相反的方向，头朝下。这是为了把欧洲人置于君主的地位，同时又把中国置于君民的地位，"此大地如球之所以为胡说乱道也"。第四，大地是不动的，这个"真理"不可动摇。地球是圆的，它就一定要动，动就是错的，所以地球不是圆形的。"西人以地形为圆球，虚悬于中，凡物四面蚁附，且以玛八作之人与中华人士足行相抵。""请问若望，此小寰者是浮于虚空乎？是有所安着乎？如以为浮于虚空，则此虚空之大地，必为气之所鼓，运动不息，如天之行，一日一周，方成安立。"（杨光先《不得已》卷中）由此可见，杨光先的固执已见到了何种程度，他甚至最后说出了"圆则必动"的真理，但终于还是用自己的错误思想否定了真正的真理。

中国缺席全球地理大发现的另一个原因是它的东部沿海长期处于和平稳定环境之中。中国在商周就有天下一统的政治理念，秦汉帝国建立起统一的疆域和政治社会制度，并且向南方扩张直达岭南。在漫长的统一时间里，东部海岸和全部海岸线一带基本没有受到严重的侵扰。日本列岛和台湾岛是中国东部的两大独立地理存在。日本一直是中国的东瀛，是神山仙境，除了秦帝国曾遣徐福大规模东渡外，直到盛唐才有一批又一批的遣唐使来中国学习。近代以前，日本从来没有对中国形成过威胁，中国的海事力量因此也没有被刺激出来。明代的倭寇骚扰，也基本上是民间性小规模海盗式骚扰，其中还多有中国自己的流民海盗。台湾的情况更是如此，虽然纳入中国直接管辖不像岭南那样早，但终究是因为它的无足轻重，所以它们都没有对中国海洋地位的提升发生影响和作用。明代郑和七下西洋，虽然有航海罗盘、指南针对世界航海做出贡献，其航行方向、路线、方法，本质上还是非常传统的靠经验积累与指导的和有一定科技含量的沿着海岸一路航行、绕行的航海方式，即陆标导航与天文导航相结合。关键是航行的目的并不是探索海洋的未知去获得国家利益。这些都与欧洲的长期"战国"式格局迥然有异。荷马史诗时代，地中海的海洋战争就曾经规模浩大，北欧的长期性的海盗传统，刺激沿海各国都有海洋攻防意识，英伦诸岛不仅是工业革命的发祥地，也是海洋机械工业的催生地。欧洲大陆由于国与国之间风云际会，交通来往变幻无常，而海洋不仅北达波罗的海、芬兰，南下北海，过多佛尔海峡、英吉利海峡，再南是直布罗陀海峡，入地中海。从古至今的一些欧洲大国、强国都在海湾、海岸、海峡要冲之地。从海洋还直通非洲大陆，近接阿拉伯半岛和印度洋，远望大西洋彼岸的南北美洲。欧洲的"海洋性"是不言而喻的。海洋环境造就了欧洲人的海洋性思维。海洋性思维的欧洲和大陆性思维的中国，形成了两种不同的世界地理观。但是，中国在东方占据的巨大地理位置本身，作为一种地理存在，也无形地影响着地理大发现的历史走向。

欧洲人正是从海洋中获得对地球的圆球性认识的。关于古希腊人对地球圆形说的认识机制，也有三个西方思维中产生的三个认识论。英国当代著名物理学家史蒂芬·霍金在他的名著《时间简史》中有所描述："早在公元前340年，希腊哲学家亚里士多德在他的《论天》一书中，就已经能够对于地球是一个圆球而不是一块平板这一论点提出两个很好的论据。第一，他认为月食是由于地球运行到太阳与月亮之间而造成的。地球在月亮上的影子总是圆的，这只有在地球本身为球形的前提下才成立。如果地球是一块平坦的圆盘，除非月食总是发生在太阳正好位于这个圆盘中心之下的时候，否则地球的影子就会被拉长而成为椭圆。第二，希腊人从旅行中知道，在越往南的地区看星空，北极星则显得越靠近地平线。（因为北极星位于北极的正上方，所以它出现在处于北极的观察者的头顶上，而对于赤道上的观察者，北极星显得刚好在地平线上）根据北极星在埃及和在希腊呈现出来的位置的差别，亚里士多德甚至估计地球大圆长度为400斯特迪亚。现在不能准确地知道，一个斯特迪亚的长度究竟是多少，但也许是200码左右，这样就使得亚里士多德的估计为现在所接受数值的两倍。希腊人甚至为地球是球形提供了第三个论据，否则何以从地平线外驶来的船总是先露出船帆，然后才是船身？"[3]在哲学上，这种地球圆形认知又吻合着欧洲人从毕达哥拉斯学派于公元前5世纪提出的"球体才是最完美形状"形成的哲学传统。古希腊地心学说和行星体系学说者托勒密在2世纪就全面继承了亚里士多德的地心说，设想各行星都绕着一个较小的圆周运动，而每个圆的圆心则在以地球为中心的圆周上运动。日月行星除作上述轨道运行外，还与众恒星一起，每天绕地球转动一周。这个设想并不完全是后来知道的科学事实和宇宙结构，但在当时，较为完满地解释了当时观测到的行星运动情况，并取得了航海上的实用价值。他肯定大地是一个悬空着的没有支柱的球体。他认为地理学的研究对象应为整个地球，主要研究其形状、大小、经纬度测定和地图投影的方法等。他在其中对地球周长计算的失误夸大了陆地面积，缩小了欧洲到亚洲（未知美洲）横贯大西洋的洋面距离，最终成为刺激鼓励哥伦布从西面驶往亚洲的企图。托勒密对世界的整貌知识也超过了他的前辈，他已经知道有马来半岛和蚕丝之国即中国。托勒密的最大成就是他的集古希腊地理学之大成的《地理学》，通称"托勒密的世界地图"。"托勒密用相同间隔的经线和纬线以俯瞰的视角描绘出西起摩洛哥、东至中国的广阔区域。古代的天文学、地理学以及国际商业都市亚历山大港之中积累的海图和地图，都被托勒密完美地结合在一起。可以说，这是世界上第一幅以俯瞰视角创作出来的世界地图。"[4]

随着历史的风云变幻，托勒密的世界地图曾经销声匿迹5个世纪以上。直到9世纪，《地理学》才又一次得以激活。在阿拔斯帝国的阿拉伯地区崛起，然后在首都巴格达建立"智慧宫"，将诸多希腊语文献翻译为阿拉伯语。10世纪，独具一格的"阿拉伯帆船"在海洋贸易中大显身手，其间，特别是对由通往中国的定期航线所连接的诸多海域之间的理解日益加深，航线向东方大大延伸。10世纪，巴格达地理学家雅库比根据阿拉伯商人的航海日志和海图，将托勒密世界地图中模糊不清的亚细亚海域明确下来，印度洋、孟加拉湾以及南中国海全都清晰可见。同时期的伊本·胡尔达兹比赫著述了《道里邦国志》，其中也描述了从波斯湾巴士拉到中国广州的航线，还提到了中国的前方是盛产黄金的"瓦库瓦库"（日本）。文艺复兴时期，希腊古典文献的复活是其先声。12世纪时，出于经济活动和利益，意大利商人对欧亚大陆兴趣倍增，促使欧洲本土原典已经湮没不存却曾经被"智慧宫"翻译成阿拉伯语的希腊文献得以陆续再翻译成拉丁语而回传到欧洲。13世纪为了摆脱土耳其人的入侵而从拜占庭帝国逃往意大利的文人和学者，给意大利城邦带来了更多的希腊语文献，使文艺复兴有所依据。1406年，托勒密《地理学》被教廷从希腊语译为拉丁语，一时深受欢迎。此后又单印成为"世界地图"，1570年成为当时标准的世界地图，并不断地对部分内容进行补充修正。托勒密世界地图被画成扇面形，后人称之为"托勒密扇子"。它实际上只画了当时已知的世界，只是半个地球而已。比如，1477年意大利出版的《托勒密地图集》中，非洲和中国大陆相连，形成对印度洋的包围，印度洋是与地中海相仿的一个巨大的内陆海，东南亚海域、中国东部沿海状况等都是缺乏具体轮廓或者或缺的。

蒙元帝国在13世纪以来登上世界历史舞台，它造成的横扫欧亚大陆，铁蹄纵横范围超过历史上任何一个帝国的事实，也极大地拓宽了人类对欧亚大陆甚至周边海域的了解和认识。这个时期的威尼斯商人马可·波罗十数年的中国之行和他回国后口述的《马可·波罗游记》风靡世界，把世界的目光都引向东方和中国，改写了世界地图，诱发了大航海中的最伟大的壮举，形成了不同于以往任何时代的世界观、地球观和全球化。马可·波罗于1271年17岁时随父亲、叔叔从陆路前往中国，1275年到达元大都，1290年随由14艘船只、数百名船员组成的庞大舰队离开中国，从泉州出发，途经越南南部占婆、马六甲海峡、安达曼群岛、锡兰岛、印度西岸的马拉巴尔地区、印度西北部的古吉拉特地区，两年半后抵达波斯湾霍尔木兹港，1295年回到威尼斯。

中国一直是西方的另一端东方，东方极端中国不仅是欧亚大陆的东端，也是整个世界的东端，是世界地图的最东边缘。马可·波罗从陆路由西向东，又由海路由东向西，而且在中国生活了17年之久，他的传奇经历满足了西方对东方的好奇。他的行程和路线可以补足此前世界地图的诸多缺乏和空白。实际情况是，他对世界历史和世界地理的影响，远远大于人们所能预想的结果。主要是以下两方面。

第一，对毛拉世界地图的贡献。15世纪初，葡萄牙人的航海事业异军突起，航行西非成功，国王阿方索计划更大的航海行动，出资重绘大型世界航海图，要突破托勒密的世界地图，反映更多更新的世界。葡萄牙派人到了恰是马可·波罗的家乡威尼斯找到著名制图家、修道士弗拉·毛拉，希望他绘制一幅全新的世界地图。毛拉1448年开始工作，1453年完成。毛拉的世界地图绘在羊皮纸上，为传统世界地图的圆形版式，直径196厘米。毛拉地图广泛吸收了当时东西方文化交流的成果，包括马可·波罗带来的丰富信息。毛拉直言从其游记吸取多多，比如其中的日本、南中国海、印度洋、缅甸、爪哇、中国的景象，图里还有中国的船只在海上航行，中国都城附近有狮子装饰的桥梁（卢沟桥），图的左下方中国处标有"赛里斯""契丹"字样。东西方城市都画成威尼斯建筑风格，但却专画了蒙古大帐篷表示元大都。毛拉地图绘出了东亚的海岸线，在西边则绘出只要驾船绕过非洲南端仍可到达东方，它是保存下来的最大的中世纪航海图。马可·波罗的海路回程还留下了珍贵的第一手海图资料。1887年，意大利青年西安·罗西移民到美国，向美国国会图书馆捐赠了14份13世纪的羊皮纸资料。其中有5幅据说是马可·波罗使用过的航海图。捐赠者说这些文件继承自一位曾是海军上将的先人，是马可·波罗本人将这些文件交给了海军上将。1948年，瑞典历史学家利奥·巴格罗在《世界形象》杂志上公布了这些航海图，旋即引起轰动。5幅图中有两幅画面上有若干汉字。如一排汉字"七"，有"百万人""百七十"，以及"未知之地"等注。这些图对中国、朝鲜半岛、日本列岛的描绘，不仅是阿拉伯地图中最早的，也远远领先欧洲制图家对东亚的描绘。1500年，地理学家乔万尼·拉穆西奥曾说过，毛拉在绘世界地图时，参考了一幅马可·波罗在中国时亲手画的地图。[5]中国学者很早就注意到这些史料,"张星烺、冯承钧两先生根据他们掌握的出自西方的资料,还说据传波罗亲自绘有或带回有世界地图,亨利亲王和哥伦布见过此图"。[6]

第二,对西方探险和大航海起到了精神领航作用。西方对东方的向往和憧憬无非两个因素:一是东方有黄金、香料等巨大的财富唾手可得;二是前往东方不是走陆路那样千山万水、国家与战争一样多地横亘其间因而遥不可及,有便捷可行的直达海路。马可·波罗让这两种可能因素都明朗无误地呈现出来,大大刺激了野心勃勃的欧洲航海事业家和航海家。

马可·波罗的东方之行记述了中国、东南亚各岛和半岛的"遍地黄金"式的财富,以及欧洲人最渴求的黄金、香料、宝石、药材等。他对中国城市的繁华叹为观止,北京、太原、涿州、成都、高邮、泰州、扬州、南京、镇江、苏州、杭州、福州、泉州等,无不商机无限。他说,在南中国海共有7459座岛,亦有调味香料,种类甚多。例如胡椒,色白如雪,产量甚巨,即在此类岛屿也。由是其中一切富源,或为黄金宝石,或为一切种类香料,多至不可思议。爪哇大岛(加里曼丹),此岛甚富,出产黑胡椒、肉豆蔻、高良姜、生姜、丁香及其他种种香料,黄金之多,无人能信。小爪哇岛(苏门答腊),此岛香料甚多。南巫里国,多有樟脑及其他种种香料,亦有苏木甚多。班卒儿国出产世界最良之樟脑,质极细,其量值等黄金。其地饶有金银,一切香料、沉香、苏木、乌木等物。[7]苏联历史学家马吉多维奇指出:"他向欧洲人报道了有7448个香料岛的南中国海。(我们今天准确地知道,这个数字不是被夸大了,而是被缩小了。因为只是在菲律宾群岛就有7083个岛屿和岛礁——引者注)这些香料岛引起的欧洲人的遐想,不亚于令人惊奇的中国财富引起的遐想。"[8]日本学者对马可·波罗在游记中描写的日本是"黄金之岛"及其产生的影响格外关注。宫崎正胜写道:"马可·波罗在《马可·波罗游记》中提到的'大陆以东1500英里的大洋中的黄金岛日本',引起了当时以哥伦布为首的众多船员的关注。关于日本的传说也成为当时亚洲新信息的象征。马可·波罗在《马可·波罗游记》中这样写道:这个国家遍地都是黄金,每个人都拥有庞大的黄金储备。大陆上没有任何人来到过这个国家。因为没有商人到访,所以丰富的黄金资源从来都没有流失到国外。这个国家之所以现存有如此之多的黄金,就是出于这个原因。接下来让我们看看这个岛国的国王所拥有的雄伟宫殿吧。这个国王的宫殿,完全是由纯金打造的。就像欧洲人用铅板作为房屋和教堂屋顶一样,这个宫殿的屋顶也全都是由纯金制成的。因此,这座宫殿简直就是无价之宝。宫殿内的无数房间、地面上也都铺满了两个手指那么厚的金砖。其他不管是大厅还是窗户,全都是纯金打造。因为这座宫殿实在太过豪华,所以不管是谁对其进行准确的描述之后,都很难让其他人相信吧。"[9]

《马可·波罗游记》从14世纪初问世,长期广泛流传。在航海热潮兴起之际,游记几乎影响了所有重要的航海人。葡萄牙亲王航海家亨利是15世纪西欧航海探险和地理发现事业的奠基者、组织者和发动者。他就有一本马可·波罗的《游记》手抄本并经常翻阅。欧洲中世纪第一个地球仪制作者马丁·贝海姆同时也热心倡导从西航向东方,他自述自己的地球仪地图受到马可·波罗的影响。15世纪末佛罗伦萨著名的地理学家托斯卡内利也是西渡大西洋去东方的积极倡导者,他也看过游记,赞赏马可·波罗的说法,认为亚洲大陆比托勒密设想的更加向东延伸,即欧洲西向与亚洲东方比过去已知的更近。哥伦布曾与他通信向他请教航海事宜。托斯卡内利也向葡萄牙国王写信,提出西行东方的具体设想:"我知道,这样一条道路的存在是建立在一个基础之上,并给这个基础做出证明,即我们的大地是个球体。同时,为了促进这一事业,我决心在海图上指出一条新的通路并使用我自己亲自为陛下绘制的一张地图。在这张地图上标明了你们必须不断地往西方向前进时经过的海岸和岛屿及你们将要到达的地方。你们必须在离赤道和极地有多远的地带里行进，以及你们想到达比无论哪个国家都有更丰富的香料和名贵宝石的国家及他们与我们有多大的距离。请不要奇怪，我把那些盛产香料的国家叫做西方国家，而一般来说，都称它们为东方国家的。这是因为人们只要坚持不懈地向西行进就一定可以到达海洋的那一岸，另一个半球上的东方国家；而如果我们是沿着陆路越过我们这个半球的话，那么，出产香料的国家就将在东方……"[10] 他的这幅地图清晰标明欧洲的西面洋岸边的日本和中国大陆。哥伦布、达·伽马、麦哲伦这些载入大航海史册的功勋，无一例外都是《马可·波罗游记》的忠实读者，并醉心于游记描绘的东方财富，渴望去东方收获横财。其中，哥伦布受马可·波罗影响最深。他对游记做了近500行264处边注，可见阅读之细。1492年哥伦布首次按托斯卡内利建议从大西洋东岸往西远航时，还带着西班牙国王致统治中国的蒙古大汗的国书和两份空白的备用国书（西方当时还不知道中国已经改朝换代）。抵达美洲东部沿海后，他以为到了亚洲东部沿海，还到处寻找游记中的"行在"（杭州），把古巴当成了日本。他虽然没有到达东方中国，但他发现了美洲大陆，进而使后继者发现了太平洋，发现了世界地图从来没有出现和被描绘的世界地理空白并填补了它。世界比所有人的想象都要巨大。这个历史结果的触发点之一正是马可·波罗启动的。法国著名科幻作家、地理学家，著名作品《海底两万里》的作者儒勒·凡尔纳在其《地理发现史》中对此评论说："这位著名的旅行家的一生就是这样。据他口述所记录的著作给地理学的发展以巨大的影响。18世纪中叶以前广泛流传着的这本以《世界奇迹之书》（《马可·波罗游记》——引者注）为名的著作，被用于开拓到印度、中国及中亚贸易路线的指南。马可·波罗这本著作的更大功绩还在于它在开辟新大陆的历史上所起的伟大作用。因为书中讲到的东方国家如此丰富的财富，刺激了欧洲人要寻找一条到印度和中国海岸的较短的航路，并引出了伟大的地理大发现。"[1] 托斯卡内利说得对，东方可以是西方的东方，也可以是西方的西方，可以从东边到达，也可以从西边到达。这个理解不仅是地理学意义的，也可以是文明史意义的；在文明的互看、互鉴和交流影响上，东西方的关系也是如此。

二、欧洲中国风的浪潮与文明交流互鉴启示

自从欧洲出发的哥伦布发现美洲，其后继者麦哲伦完成了环球航行并认识了太平洋，东方中国虽然仍在未知之中，但从西向东和从东向西都可以抵达中国的各种具体航线都被一一探索清楚。东方和中国作为目的地的追求从来没有被放弃。从马可·波罗以后，14世纪到19世纪中叶，整整550余年，西方都徘徊着中国的影子，哪怕中国此间已经历经元朝、明朝、清朝三个历史朝代的更替，中国对西方的影响一直存在，并在18世纪时达到高峰。这种中国像影子一样伴随西方发展的现象，被史学家称为欧洲的中国风，或中国趣味、中国风格、中国潮、中国时尚。中国风在欧洲刮了6个世纪，此间西方也历经文艺复兴、启蒙运动、英国工业革命、法国大革命、马克思主义兴起等，中国作为西方的他者从风尚、审美到思想制度，始终存在。这样一种特殊的历史现象和文明景象，是值得高度重视和深入探究的，应该给予它应有的历史评价。

（一）马可·波罗父叔的宗教使命和耶稣会士的文明大发现

哥伦布、麦哲伦接力完成了环球航行，但他们本人都没有到达中国。中国的巨大存在仍然停留在马可·波罗的口述和传说中。特别是在哥伦布

发现美洲大陆、麦哲伦及其后继者发现马来西亚半岛、印度尼西亚群岛和大洋洲以后，所发现的地域、人口、财富等都不是马可·波罗目击的景象，都不是中国文明那样一个高度发达并鲜活存在的文明，因而在经历一番目标转移后，西方又逐渐把目光投入中国这个全球真正的最后一个未知而神秘的国度。

1513年以来，葡萄牙人逐渐抵达并活跃在中国东南沿海。由于中国明王朝对外国商船管制严格，1517年葡萄牙人才登陆广州。成书于万历三十年（1602）的《广东通志》记载："嘉靖三十二年（1553），夷舶趋濠镜（澳门）者，托言舟触风涛缝裂，水湿贡物，愿借地晾晒。海道副使汪柏，徇贿许之；时仅蓬寮数十间。后工商牟利者，始渐运砖瓦木石为屋，若聚落然。自是诸澳俱废，濠镜为船薮矣。"1557年，葡萄牙人占据中国澳门，打通了中国南下马六甲，过印度洋，绕好望角至里斯本乃至欧洲的航线。

从马可·波罗来华路途开始，欧洲基督教会和教皇就对东方极其关心。马可·波罗的父亲和叔叔还直接为教皇和忽必烈进行沟通，忽必烈盛邀传教士到东方，教皇则通过他们俩将圣杯赠予忽必烈。在《马可·波罗游记》的序说部分，对此有详细叙述。游记的序引部分重点就是记述其父、叔东行的前史，然后才是携小马可一同东进。其间，承担忽必烈的专使和完成教皇委以的使命至关重要。游记说：

> 波罗兄弟觐见忽必烈大汗时，受到了大汗谦恭亲切的接待——这是他的本性。同时因为波罗兄弟是第一批来中国的拉丁人，所以大汗特地大设筵席，表示对他们的欢迎。大汗以慈祥的态度和他们交谈，殷勤询问西方各国、罗马的教皇和其他各基督教的君主王公等的情况。大汗希望了解这

些皇帝和君主在国内的权威、领土的广袤、司法和军事的状况，尤其是教皇的情况、教会的事业、宗教的崇拜和基督教的教义。波罗兄弟本来就受过良好的教育，为人又十分谨慎，再加上他们精通鞑靼的语言，常常能用贴切的词句来描述，所以对这些问题都给予了令人满意的回答，因此大汗非常宠信他们，时常召他们进宫闲聊。

当大汗得到波罗兄弟明白清楚的回答后，心中十分高兴，在和众臣商议之后，准备派他们充任回访教皇的专使，并由科加达尔男爵陪同前往。

大汗告诉波罗兄弟，他派他们出访教皇的目的是请求教皇派遣一百名精通基督教教义和七艺（指修辞学、逻辑、文法、算术、天文学、音乐和地理——译者注）的传教士来，用公开清楚的讨论，向他境内的学者证明，基督教徒所宣扬的信仰是建立在更坚实的真理上的，比其他宗教更加优秀；同时还要说明鞑靼人的神灵和其家中所供奉的木偶是一种恶魔，他们以及东方的普通百姓敬奉这些恶魔为神，实在是一种错误。还有一点，大汗十分希望波罗兄弟回来时，能从耶稣基督圣墓的长明灯中，取来一些圣油，因为他自称敬重耶稣，把他看成真神。波罗兄弟听完大汗的这些吩咐后，随即跪倒在地，表示愿尽自己的所能，执行他的命令。于是大汗令朝臣以他的名义，写一封鞑靼文的书信，呈给罗马教皇。

......

波罗兄弟接受了这个神圣的使命后，马上辞别了大汗，起程前往罗马。……他们从莱亚苏斯港启程，沿海而行。在1269年4月到达了亚克（今以色列海法以北的阿卡，译者注），在这里他们突然得到教皇克莱门特四世（Pope Clement the Fourth）去世的消息，心中万分焦急。当时教皇委派的大臣正好驻在亚克，于是波罗兄弟便向大使汇报了鞑靼大汗赋予他们的使命。大使劝告他们必须静候新教皇的选举结果，到那时才能履行他们的任务。波罗兄弟接受了这个忠告，决定在这段时间内，先回威尼斯老家一趟。于是他们便从亚克乘船启航，经内革罗蓬特回到了威尼斯。到家后，尼可罗·波罗才知道，自己临行时怀孕的妻子已经去世了，遗下一个儿子，现在已经15岁了。这就是本书的口述者马可·波罗。

由于教会内的种种原因，教皇的选举迟迟未有结果。波罗兄弟在威尼斯逗留了两年，天天盼望新教皇能早日选出，同时又担心大汗对于他们长期滞留欧洲而心中不快或者可能怀疑他们无意回去，于是便决定先回到亚克，再作打算。这次他们带上了少年马可·波罗同行。来到亚克后，他们征得了教皇大使的许可，前往耶路撒冷，按照大汗的吩咐，取来了少许圣墓灯中的油。他们又请求大使致信大汗，证明他们努力履行了大汗的使命，并说明基督教教会的教皇还没有选出。然后，他们就立即离开前往前面所说的莱亚苏斯海港。

然而他们动身后不久，大使就接到了意大利红衣主教会议的任命书，宣布他为新一任的教皇，名格利高里十世（Gregory the Tenth）。新教皇觉得现在自己的地位足以满足鞑靼皇帝的要求，因此急忙派人持书信前去晋谒亚美尼亚王，通报自己当选的事情，并且询问那两位取道该国向大汗朝廷进发的专使是否还在境内，如尚在境内要求他们立即回去。此时，波罗兄弟恰在该处，于是他们欣然应召返回亚克，同时亚美尼亚王也特地派遣一艘兵舰护送他们前往，还派了一名公使同去祝贺新教皇的当选。

教皇在波罗兄弟到达后，用隆重的仪式欢迎了他们，马上修书一封，并且选派了两名正在亚克传教的修道士与他们同去大汗朝廷。这两个传教士是文学家、科学家和渊博的神学家，一个是维琴察的修道士尼古拉（Nicholas），另一个是的黎波里的修道士威廉（Willian）。教皇给了这两位修道士相当的权柄，使他们以后在那些国家里可以全权行事，任命修道士、主教、赦免或不赦免各种罪恶、代替他行事，还给他们写了任命状和介绍信。委托他们交给大汗他所要送的国书。并且又挑选了许多珍贵的礼物，其中有几只精致的玻璃花瓶，是以他的名义送给大汗的，以表示对大汗的祝福。一切事务都完毕后，波罗兄弟一行拜别了教皇再次回到莱亚苏斯，然后登陆向亚美尼亚国前进。

他们到达亚美尼亚后，得到消息，说巴比伦的苏丹邦多克达里（Bandokdari）统率大军进攻亚美尼亚，并且已经占领了该国的大片疆土。两个修道士听说后惊恐万状，担心自己的生命受到危害，于是决定不再前进，而将教皇委托给他们的书信和礼物交给波罗兄弟，自己则由当地修道院院长保护着直接回到了海滨城市。

......

  当波罗一家到达京都之后，忽必烈大汗特地召集文武大臣举行盛大的朝会欢迎他们。波罗一家走到大汗御前，跪在地上，叩头致敬。大汗立即令他们起来，详细询问了旅行的情况，以及和教皇交涉的始末。波罗兄弟用明白简要的语言，条理清楚地叙述了一切经过。大汗聚精会神，认真倾听。波罗兄弟随即呈上了教皇格利高里十世的书信和礼物。大汗听完所宣读的书信后，对两位专使的忠诚、热心和勤勉大加赞扬，并且十分虔诚地接受了圣墓中的灯油，命令以宗教的诚心妥为保存。[12]

  上面抄录的这些内容，基本上把马可·波罗中国行的前因后果说得很完整。他们一家三人最后这次东行，与其说是为了商人的利益，不如说是为了完成忽必烈对基督教的企盼和教皇对基督教东传的重托。在哥伦布被游记中的东方黄金、财富和商机诱惑时，真正的基督教传教士们也被游记中这些传教传奇所吸引，包括利玛窦在内的许多传教士都曾对这部游记手不释卷。利玛窦对游记中的传教事迹一定是深深铭记在心了，他对教皇期待基督教东传的圣意心领神会，也对忽必烈希望神学科学家东去并用西方的神学和科学证明的信仰与真理征服东方的豁达开明深有触动。他后来的传教实践似乎就是在践行这样一种传道境界和宗教精神（合儒、补儒、超儒三步曲）。所以，我们也可以说，哥伦布为发现中国而出航，最终只是中途发现美洲大陆；利玛窦等耶稣会士才是中国的真正发现者，他们发现的最东方的伟大文明和文化，最终完整绘制了世界文明版图，为西方带来了东方和中国的文化财富、思想瑰宝和全新的美学趣味。

  虽然元帝国时代，西方来中国传教布道的教士一直陆续不断，甚至还有过方济各会士组团来华传教。但他们对西方的影响都不如商人马可·波罗，后来的耶稣会士来华在宗教界和整个西方的影响更是开天辟地。1534年，西班牙贵族伊纳爵·罗耀拉在巴黎创立耶稣会。包括沙勿略在内的耶稣会传教士"发誓要在圣地和教皇选择派遣他们而去的任何地方（无论是居住在信仰基督和不信仰基督者的地区）种植其葡萄园（传教）"[13]。此后，耶稣会即向亚洲、非洲、美洲不断派遣传教士。沙勿略是第一个到达东方并产生重要影响的耶稣会士。1549年他登陆日本，然后在中国大陆广东边的小岛上川岛等待进入中国的机会，却始终未能如愿，直至1552年年底在此客死他乡。沙勿略没有完成他宏伟的在中国传播福音、建立"世界天主教王国"的计划，但在西方天主教史上，他被誉为"中国宣教之父"，利玛窦则称"沙勿略是第一个耶稣会士发觉了这个庞大帝国的无数百姓是具有接受福音真理的资质的，他也是第一个抱有希望在他们当中传播信仰的人"。[14]据统计，"在1552—1800年间，入华耶稣会士975人。这些传教士们主要来自葡萄牙、法国、意大利和西班牙等拉丁文化圈的国家。少数来自德国、荷兰、爱尔兰、奥地利等日耳曼文化圈的人；来自盎格鲁-撒克逊文化圈的人；极少数来自东欧的立陶宛、波希米亚（捷克）、波兰等斯拉夫文化圈的人"[15]。在这些传教士中，意大利、葡萄牙、法国在华耶稣会士人数位居前列。意大利传教士以利玛窦为代表，靠一己之力开疆拓土，独步天下，终于打开局面，在中国站稳脚跟。葡萄牙传教士独据澳门，在"早期耶稣会在华传教区"中雄居一隅，神父和修士多达372人，以后又在北京以明代皇帝赐葬意大利耶稣会士利玛窦的北京栅栏墓园为基础，形成"葡萄牙墓园"，是为北京三大基督教传教士墓园之一（另，意大利传教士墓园位于葡萄牙墓园一街之隔的地方，法国传教士墓园在京师西郊正福寺）。数百年间，意大利、葡萄牙等国传教士还有众多人物进入中国皇室或官场服务与任职。法王路易十四以来，法国对中国兴趣倍增。在康熙罢黜杨光先后，重掌钦天监的耶稣会士南怀仁1678年发表告欧洲耶稣会士书，希望欧洲派遣更多的耶稣会士来华。1688年，路易十四派遣了一批科学家耶稣会士，他们被封以"国王数学家"头衔赴华。他们的中文名字是洪若翰、白晋、张诚、李明、刘应等。1697 年，康熙令白晋为钦差，返回欧洲物色科技人才。次年，白晋带领法国传教士巴多明、雷孝思等人入华。从利玛窦开始，入华耶稣会士不仅向中国带来西方的科学技术、天文地理、哲学文化，而且向西方回译、著述、搜集了大量中国的著作。这些做出突出贡献的传教士（耶稣会、多明我会、圣方济各会等）有：利玛窦、熊三拔、龙华民、庞迪我、艾儒略、邓玉函、汤若望、罗雅谷、阳玛诺、南怀仁、王丰肃、金尼阁、卫匡国、傅汎际、利类思、穆尼阁、洪若翰、李明、白晋、张诚、刘应、柏应理、马龙周、雷孝思、巴多明、蒋友仁、宋君荣、钱德明、冯秉正、徐日升、安多、杜德美、费隐、麦大成、汤尚贤、德玛诺、郎世宁、王致诚等。

耶稣会士来华的时候，马可·波罗所处的蒙元帝国已经改朝换代，汉人的大明王朝开启了新的历史时代。所以，他们的第一个任务就是弄清楚鞑靼或契丹和中国的关系，向西方证明马可·波罗的鞑靼或契丹就是他们所见的大明中国。"地理大发现以后，葡萄牙和西班牙的殖民者率先从海路来到亚洲。当他们和中国接触以后，遂产生了一个不解之谜，即他们所面对着的这个具有高度文明和无尽财富的中国（China）与马可·波罗所报道的'契丹'（Cathay）是否为同一个国家。事实上，'中国'与'契丹'是否为同一国家，已成为地理大发现以后一个最引西方注目的难题，或者说成为一个历史之谜。"[16] 这个谜是由西方来华传教士解开的。利玛窦率先确证南京可能是契丹的一座大城。庞迪我曾运用其地理学知识主持对广州、北京等地的勘察，第一次明确了北京的纬度，这是他对世界地理学的一个重要贡献。庞迪我和利玛窦曾在向万历皇帝进贡后一起被拘禁在会同馆中，他们在这里向遇到的两支外国朝贡商队调查，询问他们的国家如何称呼他们所朝贡的这个国家时，两支队伍的人都回答说叫"Cathay"（鞑靼或契丹）。而且他们说，除了他们自己的国家，所有的莫卧儿王朝统辖的国家、波斯和其他各地都称中国为"Cathay",称呼他们当时所在的这座都城为"汗八里"。由此,庞迪我和利玛窦终于证实,所谓"契丹"就是"中国","汗八里"就是北京。1602年3月9日,庞迪我致长信给西班牙托莱多主教路易斯·德·古斯曼,这封信就是著名的文献著作《一些耶稣会士进入中国的纪实及他们在这一国度看到的特殊情况及该国固有的引人注目的事物》。庞迪我通过致古斯曼主教的长信,在信中向欧洲通报了"契丹"就是中国这一重要结论。利玛窦也及时向在印度的耶稣会士通报了这一信息。1615年,金尼阁整理利玛窦原稿在德国出版的《利玛窦中国札记》引起欧洲人的巨大反响,其中关于契丹即中国的结论也广为人知。《利玛窦中国札记》的英译者耶稣会士路易斯·J.加莱格尔在其序言中指出:"也许(利玛窦)日记内最有意义的历史项目是它揭示了契丹就是中国的另一个名字,而不是欧洲自马可·波罗的时代以来所认为的另一个国家。""他解决了中国—契丹的问题,奠定了一个新的地理时代。"[17]

登陆一个崭新文明或全新大陆,确证《马可·波罗游记》所述中的鞑靼或契丹就是后来的大明或中国,都只是刚刚拉开历史序幕而已。就文明而言,真正的登陆是揭开它的神秘面纱,展现它丰富而独特的内涵。耶稣会士的真正贡献正在这里。耶稣会士长时段大规模地入华,不仅为东方中国带来了西方欧洲,也为西方欧洲带去了东方中国,一大批关于中国的著述在西方出版,使欧洲的世界视野和全球化历史获得了欧洲中心与东方主义的平衡与补差,建构起全新的世界史意识。传教士和耶稣会士传回欧洲最重要的著述有:克鲁斯的《中国概说》、门多萨的《大中华帝国史》(根据传教士中国材料编纂)、利玛窦的《中国的四部伦理经典》《利玛窦中国札记》、庞迪我的《一些耶稣会士进入中国的纪实及他们在这一国度看到的特殊情况及该国固有的引人注目的事物》、白晋的《康熙皇帝传》、李明的《中国现状新述》、张诚的《北巡纪行》、金尼阁的《中国皇帝纪年》、龙华民的《论中国人宗教的某些问题》、卫匡国的《鞑靼战争史》《中国新舆全图》《中国上古史》、曾德昭的《中华大帝国记事》、纳瓦雷特的《中国王朝历史、政治、伦理和宗教论》、安文思的《中国纪事》、《耶稣会士书简集》（34卷，1702—1776）、王致诚的《北京附近的皇室园亭》、钱伯斯的《中国房屋建筑》《论东方园林》、冯秉正的《中国通史》、宋君荣的《从成吉思汗到满清帝国全史》、钱德明的《孔子传》等，以及一大批中国原典和文学艺术作品的翻译著作。

（二）以陶瓷为核心元素的欧洲中国风

在欧洲传教士大规模入华的同时，中国文化也在逆行从海上登陆欧洲大陆。在丝绸魅力不减的时候，陶瓷又闪亮登场、一马当先，引领中国风席卷整个欧洲。

由唐至清，在长达1000多年的历史中，大量中国瓷器通过中外船舶被运往东南亚、南亚、西亚乃至非洲。水下考古打捞上来的9世纪"黑石"号海船、12世纪"南海一号"海船以及明万历年间的"南澳一号"海船，均装有数以万计的各类瓷器，这是中国瓷器出口千年绵延不断的历史物证。15世纪以前，虽然日本、朝鲜乃至波斯、阿拉伯等地区也都出现了中国瓷器的仿制品，但其质量和规模远远无法与中国瓷器相抗衡。欧洲人知晓中国瓷器是阿拉伯人通过地中海到埃及的亚历山大港贩运过去的，但数量不会太多，所以，瓷器传到欧洲，不仅风靡一时，而且十分珍贵，被视为无价之宝，甚至要用金、银对其加以镶嵌。匈牙利路易大王珍藏过一件景德镇生产的青白瓷瓶，就是1381年镶嵌银子的珍品。中国瓷器也成为帝王之间的礼品。埃及王于1447年向法国查理七世，1487年向意大利美第奇王，1490年向威尼斯总督，分别赠送了极为精致的中国瓷器。1499年9月，首航印度的达·伽马返回里斯本，将一打从印度带回的中国瓷器进献给了葡萄牙国王曼努埃尔一世。1517年葡萄牙船队抵达中国，便开始为其国王定制专属的瓷器。保存至今的一把1520年生产的青花宽口执壶，绘有古式地球仪图案，既是葡萄牙王的私人纹章，也是大航海的象征。16世纪初的奥斯曼土耳其人阿里·厄克贝在其《中国见闻记》一书中说，中国瓷器不管注入什么东西，都能使渣子沉淀；经久耐用；只有金刚钻才能划伤它，而金刚钻也只有用这种方法才能鉴别；用瓷器吃饭喝水，能身强力壮；尽管质地坚硬，对着油灯或太阳照看，能从内侧透过器壁看到外侧的图案。[18]这种对中国陶瓷的评价具有西方视角，欧洲人用刀叉就食，不留任何划痕，美观实用的中国瓷器较之于木碗盘、陶碗盘、金属碗盘等，毫无疑问是首选，这可能是中国陶瓷风靡欧洲的重要原因。当然，战争和市场竞争性的"陶瓷之战"就史不绝书。1602年荷兰人掠获葡萄牙人的商船"圣亚哥号"，内装28包瓷盘，14包瓷碗。1604年荷兰人在泰国大泥俘获葡萄牙船"加迭里纳号"，内装万历彩瓷60吨约10万件。1698年，第一艘法国商船"昂菲德里特号"来华，1700年回国，带回181箱瓷器，其中一件就是绘制了法国王室徽章现存于法国国家博物馆的康熙五彩瓷罐，另有一件则绘有法国太子结婚的场景。1701年，"昂菲德里特"号再次来华，从中国运走大量丝绸、瓷器、漆器。1734年，运至法国的瓷器达6.8万件。1743年，法国有七艘船运走华瓷126捆，345包。1756年在中国境内付瓷器款1925.252万里维尔。1769年有三艘法国船至中国经商，获利525万里维尔。法国罗兰海军工厂记载，这些船只都是1000至2000吨位的货船，宜于瓷器运输。[19]由于瓷器有相当的重量，在远洋航行时，瓷器经常又被视为航船的压舱物。大批量的瓷器叠加在一起运输或远航，如何在颠簸中不被碰碎是一个重要问题。中国明代的文献记载了瓷器运输包装的诀窍。中国古人是怎样解决瓷器轻脆易碎的运输难题的呢？他们在每一瓷器内放沙土和豆麦种，数十个瓷器成捆，放入湿地，频繁向上浇水。稍久，豆麦生出豆芽，缠绕使之更加坚固，往地下扔摔都不会破损的就可以装运了。中国宋代的朱彧则在书中明确记述了海运瓷器的又一方法，即船舱下面放货，船员夜卧货上，"货多陶器，大小相套，无少隙地"，是一种节省空间的瓷运方式。有学者估计，17—18世纪英国、荷兰、瑞典、法国等国的东印度公司从中国运回的瓷器总量高达三亿件以上。

中国瓷器改变了欧洲人的餐桌礼仪、室内装饰、生活品位和审美情趣，也对欧洲艺术风格产生了重要影响。中国瓷器到达欧洲后首先就在皇室贵胄、文化艺术界掀起了拥有和欣赏的热潮。中国的房屋、塔、园林、亭阁、家具、茶叶、瓷器、漆柜、丝绸、图案、壁纸、山水人物形象等等流行和时尚起来。皇室的喜好是重要的风向标，不仅欧洲各国皇室互相攀比，而且一浪高过一浪。太阳王路易十四决定为他最宠爱的号称"光荣美人"的莫内斯潘夫人在凡尔赛宫的园林中建一座楼阁，他别出心裁地采用中式设计，并称其为"特列安农瓷屋"，建于1670年至1671年。"在它的引领下，在欧洲的每一个角落，从皇后岛到巴勒莫（意大利），从辛特拉（葡萄牙）到察尔斯科-泽洛，都出现了一大批中式宝塔、网格样式的茶馆、亭子和'儒家式的'庙宇。"[20] 而诗人丹尼斯是这样描写特列安农这个"瓷屋"的：

> 你可看见它上面堆满了彩陶，
> 各种瓷罐和各式花瓶，
> 这让它光耀寰宇。

柏林的夏洛滕堡宫是普鲁士王国时期巴洛克建筑的代表，由弗里德里克三世为他的妻子索菲·夏洛特修建。1701年，弗里德里克成为普鲁士国王并扩建此宫殿，在其中专设了一个陶瓷屋，收藏与展示他们的中国陶瓷收藏，从墙壁到天花板用1500件中国陶瓷精品装饰，富丽奢华，闻名遐迩。17世纪欧洲著名室内装饰设计家丹尼尔·马罗1684年为荷兰奥伦治亲王设计布满陶瓷和具有东方情调的房间和花园，为英国汉普顿宫工作并为王室设计中国风的宅邸"中国房间"。荷兰王后、英国女王玛丽二世（1662—1694）正是一名中国风的热烈追捧者。反对和指控她的史书载她"在海牙喜欢上了中国瓷器，为让自己开心，她在汉普顿宫收藏了大量可怖的形象和花瓶——花瓶上绘制的房屋、树木、桥梁和官吏令人无法忍受，它们藐视所有透视画法的规矩"。

萨克森选帝侯奥古斯特二世是一个中国瓷器迷，号称"瓷王"，但凡见着中国瓷器中精品，就要不惜代价弄到手。他还特别为自己的收藏建了一座宫殿，拥有35000多件瓷器。邻国普鲁士国王威廉的妃子也是一个中国瓷迷，收藏有不少珍品。奥古斯特对她这批瓷器垂涎已久，一直想把它们变为己有。这个威廉国王有个特殊嗜好，喜欢大个子兵士，他的御林军全是魁伟的大个子，他因此看中了奥古斯特的卫兵。于是，一番交涉，达成交换协议：奥古斯特用自己的600名龙骑兵队，换回威廉一方的127件珍贵瓷器。如此荒唐的国家外交事件，恰恰说明中国瓷器之名贵。这是发生于1717年4月19日的一件外交史上的奇葩事件。这批瓷器中有十八个大花瓶，从此这类花瓶在西方就被称为"龙骑花瓶"。德国最早最著名最庞大的中国风作品是1715—1717年在德累斯顿为奥古斯特修建的宫殿，又名"日本宫"。这个宫殿不是以建筑闻名而是以其东方瓷器收藏享誉。它宽大的中式飞檐为宫殿外观赋予了东方情调，庭院以中国官吏立像柱装饰。殿内有专门展示东方瓷器的长廊，所有壁炉架上都摆放三到五个华贵的粉彩瓷瓶，瓶上绘有迷人的中式风景。与奥古斯特同时代的科隆大主教克莱门斯·奥古斯特也对东方文化痴迷不已。他经常模仿中国官员，出外视察教区也乘坐中式八抬大轿。1705年，他在布吕尔花园边建成了一座完整的中国屋。该屋主体为两层建筑，与两座凉亭相连，屋和亭均为宝塔形尖顶，悬挂风铃。还有一处官吏形象的喷泉。普鲁士国王弗里德里克大帝，亦称腓特烈大帝，是欧洲著名的"开明专制"君主的代表人物，也是启蒙运动中的一个重要人物。他对中国风也颇为着迷，在波茨坦修建了一个他本人亲自设计的中国茶室，于1755年建成。茶室整体为三叶形，宝塔式尖顶，仿棕榈树形状立柱，门口有砂岩中国人像若干；内部穹顶上绘制中式人物和花瓶。1781年建于维尔哈姆湖畔的卡塞尔家族墓园的一个中式村庄木兰村，是德国最后一座大型中式建筑。它的构成有小溪边的几幢小屋，溪上一座带栏杆的中式拱桥，一幢主建筑等。

中国风也刮到了北欧。为与奥古斯特大帝的日本宫一竞高低，1730年奥地利出现了中国风最奢华的杰作杜布斯基公爵的中国屋，其墙面是中国风陶瓷嵌板，室内陈设是瓷质屏风、枝形吊灯和壁炉台。波兰也设计了一个帐篷式大型中式暖房。沙俄叶卡捷琳娜一世在彼得霍夫建了一座瓷器屋，其中摆满了瓷器。叶卡捷琳娜二世在彼得堡奥里尼安堡修建了一座中式亭台和一座较大的中式宫殿，以漆饰和天花板彩绘装修，显得富丽堂皇。其中还有展示中式婚礼的场景绘画。她还在察尔斯科-泽洛的乡间建了一座中式村庄，其建筑蓝本取自钱伯斯的中国房屋和园林建筑介绍。瑞典的中国风代表作是国王阿道夫弗里德里希为他的王后路易莎·乌尔里克修建的德罗亭霍尔姆的中国屋。该屋主建筑高大，向前伸展形成庭院，屋顶为中式飞檐，外表灰配红镶板，饰以金龙。房间内饰洛可可式涡纹，绘有取自布歇和皮耶芒版画的中式场景。

意大利威尼斯的皮德蒙特于1720年建成的瑞吉那别墅，天花板上画的是中国风的猴子、官吏和阳伞等。1759年的那不勒斯先在波尔蒂奇后移至卡波迪蒙特建皇家别墅，其中建有一间瓷屋，由3000块瓷砖镶嵌，墙面屋顶有多种中式人物群像。西班牙的国王卡罗三世在马德里附近建宫，设有瓷屋，壁画中所绘人物姿态和长袍上的精细刺绣，是最引人注目的。"瓷屋是欧洲中国风装饰最高成就之一，在西班牙更是首屈一指，除此之外中国风装饰作品就只有阿朗居艾兹公园中的八角凉亭,以及马德里皇宫中马蒂亚·加斯佩里尼绘制的拉毛粉饰天花板。"[21]

以叙事歌剧《乞丐歌剧》享誉文坛的英国著名诗人约翰·盖伊写于1725年的诗《瓷》,对中国瓷器道出了复杂的爱恋:

她的酥胸激起炙热的狂喜!
她的明眸闪耀炽烈的激情!
能够得到她的青睐,
是怎样的天赐荣幸!
但我心中充满疑惧,情敌已近在咫尺?一个中国瓷瓶。
中国已主宰她的灵魂。
瓷杯,瓷盘,餐具或瓷碗,
都能激起她胸中的欲望,
点燃她的快乐,击碎她的宁静。

欧洲的"帝王将相"对中国瓷器的喜好和他们之间形成的攀比与时尚,迅速加大对陶瓷的需求。无论是瓷屋还是园林、中国村庄、塔桥,以及内部装饰,所谓中国风其实都有一定的变化,就像中国的餐饮到了西方会变形变味以适应西方人口味一样,中国风整体呈现都有变化变形,达不到或无须达到原汁原味。这是文化交流中的一个重要特征或突出现象。陶瓷在器物层面也出现了两个崭新的发展态势。一是中国生产的陶瓷中出现了一种特定的类型,即外销瓷,由西方定制和中方主动特制共同构成,是中式制作,但形制、装饰、风格、题材等都有浓郁的西方味,带有中西混合的样式。二是迫于或得益于市场的巨大需求,西方突破技术限制逐渐实现陶瓷的独立自主地生产和大规模制造,最终摆脱对中国陶瓷的依赖并生产出完全西式风格和造型的陶瓷产品。

中国的外销瓷也形成鲜明的地域风格、技术和特色,也有若干品牌。

一是石湾窑陶塑。其产地位于广东佛山地区,以陶塑和建筑陶器闻名海外。佛山地区历史上泥塑玩具出名，以泥塑人物最具影响，称为"泥公仔"。这门技术运用于陶瓷，就形成销往欧洲市场的石湾窑陶瓷。石湾窑陶塑以陶塑人物为主，俗称"石湾公仔"。销往欧洲的"石湾公仔"多以洋人为人物。人物的造型是欧洲白人的高鼻梁、深眼窝、大耳朵状，头戴礼帽，身穿披风，脚蹬高筒长靴。塑造和烧制上巧妙运用陶泥和瓷泥、素胎和色釉、高温和低温、工笔和写意、夸张和写实多种手法技法，形成独一无二的风格。石湾公仔除广泛用于玩具、工艺品、小型神像、人物、动物外，还经常被用于建筑装饰，民谚有"石湾瓦，甲天下"美称。

二是宜兴紫砂陶。茶叶与陶瓷同步跟进，大量输入欧洲，青花瓷壶、瓷茶杯、五彩瓷、粉彩瓷、广彩瓷精品茶具，都是外销瓷中重要品种。江苏宜兴紫砂陶茶具16世纪即畅销欧洲，英国东印度公司1699年记录"拿骚号"运抵伦敦82件朱泥壶，属于外销特制，壶盖上有镀金链，壶周镶有黄金边饰。宜兴外销朱泥壶多采用贴花、浮雕、镶金等欧洲人审美爱好的装饰。

三是五彩瓷。明代开始盛行，主要产地是景德镇。属于釉上彩绘瓷，先烧素器再彩绘再入窑经900度烧烤而成，特点是浓艳明丽的色彩和精美华丽的图案纹样。外销五彩瓷多以西方宗教和欧洲神话为图案题材，在欧洲市场深受喜爱。

四是粉彩瓷。它出现在清康熙晚期，是在五彩瓷基础上，受珐琅彩瓷制作工艺影响而出新的一种釉上彩品种。产地也是景德镇，是使用玻璃白为底色，将洗染的绘画技法用于瓷器的创新品种。工匠们以瓷胎为画板，进行一系列绘画与制瓷相结合的工艺，每一件瓷器都是一件独一无二的艺术品，使西方人士爱不释手。

五是广彩瓷。这是广州地区的釉上彩瓷艺术，亦称广东彩、广州织金彩。以构图紧密、金碧辉煌为特色，兴起定型于康熙乾隆年间。由于广州海路的特殊地理位置，广彩瓷差不多是为了外销而专门产生的釉上彩瓷，是洋气和土气相结合的瓷中异品。刘子芬成书于民国初的《竹园陶说》考证说："海通之初西商之来中国者先至澳门，后则径越广州，清中叶海舶云集，商务繁盛，欧土重华瓷，我国商人投其所好，乃于景德镇烧造白瓷，运至粤埠另雇工匠，仿照西洋画法加以彩绘，于珠江南岸之河南开炉烘染，制成彩瓷，然后售之西商。"[22]

荷兰的舰船是"大航海"后最早一批登陆中国的外国舰船之一。瓷器订制生产的原因和起源可能与一位荷兰画家来华观察到的现象有关。1655年，荷兰画家约翰·纽荷芙随荷兰使节团到华，他在广州对中国工匠的技艺进行观察，发现他们有惊人的模仿能力。他写道："此间人民生性灵巧、刻苦且聪敏，对任何手艺制作一看即能学效。葡萄牙人从欧洲带来式样崭新的金银器物，他们都能勉力在短时间内仿制出来。"[23]荷兰东印度公司成立不久，就开始向中国订制专门面向欧洲市场、符合欧洲人饮食习惯的瓷器，还订制中国式样形制但是西方人喜爱的西方纹样图案的瓷器。17世纪以来，中国为西方订制的瓷器品种越来越多。早在唐宋元以来，中国为波斯、中东等就生产了很多"波斯陶壶"之类的产品，器型有浓郁的异国情调。明以来的西方订制瓷器，更加品种多样，有大量模仿欧洲金属、玻璃和陶制器皿的瓷器，如奶壶、大肉盘、盐托、酱汁斗、水果篮、宾治碗、啤酒杯、剃须盘、夜壶、唾壶、烛台、茶具、咖啡具等。其间还形成了一个"克拉克瓷"的样式，是中国外销瓷的早期代名词。

按照西方设计而在中国订制的瓷器有几种最为有名。

一是阳伞系列。阳伞瓷的主要画面为两位女士，一位撑着阳伞，一位在伞下逗弄身旁的宠物。由荷兰东印度公司聘请著名设计师设计图案。此一系列还曾在人物上有中国妇人、日本妇人、西洋妇人、东南亚妇人、中东妇人等变异类型。

二是菲茨休纹样。此纹样多用于外销青花瓷，是英国东印度公司董事之一托马斯·菲茨休在1780年亲自设计并向中国订制的瓷器纹样。一开始是主纹样，以后还变成徽章瓷的辅助纹样，流布范围从欧洲传到美洲。

三是历史事件纪念瓷。起源于荷兰东印度公司在康熙年间为纪念鹿特丹起义向中国订制纪念瓷。形制为瓷盘。盘子中央描绘了一群人在一排欧洲房子前聚集，一人爬上房顶，还有人在梯子上攀爬，有人在大锤砸墙。这正是1690年8月荷兰鹿特丹起义或称考斯特曼起义。事因是考斯特曼抗税冲突致税官死亡而他又被处死，事件激怒民众，引发大规模暴动，在欧洲社会产生深远影响。荷兰为此还制作了纪念版画和银质纪念章。此后，美洲为纪念美国独立战争也在中国订制了纪念瓷盘。

四是欧洲宗教题材瓷。从传教士登陆中国就很快出现这类题材的瓷器。首先是传教士们在中国传教实用需要，其次是西方教堂使用需要，再次是欧洲信众在尚瓷风中保留欧洲信仰的需要。葡萄牙人较早订制了以基督宗教为主题的瓷器。沙勿略客死之地广东上川岛就发现了十字纹青花瓷碎片。万历年间风靡欧洲的克拉克瓷也有圣经故事纹样，如天使、七头龙等，还有耶稣会、圣保禄的英文缩写，有代表圣奥斯汀会双头鹰的纹样。这类瓷器在西方和东方都有广泛流传并且历久不衰，一直在订制生产。

五是欧洲神话题材瓷。18世纪下半叶欧洲神话故事题材瓷器开始订制生产并流行。其中有著名画家鲁本斯17世纪的代表作《帕里斯裁判》，以及《苏珊娜和长者》《摩西过红海》等。广彩瓷有一只《帕里斯裁判》大碗，碗口镶金边，碗外立面绘希腊神话帕里斯裁判，但中国匠人对故事不熟，加入了一些想象和改变。正是这些中国式的陌生化变形，才使这些西方题材的中国瓷具有一目了然的中国风、中国味，为西方人熟悉的画面加入了异国情调，因而大受欢迎。

六是纹章瓷。这类瓷的重要标志是在瓷器上绘制专属某个人、家族、公司、团体、城市的标志或徽章。纹章瓷在私人贸易订单中占有很大比重，英国订单最多，瑞典、法国、荷兰、葡萄牙等国的王室、贵族、富商都曾订制，瓷类有青花瓷、广彩瓷、粉彩瓷等，器形多为成套餐具或茶具，根据客户提供的纹章和边饰进行瓷器的图样绘制。纹章瓷烧制始于明末，现知最早的纹章瓷是一件青花瓷壶，壶身绘有葡萄牙国王马努埃尔一世的纹章。路易十四指令法国建立中国公司，该公司通过广州口岸订制了大批带有甲胄、军徽、纹章图案的瓷器。纹章瓷图案格式为器物正中是欧洲王室或贵族家族的徽章，大多由盾牌和王冠组成，两旁分立狮子、狗、鹿等动物，盾或王冠的下边是飘带，其上有英语、法语、荷兰语、拉丁语等书写的格言或谚语。清末寂园叟在其《陶雅》一书中，描写了一种康熙年烧制的青花纹章大盘："盘中画皇冕徽章，旁有两翼之狮狗，分攀于其上。载有拉丁古文，阳历年月。"[24]在欧洲，纹章瓷多为举办喜庆典礼或重大纪念日、节日而用，18世纪此瓷风达到高潮，一些新富新贵也创造自己家族的纹章盾徽，纹章瓷需求激增，在英国伦敦甚至出现了一种专门为人订制有特殊纹饰瓷器的商人，被称为"瓷人"。因为都是上层阶级使用，所以纹章瓷不仅具有中西文化合璧的特点，具有研究不同时代、历史谱系、重大事件的价值，而且也是价格高昂、精工制造的艺术精品，被戏称为外销瓷中的官窑瓷器。

七是巴达维亚瓷。1984年，一艘两百多年前沉没在离瑞典歌德堡港口900米海域的大型商船被打捞出水。船上的中国货物震惊世界。此船于1745年沉没，装有370吨茶叶、丝绸、香料，以及60万件瓷器。60万件瓷器基本完好无损，除了青花瓷外，一种釉色和器型独特的巴达维亚外销瓷也从人们的遗忘中浮出记忆的海面。这种瓷外溥酱色釉彩，内绘青花，以碗、盘为主，精致典雅，多用作西方人的咖啡具。这种装饰风格的瓷器在中国非常罕见，在欧洲被称为"巴达维亚瓷"。巴达维亚是古代著名港口城市,即今天的印度尼西亚首都雅加达,17—19世纪曾被荷兰占领,遂成为荷兰东印度公司转运中国商品的集散地,从这里分销世界的景德镇产的特型外酱釉内青花的外销瓷遂被称为"巴达维亚瓷"。

八是满大人图案瓷。欧洲中国风时间长跨度大,特别是明清换代这样的中国巨大变迁,也反映在外销瓷风上来了。卫匡国的《鞑靼战争史》和白晋的《康熙皇帝传》向西方描述了中国的明清变迁和新朝的宫廷实况。17世纪,葡萄牙人开始深入地与明代、清代官吏交通往来和直接地、深入地接触,于是出现了"mandarin"(满大人)的指称,这个词进入清代以后,越来越与汉语音译相近,成为清代官员的特称。由于清人统治在服饰、形象上都与传统中国形象略有差异,清人官吏生活成为新型的贵族生活代表,所以外销瓷为了展示"新鲜"的中国面貌,就与时俱进地出现了特定的"满大人图案瓷"。这种瓷以广彩为主,以康熙到乾隆年间为盛。以人物和人物家居生活为题材,主要人物为清朝官员,其帽、辫、须、烟斗都是清代样式,山川、园林、家具、民居则为传统中式,有些男性人物图像较大,仕女的发髻加高,有旗髻和单髻。这类瓷在中国国内不流行,也是专用外销的。由于这些瓷在西方仍然用于达官贵人,是高档生活用品,因此它的风格是欣赏和赞美式的,既有贵族化雅兴表达,又有中国田园牧歌趣味。随着19世纪中叶中西方严重冲突和战事频起,"满大人"这个称谓越来越具贬义、批判、丑化和嘲讽意味。在西方漫画兴起时,满大人形象更是越来越夸张和丑陋,直至成为中国负面形象的代表。可以说,满大人瓷是中国形象最后一批肯定和美化的遗存,也是中国风瓷器的一个尾声。

从中国海运或陆运中国陶瓷由于路途遥远,无论如何都是一件成本高昂的买卖。所以当中国瓷器到达欧洲引起喜好热潮时,仿制和企望在欧洲本土大规模生产陶瓷的想法和实践就一直没有停止,直到突破全部技术难关真正实现本土化生产。首先着手仿制中国瓷器的是得风气之先的意大利威尼斯。1540年威尼斯人率先试制出一种"梅狄基瓷器",虽与中国瓷相似,但器形粗糙,色泽发黄。1575年,意大利佛罗伦萨美第奇陶瓷厂成立。第一种成功模仿中国瓷器的西方产品是荷兰代尔夫特陶器。在明代万历年间,1584年,荷兰皇室通过西班牙、葡萄牙向景德镇订购过10万件瓷器,但荷兰国王也从此萌生了仿制中国瓷器的想法。1610年,荷兰东印度公司根据皇室旨意,专门从景德镇等地采购了白瓷釉和青花颜料,再由皇室出资筹建皇家代尔夫特陶瓷厂,雇请荷兰本地陶器制作名匠开始仿制中国青花瓷。随后生产出白釉蓝花精细陶器,但仍属于低温烧陶,与真正的青花瓷还有距离。不过由于成本低,一经推出还是广受欧洲市场欢迎。由陶到瓷,高温和高岭土是两个关键技术,欧洲长期以来一直没有破解这个秘密。1688年来华的法国耶稣会士白晋,以"国王的数学家"身份在康熙身边服务,向西方著述了《康熙皇帝传》,1697年,康熙令白晋为钦差,返回欧洲物色科技人才。次年,白晋带领法国传教士巴多明、雷孝思等人入华,其中还有一个写入世界陶瓷史的重要人物殷弘绪。殷弘绪是随白晋来华的天主教耶稣会传教士,他从厦门进入中国,接受了汉语培训,1698年开始分配在江西传教,后得康熙信任,准其长驻景德镇。他在景德镇7年,出入各种瓷器作坊和大小窑口,了解了烧瓷的全部过程和细节。1712年、1722年殷弘绪两度将他所知制瓷技术及各种样本写成报告,寄回欧洲的耶稣会。他在1712年的信中还重点介绍了制瓷的两种原料胚胎子土和高岭土,指出只有加入了高岭土才能烧造出精细的瓷器。他还介绍了各种釉料的提炼和使用方法、瓷器的制作流程和窑厂建设的要点。1717年,殷弘绪还将高岭土寄回欧洲,在欧洲掀起寻找欧洲高岭土仿制中国瓷的热潮。[25]"由于法国地质学家、化学家的努力,1735年在利摩日(Limoges)发现瓷土,1736年建立瓷厂,接下来于1756年在巴黎西南的赛夫勒（Sèvres）建立最大的皇家瓷器厂，此后于阿朗松（Alençon，1765）及圣雅拉-帕尔什（Saint-Yrieix-la-perche）发现高岭土矿层，并分别设厂生产瓷器，法国制瓷业很快赶上。"[26] 法国最终成功造出真正的瓷器。殷弘绪的两封信传回欧洲后被刊登在《专家杂志》上，又收入《耶稣会士书简集》。殷弘绪有关瓷器的两封书信寄回欧洲后，1735年杜赫德的《中华帝国全志》以及后来狄德罗的《百科全书》也都收录了殷弘绪的中国瓷器书简，从而使其广为流传，并对整个欧洲陶瓷业产生了深远影响。他的来信使欧洲各国很快掌握了中国的制瓷技术，各地陶瓷工厂纷纷建立，欧洲陶瓷工业全面开启。从此以后至18世纪末，法国、德国、意大利、英国、比利时、俄国、奥地利、瑞典、丹麦等欧洲各地陆续建立了数十家陶瓷厂。1709年，德国人的制瓷技术也在飞速进步，奥古斯都在迈森成立了一家皇家瓷器工厂，1710年开始大规模生产瓷器。此后迈森成为享誉世界的欧洲制瓷中心。到18世纪中叶，迈森已经推出蓝色洋葱系列碗碟，开创了自己的独特风格，成为其最著名的系列产品之一。这是一种源自中国瓷器图样的欧洲纹样，是中西混合、结合、融合的典型范本。英国本土最著名的瓷器品牌是"韦奇伍德"瓷。创始人是乔赛亚·韦奇伍德，此瓷诞生于18世纪中叶。1738年，《中华帝国全志》被翻译成英文，五年后英国这位一心想改造陶瓷世界的年轻人韦奇伍德，便把其中殷弘绪陶瓷书简部分内容抄入了自己的笔记本中。韦奇伍德尤其对景德镇复杂的生产工序着迷，并仿照景德镇的分工形式来组织他的伊特鲁里亚陶瓷厂，该厂为现代工厂制度树立了典型，因此有学者认为，工业革命的胜利显然有一部分必须归功于景德镇。殷弘绪的瓷器书简在18世纪欧洲陶瓷史和工业史上都是重要的一页。意大利1719年开始生产硬质瓷器。西班牙1760年建立中国皇家瓷器工厂。奥地利18世纪初在维也纳成立皇家瓷器工厂。1775年，丹麦皇后茱莉安·玛莉在哥本哈根创办皇家瓷器厂。

陶瓷改变了生活，陶瓷也改变了世界。中国瓷器让西方了解和接触了中国，在西方树立了中国的美好形象。西方在中国订制的外销瓷也起到了让中国了解和认识西方的作用。通过陶瓷的交易，东方和西方被联系了起来。中国文明作为一个具有独特创造能力的文明，在西方历史中打下了深刻的烙印。西方陶瓷产业的产生和发展，使东西方的陶瓷成为一个共同的世界市场，此消彼长或此长彼长或此长彼消，孤立的存在不可能了。这是全球化和市场一体化的必然结果。

（三）中国园林在西方的影响与中国风的文化空间

园林艺术是一种空间文化或文化空间。中国园林艺术历史悠久，是中国文化土壤中生长出来的一朵艺术奇葩。中国园林分四种类型独立发展又互相影响。一是皇家园林，二是城市园林，三是寺观书院园林，四是私家园林。其中私家园林由于具有文人雅性而在艺术化方向发展得最为成熟，又最具个性、风格和丰富性，对其他园林也产生了深刻的影响。但是私家园林这门艺术在成为公共艺术以前（这已经是很晚近的事了），一直是一种私人空间和私密性的艺术。它是一种后花园式的存在，是家园性的、庭院性的、自闭性的。中国园林发达和成熟还是从北宋到南宋生发的。它虽然承续了传统的山水审美趣味，但在审美空间和文化范围来说，还是由私家园林的出现才标志着中国园林艺术的顶峰。宋代是我国园林史上的一个标杆。此间，园林专著和大量"园记"出现。"园记"虽不是严格意义上的园林艺术理论或园林美学著作，但是，它有助于了解某个或某些园林的美之所在，有助于了解造园思想、历史沿革、所在地望、建园经过、景观特色、结构功能、审美经验等，其中有许多可贵的潜态的园林美学思想资料。宋代"园记"开始大量出现，其代表是著名女词人李清照之父李格非的《洛阳名园记》和南宋周密《吴兴园林记》。《洛阳名园记》是有关北宋私家园林的一篇重要文献，它记述了作者所亲历的当时比较名重的园林 19 处，大多数是利用唐代废园的基址而建，其中 18 处为私家园林。属于宅园性质的有 6 处：富郑公园、环溪、湖园、苗帅园、赵韩王园、大字寺院；属于单独建置的游憩园性质的有 10 处：董氏西园、董氏东园、独乐园、刘氏园、丛春园、松岛、水北胡氏园、东园、紫金台张氏园、吕文穆园；属于以培植花卉为主的花园性质的有两处：归仁园、李氏仁丰园。《洛阳名园记》对所记诸园的总体布局以及山池、花木、建筑所构成的园林景观描写具体而翔实，可视为北宋中原私家园林的代表之作。南宋著名词人周密的《吴兴园林记》出自他的散文笔记《癸辛杂识》，后人别出单行本，名《吴兴园林记》。作者记"常所经游"的吴兴（今浙江湖州）园林三十六所，所记虽简略，却可见当时湖州园林之盛，且从中也可见其时湖州园林构筑、布局各具特色。明清两代，中国园林民间、私家、寺庙、皇室逐渐在审美上实现统一，其标志就是明南京皇家园林及随后出现的迁都北京和紫禁城皇家园林建设，然后是清代圆明园、避暑山庄等皇家园林的建成，与此同时，江南一大批著名的私家园林彪炳史册。明代园林分布大都集中在经济发达、人文荟萃、山川秀丽的地区，以江南特别是吴中地区为盛。所谓"吴中山水名天下，高人韵士占幽胜，治台馆，靡有遗矣"。苏州造园习尚由来已久，不但富豪喜构华苑，一般市民也爱堆叠假山、制作盆景。苏州城中园林栉比相望，有吴宽东庄（徐园）、王鏊怡老园、徐泰时园（留园）、王献臣拙政园等，吴江史鉴史氏庄园、太仓王世贞弇山园，南京有徐达东园，镇江杨一清待隐园，扬州西园，阳羡（常州）史际玉阳洞天园（史园），无锡寄畅园、安园，上海豫园，浙江的杭州、嘉兴、湖州、金华、绍兴、宁波、台州、温州等也园林兴盛。中国园林在审美上是集大成者，既是大自然的鬼斧神工，又是能工巧匠的巧夺天工；既是山水、建筑、花木的综合艺术，也是虽由人作、宛自天开。比如仅就其曲径通幽而言,"园林中曲与直是相对的,要曲中寓直,灵活应用,曲直自如。画家讲画树,要无一笔不曲,斯理至当。曲桥、曲径、曲廊,本来在交通意义上,是由一点到另一点而设置的。园林中两侧都有风景,随直曲折一下,使行者左右顾盼有景,信步其间使距程延长,趣味加深。曲此可见,曲本直生,重在曲折有度"[27]。

1402年,朱棣经过艰苦的战斗,终于取得胜利,从侄子朱允炆手里拿下大明江山,成为明朝的第三位皇帝。当时明朝的皇城在今天的南京,朱允炆一把火,把皇宫烧了个大半,从此销声匿迹。生死不明的朱允炆,成了朱棣的一块心病,总感觉朱允炆还活着,说不定哪天又冒了出来。朱棣登上皇位之后,坚决维护朱允炆的臣子还在朝堂上刺杀他,使他差点儿丢了性命。此外,南京的气候,非常潮湿,朱棣十分想念他过去封王所在的北京。1406年,朱棣手下有个臣子,名丘福,建议朱棣在北京修建皇宫,迁都北京。朱棣一听正合他的心意,于是欣然地答应了。一场盛大的建筑工程在元大都皇宫的基础上开始了,朱棣派出专门的官员,走访全国各地,寻找名贵的石材和木料,然后运回北京。史料曾经有这样一则记载:保和殿后院有一块十分大的丹陛石,为了能够把这整块石料运到北京城内,劳工必须每隔一段开凿一口水井。等到寒冬来临的时候,在路面上洒满水,结成冰之后,在冰上运石,用了28天,才把它弄到宫里。还有宫殿使用的砖瓦,也是专门烧制,然后通过运河,运到北京城。经过11年的准备,1417年,朱棣就开始从全国范围内,征集能工巧匠,开始紫禁城的建设。这座新皇宫,严格按照封建礼制建造,同时还加上了风水学、阴阳五行学、星象学等传统学说,以示天人合一和君权神授。之所以叫"紫禁城"正是由星象学将天中定为紫微星系而来。故宫的设计和建造者,是明朝时期的一批杰出工匠。他们中的许多人也是南京皇宫的设计和建造者。比如,故宫里的御花园正是仿南京皇宫而来,并且具有江南园林的特色。故宫里的园林不止一处，除了御花园外还有慈宁宫花园（为太后太妃游园礼佛而建）、乾隆花园、建福宫花园，而故宫的整体本身也极具园林范式，况且它的后山还有景山花园（万岁山）。进入清代，皇家园林大规模发展。1703年，康熙开始建造承德避暑山庄，6年后完成，有36景；1751年扩建，又增36景，共计72景。避暑山庄的园林性表现在：硬是在狄马秋风的北国之地，建成一个有杏花春雨般的江南景色，让人惊叹"谁云北国逊江南"。

康熙四十八年（1709），圆明园始建。最初是康熙给皇四子胤禛的赐园。1722年雍正即位以后，拓展原赐园，并在园南增建了正大光明殿和勤政殿以及内阁、六部、军机处诸多值房，欲以夏季在此"避喧听政"。乾隆在位期间除对圆明园进行局部增建、改建之外，还在紧东邻新建了长春园，在东南邻并入了万春园。圆明三园的格局基本形成。嘉庆时，主要对绮春园（万春园）进行修缮和拓建，使之成为主要园居场所之一。道光时，国事日衰，财力不足，但宁撤万寿、香山、玉泉"三山"的陈设，罢热河避暑与木兰狩猎，仍不放弃圆明三园的改建和装饰。此外，还有许多属园，分布在圆明园的东、西、南三面，其中有香山的静宜园、玉泉山的静明园、清漪园（后来的颐和园就是在此基础上建造起来的）等，全园面积合计5000多亩，即占地面积3.5平方千米，建筑面积达20万平方米，150余景，有"万园之园"之称。清帝每到盛夏就来到这里避暑、听政，处理军政事务，因此也称"夏宫"。

圆明园还有个显著特点，就是大量仿建了中国各地特别是江南的许多名园胜景。乾隆皇帝弘历曾经六次南巡江浙，多次西巡五台，东巡岱岳，巡游热河、盛京（即沈阳）和盘山等地。每至一地，凡他所中意的名山胜水、名园胜景，就让随行画师摹绘成图，回京后在园内仿建。据不完全统计，圆明园的园林风景，有直接摹本的不下四五十处。杭州西湖十景，连名称也一字不改地在园内全部仿建。中西合璧也是一大特色。清朝皇帝为了追求多方面的乐趣，在长春园北界还引进了欧式园林建筑，俗称"西洋楼"，由谐奇趣、线法桥、万花阵、养雀笼、方外观、海晏堂、远瀛观、大水法、观水法、线法山和线法墙等十余个建筑和庭园组成。于乾隆十二年（1747）开始筹划，至二十四年（1759）基本建成。由西方传教士郎世宁、蒋友仁、王致诚等设计指导，中国匠师建造。建筑形式是欧洲文艺复兴后期"巴洛克"风格，造园形式为"勒诺特"风格。但在造园和建筑装饰方面也吸取了不少中国传统手法。建筑材料多用汉白玉石，石面精雕细刻，屋顶覆琉璃瓦。西洋楼的主体，其实就是人工喷泉，时称"水法"。特点是数量多、气势大、构思奇特。主要形成谐奇趣、海晏堂和大水法三处大型喷泉群。

圆明园的主要建筑类型包括殿、堂、亭、台、楼、阁、榭、廊、轩、斋、房、舫、馆、厅、桥、闸、墙、塔，以及寺庙、道观、村居、街市等，应有尽有。其盛时的建筑样式，也几乎囊括了中国古代建筑可能出现的一切平面布局和造型式样：既有常见的单檐卷棚灰筒瓦屋面，朴素淡雅，又有宫殿式重檐琉璃彩瓦覆顶，金碧辉煌；既有一进两厢、二进四厢的规整院落，又有灵活多变的建筑组群。建筑平面布局共有38种之多，除常见的矩形、方形、圆形、工字、凹凸字、六角、八角外，还有很多独特新颖的平面形式，如眉月形、卍字形、书卷形、十字形、田字形、曲尺形、梅花形、三角形、扇面形，乃至套环、方胜等，可谓丰富无比。

西方对中国园林的关注最早也是来自马可·波罗的游记。游记中描写和记述的一些景观现象吸引了西方人的目光。其中有上都的御花园，"御花园的中央有一片美丽的小树林，大汗在林中修建了一个小亭，亭内有数根美丽的装饰着黄金的圆柱。每根圆柱上都盘着一条龙，这些龙，头向上承接着亭子的飞檐，龙爪向左右张开，龙尾向下垂着，龙的全身也涂着金漆"。他描写了北京即汗八里宏伟华丽的宫殿,他看见的"一个用宫墙和深沟环绕着的广场""一排华丽宏大的建筑物""广场内还有一个广场""各城墙之内都种着许多美丽的树木,还有草场""大汗的宫殿,其宏大的程度,前所未闻""一座人造的小山""一座大殿,大殿内外皆是绿色,小山、树木、大殿这一切景致浑然一体,构成了一幅爽心悦目的奇景""一个人造的池塘,形状极为精巧""一个人工湖,该湖挖出的泥土也同样用来堆建小山,湖中养着品种繁多的鱼类。湖中还养有天鹅和其它小鸟"。他描画了京西名桥卢沟桥和桥上的众多狮子雕塑。他说在京兆府城王宫"有一个美丽的花园,周围高墙环绕,上面还有墙垛。花园面积达五英里,园中畜养着各种各样的野兽和禽鸟。宫中有许多大理石建造的大殿和房间,装饰着图画、金箔和最美丽的天蓝色"。在成都,他记录了一座大河上的大桥,它是廊桥式,桥面上有许多别致的小屋和商铺。在杭州,他说在这里看见许多桥,据说有一万二千座,运河上大大小小的桥都有很高的桥拱,以便桥下通船,同时桥上还可过车马,"如果没有那么多桥梁,就无法构成各处纵横交错水陆的十字路",这里的许多深宅大院都"配有花园""居民的住宅雕梁画柱,建筑华丽",以及他说见到的西湖风景,等等。[28]这些见闻对于西方就像他的其他讲述一样,充满魅力,具有奇观异景的巨大吸引力。

马可·波罗之后,利玛窦也带来了东方园林的景观想象。他在《利玛窦中国札记》中,状写了他抵达南昌后见到的城市景观:"在中国人看来,这座城市的宏伟美丽,在全世界都无出其右者。在这方面,还真是很少有能超过或与之相比的城市。该城市宫殿庙宇星罗棋布,到处可见高塔和桥梁。而欧洲的建筑亦恐难胜出矣。在某些方面,该城超过了我们在欧洲的城市。"1599年,利玛窦在南京参观魏国公徐弘基的私家园林,它的设计之精巧,给利玛窦留下了深刻印象,他看见"厅、堂、亭、塔、院落和其他堂皇的建造物",都由"一座人造假山所支配,这座假山打满洞孔,并配备有廊子、台阶、小室、凉亭、鱼池和其他设施"。他认为这座私家园林宛如一座迷宫,"你要花上两三小时才能走完一个地方"。[29]大量由耶稣会士从中国传递的中国概况、介绍、调查、观察、日记源源不断地到达西方,可以说涉及中国的方方面面。这些记录与描写,对后来亲历或未亲历但又对中国有浓郁兴趣的人都有启示。

生于1618年的荷兰画家约翰·尼尔霍夫在1654年随荷兰东印度公司使团到过中国,描绘了很多中国图景,有人物也有风物。回国后他的中国绘画资料在1665年出版成有300幅图的《荷兰东印度公司使节出访大清国记闻》,其中有1655年绘画的南京大报恩寺琉璃塔图(此塔是中国最著名的由皇室耗时20年建造的"豪华版"宝塔,有"天下第一塔"之称,1856年毁于太平天国战争),是一幅中国塔的写实描画。画面壮观,高塔突兀画中。他还在文字中说:"(这座塔)有九层,到塔顶共有184级台阶;每一层都饰以布满偶像和绘画的画廊,灯饰漂亮极了……外面则全部都上了釉彩,涂了好几种漆的颜色,如绿色、红色和黄色。整个建筑物是由好几个构件组成的,但黏合处处理得很好,好像整个建筑就只用了一个构件。在整个画廊的各个角落周围都挂着小铃铛,在风的摇动下,它们就发出悦耳的声响。"[30]尼尔霍夫还到过皇宫并拜谒了顺治皇帝,所以他还注意到北京的御花园和中国的假山石。他介绍说:"在那里面,没有什么东西能比这些石头或假山更能展现中国人的聪明才智。它们制作得如此精巧以至于艺术好像超越了自然:这些峭壁是用某种石头做的,有的时候使用的是大理石,而上面装饰的树木和花朵又是那么珍贵,以至于所有看到它们的人们都会惊讶得赞美不已。有钱的富裕之人,尤其是大地主和官僚,大部分都在他们的庭院和宫殿中装点了这样的石头。"[31]尼尔霍夫涉及中国园林的几个重要元素或对象,对西方产生了重要影响。一些西方人士也开始运用耶稣会士的材料整合出他们得到的中国图象和景观。

德国的阿塔纳修斯·基歇尔的《中国图说》就是代表性著作之一。1602年，基歇尔出生于德国的富尔达，16岁即加入耶稣会，后在德国维尔茨堡任数学和哲学教授，是一位百科全书式的学者，被称为自然科学家、物理学家、天文学家、机械学家、哲学家、建筑学家、数学家、历史学家、地理学家、东方学家、音乐学家、作曲家、诗人。《简明大不列颠大百科全书》称他是"最后的一个文艺复兴人物"。他还是著作《鞑靼战争史》的作者及来华耶稣会士卫匡国的数学老师，并与许多到东方传教的传教士有密切关系。其中，白乃心从欧洲到中国前，曾与基歇尔商定，将随时把在东方的见闻告诉给基歇尔。曾德昭、卫匡国、卜弥格从中国返回欧洲时都曾见过他，给他提供了大量中国和亚洲的第一手材料。基歇尔利用这些材料写出了《中国图说》。这本书1667年以拉丁文本在阿姆斯特丹出版，书名为《中国的宗教、世俗和各种自然、技术奇观及其有价值的实物材料汇编》，简称《中国图说》。这本书选取和构成的中国图景显示了作者敏锐而深刻的观察能力，把中国独特而重要的内容都抓取出来了。其中既有大秦景教流行碑，也有中国的庙宇、桥梁、城墙等建筑物。本书一个重要特点是插图精美而且插图数量众多。欧洲许多图书馆都出现《中国图说》的插图被读者撕走的现象。《中国图说》出版后在欧洲引起轰动，莱布尼茨等重要学者都是它忠实的读者，随后即有荷兰文、法文版等。

关于中国建筑、造物、园林景观，《中国图说》对中国塔、桥、长城、风水等的介绍与研究直接影响了欧洲园林对中国塔、桥的模仿或照搬或将其视为最具代表性的中国形象与趣味。在一幅高耸的中国塔插图解图中，基歇尔将中国塔与埃及金字塔并列。他指出："我们知道，埃及人永远对金字塔抱有神圣的崇敬之情，这种相同的崇拜在今日的中国也能够看到。中国人对自己的塔是如此崇敬，以至于不做完一定的仪式，人们就不敢靠近它们。""中国人从埃及人、波斯人及其他人那里学到的塔形建筑，这些人都崇拜一块石碑，或金字塔一类角锥体，而非上帝。"他还转述卫匡国对塔的细描："他们有很多华丽的建筑物与寺庙。可是庙墙外面的塔，它的壮丽与大小超过庙中所有的建筑，它呈八角形，高达九层……整个外部饰以浮雕画和其他图案，这些画和图案是涂在瓷质装饰材料上。塔的内部铺着各种石料，它们平整得像一尘不染的镜子，人们可以在它上面看到自己面孔的映像，在黑暗的地方表现得更突出。塔内有弯弯曲曲的螺旋形楼梯，它不在塔的中部，而是在双重的墙中间。人们在每层楼都可以走到塔外去，那里有美丽的大理石阳台和金色的栏杆。环绕塔的四周都是这样，这是它的装饰物。在塔周围的阳台上，尤其是顶部，悬挂的小铃铛在刮风天发出悦耳的声音。在塔的最高层，有一座镀金的铜像，一些善男信女登塔就是为了向他进行祭拜。在塔的周围，是供有其他神像的庙宇，这些寺庙建造艺术之高超，古罗马人见了也会感到惊奇。"[32]他还从金尼阁神父的中国著述中注意到其中对"风水"的描述，他认为也与埃及的古老文明有神秘的联系，其中也显示出中国建筑景观的独特性："中国人有一种特殊的习惯：人们为住所、庙宇或坟墓选择风水宝地，人们想象着龙活在地下，选择地方时要看龙头、龙尾或龙足的位置。认为城市、省份，以至整个帝国的繁荣与运势都有赖于这些龙……公共的塔及其他建筑与设施，都是为了带来好运，驱走恶运。像天文学家研究星体那样，那些风水先生根据山川、河流、土地的位置预测未来，他们认为健康、财富、荣誉，以及家族的命运都取决于门和窗户的朝向，屋脊的方位和类似的荒唐事。"[33]基歇尔也重点关注了中国的桥梁，他不仅对马可·波罗在杭州、泉州看到的桥梁给予肯定，还对中国一些特殊桥梁做了重点叙述。比如，"福建省第一桥'洛阳桥'的精美超过了人们对它的赞誉"；"人们在贵州省可以看见名叫'天生'的一座桥"；"在陕西省，军队的指挥官

Changleang 修建了一座跨越荒山、峡谷与峭壁的大桥";"同样在陕西省的另一座桥";"在云南省有一个很深的山谷,河水湍急。公元 65 年汉朝统治时,民工在这条急流上建了一座桥。修桥用的不是砖,也不是巨石,而是用钩子把巨大的铁链连在一起作为桥梁。共有二十条铁链,每条长二十 Pertics;当很多人同时过桥时,桥会来回摇晃,使人头晕目眩,惟恐掉下去。对中国建筑师的才智,我惊奇得无以复加,为旅人的方便,他们竟会有如此的奇思"。[34] 他还指出,中国的房屋建筑大多只建一层,使得中国的城市如此之大,城市周围的公园、神庙、学校和厅堂等,也是一层的建筑,富人和官员的房子相当华丽,面积很大。这些房屋很宽敞,并有种种装饰物,附近有花园、湖泊和娱乐设施。他同样惊叹大运河和万里长城的宏大。"长城不是经常走直线,而是随着自然地形,蜿蜒曲折。工程是如此巨大,令人惊叹!"[35] 基歇尔以图文并重的形式,把中国建筑、景观、物象中最醒目的标志性对象集中和突出出来,使中国风有了更加明确的对象并且可以通过仿造、再现而实现身临其境,他使中国风的空间化、在地化有了现实而具体的选择。

欧洲的园林家们和诗人、艺术家、哲学家又掀起一股认同中国风之风,为中国风园林实践铺平了理论的道路。

在西方,规则式园林是其文化正宗和源流的产物。从古希腊哲学家到文艺复兴时期的古典主义者,一贯主张美表现在比例的和谐上。各种形式的和谐,是文艺复兴时期艺术追求的最高目标。从比例的观念上可以看出文艺复兴时代各种哲学观点、科学技术以及艺术上的发展趋势。规则式园林确保了这种美的实现,因为它的各造园要素都符合比例的和谐这一原则。因而在文艺复兴时期,没有其他任何艺术形式能够像园林艺术那样将各种思潮融会贯通并全面、准确地表达出当时的美学思想。从古埃及的宅园到中世纪的庭园,其间经过古希腊、古罗马园林,是规则式园林的发展阶段。这一阶段园林的主要特点是，在建筑物围合的人工环境中，以人工化的手法布置花草树木和水景，强调的是人工化的自然景观与人工环境的协调。文艺复兴运动将欧洲的园林艺术带入了一个新的发展时期。14、15世纪，修建园林在意大利成为一种时尚，佛罗伦萨和意大利北部其他城市的郊外乡间遍布着贵族富商们的别墅庄园。这些花园别墅大都建造在景色秀丽的丘陵山坡上，花园顺地形分成几层台地，从而形成了独具特色的"台地园"。紧随其后，法国的古典主义园林使欧洲的规则式园林艺术达到了一个不可逾越的高峰。萌芽于高卢时期的法国园林，在16世纪初受到意大利文艺复兴园林的影响，加之法国地形平坦，因此它的规模更宏大而华丽。17世纪下半叶，法国成为全欧洲首屈一指的强国，古典主义文化成了路易十四的御用文化。体现古典美学原则的规则式园林，在这样的社会土壤里，得到了空前的发展，形成了影响欧洲园林艺术长达一个世纪之久的法国勒诺特尔式园林。勒诺特尔设计的园林，以其恢宏的气势，开阔的视线，严谨均衡的构图，丰富的花坛、雕像、喷泉等装饰，体现出一种庄重典雅的风格，把规则式园林的人工美发挥到了极致。正是这个时候，中国风园林思想冲击、刺激并促成了欧洲园林的创新和变革。

在利玛窦时代，完整的园林思想或对中国园林作为一个独立文化形式进行研究和介绍都还没有成熟。真正的开始要等到半个多世纪后王致诚的园林专题信件到达欧洲才成为现实。但也就是这个等待期，中国园林的思想风暴却在欧洲掀起，而且它的思想来源还有另外的渠道。这构成了一幅复杂而有深意的文化现象和文明图景。最早指出中国园林完全不同于欧洲园林的本质特征的是威廉·坦普尔。他的论断有石破天惊和一语中的的引人注目性。而他的论断的思想源头另有出处，是从已有的中国瓷器画面、印度和日本文化的东方风格中推断出的一种关于中国园林的哲学判断及其与西方园林比较中的差异。1685年，坦普尔发表了《论伊壁鸠鲁的花园》

（又称《论园艺》，*Upon the Gardens of Epicurus, or of Gardening*）。其中这一段文字影响巨大，至今还是中外学者热议的对象："我说过，只有那种规则的才是最好的花园形式。有可能还存在着我所不知的其他完全不规则的形式，比其他任何形式更美，但他们必须归功于对于自然的非凡处置，或不断发明出奇异的想象力，使那些不和谐的部分在整体上呈现出非同寻常的和谐。我在有的地方亲眼见到过一些，但更多的则是从一些在中国人中间生活过的人那儿听说的。中国人的思维同我们欧洲人的差别之大，如同他们的国家一样遥远。对我们来说，比例、对称和一致性是建筑美和园林美的主要标尺，树木和小径要相互对应，间距要绝对相等。中国人却鄙视这种建筑方式，他们说，随便一个会数到一百的小孩子，都会按直线种树，并保持等距离，无论多远都一样。中国人想象的极致在于谋篇布局，冲击视觉的美景当然要有，但切忌一眼看到底的次序井然和排列规整。我们对这种美几乎毫无概念，他们却有一个专门词汇来表述，凡是不能一目了然的，他们就说这是'Sharawadgi'（这个词目前还没有找到公认的汉语对应词汇。从这个引述中看，有两层意思：一是指感叹或赞美词，类似于一种惊叹、惊呼语；二是指一种美学风格，主要意义是不能一见到底、一目了然，意为曲径通幽、山重水复、柳暗花明等意义。本著后面还会继续讨论此一词汇。——引者注），好得很！妙得很！以及诸如此类的赞词。只要见过最好的印度袍或者最好的屏风和瓷器上的画的人，都能发现这类无规则的美。"[36] 坦普尔的《论伊壁鸠鲁的花园》主要讨论哲学问题。该标题其实已揭示出花园与哲学的关系，坦普尔在文中纵论古今，旁征博引，从古希腊、古罗马的哲学传统入手，探讨人生的意义：人生的终极目的在于追求快乐，而获得快乐的途径在于拥有智慧。古希腊哲学流派中的斯多葛派认为，拥有美德可以实现最大程度的快乐；伊壁鸠鲁派则认为，遵从自然才能获得最大程度的快乐，而花园正是让人能够沉静深思的好去处，但花园的设计和布置如何才能遵从自然，这不仅涉及园艺，还涉及哲学。于是他提出了中国园林的特征和哲学意义。其中三点广受讨论。一是中西园林的明白晓畅的区别和对比，即一个是曲径通幽，一个是直来直去；二是他使用"Sharawadgi"来概括中国园林的美学趣味；三是他对中国的发现来自"最好的印度袍或者最好的屏风和瓷器上的画"。

坦普尔通俗易懂又生动形象的直线、曲线比喻，给予西方启蒙与启示。18世纪初期的英国著名作家艾迪生在《旁观者》杂志发表系列文章讨论中西园林艺术差异乃至于是是非非。艾迪生用"自然"和"人工造作"来区别中西园林艺术的特征，认为"自然"较之于精巧的"人工造作"更有其宏伟和庄严之处。他指出："很多作家曾提到中国人对欧洲园林直线型设计的不以为然。他们认为任何人都能将树木等数排列或修剪成同样形状。而他们注重的是以设计展示自己的艺术天赋，因此会精心掩饰人工的痕迹。中文里有专门的词汇描写此种园林之美，即初见瞬间震撼心灵，却很难觉察其中的人工匠心。"[37]艾迪生接着还批评英国园林把树木修剪成锥形、球形或者金字塔形，使得每株树木和每丛灌木上都看得出剪刀的痕迹，这违背了自然。"他认为：鲜花怒放的果园远比煞费苦心设计得有如迷宫般的小花坛更能叫人心旷神怡，由园林推及其他，他认为在园林和诗歌中都有两种不同类型的艺术：自然的和人工的。他把规则工整的花坛和花圃的建造者比作讽刺诗、十四行诗和英雄体诗人，而把亭阁、岩洞、格子篱笆和人工瀑布的建造者比作浪漫传奇的作者。他说：'我主张的园林结构是希腊诗人品达的长短句并具有的颂歌式的，具有的粗犷之美，而又不失艺术的细腻风雅。'显然，他这是从古希腊艺术中寻找与中国艺术风格相似的对应物，在自然的与人工的两种类型的艺术中，他更倾向于自然的方面。"[38]当后来整个欧洲大刮中国园林风时，英国《世界报》撰稿人理查德·坎布里奇公允地称坦普尔是近代园林艺术的先驱，说他有预言家的精神，指明了一种更为高超的自由而不受束缚的园林风格，"现在规则式的布局已被废弃了，人们的视野开阔了，田野景色已被收入园内了，大自然得到了拯救和美化，艺术隐藏在其自身的完美之中而不露形迹"[39]。

坦普尔提到的中国园林美学词语"Sharawadgi"，迄今已被讨论了几百年。这个词是来自中文、日语、印度语？人们莫衷一是。中文有人音译为"夏拉瓦机"，有的学者意译为"不规则美"，有的译为"洒落瑰奇"，有的译为"散乱疏落"，有的译为"散乱无纪"，等等。留学牛津大学的钱锺书先生于1937—1939年撰写的博士论文《十七、十八世纪英国文学中的中国》为"Sharawadgi"找到的对应词为"散乱疏落"。也有人据钱解译为"疏落有致"。

坦普尔是英国驻荷兰的外交使节。他活跃的时代正是荷兰作为欧洲强国之一，称雄于欧洲与中国交往的时代。荷兰一度被称为"海上马车夫"，后还取代葡萄牙统治巴达维亚，荷兰东印度公司以此为基地专营中国外销瓷，是为"巴达维亚瓷"。所以他虽然本人从未到过中国，但对中国、日本、印度这些与西方有大宗商业往来的国家是一点也不陌生的，相反，通过与到荷兰的中国人的交往和到过中国的人们的讲述，包括尼尔霍夫的图册，他对中国和东方是很熟悉的。同时，他对印度的袍，日本的漆器、屏风，中国的瓷器及其所绘东方田园风光、建筑桥梁、山水庭院肯定是司空见惯、印象深刻的。中国瓷器的造型曲线，一向为西方关注，认为具有浓郁的情色意味。在没有系统而专业的中国园林调查报告之前，这些就是坦普尔园林思想的重要资源。坦普尔用来进行对比的西方园林，在13世纪时还是这种状况："13世纪末的作家佩特鲁斯·科利桑德斯（Petrus Crescentius）认为，理想的花园是建造在平地上的方形格局，当中划分出种植芳香植物和其他花卉的地块，喷泉修建在花园的正中央。科利桑德斯并没有明确平民与贵族或者国王的花园在基本形态上具有怎样的差异，他认为主要的区别只是在于尺寸上，比如贵族的花园可能有将近 10 万平方米，里面还有天然的泉水。"[40]

欧洲听到的关于中国园林最全面、完整、震撼的声音，来自当初与殷弘绪一起随白晋从欧洲到中国的耶稣会传教士王致诚（Jean-Denis Attiret）。王致诚的父亲是一位画家，他本人也擅长素描和油画，曾在罗马专修绘画两年。1735 年，他 33 岁时在法国阿维尼翁加入耶稣会士初修院，因北京传教区康熙嘱白晋召人赴华，其中需要一名画家，他主动报名前往。1738 年抵达北京，王致诚一直在清廷任乾隆的宫廷画家，主要从事人物肖像画家一职，曾参与乾隆时修建圆明园长春园景观的设计。长春园是圆明园最宏大的西式建筑群，包括谐奇趣、蓄水楼、花园门、养雀笼、方外观、竹亭、海晏堂、远瀛观、大水法、观水法、线法山等。整个建筑群由意大利人郎世宁设计，王致诚和蒋友仁辅助与合作。其中的欧式宫殿主要是郎世宁与王致诚合作的结果。其风格是意大利和法国巴洛克式建筑，从中可见凡尔赛宫、德·圣克劳式大喷水池和巴洛克宫苑的影子，"建筑群体和门窗回廊的风格都具有强烈的意大利式样，门窗仿自波洛明尼（Borromini）式，又引入热那亚宫殿的格局，雕饰纹样和壁炉、壁柱的设计则接近路易十四时期的法国风格"。[41] 王致诚在向欧洲介绍圆明园时称它是"万园之园"。正是有了这些经历，才使王致诚成为将中国园林身临其境、专业专题、有文有图地介绍到西方的第一人。

1743 年，王致诚从中国向法国友人写回一封长信，这封信首次于 1749 年在法国发表于《耶稣会士书简集》中，1752 年，英国发表英译本，并用了标题《对于北京郊区中国皇帝御花园的详细描述》。同时，此信文还刊登于伦敦的《伦敦画报》《每月新闻报》《苏格兰画报》。1751 年在柏林发表了对该文的评论。王致诚的信中出现了关于中国园林这样的文字：

他们不是经由像欧洲那样笔直的漂亮甬道走出谷地，而是通过一些蜿蜒曲径和拐弯抹角的"之"字形路，这些曲径本身又装饰以小亭榭和小山洞。从那里出来之后便会遇到与第一个谷地完全不同的另一个小谷地，这种差异或是由于地貌地状，或是由于建筑物的结构造成的。

这些桥梁都设有汉白玉的栏杆，经高度艺术性地加工并雕刻有浅浮雕。此外，所有的汉白玉栏杆均由于建筑方式而各自迥异。你们不要认为这些桥梁是直线形的。它们建筑得蜿蜒逶迤，以至于使这些桥梁如果是按直线建筑仅有30—40法尺，而由于蜿蜒曲折则变成了100或200法尺。我们在那里发现桥梁的中间或两端建有凉亭，分别由4根、8根或16根柱子支撑。这类亭子一般都建在视野美不胜收的地方，其余者则建在用木料或汉白玉修建的凯旋门的两端，其建筑结构非常精巧，但与我们欧洲人的思想相差甚殊。

我对于在这些别墅中呈现的令人惊奇的多样化现象，还想多讲几句话。这种多样性不仅仅表现在其方位、景色、布局、装修、规模、高度、建筑群的数目（总而言之是全局上）方面，而且还表现在组成这一切的细小差异中。我必须前来这里，以观察各种式样和各种外形的门窗，它们有圆形、椭圆形、矩形和各种多边形、扇形、花形、盆饰形、飞鸟走兽形和鱼形，最后是规则和不规则的所有形状。

但在别墅中，他们到处都希望呈现出一种具有美感的不规则性，或反对称的做法。一切都以这一原则为基础。人们希望想象设计出一种田园和自然的乡间环境来，这是一种僻静的环境，而不是受所有对称和比例准则制约的官殿。所以，我在皇帝别墅范围内出来从未见过那些彼此之间相距甚远的小官殿，它们之间没有任何相似性。有人声称，这些官殿中的每一座都是根据某些外国思想和模式造成的，一切都是无秩序的和在事后决定的，一片建筑并不是为联系另一片而设计出来的。当大家听到这种喋喋不休的奇谈怪论时，那就会认为这是幼稚可笑的，这样做就会使人看起来极不舒服。但一旦进入其中之后，就会产生截然不同的看法，就会情不自禁地欣赏处理这种不规则性的艺术。一切看起来就令人感到美不胜收。它们安排得如此巧妙，以至于使人不能将全部美景尽收眼底。我们必须一间一间地研究这些建筑，那里有可供长期消遣和满足全部好奇心的东方。[42]

王致诚对中国园林美学特征的概括和论断，与坦普尔如出一辙，不禁让人惊叹。王致诚还曾表示要图绘圆明园40景并传回欧洲。1724年，从中国返回意大利的传教士马国贤带回了自己在中国刻画的《避暑山庄》画60幅。至此，中国园林的西传到达了一个新的基点。

与此同时，在造园实践中模仿、移植、融入中国园林元素和风格，在欧洲弥漫，在英国甚至形成了一种英中式园林，或叫"英国—中国风格的园林"或"英国—中国园林"。后世史家认为，18世纪英国自然风景园的出现，改变了欧洲由规则式园林统治的长达千年的历史，是西方园林艺术领域一场深刻的革命。东西方文化交流、融合、创新，改变了人类文明景观。

1753年，一座最长的中式桥梁现身泰晤士河上，它有六个大桥墩，七个长弧桥拱，每个桥墩上都有一座中式亭子，亭顶是塔尖式，桥身栏杆也是中式装饰。这是不同于此前一些在公园里出现的小型、局部、点缀性中式小桥、亭阁，中国式桥梁首次大体量、主体性、突兀式地出现在欧洲国家首府英国伦敦城市中心。由此可见中国风的强劲烈度，到了何种可观的程度。此桥后来虽毁，但同时代的画家把它的英姿留在了大英博物馆。1759年建筑在弗吉那湖心岛上的中国水榭（包括弯曲拱桥、两色亭阁、吊铃、中式舢板等），是当时众多华丽中式建筑中最为奢华的水榭。1760年左右，在科尔切斯特附近出现了一座滨水的中式钓鱼台，英国皇家美术学院院士约翰·康斯特布尔（1776—1837）还以它为景画了一幅风景画。西方美术与中国园林风的互动还可以从下面两个事实得到印证。1757年，画家威廉·汉南根据实景写生，画了一幅有沃尔顿桥的西怀科姆公园油画。这幅风景画是完全写实的，中式后亭楼、小桥流水、中式游船和弯曲的湖岸、弧线形的小岛与水线，等等。恰是"小山上凉亭飞檐灵巧，帆船在河中来回"的异域东方风景。另一方面，法国风景画家克洛德·洛兰、尼古拉斯·普桑，以及意大利画家加斯帕尔·普桑、萨尔瓦多·罗萨等人创作的风景画又成了当时造园的蓝本。加斯帕尔·普桑的田园风景中类似中国风的瀑布、小山、山石、溪流、树林、建筑等，在18世纪初英国著名的普利尼花园、霍拉斯的赛宾庄园、西塞罗的图斯库兰庄园都有迹可循。当然，这个时期英国的英中园林最著名的样板是威廉·钱伯斯设计的邱园。威廉·钱伯斯（William Chambers）于1757—1762年受威尔士亲王（Prince of Wales）家族委任而设计邱园（Kew Garden）。钱伯斯曾在瑞典东印度公司商船上做过商务主管，随船两次到过广东，其中1次生活了6个月，其间他对中国建筑与园林展开过一定程度的调查，画过一些有意思的宝塔和庙宇素描。以后又在巴黎和罗马学习建筑学。1757年他在伦敦出版了他的广东素描集《中国房屋、家具、服饰、机械和生活用具的设计》，简称《中国房屋设计》。这是欧洲第一部介绍中国园林的专著，对中国园林元素在英国和欧洲流行起过重要作用。此书前言中说："在大规模花园和公园，或是拥有多个殿堂的宏伟宫殿中，需要变化多端的景观，因此我认为以中式风格装饰其中次要部分并无不妥。""他们（中国人）的品位在园林领域非常高，我们之前所设计的只是以英国本土为目标的设计，这是不成功的。"[43] 除整体规划外，邱园中的中式景点建筑的设计同样传承自欧洲本土体系。邱园中与中国相关的部分包括宝塔、孔庙以及湖中岛屿上的亭子景观。其中，宝塔与孔庙的概念虽来自中国，但其具体的建造范式与装饰均采用了英国流行的"中国风"风格，尤其是宝塔每一层屋檐顶部与孔庙顶部的龙形装饰及栅栏造型。塔高十层的邱园中国宝塔实际上是首次在造型、高度和体量上都名副其实地实现了欧洲人对中国塔的想象和憧憬。时人认为邱园宝塔是一个庞大的游戏之作，但此塔在公众心目中也一直是钱伯斯的代表作。建成之际，此塔即成为整个欧洲最具壮观气象的中国宝塔，立即成为伦敦郊外的一景，深得公众喜爱，成为无数油画、版画、布料装饰图案的题材。此外,钱伯斯在邱园湖水中的小岛上建造了一座亭子,并通过小桥与外界相连,其象征意味也与沙格堡园林一致,是对沙格堡花园开创的中式小景范式在景观含义方面的忠实模仿。不同的是,邱园中的亭子更接近中国亭子的造型,这大概是钱伯斯较熟悉中国建筑的缘故。但邱园不能等同于真正的中国园林建筑,它只是"中国风"而已,无论是规划范式还是景观符号的造型与内涵均来自英国本土的再建构,中国园林对其产生的影响是较为间接的。他并没有采用中国古典园林设计思路,而是延续了这套由英国本土产生并发展的自然主义审美理论与实践。这主要表现在钱伯斯在邱园道路、水池形状、点景建筑以及树木排列的规划等方面采用了大量弯曲的、不规则的设计;邱园内部也囊括了大量世界各地的点景建筑,诸如中式建筑、清真寺、哥特建筑和古希腊建筑等。事实上,他对中国园林的理解仍然留于视觉表象的层面。比如其中的"孔庙",钱伯斯称之为孔子亭,与中国本土的孔庙大相径庭,是一个英中式的亭子而已。但这些都不影响邱园的里程碑式的存在。

英中式花园或英中园林迅速在法国和斯堪的纳维亚流行开来。除了大量单体建筑和个别景观嵌入欧洲大陆的造园实践中外,风格化比较完整的中国风式建造主要有比利时军事统帅、外交家、作家查理·约瑟夫·德·利涅亲王(1735—1814)的贝尔罗伊花园,园中除了其他中式景点外,还有一座"鞑靼人村落"。1775年建筑师勒加缪在亨特鲁修建的高达120米的中国宝塔、1780年建筑师拉辛·德蒙维尔在巴黎附近莱兹荒漠林园的"中国屋"、1781年卡桑的中国凉亭也在法国闻名遐迩。德国的中国园林风几乎是英法的翻版,如1716年由德·库威尼尔修建的慕尼黑附近尼费恩倍格的"中国塔",1790年建于迪斯库的"中国亭",1799年建于阿腾斯台的"中国屋"等。位于卡塞尔附近的威廉阜花园,是德国最大的中国式花园,1781年还在里面建了仿中国村落民居的"中国村",又叫"木兰村","村旁山溪名'吴江',一切景物都模仿江南水乡,村内还有身穿中国服装的姑娘。当时的一份田产册,列举了这个居民区范围的详细情形。它包括下列建筑物:两层楼房一座,一座长形的中国大厅,一间餐室及一间跳舞室,小舍若干,大牛奶场一所,牧人房一所,牛栏两所,谷仓一座,大型建筑物一幢等"[44]。中国的塔、屋、亭、桥、村等中国风元素在俄罗斯、匈牙利、比利时、奥地利、意大利、波兰、瑞典等地的18世纪园林中比比皆是。此后,在英国皇室,1790年乔治三世时,王子的卡尔顿庄园中式书房和1821年乔治四世的布莱顿别墅是英中园林或中国园林风的最后的高潮。布莱顿别墅的中国风已经由外转向内,它的内部陈设用尽一切中国元素、中国装饰、中国收藏和中国宝物,极尽奢华,登峰造极,从外部的、敞开的、公共的空间,回到了内部空间,这似乎意味着对中国文化的欣赏又开始从外在、表象转向对货真价实或更真实的中国的欣赏上来了。真正的中国似乎是搬不过来的,只有身临其境才能感受和体验。"中国人早就懂得了运用之妙,在景观中融入了飞瀑流泉、深沟大壑、奇石异木、幽洞荒墟,可谓一步一景,目不暇接。"[45]这时我们必须回到王致诚对中国园林的介绍和品评上来。在他的文图中,西方能感到中国园林是一个博大精深的存在,它具有丰富而又深刻的文化内涵,与中国的历史、宗教、政治、人文、艺术、地理、植物、气候、道德、民俗、风物、趣味等紧密相连,是一个伟大悠久的文明的产物。西方的中国风,拿来和运用的虽然只是外表、醒目的部分,但崇尚的却是它的内涵和它后面的古老的独一无二的创造。

（四）中国风园林的衰落、再评价与代表作被毁

18世纪下半叶开始,欧洲中国风园林开始渐渐退潮。但是无论如何,东方和西方的园林景观的巨大差异性是不可否认的。所以,在中国风退潮后，人们对东西方文化差异和关系的观察与思考还在继续。当东西方文明发生激烈冲突和爆发战争，或者西方重操武装殖民的旧业，向东方血腥进入时，中国园林还会成为一个被征服的对象和象征。在经过欧洲园林中国风的洗礼后，在东西方军事力量、科技发展、社会进步、占有世界版图各方面都发生大幅度的剪刀差和逆反进退背道而驰时，对园林的接触态度由于社会背景、时代背景的不同，也发生了重大转变。当然，一切还是从新一轮的接触和考察开始的。最重要的暧昧性态度还是英国马戛尔尼使团使华传达出来的立场，旧有的颂歌和赞美变成了现场观看时的质疑。尽管也有无法否认的卓尔不群，但可质疑的对象在复杂的外交礼仪与中西礼仪冲突中却越来越多。这个历史是一个过程，包括继续肯定与发现，然后开始有反感和不完全认同，最终是报复性泄愤和摧毁。中国园林的命运成为中国近代史惨痛命运的替代品。

19世纪上半叶，一些来华的西方园林家在中国考察时，还在发现中国园林。一位西方园艺家罗伯特·福琼在中国亲历中对宁波园林的描写，弥补了西方对中国江南私家园林无从知晓的空白："宁波士绅的花园中，有一座游人最多，也最为受人推崇……花园主人以自然的山洞将房屋各部分连成一体。山洞初看像是地下通道，从一个房间通往另一个房间，并可直达后花园。其间经过多个小型庭院，顺山石之势修建，院中点缀矮小的树木，假山前有池塘，池边蕨类植物自然优雅地低垂水面。走过庭院后，又经过如前所述的通道，眼前才豁然呈现花园全景。园中种着矮树，点缀着花瓶、假山、雕窗和盛开的花丛。需要指出的是，这个花园规模有限，但其中的曲径，透过假山隐约可见的景致，墙间的月洞门，以及树木花丛掩映下的粉墙，为花园平添不少雅趣。常老医生——我想这是他的称呼——每晚在花园中安享宁静的晚年。"[46]

1793年英国马戛尔尼访华使团一行纵贯中国南北，带着长期以来英国园林界营造中国风和英中园林的深刻文化印记,英国和西方人也普遍关心他们亲历中国后对中国园林的意见。他们自己在中国也非常关心和注意观察他们从英中园林得到的中国景观在中国是什么样的存在。所以,在这个使团回国后各种各样的记录、报告和著述中,中国园林、造园、景观、建筑、建造,乃至大型土木工程都有突出的描述和评述。塔、桥、避暑山庄、园林、长城、大运河、水车、盆景、西湖风景等莫不一一涉及,成为这一在历史上影响深远的事件中的一个特殊叙事,上承欧洲中国风余脉,下启火烧圆明园惨剧的序幕。

由于马团此次访华发生的中西礼仪冲突,马团一行在从北京南下至广州的过程中心情都颇为郁闷,随员之一约翰·巴罗的《巴罗中国行纪》的记述,有时也难免有情绪性表达。他的园林观因涉及中国本土塔与英国邱园塔的比较,有一种特别的价值在。他在《巴罗中国行纪》中说:"的确,他们的建筑物,既不好看又不坚固,设计得并不优雅大方,缺乏一定的比例。外表平常,工艺粗糙。他们的五层、七层和九层宝塔是最显眼的建筑物,但尽管看来是模仿,或者更恰当地说多半是复制已知的印度宝塔,但设计差,建造也差;实际上这类建筑质量非常糟,以致半数不算古老的塔看来已经坍塌。这类无用而且古怪的建筑物,吾皇陛下在克威(Kew,即邱园——引者注)的花园有一个模型,绝不比我在中国看到的真正最好的宝塔差。这类建筑物的高度和通常使用的劣质建材,不符合他们认为矮屋可防地震的观念。事实上,他们的住宅形状显然像帐篷,弯弯的屋顶和木柱(模仿旗杆)形成一个环绕劣质砖墙的走廊,这清楚表明其起源,但他们始终不改变原状。"[47] 巴罗他们在中国所见宝塔有限,他没有见过比邱园更好的中国塔,一来可能是夸张,二来是他的确还没见过真正完美的中国塔,比如山西应县木塔、陕西西安大雁塔等。不过,巴罗客观地承认长城是"宏伟的长城,举世无双,甚至最大的金字塔使用的材料也仅仅是中国长城的一小点。它确实是非常巨大的……用建筑长城的材料建造两座各高6英尺、宽2英尺的墙，足以环绕地球两圈"[48]。马戛尔尼使团对长城从研究其军事结构、作用、功能等方面有详细测量和评估，但他们也从景观的意义上对长城作了美学上的评价。斯当东在《英使谒见乾隆纪实》中这段关于长城景观的第一印象，使人过目难忘，特录如下：

> 第四天早晨，遥望远山半腰一条非常突出的曲曲折折的线条，好似从远处看苏格兰的格奈斯山上的石英矿脉。这个直达鞑靼区山顶的连绵不断的线条引起我们大家的注意。逐渐往前走，越来越看得清楚，原来这是一条带着雉堞的城墙。我们没有想到这是一条城墙，也没想到它能建到这些地方。站在一处，一眼望过去，这条堡垒式城墙从小山岭到最高山顶，穿过河流上的拱门，下到最深的山谷，在重要隘口地方筑成两道或三道城墙，每一百码左右距离建有一座高大的棱堡或楼塔，整个这条城墙一眼望不到边。这样巨大的工程真令人惊心动魄。使我们感动最深的还不止是这个当初防止鞑靼人的浩大工程只是运用一般方法，不惜浪费人力，而完成巨大工程，这是不足令人惊奇的。不可想象的困难在于当时他们怎样运送工料到这些几乎无法到达的高山和深谷，并在那里进行建筑，这才令人惊奇和钦佩。我们看到最高一处城墙建在五千二百二十五呎的高山顶上。
>
> 把这个巨大工程简单地称为城墙，似乎不足形容它的伟大意义。据说这项工程连绵一千五百哩，当中只有几处没有修齐。这是当时有文化的汉人抵御经常流动骚扰的鞑靼部落的一道防线。当然，任何防线在战争中都不能保证民族的命运。世界上没有突不破的防线，它只能起阻碍敌人前进的作用，而不能制止敌人根本不进来。但在边界上建筑一道防线可以防御敌人的突然进袭，在平时也能防御成股的盗匪的突然犯境。古罗马人虽然那么英勇善战，但他们还在英国建筑了几处防线，防御当时野蛮的皮克特人。当一个民族已经进化到可以利用土壤进行农业生产，而邻居民族还在以猎取野兽为生的游牧时代，前者必须建筑强大的工事来防御后者的突然进袭。这种性质的工事在过去埃及、叙利亚和米太都有过。亚历山大的后

代在里海之东和帖木儿人的国家里建立两条防线，也是为防御当时漂泊不定的鞑靼人的。以上这些防线在一个时候可能都发生过一定的作用，也有的可能发挥作用一直到建筑这条防线的目的不复存在为止。所有这些建筑都被当作人类重大事业而纪念着。但无论从工程的规模、材料的数量、人工的消耗和建筑地点上的困难来看，所有这些防线加起来也抵不上一个中国长城。从耐久和坚固上中国的长城也远远超过那些建筑。有些内部附属部分由于日久天长已经朽坏，有些地方曾经后代修补，但总的说来，由于建筑艺术高和工程质量好，全部工程不改原样保存了两千多年，它的坚固几乎可以同鞑靼区和中国之间的岩石山脉相提并论了。"[49]

虽然1585年在罗马出版的门多萨的《大中华帝国志》也提到了中国长城，但是他毕竟使用的是传教士发来的二手材料，所以只是简略提及，重点提到由中国司马迁《史记》里记载的秦始皇修长城并引发陈胜吴广起义之类的事，而且语焉不详，更无从呈现来自现场的观感和震撼。斯当东用了一个章节数万字的篇幅写长城，章节名为《到达中国北部边境：观光长城》。他的确首次从观光的角度叙述了长城，但"观光"其实掩藏着军事情报的测绘内容，后者占了绝大篇幅，军事专家巴瑞施上尉测量和研究之细，空前绝后。特别值得一提的是，斯当东还在这里考辨了一下马可·波罗游记为什么只字不提长城的问题。马可·波罗在游记中不提长城，说明他没见过，而他到了中国，无论是谁都不可能忽略长城的存在，不可能不被震撼和震惊；他到了中国不提长城，要么是没见过，要么是他没到过中国。所以，很多人否认他的游记的真实性甚至否认他本人是真实的存在，长城就是其中一个最大的疑点。斯当东的考证和辨析是这样的："第一个写中国游记的欧洲人马可·波罗穿行鞑靼区到北京去的时候一定经过了长城，但他在游记里面却未提到一个字。一位意大利作家准备发行《马可·波罗游记》新版，他竟怀疑到13世纪当这位著名的威尼斯人到中国鞑靼王朝的时候，是否有这条长城。《马可·波罗游记》里没有提到长城，但这一件事情绝不能抵消这么多证明它的存在的信而有征的历史文件。《马可·波罗游记》是他回国以后写的。即使他当时确曾穿过长城，可能他在中国所记的原始笔记不齐全，也或者可能他在写书的时候，原始材料不在手头，以致把长城漏掉。后来在威尼斯的道奇图书馆找出马可·波罗到中国的路线图，这个疑问才告解决。原来当时马可·波罗并不是通过鞑靼区到北京的。他从欧洲同东方商人结队到达撒马尔罕和卡什戛；从这里朝着东南方向，穿过恒河到达孟加拉；以后沿着西藏山脉之南到达中国陕西省；最后由陕西省经过山西省到达北京。因此，他事实上并没有穿行长城线。"[50] 斯当东这一论证为马可·波罗做了力所能及的辩护（他提出的路线图问题后世史家多未采信）。中外学者都指出，斯当东此论辩使他成为"第一个说出马可·波罗未提长城并为之辩护的外国人"[51]。但是斯当东只到过北京至承德路上的长城，在居庸关一线，以明长城为主体，保留比较完整，也是十分险峻壮观的长城段。他并不知道长城在西部的"普通"形状，他也不知道马可·波罗经过的陕西、山西也有长城遗址。根据笔者的考察，长城再往西在内蒙古等地区，经常是土坯体，有时是很不起眼的，有时也呈断断续续状。所以，马可·波罗可能是没到过元代北部东段的长城地区，西部长城可能见过，但并不怎么引人注目而已。像嘉峪关之类的长城关隘，有时会像一个普通的城市防御城墙一样，并无什么视觉上的突兀处，所以被他忽略不计了。

我们继续回到巴罗的记述。巴罗认为，大运河是宏伟上不亚于长城甚至超过长城的工程。他对运河和中国河流上的桥赞不绝口："在这条主干及别的渠道和河流上架设各式各样的桥，有的呈拱形，颇似哥特式，有的半圆，有的形如马掌；有的桥墩很高，两百吨的大船从下面通过碰不到桅杆。他们有的运河上的桥是三、五和七个孔洞，看起来十分潇洒优美，但他们通常建桥的设计并不显得有多少长处。"他认为就桥拱技术而言,中国"可以说是世上拱门的发明者"。因为"中国人采用这个有益和美饰的建筑设计,早于希腊人和罗马人。埃及人和波斯人任何时候都没有采用过它。底比斯和波斯波利斯都没有拱门,巴尔贝克和帕尔米拉也没有,奥古斯都之前的罗马好像也没有在大型建筑物上采用"[52]。后来在大运河终点附近城市苏州,他们还看见一座让他们叹为观止的有50多孔的中国拱桥,是为"宝带桥",又名"长桥"。该桥现为中国国家级文物保护单位,也是世界遗产名录之一,建于唐代,傍京杭大运河西侧,是现存中国古代桥梁中最长的一座多孔石桥,全长300多米,有桥孔53孔。巴罗写道:"我非常遗憾我们是在夜晚经过这座大桥。恰好桥引起一个瑞士仆人的注意,他在船只经过时开始数桥孔,但发现超出他的估计,越数越多,而且,孔越来越大,他跑进船舱,急迫地大喊:'天啦,老爷们,上甲板去,这儿有一座我从未见过的桥,它没有尽头。'马克斯威尔先生和我赶快到甲板上去,于是,在微弱的光线下,我们足可看清与运河东岸平行的一座桥的孔洞,此桥架在一个大湖湾上,便于通航。从最高点,即我们认为是桥的中央拱顶,我们往下数到尽头共55孔;桥孔在这里很小,但中心孔我猜约有30英尺高,50英尺宽;整个桥我估计约有半英里长。"[53]

巴罗特别指出,"大家都自然希望我谈谈这座园林(指圆明园——引者注)",说明英国人对中国园林和王致诚专文盛赞过的圆明园非常关心。但是由于在中国英使团行为受限,巴罗没有随马戛尔尼去避暑山庄而是留在北京在圆明园里参与大型礼物的安装,他没有机会全面观赏圆明园,而只是在一个小地点见了点皮毛。他谨慎地称赞了圆明园,但又说它不像威廉·钱伯斯对中国园艺描写的那样梦幻。对于承德避暑山庄的园林评价,因为巴罗没有北上热河,无从置评,他大篇幅地摘引了亲历者马戛尔尼的避暑山庄观察和他对中国园林的评价。马戛尔尼对中国园林的描述和东西

方园林比较的观点有如下重点：

　　中国的园丁是大自然的画师，尽管完全不懂透视画法，却作为一种技艺，创造出最佳的效果：采用对距离的安排，或不如说勾画的方法，如果我可以使用这个词的话，衬托或缩小景色的特征，明亮树木和黑暗树叶的对比，按树的大小和形状，或置前，或挪后，而且安排各种大小的房屋，或用深色使之突出，或用素色和无修饰使之淡化。

　　……

　　一个大湖，一望无际……湖岸形状各异，尽画师所能想象勾画，而且港湾犬牙交错，形成岬角，以致几乎每划一次桨都有新的和未预料的景色出现在我们面前。岛屿虽多，但它们都布置得当，各有其自身的地位，各具本身的特点：有的以宝塔为标记，有的建筑房屋；有的缺乏装饰，有的光滑平坦；有的峻峭不平；还有的树木茂密，或者植被丰盛。……

　　我们最终到达一座四面敞开、带顶的阁楼，位于一个足以饱览四周一切的高山头。我估计从我们站立的中心至少可以看到20英里的范围。如此多姿多彩，如此漂亮优美，肯定是我从未见过的风景画。我眼前的一切犹如绘在一张彩图上：宫殿、宝塔、乡村、小镇、农舍、平原、山岩，无数灌溉的溪流，树林起伏的山峦，遍布漂亮彩色牛群的牧场。一切都像近在我足下，只需一步我就会触摸到。

　　……

　　如果英伦有任何地方可与我今日所见西园的景色相似，那就是威斯特摩尔地的洛特哈尔（我认识它已有很多年）。从眼界之开阔、四周的巨大景物、地面的多姿多彩、大片的树林，以及水渠之设施等等看，我认为一个有情操、兴致和品位的人可以视之为不列颠土地上最美的风景。

　　……

　　我们的园艺风格是否确实模仿中国，或者起源于我们自己，我留给大家去自行判定。大家不用进行无谓的讨论，在古老的民族中可以出现同样的灵感和创意。我们的园艺和中国的园艺之间肯定有极其相似之处，但我们的特点更像是改善自然，而他们的特点是征服自然，产生的效果则相同。……中国的建筑有一种特殊的风格，和我们的完全不同，不能转化为我们的营造法则，但它本身是完美无缺的。它有一定的规矩，不可改变。然而，尽管按我们的观点审视，它违背我们固有的分配、组合和协调的概念，但总的来说，它往往产生极其美妙的效果，如同我们有时看见一个人，面部器官都生得不好，但整个面貌仍然十分漂亮。[54]

马戛尔尼在这里准确地将中国园林与中国绘画视为同一个审美体系，指出它们使用的是同样的审美方法和艺术技法。他也正确地指出东西方文化既属于完全不同的体系，又具有殊途同归的性质。这些见解都是很有见地的，对西方读者正确理解文化差异具有启示性。他还记录了自己在避暑山庄参观了乾隆宫廷的珍宝和各国送来礼物的琳琅满目的收藏，同时透露他获悉在圆明园收藏的宫廷珍宝远远超过这里。这是不是也像《马可·波罗游记》一样为历史增添了一些伏笔。

马戛尔尼从英国带来的各种各样的礼物，大多存放在圆明园。由于在三跪九叩的礼仪上中方和英使团发生冲突和博弈，以后数十年间冲突再起，而中英又恰恰在实力呈现一个下降、一个上升的历史转折中，最终酿成1840年以后连续到来的中英鸦片战争。1856年英国挑起第二次鸦片战争，次年法军加入并组成联军攻陷广州。1860年，英法联军攻占北京，占领圆明园，先是大肆抢掠其中珍宝，抢走150万件文物珍宝；随后，英国公使、英军指挥官额尔金下令，将圆明园付之一炬，纵火焚毁了这个举世闻名的"万园之园"。圆明园陷入一片火海的时候，额尔金公然宣称："此举将使中国与欧洲惕然震惊，其效远非万里之外之人所能想象者。"大火三天三夜不绝，圆明园、长春园、绮春园及附近的清漪园、静明园、静宜园、畅春园、海淀镇等化为一片废墟。这就是这个曾经梦幻般让西方赞叹、憧憬的东方园林最后的令世界震惊的结局。除了当时清政府扣押和杀死英法人质的事件发生在圆明园致使其引祸上身外，它的毁灭与它当年的声名远播显然也存在着隐约可见的因果关系。1861年，法国著名作家雨果在致联军巴特勒上尉的信中，痛斥了英法联军的强盗行径，对圆明园作为东方文明瑰宝对世界和人类的贡献给予了崇高的礼赞，用他犀利的文字为圆明园和它的毁灭留下了不可磨灭的历史痕迹。他说：

> 在世界的某个角落，有一个世界奇迹。这个奇迹叫圆明园。艺术有两个来源，一是理想，理想产生欧洲艺术；一是幻想，幻想产生东方艺术。圆明园在幻想艺术中的地位就如同巴特农神庙在理想艺术中的地位。一个几乎是超人民族的想象力所能产生的成就尽在于此。和巴特农神庙不一样，这不是一件稀有的、独一无二的作品；这是幻想的某种规模巨大的典范，如果幻想能有一个典范的话。请您想象有一座言语无法形容的建筑，某种恍若月宫的建筑，这就是圆明园。请您用大理石，用玉石，用青铜，用瓷器建造一个梦，用雪松做它的屋架，给它上上下下缀满宝石，披上绸缎，这儿盖神殿，那儿建后宫，造城楼，里面放上神像，放上异兽，饰以琉璃，饰以珐琅，饰以黄金，施以脂粉；请同是诗人的建筑师建造《一千零一夜》的一千零一个梦，再添上一座座花园，一方方水池，一眼眼喷泉，加上成群的天鹅、朱鹭和孔雀。总而言之，请你假设人类幻想的某种令人眼花缭乱的洞府，其外貌是神庙，是宫殿，那就是这座名园。为了创建圆明园，曾经耗费了两代人的长期劳动。这座大得犹如一座城市的建筑物是世世代代的结晶。为谁而建？为了各国人民。因为，岁月创造的一切都是属于人类的。过去的艺术家、诗人、哲学家都知道圆明园；伏尔泰就谈起过圆明园。人们常说：希腊有巴特农神庙，埃及有金字塔，罗马有斗兽场，巴黎有圣母院，而东方有圆明园。要是说，大家没有看见过它，但大家梦见过它。这是某种令人惊骇而不知名的杰作，在不可名状的晨曦中依稀可见，宛如在欧洲文明的地平线上瞥见的亚洲文明的剪影。
>
> 这个奇迹已经消失了。
>
> 有一天，两个来自欧洲的强盗闯进了圆明园。一个强盗洗劫财物，另

一个强盗在放火。似乎得胜之后，便可以动手行窃了。他们对圆明园进行了大规模的劫掠，赃物由两个胜利者均分。我们看到，这整个事件还与额尔金的名字有关，这名字又使人不能不忆起巴特农神庙。从前他们对巴特农神庙怎么干，现在对圆明园也怎么干，不同的只是干得更彻底，更漂亮，以至于荡然无存。我们把欧洲所有大教堂的财宝加在一起，也许还抵不上东方这座了不起的富丽堂皇的博物馆。那儿不仅仅有艺术珍品，还有大堆的金银制品。丰功伟绩！收获巨大！两个胜利者，一个塞满了腰包，这是看得见的，另一个装满了箱箧。他们手挽手，笑嘻嘻地回到欧洲。这就是这两个强盗的故事。

我们欧洲人是文明人，中国人在我们眼中是野蛮人。这就是文明对野蛮所干的事情。

将受到历史制裁的这两个强盗，一个叫法兰西，另一个叫英吉利。不过，我要抗议，感谢您给了我这样一个抗议的机会。治人者的罪行不是治于人者的过错；政府有时会是强盗，而人民永远也不会是强盗。

法兰西吞下了这次胜利的一半赃物，今天，帝国居然还天真地以为自己就是真正的物主，把圆明园富丽堂皇的掠夺物拿来展出。我希望有朝一日，解放了的干干净净的法兰西会把这份战利品归还给被掠夺的中国，那才是真正的物主。[55]

对火烧圆明园这样的历史悲剧的发生，雨果谴责当事的英国和法国是强盗，犯下了不可饶恕的人类罪行，对它们在欧洲举办抢劫文物展览予以了强烈抗议。令人深思的是，中国风在欧洲刮了数百年，为什么最后没有导致东西方的平等与和平，而是战争与掠夺？中国风起于大航海和全球化，大航海证明东方中国比想象的更加遥远，中间不仅隔着美洲大陆，还隔着一个辽阔无比的太平洋。耶稣会士的努力让中国的历史古老和地域广大在西方引起普遍的震撼，以西方实现全球航行的实力，他们依然要对唯一的东方文明中国做绝无仅有的敬而远之，始终没有实现西方式的真正抵达，只有小心翼翼的往来交往。在文明优雅地交流了500年后，西方终于再次重操殖民征服的武器，用坚船利炮打开中国的大门，用西方的规则统一东方，把最后一块大陆的个性抹平，实现了真正的全球化。正是这二分之一千年纪的中国风渗透，使东方中国在西方欧洲成为挥之不去的存在或他者，西方对中国有了更加刻骨铭心的感知，这个文明政治如此成熟，经济如此厚实，艺术如此优雅，文化如此独特，资源如此丰富，怎么能够永远针插不入、水泼不进呢？怎么能长久地外位于这个世界呢？在中国永远不太可能主动进入西方、来往西方的情况下，中国必须进入世界、进入西方其实就是历史的等待和选择。中国风刮得越强劲，这种历史的可能性就越大。对文明的尊重远没有对世界的征服和市场的统一更重要。这就是西方的历史潜意识。一旦这样的历史时机出现：马戛尔尼使团证实东方的实力确实不敌西方，西方的工业革命成果已经越来越有力量轻易到达东方并战而胜之、征而服之，而经济上的贸易不平衡、市场严重畸形（鸦片贸易），政治上大清王朝的腐朽、颟顸及其与现代文明的格格不入，都使得只要有一粒外交事件的火星，就会点燃东西方战争的火药桶。不幸的是，伟大的圆明园成了历史的替罪羊和牺牲品。

三、欧洲中国风折射的文明互鉴价值

对欧洲中国风的前因后果和来龙去脉的考察，还有文明史的角度可以深究。

文艺复兴（Renaissance）是发生在14世纪到16世纪的一场反映新兴资产阶级要求的欧洲思想文化运动。"文艺复兴"的概念在14—16世纪时已被意大利的人文主义作家和学者所使用。当时的人们认为，文艺在希腊、罗马古典时代曾高度繁荣，但在中世纪"黑暗时代"却衰败湮没，直到 14 世纪后才获得"再生"与"复兴"，因此称为"文艺复兴"。文艺复兴最先在意大利各城邦兴起，以后扩展到西欧各国，于 16 世纪达到顶峰，带来一段科学与艺术革命时期，揭开了近代欧洲历史的序幕，被认为是中古时代和近代的分界。文艺复兴是西欧近代三大思想解放运动（文艺复兴、宗教改革与启蒙运动）之一。

文艺复兴的结束与中国风在欧洲的兴起及越刮越烈有密切关系。希腊、罗马式文艺在欧洲复兴，顺应了那个时代对中世纪及其神权一统天下的反叛要求，通过雕塑、油画等艺术形式，人的形象、人的精神、人的欲望、人的身体都从神像中折射出来。神话和神灵的世界越来越像人世间，神像越来越像人像，人体美和世俗生活通过宗教题材返回到人间，直至文艺的丰富性完全与生活的丰富性相对应。文艺复兴超越或不同于古希腊罗马文艺的地方就在于它最终完成了文艺的世俗化，它把神拉回到人间，也把人世的欢乐神圣化。但是它终究没有挣脱人与神的关系，人世欢乐脱离不了神圣的笼罩和神性的影子。况且一种风习或思潮盛行数百年，它的审美疲劳必然带来新的审美运动和审美变革。中国风及其洛可可艺术风格的兴起正是这样到来的。

18 世纪时，欧洲的文艺家们已经看出了其中的深意。詹姆斯·考索恩在 1756 年便诗话此意：

> 希腊罗马令人日久生厌，
> 我们转向中国智慧寻求灵感。
> 欧洲艺术过于冷静平淡，
> 唯有中华古国品味超凡……
> 弥勒佛端坐书架安然凝视，
> 椅榻上仙女静卧矜持。
> 孔夫子高居柜上颔首含笑，
> 瓷像和瓷佛身边环绕。[56]

艺术创作、欣赏和思潮从古至今都伴随着喜新厌旧的过程，"希腊罗马令人日久生厌，我们转向中国智慧寻求灵感"说的是一种实情。所谓洛可可（Rococo），最初指的是始于路易十五世时代的室内装饰，用贝壳、石子等做假山，用以装饰室内。后来介入了曲线，把石子或贝壳做的装饰稍加以变形，做成涡形纹样或花饰之类的东西用于装饰。洛可可室内装饰的别致感立刻也为雕刻建筑所采用。此前的建筑雕刻过于姿态威严，是主题性的，洛可可风雕刻却是一种装饰性的，像衣服的褶皱，追求的是风雅，要风雅就应浅浮雕，像希腊罗马人像雕塑上的丝绸，不过运用的对象更广泛而已。在建筑主体上也是如此，洛可可风格紧接巴洛克时代，巴罗克建筑有粗大的柱子和大楼梯，而洛可可建筑柱子细小，楼梯也小。洛可可成为风雅别致有生气的东西。巨大的使人感到压抑的、威严的、尊大的东西遭到排斥，代之而起的是喜欢小巧、珍奇、雅致、轻快、富有生气的东西。不仅艺术上是这样，日常生活、服装、言语、礼仪做法都是如此。世风和艺术时尚无不为之一变。在文学家中，这种自由思想的代表人物是伏尔泰和卢梭。洛可可风格反映在绘画里，也出现了夏尔丹、格勒兹为代表的反映新兴资产阶级利益和生活的艺术家。夏尔丹是静物画和风俗画的大师，他的作品色彩强烈而坚实，画风朴素而自然，具有一种典雅、朴实的美。而格勒兹受狄德罗的影响，作品更偏重道德的宣传和说教，风格上却多少沾染了洛可可画家的贵族趣味和情调。18世纪下半叶英国"肖像时代"最著名的画家当属雷诺兹。雷诺兹是英国学院派的代表，他的肖像画具有历史画似的崇高境界，确立了英国肖像画的特色。他特别喜欢画天真无邪的孩子，用笔结实浑厚，格调颇为不俗。雷诺兹担任过英国皇室乔治三世的宫廷画家，也是皇家艺术学院的第一任院长。1764年，雷诺兹创建文学俱乐部，马戛尔尼后来也被选入文学俱乐部。1792年马戛尔尼使团使华时，带了一大批代表英国科学技术和文化艺术最新成就的作品，其中就有雷诺兹的画作。从以上这些历史因素和文化现象中，不难发现其中有一条线索把它串联起来了，这就是中国和中国文化。洛可可风与中国风之间存在着必然联系，这一直是洛可可研究的重点和核心。

中国瓷器和园林是引发和体现洛可可风的两个重要对象，而其中的形式主义或形式关键是直线与曲线的问题，这在当时的欧洲，也不仅仅是东方和西方的问题，同样也是一个古和今的问题。

洛可可风对复兴希腊罗马的古典主义的反叛，一方面反映了西方的古与今的文化关系，另一方面它引起的维护古典主义者的强烈批判也证明它的兴起触动了古典主义的神经。"愤怒的古典主义者捍卫希腊和罗马的'纯洁'，牧师和坚定忠诚的英国人赞美英国的价值和品位。对中国事物的指责——无论是以讽刺的口吻还是以敌对的方式——都有许多共同点。第一，批评者认为，被中国式风格吸引的都是暴发户和妇女。暴发户被认为是英国议院中政治腐败和权力贩卖的重要根源，而妇女则被认定缺乏美学鉴赏力。第二，一些人认为，中国式风格的形式因背离'自然与真理'而不符合艺术标准。虽然批评者在使用这些术语时所表达的含义大相径庭，但其核心观念则始终是简单、有序和对称的。无论怎么看，中国式风格都没有这些核心观念。第三，一些批评者如威廉·怀特黑德（William Whitehead）认为，中国式风格根本不是中国的，而是欧洲设计家作品的拼凑。……最后，对中国式风格的反对发展为对中国的整体批评。"[57]从叛逆文艺复兴和古典主义，是古今之变；到怀古讽今，批判中国风的异国情趣及其矫揉造作，也是以今不如昔来讨论古今问题。事实上，中国风不仅仅是洛可可风的塑形师，它早就在欧洲风起于青萍之末了，它贯穿在文艺复兴、巴洛克风格和整个洛可可风之中。耶稣会士东传西送在欧洲文化风习变迁中起过重要的历史作用。乘着文艺复兴的炽热西风，耶稣会士们携带了《寰宇概观》《世界都市》《论建筑》《罗马地理志》《福音书故事画：圣迹图》等视觉性图书画册来到中国。"我们可能疑惑，这些建筑书籍在明朝晚期对促进传教会的宗教目的到底有什么作用。实际上，耶稣会从传教开始就希望像他们在墨西哥、南美和菲律宾建立的那些城市一样，在中国建设新的文艺复兴城市。的确，受到第一轮北京传教异常成功的鼓励，他们可能期望中国在不久的将来，不需再过几个时代，就会变成一个基督教国家，中国皇帝自己改信基督教，各地城市耸立着辉煌的巴洛克风格的教堂建筑，建筑内部装饰着追随鲁本斯和贝尔尼尼风格的中国艺术家作品。"[58]

巴洛克艺术于16世纪后半期在意大利兴起，17世纪步入全盛期，18世纪逐渐衰落。巴洛克艺术对于18世纪的洛可可艺术与19世纪的浪漫主义都有积极影响。巴洛克的艺术风格主要流行于意大利、佛兰德斯、西班牙等天主教盛行的国家。意大利艺术大师贝尔尼尼和佛兰德斯画家鲁本斯的作品反映了17世纪巴洛克艺术最辉煌的成就。巴洛克（Baroque）此词源于西班牙语及葡萄牙语的"变形的珍珠"（barroco）。作为形容词，此词有"俗丽凌乱"之意。这一时期，上承文艺复兴，下接古典时期、浪漫时期。欧洲文化的"除旧布新"，在各方面都有重大的改变与成就。资产阶级兴起，君主政治渐独立于宗教之外；科学在伽利略、牛顿等人的开创下展开；艺术上的趋势是"世俗化"，精力充沛，勇于创新，甚至好大喜功。文艺上的名家如莎士比亚、塞万提斯，绘画上有鲁本斯、林布兰特等，影响都极深远。正是在这个时期，欧洲向外扩张殖民，渐渐占据了世界文明的中心。17世纪欧洲强权扩张，掠夺海外殖民地累积巨富，生活上提倡豪华享受，因此对建筑、音乐、美术也要求豪华生动、富于热情的情调。巴洛克艺术有如下的一些特点：一是它有豪华的特色，既有宗教的特色又有享乐主义的色彩；二是它是一种激情的艺术，打破理性的宁静和谐，具有浓郁的浪漫主义色彩，非常强调艺术家的丰富想象力；三是它极力强调运动，运动与变化可以说是巴洛克艺术的灵魂；四是它很关注作品的空间感和立体感；五是它的综合性，巴洛克艺术强调艺术形式的综合手段，例如在建筑上重视建筑与雕刻、绘画的综合，此外，巴洛克艺术也吸收了文学、戏剧、音乐等领域里的一些因素和想象；六是它有着浓重的宗教色彩，宗教题材在巴洛克艺术中占有主导的地位。显而易见，耶稣会传教士不仅把巴洛克风格的理想带到了中国，他们也按这个理想和时代意识，将东方和中国的元素反送回给西方和欧洲。

建筑是巴洛克的主流样式，从17世纪30年代起，意大利教会财富日益增加，各个教区先后建造自己的巴洛克风格的教堂。由于规模小，不宜采用拉丁十字形平面，因此多改为圆形、椭圆形、梅花形、圆瓣十字形等单一空间的殿堂，在造型上大量使用曲面。典型实例有罗马的圣卡罗教堂，是波洛米尼设计的。它的殿堂平面近似橄榄形，周围有一些不规则的小祈祷室；此外还有生活庭院。殿堂平面与天花装饰强调曲线动态，立面山花断开，檐部水平弯曲，墙面凹凸度很大，装饰丰富，有强烈的光影效果。来自东方的曲折、曲线形式，推动了巴洛克宗教建筑风格的形成。与此同时，中国瓷风、宝塔式点缀风景空间，从法国凡尔赛宫"特列安农瓷屋"开始，迅速风靡欧洲各国皇室，形成一股强大的由帝王和宫廷追求的中国风时尚，推动了大众审美的趋附，引领了一大批文艺家在音乐、芭蕾舞、戏剧、文学、绘画、家具、设计、装饰等方面的创作风格。德国画家丢勒1515年在一幅素描作品中描画了两件中国瓷瓶。它被认为是欧洲有名望的画家表现出对中国艺术品感兴趣的第一例。与此同时，乔凡尼·贝利尼和提香的油画名作《诸神之宴》（1514—1529）中，画面前中，一个大瓷碗盛着满盆水果，画面后排中心位置的女神和男神或用手托或用头顶着两个硕大的中国明代青花瓷碗，三个大瓷器在画面中格外显眼醒目，强化着一种异域性的中国风，突出了诸神野炊餐具的奢华。1660年，荷兰画家伦勃朗因故拍卖自己的收藏品，其中就有若干中国瓷器和印度细密画。"达·芬奇作品《岩间圣母》《蒙娜丽莎》背景中的云雾朦胧的悬崖，与某些北宋山水画，特别是郭熙的山水画，具有相似的韵味甚至形式。"[59] 中国瓷器进入西方首先是基于它作为餐饮用具和生活装饰品的功能，这是器物的生活性品质，而不是宗教功能，所以对企图摆脱神权束缚，尽享生活奢华的帝宫王室正合其意。瓷器的生活性是帝王世俗生活的象征，它推动了从俗世生活中获得幸福的社会思潮和大众理想。这正是中国瓷器流行欧洲宫廷而又影响整个欧洲的真正原因。

如果说巴洛克风格中的中国风以瓷器为核心元素，那么中国园林风就是洛可可的中国元素首要标志。中国园林影响欧洲的根本趣味在于它的曲折曲线形式。值得关注的是，西方并不是一直就是所谓的直线或线性思维，在建筑和建造领域，西方走过了一个曲线—直线—再曲线的历程。只是其中的曲线形式和放弃与回归的历史原因大不相同而已。

首先是迷宫传统。西方的建造曲线传统最早可集中到迷宫的历史与变迁。古希腊人最早关注到埃及文明中与金字塔相映成辉、相互匹配的迷宫陵墓。这种迷宫陵墓的功能与金字塔相仿，都是为了禁止外人进入王室故逝之地，严守尊贵逝者的秘密并严防任何人盗墓和盗掘陪葬品。这就是阿门内姆哈特三世的陵墓。这个建筑群是纪念12个省合并为一统帝国的丰碑，它聚集了同意集中其领地及墓冢的12位王子的陵墓，修建在尼罗河边哈瓦拉金字塔旁。它的复杂结构被古希腊人称为世界七大奇迹之一，历史学家希罗多德称之为"埃及迷宫"。希罗多德对这个上下两层、每层1500间厅室的建筑群有过记述："我们穿越、徜徉其间的房间、院落风格各异、令人惊诧。随着我们从一个院落走进一个套间，从这个套间行至正门，又从正门步入另外一些套间，从这些套间来到新的院落，我们都由衷地赞叹不已。各处的屋顶和墙一样都由石块建造。墙壁上雕刻着不同的图案。每一座院落四周都环绕着拼接得天衣无缝的白色石柱。在迷宫终止的拐角处竖立着一个高达 40 奥尔吉（古希腊长度单位，1 奥尔吉约 1.85 米——引者注）的金字塔。金字塔上雕刻着巨大的图像。从一个地下通道可进入塔内。……将希腊人建造的所有城墙和建筑物相加起来，不论从所付的辛劳抑或所付的代价来比，都比不上这座……甚至超过金字塔的迷宫。"[60] 继埃及人之后，毗邻埃及的克里特文明沿袭了迷宫文化，不仅用忒修斯神话创造了迷宫，而且用图案绘制和实际建造了迷宫。米诺斯神话中米诺斯拘禁米诺陶洛斯的是一座迷宫，即克诺索斯迷宫。

荷马史诗《奥德赛》和相关历史文献记载，国王米诺斯（Minos）统治着这片土地。起初米诺斯为了取得王位，乞求海神波塞冬给他一头公牛活祭作为继承王位的证明。波塞冬给了他一头公牛。但这头牛长得太好看了，米诺斯舍不得杀了它献祭给波塞冬，于是用了别的牛代替。波塞冬恼羞成怒，对米诺斯的妻子帕西菲（Pasiphaë）施了咒语，使帕西菲疯狂地爱上了公牛，后来米诺斯命令著名建筑师代达罗斯（Daedalus）造了一个木母牛，将妻子帕西菲藏入其中。结果木母牛做得太逼真，公牛与其交配，帕西菲怀孕，生下一半牛半人的怪物，名为米诺陶洛斯（Minotaur）。为了遮丑，米诺斯将它关在一座迷宫中。迷宫是专为米诺牛建造的巨大建筑物，其中，位于当中的房屋是它的住所，有很多曲折错杂的道路通向这里。谁要是进入迷宫，就不能出来，或者被米诺牛吃掉，或者陷入迷宫不可辨认的暗道而饿死。后来，米诺斯的儿子安德洛吉亚斯到雅典参加体育竞赛，遭到雅典国王埃勾斯（Aegeus）的嫉妒，让安德洛吉亚斯去猎杀公牛，结果反被杀害。盛怒之下，米诺斯率领舰队一举攻下雅典，命令雅典人每九年选送 7 对童男童女供凶残的米诺陶洛斯享用。第三次进贡时，雅典国王埃勾斯之子忒修斯（Theseus）自告奋勇前去杀死牛怪。米诺斯之女克里特公主阿里亚特爱上了英俊勇敢的忒修斯，悄悄送给他一把锋利的神剑和一个线团。经过一番恶战，忒修斯终于杀死米诺陶洛斯，依靠线团的指引顺利走出迷宫，带着公主启程回国。

1887年，第一个特洛伊的发掘者海因里希·谢里曼仔细考察了克里特岛上每一块露出地面的陶片和石块，最后将目标锁定在距克里特岛北岸约4公里的克诺索斯（Knossos）。可惜谢里曼最终抱憾与世长辞。后来由考古学家阿瑟·伊文思（Arthur Evans）证明了谢里曼的判断，伊文思并不轻信神话故事，认为牛头怪的传说不一定就是真的，但米诺斯王生性残暴且树敌甚多，极有可能会打造一座刺客进不来的复杂宫殿。他认定的发掘地点是古代米诺斯国王的宫殿遗址所在地。对克诺索斯的发掘始于1900年3月23日，开挖第一天，民工们就找到了城墙和一些工艺品，而且这里的文物埋藏得出乎意料的浅，几乎每一铲下去都有所收获。经过多年的挖掘，米诺斯王宫终于出土，这座王宫就是传说中的南海迷宫的原型。"在尤克塔斯山脚下，离中央克里特北岸4公里的地方，在一个风景如画的山谷里有一座巨大建筑物的遗址。虽然只留有底层的地基或基础，但是对它的宏大规模和严整结构的印象，用不着等到我们看完克诺索斯就已经产生了。这座王宫所占的总面积计16000平方公尺。无数的房舍、错杂迷离的小走廊和楼梯，使来游克里特的古希腊人感到这简直是一个没有出路的大陷阱。他们在神话中就是这样来描述这座迷宫的。自从伊文思发掘后，神话里的迷宫就呈现在我们现代人的眼前了。"[61]

基督教问世和在西方盛行后，迷宫文化也进入了教堂。在欧洲，几乎所有重要的教堂都可以发现庄严神秘的迷宫图。"这些迷宫图大多为有11个环形圈的圆形模式，如夏特勒大教堂里的那种。偶尔也有呈八角形的，如亚眠大教堂的那种。像奥尔良城那种呈四方形的则十分罕见。这些迷宫图几乎都由一条蜿蜒曲折但没有死巷的、通往中心的路径构成（拉韦纳的圣维达尔大教堂和普瓦提埃的大教堂除外）。……中世纪时，迷宫便出现在所有的宗教信仰场所，出现在所有城堡石块的雕刻标记中、建筑师的签字石上、莫瓦萨克的门楣中心、韦泽莱圣吉尔教堂（Saint-Cilles）的旋转楼梯上、描绘旧联盟转变为新联盟的著名浅浮雕上、最后审判中围绕耶稣的椭圆形光圈上、摩西的外套上。迷宫也出现于炼金术中。在有了赋格和复调的音乐中又出现了音响的迷宫。"[62] 迷宫的原始意义出自圆形的象征，如太阳、团结、圆满、完美、宇宙等，它的曲折回环和盘根错节则赋予体验者一种考验、危险和希望，它的神话和宗教意义又包括了丧葬仪式及其死亡之旅、复活与新生。一位法国大主教为教堂里的迷宫写过这样的话："这座迷宫的意思可能是，为了寻找到那条道路，那条永生之路，上帝降给我们圣宠。"[63]

文艺复兴之后，迷宫就退出了教堂转向了花园，这个转向是直线战胜曲线、世俗挑战神圣的转向。理智在主导的言论中战胜了信仰，科学技术战胜了虚妄愚昧，实际生活战胜了永恒生活，人们不再时兴在穿越人生迷宫的同时为永恒不朽做准备，而是争取时间不遗余力地聚敛用于享乐的财富。新大陆的发现，就是直线的最伟大的胜利果实。正像我们已经知晓的历史事实和历史细节一样，它是哥伦布寻求最短、最经济、最笔直的航线的结果。哲学家升华了直线思维，笛卡尔呼吁"尽可能笔直地朝同一个方向前行"，智者的目的是用直线、理智、进步、透明、单一、逻辑、肯定，驱逐和战胜曲线、复杂、黑暗、混乱、漩涡、螺旋、湍流、复数、歧义、冗长。正因为如此，从文艺复兴时代起，迷宫就消逝了，或者说从教堂退向了花园，从时间的主场退向到闲暇时间。

15世纪时，西方的新权贵和暴发户开始兴起在居住的城堡花园里建造一处小道纵横交错的树林，更大的领主庄园都要修一座花园迷宫，皇室王族更是如此。这成了一种身份标签，仿佛一切权力的合法性都要通过炫耀自己拥有一座迷宫才能被普通百姓知晓和承认。一时间，花园迷宫在欧洲各国遍地开花。其中，法国凡尔赛宫的迷宫花园曾有29座反映伊索寓言故事人物的喷水雕塑，英国温斯顿的迷宫式花园以"罗宾汉式的迂回曲径"而闻名。只是尽管如此，花园迷宫也同样不是花园的主体和主题，这个时期花园的主体是直线，是对称，是整齐划一。花园中的迷宫是退居一隅和陪衬而已。迷宫的曲线并不是自然和天然的；相反，它是人为的结果。迷宫的曲折也不是开放和敞开的；相反，它是封闭和自闭的。迷宫的终结和退让，并不是因为人们不再需要或不再青睐曲线；相反，人们等待和期盼着能对直线加以补充丰富，更加天然和自然，更加显示自然奥秘和人文情趣，具有异域趣味的，不是简单化而是具有丰富深刻内涵的曲线出现。中国园林的曲线风范首先获得浓墨重彩的渲染，就是这个道理。

利玛窦是来到中国的欧洲人中第一个向欧洲介绍中国古典园林的人。他也恰恰是第一次把中国园林比喻为西方迷宫的人！设计邱园的钱伯斯对自己的英中园林也有高度的审美自觉，他在自己所著的《论东方园林》中深刻论述了中国园林来到西方的哲学和美学的意义："在中国，园艺比欧洲受到更多尊重。完美的园林作品可与人类思想最杰出的成就相提并论。园林所能唤起人的激情，并不亚于任何其他艺术形式。中国的园艺师不仅是植物学家，也是画家和哲学家，对人类心灵有透彻理解，并深谙以艺术激发情感之道。"[64] 这一见解，不仅指出了中国园林的博大精深的本质意蕴，实际上也指出了中国园林能够引起西方兴趣并使中国趣味大行其道的深层原因。一种文化如果没有自己特立独行和内蕴丰富深刻厚实的品质，就不可能真正吸引另一种高度发达文明的审美目光。也正是这个原因，当圆明园的文图传到西方后，或者更多西方人目睹圆明园实景后，它的旷世奇观，壮阔又优雅的中国风范，难以穷尽的审美奥妙和艺术细节，都得到了西方有识之士的惊叹和盛赞。法国学者佩尔·阿蒂雷深深震撼于圆明园的规模宏大和宏大中容纳的村庄、山谷和湖泊，以及修建在谷地和湖心岛上的无数亭台楼阁。他指出，中国园林为不规范设计，没有笔直的林荫道和小路，只见通幽的曲径，就连小桥也是"蜿蜒曲折"的，"就设计和建造而言，园中一切都宏伟美丽无比。我从未见过像这样的建筑群，让我惊愕。我钦佩中国建筑师的天才。说实话，我几乎相信，与中国人相比，我们的建筑既贫乏又苍白无味"[65]。18世纪英国作家霍拉斯·沃波尔对英国流行的英中式花园也作出了中肯的评价："其奇异的不对称设计与欧式园林的单调和整齐划一截然不同——注重自然天成，尽量避免欧洲传统园林的正方和长方形直线设计，就连小桥也不是笔直的，而是蜿蜒曲折。有些长桥上还建有亭台供人休息，桥两头有华丽拱门。以我之见，曲折的小桥至少与笔直的人工河同样设计合理。"[66] 直线与曲线已经完成了它们简单的古今之变的历史，实现了向象征东方和西方的转身。从中世纪进入文艺复兴，文艺复兴的实现是直线的胜利。再进一步到18、19世纪西方进入东方，征服东方，也可以说是用西方理性、科学的直线占领和战胜东方的曲线。

与此同时，中国风反向刮回西方和欧洲，是东方的文化、艺术、审美惊艳西方，也是西方理性、科学上的直线，需要艺术、园林、文化即感性的曲线，它使西方获得更丰富的知识，使西方的生活获得更多的情趣和满足。文艺复兴之后，尽管文艺和审美冲破了神话、神学、宗教的桎梏，开始有人和人性、人道主义、世俗、平民、海难、麦田、宫廷生活等出现在文艺之中，但是那种过于逼真、写实的图像，缺乏一种新的美学风格调剂和补充。中国风的山水、变形、曲径通幽、写意、抒情、异国情调，正是这另一种高贵和优雅的审美趣味和美学品格。中国陶瓷、园林的技术和艺术都达到了极高的艺术成就，是不可企及、不可逾越的东方艺术高峰。这个巨大事实的存在性才是中国风真正刮起来的原因。中国风历经巴洛克风格、洛可可风格，甚至在浪漫主义到来时依然历久不衰，也是由它的坚挺的美学品质决定和支撑的。在这个时期，欧洲哲学家已经越来越激烈地对中国政治、制度、官吏、文化等展开批判，但中国风的思潮穿过历史风云，延续数百年，也是一个世界史奇观。此中有三个落差是其原因也是其结果，即艺术风尚与思想思潮之间的落差，哲人前沿与社会滞后的落差，思想理论与艺术审美的落差。

注释

[1] [法]茨维坦·托多罗夫：《我们与他人：关于人类多样性的法兰西思考》，袁莉、汪玲译，北京大学出版社2014年版，第325页。

[2] 《莱布尼茨中国书信集》，转引自李文潮、H.波塞尔编《莱布尼茨与中国》，李文潮等译，科学出版社2002年版，第55、56页。

[3] [英]史蒂芬·霍金：《时间简史》，许明贤、吴忠超译，湖南科学技术出版社2014年版，第4页。

[4] [日]宫崎正胜：《航海图的世界史》，朱悦玮译，中信出版社2014年版，第24页。

[5] 参见梁二平《谁在地球的另一边：从古代海图看世界》，生活·读书·新知三联书店2017年版，第126页。目前对这一批材料的真伪学术界还有较大的分歧和争论。鉴于这批材料被美国国会图书馆慎重收藏，我们估且存疑并在这里加以介绍和涉及。

[6] 张箭：《航海、航路与地理发现研究论稿》，人民出版社2018年版，第151页。

[7] 参见[意]马可·波罗《马可·波罗游记》第三卷，冯承钧译，安徽人民出版社2012年版。

[8] 转引自张箭《航海、航路与地理发现研究论稿》，人民出版社2018年版，第152页。

[9] [日]宫崎正胜：《航海图的世界史》，朱悦玮译，中信出版社2014年版，

第 78 页。

[10] 转引自[法]儒勒·凡尔纳《地理发现史》，戈信义译，海南出版社 2015 年版，第 107 页。

[11] [法]儒勒·凡尔纳：《地理发现史》，戈信义译，海南出版社 2015 年版，第 75 页。

[12] [意]马可·波罗：《马可·波罗游记》，梁生智译，中国文史出版社 1998 年版，第 6—11 页。

[13] [法]舒特：《耶稣会士进入中国的过程》，载[法]谢和耐、戴密微等《明清间耶稣会士入华与中西汇通》，耿昇译，东方出版社 2011 年版，第 33 页。

[14] [意]利玛窦、[比]金尼阁：《利玛窦中国札记》上册，何高济等译，中华书局 1983 年版，第 127 页。

[15] [法]荣振华（Joseph Dehergne）：《1552—1800 年入华耶稣会士列传》，转引自[法]谢和耐、戴密微等《明清间耶稣会士入华与中西汇通》耿昇"代序"，耿昇译，东方出版社 2011 年版，第 7—8 页。

[16] 张铠：《庞迪我与中国》，大象出版社 2009 年版，第 357 页。

[17] 转引自张铠《庞迪我与中国》，大象出版社 2009 年版，第 362 页。

[18] 参见《陶瓷史话》编写组编《陶瓷史话》，上海科学技术出版社 1982 年版，第 176 页。

[19] 参见石云涛《中国陶瓷源流及域外传播》，商务印书馆 2015 年版，第 178 页。

[20] [英]休·昂纳：《中国风：遗失在西方 800 年的中国元素》，刘爱英、秦红译，北京大学出版社 2017 年版，第 66 页。

[21] [英]休·昂纳：《中国风：遗失在西方 800 年的中国元素》，刘爱英、秦红译，北京大学出版社 2017 年版，第 150 页。

[22] 转引自曾玲玲《瓷话中国——走向世界的中国外销瓷》，商务印书馆 2014 年版，第 31 页。

[23] 转引自曾玲玲《瓷话中国——走向世界的中国外销瓷》，商务印书馆 2014 年版，第 35 页。

[24] 转引自曾玲玲《瓷话中国——走向世界的中国外销瓷》，商务印书馆 2014 年版，第 115 页。

[25] 参见[法]彼埃·于阿尔、明翁《法国入华耶稣会士对中国科技的调查》,载[法]谢和耐、戴密微等《明清间耶稣会士入华与中西汇通》,耿昇译,东方出版社2011年版,第491页。

[26] 潘吉星:《中外科学技术交流史论》,中国社会科学出版社2012年版,第250页。

[27] 陈从周:《梓翁说园》,北京出版社2004年版,第5页。

[28] 参见马可·波罗《马可·波罗游记》,梁生智译,中国文史出版社1998年版。

[29] [意]利玛窦、[比]金尼阁:《利玛窦中国札记》,何高济等译,中华书局1983年版,第357页。

[30] [英]休·昂纳:《中国风:遗失在西方800年的中国元素》,刘爱英、秦红译,北京大学出版社2017年版,第22页。

[31] [英]休·昂纳:《中国风:遗失在西方800年的中国元素》,刘爱英、秦红译,北京大学出版社2017年版,第22页。

[32] [德]阿塔纳修斯·基歇尔:《中国图说》,张西平、杨慧玲、孟宪谟译,大象出版社2010年版,第253、254、255页。

[33] [德]阿塔纳修斯·基歇尔:《中国图说》,张西平、杨慧玲、孟宪谟译,大象出版社2010年版,第256页。

[34] [德]阿塔纳修斯·基歇尔:《中国图说》,张西平、杨慧玲、孟宪谟译,大象出版社2010年版,第372—375页。

[35] [德]阿塔纳修斯·基歇尔:《中国图说》,张西平、杨慧玲、孟宪谟译,大象出版社2010年版,第379页。

[36] 转引自王维江、吕澍《中国园林观在英国:从坦普尔说起》,《华东师范大学学报(哲学社会科学版)》2017年第4期。

[37] 转引自[英]休·昂纳《中国风:遗失在西方800年的中国元素》,刘爱英、秦红译,北京大学出版社2017年版,第185页。

[38] 许苏民:《比较文化研究史》,云南人民出版社1992年版,第168页。

[39] 转引自许苏民《比较文化研究史》,云南人民出版社1992年版,第167页。

[40] [美]段义孚:《恋地情结》,志丞、刘苏译,商务印书馆2018年版,第209页。

[41] 沈福伟:《中西文化交流史》,上海人民出版社1985年版,第430页。

[42] 转引自[法]乔治·洛埃尔《入华耶稣会士与中国园林风靡欧洲》，载[法]谢和耐、戴密微等《明清间耶稣会士入华与中西汇通》，耿昇译，东方出版社2011年版，第536、537、538、539页。

[43] 转引自[英]休·昂纳《中国风：遗失在西方800年的中国元素》，刘爱英、秦红译，北京大学出版社2017年版，第194页。

[44] [德]利奇温：《十八世纪中国与欧洲文化的接触》，朱杰勤译，商务印书馆1962年版，第106页。转引自蔡子谔、陈旭霞《大化无垠：中国艺术的海外传播及其文化影响》（上卷），花山文艺出版社2011年版，第435页。

[45] [英]休·昂纳：《中国风：遗失在西方800年的中国元素》，刘爱英、秦红译，北京大学出版社2017年版，第205页。

[46] [英]休·昂纳：《中国风：遗失在西方800年的中国元素》，刘爱英、秦红译，北京大学出版社2017年版，第189页。

[47] [英]约翰·巴罗：《巴罗中国行纪》，见[英]乔治·马戛尔尼、约翰·巴罗《马戛尔尼使团使华观感》，何高济等译，商务印书馆2019年版，第333页。

[48] [英]约翰·巴罗：《巴罗中国行纪》，见[英]乔治·马戛尔尼、约翰·巴罗《马戛尔尼使团使华观感》，何高济等译，商务印书馆2019年版，第335—336页。

[49] [英]斯当东：《英使谒见乾隆纪实》，叶笃义译，群言出版社2014年版，第380—382页。

[50] [英]斯当东：《英使谒见乾隆纪实》，叶笃义译，群言出版社2014年版，第384—385页。

[51] 杨志玖：《马可·波罗与中外关系》，中华书局2015年版，第111页。

[52] [英]乔治·马戛尔尼、约翰·巴罗：《马戛尔尼使团使华观感》，商务印书馆2019年版，第339页。

[53] [英]乔治·马戛尔尼、约翰·巴罗：《马戛尔尼使团使华观感》，商务印书馆2019年版，第446页。

[54] [英]乔治·马戛尔尼、约翰·巴罗：《马戛尔尼使团使华观感》，商务印书馆2019年版，第196—203页。

[55] [法]维克多·雨果：《致巴特勒上尉的信》，程曾厚译，该译文曾以《文明

与野蛮》为题发表于 1984 年 2 月 26 日《人民日报》。后以《致巴特勒上尉的信》为题收入程曾厚译《雨果文集》第 11 卷，由人民文学出版社 2001 年出版。本文还曾编入初中《语文》教材。译者还在中国和法国反复求考，证实"巴特勒上尉"是雨果虚构的人物，由此可见雨果用情之深切，同时还发现了雨果此文的原稿，并将之影印收入其所著《雨果和圆明园》一书，中华书局 2010 年版，第 154 页。

[56] 转引自[英]休·昂纳《中国风：遗失在西方 800 年的中国元素》，刘爱英、秦红译，北京大学出版社 2017 年版，第 160 页。

[57] [美]何伟亚：《怀柔远人：马嘎尔尼使华的中英礼仪冲突》，邓常春译，社会科学文献出版社 2019 年版，第 79 页。

[58] [英]迈克尔·苏立文：《东西方艺术的交会》，赵潇译，上海人民出版社 2014 年版，第 57 页。

[59] [英]迈克尔·苏立文：《东西方艺术的交会》，赵潇译，上海人民出版社 2014 年版，第 102 页。

[60] 转引自[法]雅克·阿达利《智慧之路——论迷宫》，邱海婴译，商务印书馆 1999 年版，第 24—25 页。

[61] [苏]兹拉特科夫斯卡雅：《欧洲文化的起源》，陈筠、沈澂译，生活·读书·新知三联书店 1984 年版，第 82 页。

[62] [法]雅克·阿达利：《智慧之路——论迷宫》，邱海婴译，商务印书馆 1999 年版，第 35—37 页。

[63] 转引自[法]雅克·阿达利《智慧之路——论迷宫》，邱海婴译，商务印书馆 1999 年版，第 53 页。

[64] 转引自[英]休·昂纳《中国风：遗失在西方 800 年的中国元素》，刘爱英、秦红译，北京大学出版社 2017 年版，第 197 页。

[65] Pere Attiret, *Lettres difiantes et curieuses,* Pairs, 1843, iii, p, 22. 转引自徐淦：《"中"为"洋"用：中国美术对西方的影响》，《文艺研究》2000 年第 6 期。

[66] 转引自[英]休·昂纳《中国风：遗失在西方 800 年的中国元素》，刘爱英、秦红译，北京大学出版社 2017 年版，第 187 页。

编四

欧洲启蒙思想的中国进入和中国他者的意义

1

2

1　康熙皇帝像
2　法国先贤祠里的伏尔泰灵柩与塑像

3、4、5、6、7、8
东方的造型

9

10

11

12

13

14

15

9、10、11、12、13、14 西方的造型

15　法国先贤祠

4

文艺复兴之后，欧洲很快就进入启蒙时代。发生在17世纪的启蒙运动，是启蒙主义者接过文艺复兴的时代成果，继续向着解放人性、释放生产力、开放社会、解放思想的目标高歌猛进的思想运动。除了西方社会自身发展的内生机制外，启蒙主义者还把目光投向了遥远的东方。耶稣会教士给西方带来的中国信息、材料为一大批西方杰出的思想家、哲学家提供了重要的思考对象或思想材料。他们思想的立场是西方的，是为了西方的发展和进步，而方法和视野是全球的和世界的，并且具有敏锐的洞察力和宽阔的胸怀。

大航海之后，耶稣会教士来华之后，中国作为可以与西方对等的东方矗立在那里，中国的文明景观进一步开阔了西方的眼界。中国的广大地理，悠久历史，独特社会，等等，有一大套全然不同于西方的内容和形式，为启蒙主义者提供了源源不断的思想源泉，有力推进了启蒙运动的深入，补充和完善了西方思想。在西方足迹走遍全球、探险和寻访覆盖全球后，只有中国还保存着西方闻所未闻的历史和文化材料，只有中国还有如此之多见所未见的新奇之事，这使得西方有识之士不能不把目光投向中国。中国的纪年、神谱、哲人、帝王、制度、文字、科学、发明等，都被仔细研究。按照时间顺序和历史序列，可以发现启蒙主义者的中国思想和中国启示，有这样一个历史线索：①莱布尼茨的知识关怀；②伏尔泰的历史情怀；③孟德斯鸠的政治体系；④魁奈的经济思想；⑤黑格尔的哲学判断。其中，以肯定和借鉴为主，也不乏批判和否定。正所谓以他者之酒浇欧洲西方之块垒而已，但都有益于西方的发展，对我们认识中国自己极富启迪意义。

第九章
莱布尼茨中国观的知识关怀

戈特弗里德·威廉·莱布尼茨（Gottfried Wilhelm Leibniz，1646—1716），近代德国哲学的先驱，也是欧洲著名的思想家、数学家、神学家、法学家、语言学家，是一位百科全书式的人物。他一生最突出的特点是带有文艺复兴时代文化巨人的遗风，对科学和知识充满着强烈的求知欲望和好奇心。而他所处的时代正是中国风盛行的时代，中国的材料立刻吸引了他的目光。从1666年，莱布尼茨20岁的时候，他就发表了第一篇涉及中国的文章《论组合的艺术》；1697年，莱布尼茨出版了他关于中国的最有代表性也最著名的著作《中国近事》，这本书有一个长长的副题叫作"现代史的材料，关于最近中国官方特许基督教传道之未知事实的说明，中国与欧洲的关系，中华民族与帝国之欢迎欧洲科学及其风俗，中国与俄国战争及其缔结和约的经过"。1715年，莱布尼茨去世前一年还与人讨论中国哲学中的"理"和"气"的问题，参与中西礼仪之争，力挺耶稣会利玛窦传统，驳斥龙华民和方济各会士栗安当的观点。就是说，莱布尼茨一生差不多都在研究和思考中国问题。有研究者指出，莱布尼茨虽然没有机会亲往中国，但他可能是阅读过他那个时代所有的中国报道、游记、译介、译著的人。

一、莱布尼茨对中国的调查研究与评价

莱布尼茨关注中国长达半个多世纪。德国柏林布兰登堡科学院波茨坦莱布尼茨文集编辑室主任李文潮根据他们搜集掌握的众多莱布尼茨的文献、材料、年表说:"莱布尼茨几乎每年,甚至每月都在关注着中国、欧洲与中国的文化交流以及欧洲人特别是其中的传教士们在中国的活动,并且在这方面留下了大量还有待整理、出版、翻译与研究的珍贵文献,其中包括谈话记录、论著、书摘、论文、书信、资料抄件等;这些文献涉及的范围非常广泛:中国语言、文字、历史(特别是上古编年史)、日常技术(其中包括古籍中记载的技术)、科学思想、文学、风俗习惯、宗教仪式、政治(制度)、哲学思想与流派、传教士在华活动、礼仪之争、宫廷传闻等。"[1] 他还与两位到过中国的传教士有过深入交往,向他们调查和了解中国情况。1689年,莱布尼茨在罗马与刚从中国返回的耶稣会士闵明我邂逅,此后两人交往8个月,闵明我回中国后,两人又频繁通信往来。此间,莱布尼茨向闵明我就中国问题提出了30个调查问题,请闵明我回答。

闵明我是意大利人,1669年到中国,获得康熙皇帝的信任,曾被选定为南怀仁在中国的接班人,1694年成为北京地区的主教。他曾为康熙制造一些报时机械,本人还擅长绘画,也曾协助南怀仁修订历法。莱布尼茨提出的问题,都是非常专业和深奥的。他在给闵明我的信中,道出了自己迫切想知道中国的心情。他说:"对于一个渴望求知的人来说,能够认识一位可以打开远东的宝藏、解释数千年秘密的学者,能够聆听他的教诲,实在是幸运至极的事情。到现在,我们与东方只有贸易关系,即从印度人那儿得到了调料以及其他一些土特产,而还没有得到真正的严格意义上的科学知识。现在有希望得到这些,欧洲应该感谢您。您给中国人传授我们的数学科学,作为补偿,中国人亦有义务通过您传授给我们他们通过长期观

察而取得的有关自然方面的知识。物理学更多的是建立在实际观察之上，而数学则以理性的纯粹思维为基础。在后一方面，我们欧洲人非常出色，但在实际经验方面中国人则胜一筹，因为他们的王国数千年来一直繁荣，古老的传统因此能够保持。而在欧洲，由于民族的频繁迁徙，这类传统大部分已经丢失。为了使自己以后不会抱怨轻易地失去了一次千载难逢的良机，不会后悔未能充分利用您的热情，我在附上的一页纸上记录了几个小问题。……"[2] 这段话表明，莱布尼茨是抱着强烈的求知欲望来认识中国的，他准确地判断出中国是一个知识的富矿，那里有西方想要而西方还没有的东西，他的立场是为了西方的发展和繁荣。这是莱布尼茨的远见卓识。

莱布尼茨向闵明我书面提出了30个问题，这些问题大多集中在西方关心和未知的问题上，其简要内容包括：①中国人在制造火药方面是否比西方强？②中国的人参是否有超强药效？③中国是否有值得欧洲移植的植物？④除了卜弥格神父的《中国植物志》外还有哪些有关中国的有价值的书没有发表？⑤中国有一种坚硬如铁的可做喇叭的木材？⑥中国有一种不知何名的金属？⑦中国的造纸工艺有何特别之处？⑧中国人为什么能够每年收获两次蚕茧？⑨中国制造瓷器的土有何特性？⑩中国有一种可充气的皮革是如何加工的？⑪中国是否有特别有用的材料？⑫日本的金属薄片的制作工艺？⑬中国的玻璃工艺与欧洲的有何不同？⑭中国有无值得欧洲模仿的药物和外科手术技巧？⑮中国古老文献中是否没有几何和形而上学？⑯中国何时开始观察天象的并可据以补充完善天文历史？⑰中国的能够保持不褪色的染料剂？⑱中国在丝绸上贴金的技术工艺？⑲中国是怎样制造丝棉絮子的？（引者注：此处闵明我回答介绍了手工缫丝的弹弓工具和技巧）⑳中国人是否总是用木头雕刻印刷用的字模？㉑中国人是否对于北亚与北美之间的海洋一无所知？㉒将中国史书特别是自然科学方面的书籍译为拉丁文的情况？㉓中国人使用的不管刮什么方向的风都能转的地平风车？㉔中国是否有值得欧洲模仿的机器？㉕对所谓的发明掌握中国文字的"钥匙"应寄何种期望？㉖中国的化学是哪一类的？㉗中国人在农耕和园艺方面经济实用的辅助工具？㉘中国是否有一些能使生活变得舒适的日常技术值得欧洲模仿和引进？㉙中国人的战争技术、军事活动、航海技术、桅杆和可折叠的帆是怎样的？㉚中国的矿石井技术和怎样获取食盐、碱之类的产品？[3]

闵明我对这些问题结合自己已知或者调查，大多做出了回答，有些问题限于知识局限和条件受限不能或没有回答。但莱布尼茨一方面把他急于想知道的欧洲没有而中国有的知识、技术、资源提问出来，另一方面想知道一些欧洲广为传闻的中国发明、独特知识，再一方面他还特别想挖掘出传教士没有发现的中国知识、技术、发明、资源，等等。如果对这些问题的回答大多是肯定性的，那就能证明中国是区别于欧洲的巨大而有益的存在，从中国获得的东西就将对欧洲大有裨益。闵明我的回答，基本上肯定了莱布尼茨的判断。

除了这些器物层面的调查研究外，莱布尼茨还对中国哲学和孔子做了相关研究。1697年，他关于中国研究的最重要的著作《中国近事》出版。在这本书中，他对中国作为欧洲的他者所具有的意义，作出了具有历史意义和历史高度的判断。他认为，中国和欧洲交流是"为了照亮我们这个时代"，"人类最伟大的文明与最高雅的文化今天终于汇集在了我们大陆的两端，即欧洲和位于地球另一端的——如同'东方欧洲'的Tschina（中国）。我认为这是命运之神独一无二的决定。也许天意注定如此安排，其目的就是当这两个文明程度最高和相距最远的民族携起手来的时候，也会把它们之间的所有民族都带入一种更合乎理性的生活"[4]。他对自己了解到的中国的独一无二的创造心存敬畏和遐想，他说："我希望有一天他们会教授我们感兴趣的东西——实用哲学之道和更加合理的生活方式,甚至其他艺术……因此我相信,若不是我们借一个超人的伟大圣德,亦即基督宗教给我们的神圣馈赠而胜过他们,如果推举一位智者来评判哪个民族最杰出,而不是评判哪个女神最美貌,那么他将会把金苹果判给中国人。"[5]他还具体比较了欧洲和中国各自的优长及其互补性。他说:"这一文明古国在人口数量上早已超过了欧洲,在很多方面,他们与欧洲各有千秋,在几乎是对等的竞争中,各有所长。但是,我首先应该在二者之间比较什么呢?在各方面进行比较虽是有益的,但这是一项长期的考察,这里我们还不能做到这一点。在实用艺术和自然实验的能力上,我们和他们不相上下,双方都具有借助与别人交流而受益的知识。在知识的深邃和理论思考的方法上,我们则明显更胜一筹。因为除了逻辑学、形而上学以及对精神事物的认识方面——对于我们自身来说明显占有优势的学科——以外,我们在对由理智从具体事物抽象出来的观念的理解方面(比如数学)也远远超过他们。因此,中国的天文学也低于我们的天文学。由此中国人被认为对伟大的理性之光和论证的艺术所知甚少,而只满足于我们这里的工匠所熟悉的那种靠实际经验而获得的几何学。在战争科学方面,他们也低于我们的水平,然而这并非出于无知。因为他们蔑视人类中一切产生或导致侵略的行径,他们更是厌恶战争本身——这几乎是在仿效基督的崇高教义。如果只有他们自己在地球上生存的话,这确实是明智的态度。然而,我们今日的世界却不是这样,就连那些最安分守己的好人也必须学习'战争的艺术',否则便不会获得统治一切的力量。在这些方面,我们超过他们。""如果说我们在手工艺技能上与他们不分上下,在理论科学方面还超过他们的话,那么,在实践哲学方面,即在人类生活的伦理道德和政治学说方面,我们不得不汗颜地承认他们是远胜于我们的。"[6]其中,关于战争和世界间掠夺式国际关系,准确地预言了中国被侵略的命运。在马戛尔尼使团访华时,乾隆皇帝所秉持的国际观正是中国可以自给自足,毋需与人往来。1697年,耶稣会士白晋从中国回到欧洲,读到莱布尼茨的《中国近事》,就给他写信推荐了自己刚出版的著作《康熙皇帝传》。莱布尼茨大悦,即回信要他将此书从法文译为拉丁文收入《中国近事》。此后两人多有书信往来,这对莱布尼茨的中国研究大有裨益。

二、莱布尼茨的二进制与中国八卦的比较研究

莱布尼茨是欧洲数学史上著名的数学家,他在微积分上的成就还曾经引发他与牛顿的一段著名公案。1666年,他20岁发表《论组合的艺术》时,就在文中从笛卡尔的几何学入手,讨论了0,1,4,9,16,25,36,…的平方数序列,并联想到微分与积分的关系,1673年他从帕斯卡尔的一篇论圆的文章里获得灵感,明确阐述了微积分基本定理。他的微积分发明发表于1684年和1686年。与此同时,先于莱布尼茨,牛顿在1665年发明微分学、1666年发明积分学,但他不愿意发表,直到1711年才在友人的催促下发表。两人的发明和计算方法、路径都不同,可以说是殊途同归。"莱布尼茨的微积分虽然发明得比牛顿晚,却发表在先(1684年和1686年),因此才引发了一场旷日持久的优先权之争。"因此,莱布尼茨的微积分公式也被称作"牛顿—莱布尼茨公式"。[7]17世纪时,德国和欧洲的数学都很有限,但是莱布尼茨在当时就已经取得了一系列令人瞩目的数学成就。"他先是发明了二进制,接着改进了帕斯卡尔的加法器,制造出了第一台可用乘除和开方的计算机。当然,他最重要的贡献无疑是在无穷小的计算方面,即微积分学的发明。这是科学史上划时代的贡献,正是由于这一发明,使得数学开始在自然科学和社会生活中扮演极其重要的角色。"[8]

莱布尼茨是一位数学家,也是一位神学家。他把对神和神的启示的认

识视为真理，他认为，任何民族都可以通过理性达到对神和神的启示的认识。他热衷于二进制的数学研究，其目的不仅是数学的，更是神学的。他的二进制数学研究，还力图证明二进制的形而上学内涵，从而揭示"创世的过程"：泰初只有一，这个一就是上帝，上帝从无创造出万事万物。这与中国哲学中老子一生二、二生三、三生万物，在哲学关系上颇为类似。后来他又发现伏羲八卦与二进制的数学关系更加类似。"当莱布尼茨发展了他那基于零和一之上的二进制算术系统的时候，他意识到，他提供了一个演示神如何可以从虚无、元一中创造万物的图解。为此，他还在1697年给布伦瑞克公爵鲁道夫（Duke Rudolph Brunswick）写信时寄出了一枚刻有他二进制系统数字的大勋章。他为此写道：'虽然很难和哲学相符合，也难向异教徒传授，但毕竟，基督教信仰中的一个最高点，是借助神全能的力量从虚无中创造万有。现在可以说，世界上没有什么比数字的起源能更好地提出并证明（这一力量），因为这里是通过一、零或者无这样一个简单、朴素的表达来进行描述的。'"[9] 他给鲁道夫的信中还特意提到自己把二进制数学告知在中国的闵明我，希望能在东方中国获得反响。他说："我写信给正在中国的耶稣会神甫闵明我，他是该国钦天监监正，我是在罗马与他结识的，他在返回中国途中曾从果阿写信给我。我认为最好告诉他这样一种计数的设想，因为他曾亲自对我说过，那个强大帝国的君主是一位热心的算术爱好者并且曾向闵明我的前任南怀仁神甫，学习过欧洲的运算法。我希望，这一幅揭示基督教创世秘密的图案会帮助他逐渐认识到基督教信仰的优越性。"[10]

莱布尼茨当然也希望他的神学思想和数学方法能得到更广泛的证明和共鸣。所以，1696年12月20日，他在给闵明我的信中详细描述了自己的二进制数学。他的目的是想得到康熙皇帝的回应。1701年2月15日，他又致信在北京的白晋，解释了自己的二进制数学体系和其中包含的"创世过程"。他还特别强调它作为"创世示意图"对于中国传教的价值。这次，他的信得到了白晋的热烈反响。1701年11月4日，正在痴迷地研究中国《易经》的白晋回信莱布尼茨，兴奋地说，他有一个发现，中国的《易经》中的六十四卦不是别的，正是用二进制数列构成的创世展示图。白晋随信附上了一幅六十四卦环形和方阵形合图。莱布尼茨高度认同白晋的判断。1703年，莱布尼茨向巴黎科学院呈送了论文《二进制算术的解读及其赋予中国古老的伏羲符号的理性内涵》，此文刊于同年的巴黎《科学院通讯》，其中包括了对二进制数学与八卦关系的解释。二进制与八卦之间的关系的发现和确认，使莱布尼茨更加坚信："我认为（在中国的）传教活动是我们这个时代最伟大的壮举。它不仅有利于上帝的荣耀、基督教的传播，亦将大大促进人类的普遍进步，以及科学与艺术在欧洲与中国的同时发展。这是光明的开始，一下子就可完成数千年的工作。将他们（中国）的知识带到这儿，将我们的介绍给他们，两方的知识就会成倍地增长。这是人们所能想象的最伟大的事情。"[11] 他从二进制和八卦关联中相信，古代中国人的智慧胜过现代中国人，而欧洲人则能够帮助重新发现这些真理。莱布尼茨在辞世之前一直在撰写关于中国哲学的论文，作为给雷蒙的回信。雷蒙于1714年、1715年两次写信给莱布尼茨，还寄给他一本关于中国宗教和基督教传播问题的文集，询问莱布尼茨对中国哲学的看法。这封回信在他去世后，1742年以《论中国哲学》为题出版。这封论文式长信的第四章题为"伏羲符号和二进位数字体系"，莱布尼茨以其晚年的眼光再次简叙了他对这个问题的看法和结论。以下是其核心性叙述文字段落的摘录：

（六八）如果我们欧洲人对于中国文献有足够的了解，那么我们借助于逻辑学、犀利的批判力、数学和我们的概念这种更加精确的表达方式很有可能会在产生于如此久远过去的中国典籍中，发现许多为今天的中国人，甚至也为古代典籍的近代诠释家们——不论有人把他们看得具有多么高的经典性——所不知道的东西。比如尊敬的白晋神甫和我便揭示了帝国的奠基人伏羲的符号所包含的本来意义。这些符号只是由整线和断线的组合构成的，被认为是中国最古老的、尽管无疑也是最简单的文字。这类符号共有六十四个图形，它们全部收集在一部叫《易经》或者"变易之书"的书里。伏羲之后过了许多世纪，文王皇帝及其子周公，他们之后又过了五个世纪，著名的孔子——他们都曾探索过书中的哲学奥秘。另有一些人甚至希望从中找出泥土占卜之类的荒谬的东西来。但是看来，这位伟大立法者所掌握的实际上恰恰是二进位数字体系，在他之后又过了几千年，这一体系被我重新发现。

（六八a）在这个数字体系中，只有两个符号：0和1，用它们可以写出所有的数。（后来我发现，这个体系还包含着二分法逻辑，假如在分开的诸项之间一直保持着精确的对立，这种二分法逻辑是非常有用处的）当我把这个体系描述给尊敬的白晋神甫时，他首先便把它看成是伏羲的笔画符号，因为后者跟前者完全相符（前提是，每个数之前加上必要数量的零，以便使最小的数的线跟最大数的线完全相等），假如我们用断线'- -'代替0或者零，用整线'—'代替整数1的话。这个体系能够以最简单的方式进行变化，因为它只有两个成分。看来，伏羲似乎具有组合论的知识，我年轻时曾就此写过一篇短小的论文，事过很久以后，有人却违背我的意愿将它再次印刷出版。但是，在这一种数论（只要这种逻辑学……）被完全遗忘以后，中国人后来再也没有发现这个体系的正确含义。我不知道，他们从伏羲符号又推演出了哪些符号和谜图；既然他们不知道它们的真正含义，他们一般又是怎样推演的；还有，那位善良的基歇尔神甫对埃及方尖碑的铭文一无所知，他是怎样进行推演、判断的。这一切都证明，古代中国人不仅在（为最完美的伦理学奠定基础的）宗教方面，而且也在科学方面远远超过现代中国人。

（六九）二进位制数字体系尽管在柏林综合论文集中曾给以解释，但仍然鲜为人知，而它之同伏羲符号相提并论仅仅出现于已故腾泽尔先生1705年所编的德文杂志上，所以，在这里加以解释，我想大概是再合适不过了，因为我们正在讨论的问题是，为古代中国人的学说辩解、正名并指出他们优于现代中国人之所在。在我开始之前，我只想再补充一点，柏林已故的修道院院长、生于格莱芬哈根的安德里亚斯·穆勒先生，一位从未离开过故土的欧洲人，曾孜孜不倦地研究中国文字，注释和出版了阿拉伯作家阿布达拉·贝达维关于中国的讨论文章。这位阿拉伯作者在他的文章中说，伏羲发现了 *peculiare scribendi genus, arithmeticam, contractus et ration. aria*（拉丁文）——一种对数字系统、约减和运算方式的特殊写法。他关于数字体系的论述证实了我的解释：这位古代哲学之王的符号来源于数。[12]

总之，莱布尼茨认为，他的二进制数学与易经卦爻，两者都采用了两个符号交错使用的方法来表示不同的事物和数字；两者都引进了位的概念，以增大两个简单符号的容量，而且是呈二倍递增。他赞叹中国古人的智慧达到了今天欧洲智慧的高度，他骄傲自己发现了现代和古代之间的联系，发现了东方和西方的同构性。他从自己的二进制读懂了易经卦爻。莱布尼茨的思想，在神学史上的意义要大于数学史上的意义。他提出东西方来源于同一种宗教起源。1707年12月15日，莱布尼茨给布尔盖写信说："谁也不可能使我摆脱这样的看法，即我的二进制算术与八卦之间有着惊人的相似性，当初我创立二进制算术的原则时，对《易经》中的八卦是根本不知道的；如今在八卦中，我不可能不看到一幅创世的美好图景，或者可以说万物创造之源的美好图景，正是通过'至高无上的统一性'——亦可称为上帝——的力量，万物才从虚无中被创造出来。"[13] 莱布尼茨从这个特殊角度在中西礼仪之争中支持了利玛窦、白晋等一派在中国开展利玛窦式传教的事业。另外，其在东西方文化交流史上也是具有重要意义的，他对中国文化资源的高度重视、他的科学观和方法论也都具有启示性。莱布尼茨的这些观点和思想影响了欧洲很长时间。1876年的狄德罗主编的大百科全书中的中国哲学条目还有这样的表述："这部《易经》……包括六十四种不同的图形，它们是由整线和断线的组合构成的。中国人希望在这些图形中发现关于自然和自然现象的深奥原因与占卜术秘密的直观形象的历史以及我所不知道的其他一些奇妙的知识；最后，莱布尼茨才揭开了谜底，他向整个的、如此机敏的中国人指出，伏羲的双线所包含的内容不是别的什么，而是关于一种用零和一的特殊运算方式的基本知识。不过，人们不可以因此便轻视中国人，因为往往非常可能发生这种情况：一个非常明智的民族为一项发现也许会徒然地工作整整几个世纪之久，却把这个发现保留给了莱布尼茨一个人独立完成。"[14]

三、求证和寻找打开中国语言便捷之门的钥匙

莱布尼茨和他那个时代的欧洲人一样，他们对中国语言给予了高度关注和产生强烈兴趣，之所以如此，一是因为它的古老，二是因为它的难学。

汉语的古老，是由西方的宗教语言学观引起的。《圣经》里有著名的巴别塔故事，西方人因此相信人类的语言最初只有一种，上帝发现只有一种语言会导致不可想象的危险后，用语言的多样化瓦解了危机。就是说，最初是人类只有一种语言，然后有了多种语言。这仿佛是非常简单明了的事情。在中国文化出现在西方以前，也没有引起什么人的怀疑，大家心安理得地接受已经存在的语言多样化的现实。东方中国进入西方视线，汉语作为一种独特的语言现象，打破了西方的宁静。在西方中上层社会，当中国的历史典籍、哲学经典、编年史出现在西方时，它的古老、连续、可溯，挑战了基督教的历史观，中国历史的古老超过了西方已知的历史，于是普遍出现了这样的感觉：他们的制度、历史、信仰方式等的古老给人的印象是如此深刻，以至于看起来完全消融了个性的意义，一个年轻的中国

人似乎是一个新生的诺亚时代大洪水以前的人物。类似于这样的感慨,在当时是非常普遍的。西方面临着下面的选择:中国的语言要么是早于西方的另一种语言,要么是人类的第一种语言。1669年,英国思想家约翰·韦伯出版专著《关于证明中华帝国之语言有可能为人类最初语言的历史评论》,提出和论证中华帝国的语言是巴别塔语言变乱之前全世界通用的原始语言的可能性,就是要证明人类建造巴别塔之前有着共同语言,直至建造巴别塔时,上帝才把人类的语言搞混淆了,使他们彼此无法交流,然后分散到世界各地去了。韦伯断言巴别塔之前的这种统一的语言就是汉语,因而汉字是世界上最古老的文字。他说:"《圣经》上说,在巴别尔塔之乱前,整个地球只使用一种语言。历史显示,中国在巴别尔塔之乱以前地球上还使用一种语言的时候就已经有人居住。《圣经》上说,语言的混乱作为上帝的惩罚,只降临到那些在巴别尔的人身上;历史表明,此前已经定居繁衍的中国人,并不在巴别尔;更何况,不论参阅希伯来还是希腊的编年史,中国人远在语言混乱之前就有的语言和文字,至今仍在被使用。"[15]对中国语言文字的热议引起了莱布尼茨的高度关注。他在1666年20岁时就曾设想构造一种"思想代数"式的通用字符,以它作为学者之间交流而超越各自使用的民族语言的"世界语"。1673年,27岁的莱布尼茨写信给英国皇家学会秘书长奥登堡,把中国的文字比作化学家共同使用的符号,并且说自己正在发明一种没有任何歧义的通用哲学字母表。莱布尼茨研究中国语言文字依然秉持着他一贯的科学态度。他阅研了当时看到的所有论中国语文的著述。1689年,他拟写的一份书单上有曾德昭、卫匡国、聂仲迁、纽霍夫、白乃心、殷铎泽、南怀仁、基歇尔、柏应理等人的中国著述。其中,都有语言文字论述。曾德昭认为汉语只有326个字,基歇尔认为是1600个字,李明认为是330个字。1707年,莱布尼茨认识了从中国回来的意大利奥古斯丁会传教士希玛,后者在中国7年。希玛说中国字有

400个基本文字，其他字都是这400个基本文字组合而成。这差不多指出了汉字的偏旁部首特点。莱布尼茨由此确信，汉字具有书写的特征；汉字的音很多（同音字、多音字、方言），音与形是分离的，形是其书面语言；汉语更适宜构成"通用字符"。此前，1679年他还致信埃斯赫尔茨，向汉语研究家米勒提出了14个汉语方面的问题，包括：①汉字的秘诀（规则）是否像a、b、c或1、2、3一样明白无误？②抑或需要某些辅助工具，就像识别象形文字那样？③既然汉字如人们所知是从物而不是从名的，我想知道是否有一个由数目有限的汉字构成的基本文字表，所有其他的汉字皆由它们组合而成？④非物质性的事物是否也是借助物质性的或可见的事物来表达的？⑤汉字是不是人为地一时间创造好了的？抑或也像其他语言一样随着使用和发展而发生变化？⑥假如是人工创造的，其秘诀是什么？⑦米勒是不是认为中国人自己并没有认识到这一秘诀？⑧他是否认为将这种文字引入欧洲既实用又方便？⑨那些创造了汉字的人是否富于理性并且理解了事物的性质？⑩指称自然物如动物、植物及岩石的汉字是否各有区别？⑪一个人能否以及能在多大程度上直接从汉字中理解事物本身的性质？⑫倘若我掌握了该秘诀，能否理解任何用中文写成的材料？⑬如果我掌握了该秘诀，能否用中文写点东西，并且能被中国人所理解？⑭如果把一篇材料（譬如《我父祈祷文》）交给几个中国人和几个熟悉中文秘诀的人，让他们各自逐字译成中文，其译文是否会大体一致，并且一个即使不懂中文的人，也能看出这两类译文基本相同？[16] 米勒没有回答莱布尼茨的提问，但是我们可以从中看出莱布尼茨的好奇心何在、他提出问题的深刻性和他对汉语的兴趣程度。

莱布尼茨在与白晋的通信中也讨论了中国的语文。白晋给他提供了两个土耳其字词的材料，引出他的一个重要思想。白晋告诉莱布尼茨："中国鞑靼人的语言中也有，一个叫Eltschin，意思为使者；另一个叫Arsalan，意思为狮子。"莱布尼茨认为，"据此，显而易见，如果人们更深入地研究这些斯基泰语，就能在其底层发现一些表面上看不到的契合之处，由此可以令人更好地对各民族间的亲属［姻缘］关系作出判断"[17]。这不仅是开了 19 世纪比较语言学的先河，也是当代著名语言学家乔姆斯基语言的深层结构和底层理论的源头。莱布尼茨认为："很明显，几乎所有我们知道的古老语言之间在很大程度上均显示了一定的相似性，好像它们均是从一个共同的源泉发展而来的。当然，假如我们跨洋到美洲去，到亚洲及美洲的边缘及遥远地区去考察一下，会觉得他们的语言与我们的完全不同，好像那儿的民族是些与我们完全不同的种类似的。然而，如果我们在研究语言时从一个民族过渡到与其相近的另一个民族，而不是跳跃，便可作出更好的判断。"[18] 乔姆斯基引申的语言学理论是语法和语法的普遍性。他说："一个懂英语的人的头脑与一个懂日语的人的头脑处于不同的心智状态。不考虑个人之间的差异，人的头脑都具有某种固有的、全人类共同的心智状态。这是人获得语法知识的基础，是人有别于鸟，有别于猿的特征。我认为以下提法基本上是正确的：人这种固有的属性由一系列原则组成，每条原则都有参数（parameter），允许在一定范围内变化。所谓获得语法知识及一切有关内容，部分地讲来就是在经验的基础上选定参数——取这一值或那一值。不妨说这一过程产生的是'核心语法'。……所以，人的心智—大脑中有一部分是遗传得来的初始结构，我们称之为'语言智能的初始状态'。通过原则和参数理论，以及能把核心语法扩展为整个语法的标记理论，可以把上述状态反映出来。我把这整个复合系统称为'普遍语法理论'，把普遍语法说成是初始状态的一个构成部分。"[19] 莱布尼茨企图从自创的语言或者汉语中构建出统一的最高的"通用字符"，他的追求有点乌托邦化，但是乔姆斯基的研究表明这个统一不在最高或表面而在最低或深层，不是字符，而是语法（及其语法生成关系，语法生成理论）。

莱布尼茨虽然没有从汉语中找到自己的"通用字符",但是他并不认为自己的努力是徒劳无功的。他后期已经认识到发现汉字的奥秘和进而发现分析思维的工具也是非常有意义的。莱布尼茨以他的"通用字符"的文字理论,检视汉字,得出他的三个结论:一是汉字是表意的,他因此明确指出并推翻时人结论,他不认为埃及的象形文字与中国汉字的象形之间有必然联系。埃及的象形文字是象形的和物质性的,中国汉字是更哲学化的,并且似乎基于更多的智慧考量,比如给予数字、秩序和关系;因此,它有脱离的特性,这种特性与某种实体不存在任何相似处。这就是说,埃及的象形文字和中国的汉字都以视觉的符号表述观念,但是汉字符号基于抽象的哲学考虑而不是图像。莱布尼茨在这里准确地指出了两种象形文字的异同,强调中国汉字的象形有哲学性,这是很有见地的。中国学者很早就论述了汉字造字的"六法",的确不是简单的象形而已。二是汉字直接表述观念,而不是表述可以表述观念的声音。这与他的"通用字符"理论的一个重要原则相通,即语言直接表述思想而不是经过口头语言。这个思想有两个理论果实。一个是意外结果,也就是中国近代思想家发起语言改革,抨击语言与文字脱节,推行白话文的思想源头。另一个是必然结果,即莱布尼茨当时就提出了中文可以帮助聋人。三是中国语言的古老和保存完整使莱布尼茨相信,与其他晚近和变化更大的语言相比,中文保留了更多的巴别塔语言的信息和痕迹。

汉语的复杂和难学,也是让西方谈汉语而色变的事情。从攻克或克服学汉语难的困难出发,莱布尼茨也作出了巨大的探索。其中最突出的就是寻找"中文钥匙"。1679年1月底,莱布尼茨获悉德国东方学者米勒的一个研究计划《布兰登堡发明即有关中文钥匙之方案》,深感兴趣。米勒的基本观点是:中国文字是按照一定的规则发明而成的。他的这个方案还只是一个计划,目标是借助一个他发明的钥匙,人们可以理解所有的中文书籍。虽然米勒因故没有回答莱布尼茨向他提出的14个中文问题，但莱布尼茨并未气馁。白晋肯定了有这种钥匙存在的可能。米勒的继承者门泽尔还给他寄过一份自己发明的钥匙。另一位语言天才、德国的图书管理员拉克罗兹也给他一份自称是对门泽尔钥匙加以补充的中文钥匙。米勒的中文钥匙始终未见公开披露。莱布尼茨也一直未闻其详。他缺乏更多的人来帮助他，更缺乏丰富详尽的中文材料。但他依然孜孜不倦。他给拉克罗兹写信说："你告诉我你对研究中国汉字的专注使我充满欣慰，我也希望你已经取得一些进展。而且在我看来，这项研究比我们想象的更为重要，因为如果我们可以发现汉字的关键，我们将会发现一些有助于思想分析的东西。"[20] 他自己对钥匙的想法是，在古代汉语中自身存在着这个钥匙，它与伏羲及其创造的八卦有关，但是后来在退化中丢失了。这个钥匙是一份中文汉字的基本字母表，它们形象的性质将使它们很容易被记住，并且可以在与任何一种特殊的口语分离的情况下被理解。后世的学者对这个中文钥匙，有更实际的认识，那就是汉语拼音方案。"实际上，在17世纪初，来华的传教士已经开始掌握中国文字的'钥匙'，最初是利玛窦提出为汉字加注罗马字拼音的方案，金尼阁在这一方案的基础上加以扩充、整理，著成《西儒耳目资》。他用25个字母来拼汉语语音，不仅是西方传教士学习汉语的工具书，而且对汉语自身的改造和发展也有影响，为汉语惯用的反切法提供了更为简易的途径。王徵等人在阅读该书的手稿后对这一拼音方案产生了极大兴趣，积极筹集资金出版该书。'利玛窦和金尼阁的方案不仅是两个最早的汉语拉丁字母的汉语拼音方案，而且也是后来教会和外国汉学家所拟拼音方案的鼻祖。'"[21]

莱布尼茨是17世纪兴趣广泛、知识渊博的一类人，是接续文艺复兴时代的巨人式的人物。他关于中国问题的研究只占他本人各种研究的一小部分，而中国研究，又有中国的各种情况，如历史、伦理、政法、哲学、宗教、数理、语言、文字、工艺、医学、天文、气象、游戏，等等。这些研究是他总体性求知求真的一部分。在求知求真的观念统领下，他对西方具有充分的自信，又对东方充满了期待、信任和敬佩。他的眼界是世界性的整体性的。所以，他的中国观至今仍然具有重要的价值和意义。从西方的角度把中国研究透彻和全面深入，从人类的世界性和整体性的角度把东西方的文明加以融合汇通，产生和得出更深邃广大的科学成果、思想理论、伦理价值和技术成就，莱布尼茨的使命没有完成，莱布尼茨以后，也没有人具有他这样全面的修养，这个思想思路还需要重拾和重振。

注释

[1] 李文潮:《莱布尼茨思想中的中国元素·序言三》，张西平主编《莱布尼茨思想中的中国元素》，大象出版社2010年版，第18页。

[2] 转引自韩晋芳、张柏春:《对莱布尼茨与闵明我问答的分析与注释》，李文潮译，张西平主编《莱布尼茨思想中的中国元素》，大象出版社2010年版，第121—122页。

[3] 参见韩晋芳、张柏春《对莱布尼茨与闵明我问答的分析与注释》，张西平主编《莱布尼茨思想中的中国元素》，大象出版社2010年版，第122—129页。

[4] ［德］G. G.莱布尼茨:《中国近事：为了照亮我们这个时代》，［法］梅谦立、杨保筠译，大象出版社2005年版，第1—2页、6页。

[5] 转引自张西平《莱布尼茨思想中的中国元素》(序言)，大象出版社2010年版，第11页。

[6] 转引自张西平《莱布尼茨思想中的中国元素》(序言)，大象出版社2010年版，第10—11页。

[7] 蔡天新:《数学与人类文明》，商务印书馆2012年版，第181、182页。

[8] 蔡天新:《数学与人类文明》，商务印书馆2012年版，第183—184页。

[9] ［美］方岚生:《互照：莱布尼茨与中国》，曾小五译，王蓉蓉校，北京大学出版社2013年版，第134页。

[10] ［德］莱布尼茨:《创世的秘密——致布伦瑞克-吕内堡-沃尔芬比特尔鲁道夫·奥古斯特公爵的新年贺信》，朱雁冰译，载朱雁冰《耶稣会与明清之际中西文化交流》，浙江大学出版社2014年版，第340页。

[11] 《莱布尼茨中国书信集》，转引自张西平主编《莱布尼茨思想中的中国元素》，大象出版社2010年版，第321页。

[12] ［德］莱布尼茨:《论中国哲学——致尼古拉·戴·雷蒙的信》，朱雁冰译，作为附录载于朱雁冰著《耶稣会与明清之际中西文化交流》，浙江大学出版社2014年版，第330—334页。

[13] 转引自［法］艾田蒲《中国之欧洲：从罗马帝国到莱布尼茨》(上卷)，许钧、钱林森译，广西师范大学出版社2008年版，第298页。

[14] 转引自朱雁冰《耶稣会与明清之际中西文化交流》，浙江大学出版社2014年版，第331页。

[15] 转引自计翔翔《莱布尼茨和汉语汉字试论》，载张西平主编《莱布尼茨思想中的中国元素》，大象出版社2010年版，第267页。

[16] 参见计翔翔《莱布尼茨和汉语汉字试论》，载张西平主编《莱布尼茨思想中的中国元素》，大象出版社2010年版，第277—278页。

[17] 转引自［法］艾田蒲《中国之欧洲：从罗马帝国到莱布尼茨》(上卷)，许钧、钱林森译，广西师范大学出版社2008年版，第284页。

[18] 转引自计翔翔《莱布尼茨和汉语汉字试论》，载张西平主编《莱布尼茨思想中的中国元素》，大象出版社2010年版，第293页。

[19] ［美］乔姆斯基:《乔姆斯基语言哲学文选》，徐烈炯、尹大贻、程雨民译，商务印书馆1992年版，第201页。

[20] 转引自［美］方岚生著《互照：莱布尼茨与中国》，曾小五译，王蓉蓉校，北京大学出版社2013年版，第167页。

[21] 韩晋芳、张柏春:《对莱布尼茨与闵明我问答的分析与注释》，张西平主编《莱布尼茨思想中的中国元素》，大象出版社2010年版，第136—137页。

第十章

伏尔泰的中国历史西方观照与戏剧表达

伏尔泰在18世纪众多的思想家中，是公认的领袖和导师。他博学多识，才华横溢，著述宏富，在戏剧、诗歌、小说、政论、历史和哲学诸多领域均有卓越贡献。伏尔泰被认为是当时欧洲对中国知识了解得最多的思想家之一。他不是因为对中国感兴趣了才关注和研究中国，中国作为他者不仅是欧洲的他者，也是他个人的他者。伏尔泰确信的中国历史，不仅反讽了神的历史的真实性，而且开辟了从中国的人类史借鉴有益于西方的人类史的新途径。《风俗论》是伏尔泰历史著述的代表作。这部著作的逻辑起点是人的创造历史而不是神的统治历史，是人的生活史而不是教会发展史。中国对这部著作的影响，首先支持他确立了这样的历史逻辑，其次中国本身在其中占据了应有的历史地位。《风俗论》还讨论了中国史中西方关心的两个问题：一是发达很早的中国为什么没有不断发展？二是历经成吉思汗和努尔哈赤两个游牧民族的入侵和统治，中国为什么还是中国？在伏尔泰的中国"停滞"研究的启示下，许多思想家都介入这个问题的研究中来。在伏尔泰时代，东西方正在经历礼仪冲突，否定"利玛窦规矩"的一派势力很大，教皇、教会都趋向于否定中国文化，伏尔泰的立场和观点就尤为引人瞩目。他的戏剧作品《中国孤儿》公开表达他对中国文明的赞美，而且是对它经历过血腥的战争、战败依然给予礼敬，这是非常难能可贵的，也是他具有穿透历史迷雾的哲人目光的明证。伏尔泰在他那个时代让启蒙思想获得了巨大的胜利。他从东方中国找到历史的主体性和人类道德精神的力量，然后用它们的合力给予摇摇欲坠的中世纪统治最后的有力一击。

弗朗索瓦-马利·阿鲁埃（法文：François-Marie Arouet，1694年11月21日—1778年5月30日），笔名伏尔泰（法文：Voltaire），18世纪法国启蒙思想家、文学家、哲学家。伏尔泰是18世纪法国资产阶级启蒙运动的泰斗，被誉为"法兰西思想之王"、"法兰西最优秀的诗人"、文坛的"无冕之王"、"欧洲的良心"。18世纪是欧洲的时代，尤其是法国的时代，牛顿、笛卡尔、洛克是18世纪启蒙运动的先驱，伏尔泰则是启蒙运动的最高化身。在世界文明史上，伏尔泰之于启蒙运动，就像路德之于宗教革命，达·芬奇之于文艺复兴。伏尔泰所处的时代，是商业革命、产业革命、思想革命相互推动的时代，其思想革命的内容和形式都集中体现在启蒙运动里。启蒙运动接过的是文艺复兴的历史接力棒，哲学家充当着启蒙运动的旗手，而伏尔泰的全才和多能使他的个人形象成为启蒙运动思想家的画像。"在一切18世纪的哲学家中，最少哲学家气息的他倒是最著名，这是什么缘故呢？因为18世纪是中产阶级与绅士的时代，是博学与轻佻的时代，是科学的与浮华的时代，是欧洲的尤其是法国的时代，是古典的而已染着浪漫色彩的时代，而这一切特点都集中于伏尔泰一身，他是18世纪一幅最完美的图像。"[1]伏尔泰一生坎坷，屡屡因文罹祸，被放逐和流浪异国他乡，但他坚持思想和表达，名动全欧洲。晚年的伏尔泰以84岁高龄带着盛名返回法国巴黎，巴黎人民像欢迎国王那样倾城相迎。两个月后他溘然长逝。11年后，法国大革命爆发，他的思想成为革命的旗帜。他的灵柩后来入驻巴黎先贤祠，是其中带有个人雕像并位于最核心位置的先贤。生前身后，哀荣备至。

伏尔泰写过大量文学作品，其中著名的有史诗《亨利亚德》《奥尔良少女》，戏剧《恺撒之死》《穆罕默德》《欧第伯》《放荡的儿子》《中国孤儿》，哲理小说《老实人》《查第格》《天真汉》等。他的历史著作有《路易十四时代》《风俗论》《彼得大帝治下的俄罗斯史》《论议会》等。哲学方面的代表作有《哲学辞典》《形而上学论》《牛顿哲学原理》等著作。他一生反对专制主义和封建特权，追求自由平等和资产阶级君主立宪制，他的目光被西边的英国和东方的中国吸引。英国的思想家和政治进步为伏尔泰提供了批判欧洲大陆非理性的经院哲学的思想武器，他由此大力提倡理性社会，抨击被宗教迷信所毒化的法国社会，以乐观进取的人生观反对僵化守旧的神秘主义。东方中国的陌生信息和他感兴趣的中国哲学、历史、政治、道德，是他推翻欧洲宗教禁锢下的历史观，重建人类史、世界史、文明史、风俗史、思想史的文化武器之一，确证过去认为由神创造的历史其实是人类自己创造的历史，神学家书写的历史应该由哲学家重写，哲学家的历史是地理大发现之后经过"历史大发现"的世界人类文明的总史。

一、伏尔泰发现的中国和他的中国观

伏尔泰10岁便进入耶稣会教士办的路易学院中学学习了6年。在那里，耶稣会本部与去中国传教的耶稣会士之间互相传递的中国信息不绝如缕，伏尔泰从中得到了关于中国的最初知识。那时候，教士们经常谈论中国的官吏和宗教以及佛教徒的迷信。他一开始就既听到对中国的钦慕也听到对中国的批评，而不是有人评论的他只听到了中国的好的一面，不知道中国的负面情况。当然，耶稣会士介绍和研究的中国，的确有出于夸大或为了保障他们的中国工作而偏向于中国正面，但在伏尔泰时代发生的围绕耶稣会士传教中国而引起的中西礼仪之争，也是出现过大量关于中国的负面信息，这些情况伏尔泰也是一目了然的。所以，伏尔泰的中国评论和研究，并不是要真正地研究中国，他知道自己没有去过中国，要做到这一点相当困难，他其实就是为了西方，就是用东方中国之酒浇西方欧洲甚至法国的块垒。不过即使如此，他对中国的接触、考辨、研究，也是非常严谨的。他后来拜访过二十多个曾游历过中国的人，他自述阅读过所有谈论这个国家的书，还做了大量的笔记。金尼阁、基歇尔、李明、杜赫德、富凯、柏应理、巴多明等的作品，耶稣会士的中国书简，以及他们翻译的中国哲学都是他所熟悉的。他还就基歇尔《中国图说》中提到的大秦景教流行中国碑提出过自己的质疑。他在他的《哲学通信》中首次提到中国。"早在1734年，在他的《哲学通信》中，伏尔泰就将中国视为'世界上最明智、最文明的国家'。几年后出版的《路易十四时代》以中国的礼仪作为全书最后一章，在这一章及其以后的所有作品中，伏尔泰都反复提到有关问题。无论是在《百科全书》的条目中，在各种小说里，在《风俗论》、《哲学辞典》（1764）等著作里，还是在一些有关中国的零散文章中，诸如《中国、印度和鞑靼信札》《印度史摘记》《世界史摘记》《关于〈犯罪刑法学〉一书的评论》《中国对话》《在让·加拉斯去世之际论宽容》《马蒂厄神甫记录的耶稣会士从中国被逐一事》《关于无神论的第一训诫》《上帝与人》《自然神论信仰之主张》《普鲁士国王的师神神甫们最终解释的〈圣经〉》等，伏尔泰都始终坚持自己的观点。无论是在中国人是否信仰无神论，中国政治是否清明，中国君主是否宽容，中国是否源于埃及，还是在孔子与儒学等一系列问题上，伏尔泰都一贯地支持中国迷们以及'哲人'们的观点，使之天衣无缝，极富诱惑力。"[2]

耶稣会士入华传教，为达到目的，他们深入研究中国典籍，与中国知识分子交往交流，使欧洲宗教、科学和艺术在中国逐渐传播。同时，他们大量翻译和介绍中国，使欧洲神学界、学术界开始了解中国传统文化和科学。耶稣会士打开中国大门的一个科学利器就是天文学。先进的天文学知识和天象仪器,使他们得以弥补中国天文学的不足,又满足了中国人对天文历法修订改进的政治和日常的需求。从中国传回的天文学材料和事实也同样震撼了欧洲。这就是中国历史之悠久的天文学事实与铁证。在耶稣会士传回的中国信息中,关于中国是一个比欧洲历史乃至比基督教历史和上帝创世的历史更悠久的说法,一是来自中国王朝和历史的编年谱系,它一直从现在可以往回追溯,中间不断,直到三皇五帝;二是来自中国的上古典籍,它们自身的来源可抵达先秦西周,还有一些古代铭文、金文、碑文、竹简等(甲骨文尚未出土);三是来自中国文字的古老,它的象形文字的古老形态和特殊的造字法,与欧洲知晓的古埃及文明中的象形文字接近,但又由来已久;四是中国人的天文观测记录得到古天象和西方天文学知识的印证。最后这一条至关重要,它推翻了关于前三条的争论、质疑、否定,直接用西方的知识肯定和确证了东方中国的古老和它的古老的真实确信。

1605年5月12日,利玛窦就从中国致信罗马的阿耳瓦烈慈,呼吁派遣精通天文学的耶稣会士来华。他说:"最后我有一件事向您要求,这是我多年的希望,迄今未能获得回音。此事意义重大,有利传教,那就是派遣一位精通天文学的神父或修士前来中国服务。因为其他科技,如钟表、地球仪、几何学等,我皆略知一二,同时有许多这类书籍可供参考,但是中国人对之并不重视,而对行星的轨道、位置以及日、月食的推算却很重视,因为这为编纂《历书》非常重要。我估计,中国皇帝每年聘用二百人以上,花费很大钱,编纂历书,且成立钦天监专司此职;目前中国使用的历书,有《大统历》与《回回历》两种,对推算日月食,虽然后者较佳些,但均不准确。宫里宫外各有两座修历机构,宫内由太监主持;宫外则设在南京雨花台,由学人主持。可惜他们除遵循先人所留下来的规律进行推算外，其他可说一概不知。"[3]

后来当然是有很多具有天文学背景的传教士入华，多人进入宫廷担任钦天监监正、监副或供职。传教士不仅用天文学打开了中国皇帝的天朝大门，还用它打开了西方的历史大门。1640年至1770年，西方人曾就中国《尚书》(《史记》也存同样记载)中提到的一次天文观测记录的日期争论不休，最后得出结论，其年代只能是公元前2200年前后。"戈比尔神甫的计算结果是公元前2154年；弗莱雷的结果是公元前2200年；钱德明计算出是在公元前2155年……我们还可以阅读夏瓦纳那篇通俗易懂的文章(《哲学综论杂志》，1900年12月号)，作者通过严谨的哲学分析，从那章题为《尧典》的天文学文字中得到了现代天文学家借助现代方法才能得到的结论：'《尧典》一文不是神话中的领袖尧帝时代的产物；它可能是周朝的产物；然而，其中记录了一次天文观测，它只能是在公元前2200年前后所作的记录，因此，它向我们指明了中国历史可以追溯到的最早日期。'（仍需说明的是，如果中国人对公元前2200年前后那次精确的天文观测有着准确的记录，那么由此而设想中国人的历史恐怕还要更为悠久，就是情理之中的事了，甚至也是必要的）中国人被推定具有如此悠久的历史，西方人一听，自然是一片哗然！"[4]1686年，柏应理发表《自中国第一个皇帝以后统治中国的三个朝代的纪年表——此间该国共有86位君王，其历史可追溯到公元前2457年》，公布了根据中国史籍得出的中国历史纪年表。

耶稣会学者还私下邀请伽俐略对中国的天文观测记录加以核算，对其准确性得到更加权威的确定。越能确证中国的历史，对于传教士和欧洲宗教界就越是一个挑战。因为它直接动摇了宗教史，改写了神学观下的人类起源史。这是一次巨大的历史冲击，也是一次巨大的思想冲击。传教士们肯定不会希望他们在中国的传教结果和成就，反过来在欧洲却动摇了神学和基督教的基础。尽管他们许多人就大洪水、巴别塔、人类迁徙、诺亚的子孙、白黑黄人种关系等围绕中国历史年表对基督教神学年表的错位重新作出种种解释，但都不能挽救旧历史观的瓦解。当时的情形是这样的："中国人把自己的史料和传说看得非常神圣，与基督教徒对待《圣经》的态度几乎同出一辙。基督教徒们的第一个反应，便是把这些充满着不可思议的和古老内容的当地传说，通通看作如同神话一般。他们后来又慢慢地开始怀疑宇宙起源的观点，即人类的共同祖先是否完全都是犹太人，而不是其他任何民族。在地区性资料与《圣经》资料互相矛盾的情况下，到底应该相信哪一种说法呢？许多人提出，人类在亚当以前就已经存在了，《旧约》中所记载的历史仅仅是犹太人的历史，而不是全人类的历史。甚至那些对《圣经》传说崇拜得五体投地的人，也开始思考世界真正的起源问题了。帕斯卡尔会士就是根据汉文史料，而对人类起源问题提出了质疑。卫匡国在他于1658年出版的中国史著作中，明确地承认了自伏羲以来中国史料和传说的权威性。人们认为伏羲生活在普遍使用语言之前的600年左右。……中国人的态度完全有可能把上帝存在的证据化为乌有，而当时这种证据又是为全世界所公认的。"[5]

在这种情况下，伏尔泰凭借他的影响和他的历史巨著，几乎是一锤定音式地重建起新的历史观。同样，中国人的纪年在伏尔泰的历史思想中具有中心地位。伏尔泰早在《百科全书》的《历史》条目中，就已经写道："使中国人超过了大地上的所有民族的因素，无论是他们的法律、风俗习惯，还是文人在他们之中所讲的语言近4000年来从未有过变化。""这个民族几乎发明了所有的艺术而且还是在我们仅仅学到其中某些之前。"在《哲学辞典》中的《与一个中国人的谈话》条目中，他不容置疑地说："世界史是从中国开始的。"他在《风俗论》中指出："如果说有些历史具有确实可靠性，那就是中国人的历史。正如我们在另一个地方曾经说过的：中国人把天上的历史同地上的历史结合起来了。在所有民族中,只有他们始终以日蚀月蚀、行星会合来标志年代;我们的天文学家核对了他们的计算,惊奇地发现这些计算差不多都准确无误。其他民族虚构寓意神话,而中国人则手中拿着毛笔和测天仪撰写他们的历史,其朴实无华,在亚洲其他地方尚无先例。中国各朝皇帝的治政史都由当代人撰写,其编写方法毫无差别,编年史没有互相矛盾之处。我们的传教旅行者曾经如实地叙述:当他们与贤明的康熙皇帝谈及《拉丁文本圣经》《希腊文本圣经》和撒马利亚人的史书彼此有很大出入时,康熙说:'汝等所笃信之书,竟至自相矛盾?'"[6]

伏尔泰确信的中国历史,不仅反讽了神的历史的真实性,而且开辟了从中国的人类史借鉴有益于西方的人类史的新途径。伏尔泰在晚年时也不时有对中国负面问题的思考和批判,有人以为是他的判断问题,但与其说是他的觉察太晚不如说是他的一种策略。他在《哲学辞典》的"中国"条目中讲了数学家沃尔夫在演讲中因推崇中国受到神学、国王、信徒们的迫害的故事,表明了那个时候推崇中国要承担多么大的风险。他的中国研究是启蒙思想的重要内容。他是这样开始他的中国叙事的:

> 哈勒(Halle)大学著名的数学教授沃尔夫(Wolff)有一天发表了一篇极出色的演讲,盛赞中国的哲学。他称赞说:古代中国人的胡子、眼睛、鼻子、耳朵甚至他们思辨的方式都与我们不同。我要说,沃尔夫称赞中国人只崇拜一个至高无上的神和崇尚美德。他公正地评价了中国的皇帝、阁老、法官、文人,但对僧人的评价却很不一样。
>
> 我必须告诉你们,沃尔夫的讲学,从各国吸引来了大约1000名学生,但这个大学里还有一个神学教授名叫兰格(Lange),他的演讲却几乎无人问津。兰格在演讲大厅里孤零零地站着,冻得要死,陷入了绝望之中。他十分有理由地决计要毁灭这位数学家,依照他这种人的习惯,他以不信奉上帝罪控告沃尔夫。

> 一些从未到过中国的欧洲作家认定北京政府是无神论者，既然沃尔夫称赞北京的哲学家，那么他本人也一定是个无神论者。妒忌和敌意从来没有构造出一个比这更好的三段论了。兰格的指控，由于得到一个阴谋集团和一个保护人的支持，被国王看作是结论性的，他给这位数学家两条路：要么在24小时之内离开哈勒，要么上绞刑架。沃尔夫是个聪明人，他迅速地离开了哈勒。由于他的弟子们不再来此地听他讲学，他的离去使得国王每年要白白丢失二三十万埃居的收入。
>
> 这个例子告诫统治者，不应该总是听信谗言而无端地牺牲一个伟人来迎合一个蠢人的意愿。下面，我们还是言归正传地讲中国吧。[7]

在《哲学辞典》中讲这样的发生在德国的中国故事，显然是意味深长的。

二、伏尔泰世界文明观中的中国风俗历史

历时16年才终于完成并于1756年出版的《风俗论》，是伏尔泰历史著述的代表作。这部著作的逻辑起点是人的创造历史而不是神的统治历史，是人的生活史而不是教会发展史。中国对这部著作的影响，首先支持他确立了这样的历史逻辑，其次中国本身在其中占据了应有的历史地位。这是一部世界史，也是一部人类文明史。他把以前已知的欧亚历史和大航海以来形成的全球知识和各国历史，全都汇聚笔端，置于历史视野之中。

《风俗论》起始第一章就是从中国开始的。这也表明伏尔泰的世界史是从有记载的可信的历史开始的，这个起点正是中国。他的反神学史观和不同于以往史书的特色，都开门见山、开宗明义。伏尔泰认为，中国的史书没有上溯到人类需要有人欺骗他们，以便驾驭他们的那种野蛮时代。其他民族的史书从世界的起源开始：波斯人的《真德经》，印度人的《法典》《吠陀》，桑科尼雅松、玛内通，直至赫希俄德，全都上溯到万物的起源、

宇宙的形成。他认为这是一种人类和历史的狂妄，而中国人没有这种狂妄，他们的史书仅仅是有史时期的历史。"这里有一个对我们来说尤其重要的原则，即如果一个民族最早的编年史证明确实存在过一个强大而文明的帝国，那么这个民族一定在多少个世纪以前早就集合成为一个实体。中国人就是这样一个民族，4000多年来，每天都在写它的编年史。而要掌握人类社会所要求的各种技艺，要做到不仅会写而且写得好，那么所需要的势必比中华帝国仅从伏羲氏算起存在的时间更长。"[8] 从中国历史的悠久，伏尔泰看见了一些值得西方思考的问题，包括：①中国文明成熟得早，当法国还是一小群人且处于流浪状态时，中华帝国已经把幅员辽阔人口众多的地方治理得像一个家庭，国君是父亲，40名公卿大夫则是兄长。②中国皇帝每年两次用自己亲手播种的收获祭祀上天，这种习惯保持了4000年。③巴比伦迦勒底人的天象观测结果比中国人早，然而巴比伦的这些星象历表与历史事实没有联系，而中国人则相反，他们把天上的历史跟地上的历史联系起来，互相印证。④他们完善了伦理学，伦理学是首要的科学，孔子只是以道德谆谆教人，而不宣扬什么奥义，他证明上帝亲自把道德铭刻在人的心里，他宁愿教育人不愿统治人。⑤中国有丝绸、瓷器、种植、印刷术、大钟、长城、纸、历法等一系列发明和建造。⑥他们的礼节可以在整个民族中树立克制和正直的品行，使民风既庄重又文雅。⑦人类肯定想象不出一个比这更好的政府：一切都由一级从属一级的衙门来裁决，官员必须经过好几次严格的考试才被录用。⑧中国的行政制度使皇帝要实行专断是不可能的，衙门设有六部，其下有44个机构每省每城都有衙门，这种机构使皇帝不向精通法律的、选举出来的有识之士咨询是什么也做不成的。⑨土地的耕作达到了欧洲尚未接近的完善程度。

在有限的篇幅和有限的中国资料情况下，伏尔泰对中国历史的把握是颇显功力的，既呈现了中国的基本面貌，又凸显了中国与西方最不相同又最有借鉴意义的地方。阅读这样的世界史有益于西方读者对自己历史的认识，可以更加清楚地看清世界，看清自己。而他针对他所在的时代，力图要达到的另一个更深刻的意义是："事实上，是伏尔泰迫使当时的知识界承认了中国人的悠久历史以及中国在世界史上的地位。""伏尔泰没有利用化石做证据，而只是运用他的理智，在两个世纪前就看清了一个教会拒不承认的事实，即人类不是由一个牧羊人部落的神创造的。"[9] 当然，伏尔泰的中国史还为后来的中国研究提出了许多天才性的问题，比如，对紧随其后的重农学派的影响；对中国专制制度的特殊性思考以及文官制度对皇权的制约问题；伦理学的价值与意义问题；中国历史的停滞性问题与性质和原因；等等。中国历史的开端意义是伏尔泰重点叙述中国时的世界史视角，从这里展开了人类历史波澜壮阔的场景。

中国资料经过耶稣会士的搬运，成批量地进入欧洲，这给予西方思想家一个更好的拓展视野和思考人类的机会。许多思想家通过这些间接的材料提出和回答了许多重要的问题。中国的古老性，首先刺激了西方思想家对西方历史真实性的思考，助力他们对神学权威的挑战，同时，从人类学和世界史的立场，他们也提出了中国历史"停滞论"，思考其原因和结果及其是非利弊、启示启迪。在伏尔泰之前，英国思想家休谟就涉及中国历史的这一现象和问题。1741年，休谟出版《论文集》，其中多处谈及中国。他认为，中国在贸易和外界往来方面存在很大缺陷，因而没有可能生长出完美和完备的教养和科学的枝干，在许多世纪的进程中，收效甚微。原因在于外部和内部两个方面。外部原因是没有更多的外贸对象；内部原因是中国处于大一统的状态下，"说一种语言，在一种法律统治下，赞成相同的生活方式"，对权威的宣传和敬畏使权威容易从帝国的一个角落传播到另一个角落，而且后代没有足够的勇气去与已为他们的祖先所广为接受的意见进行争辩，没有人有勇气去对抗公众认可的意见的潮流。"这似乎是一个非常自然的理由，能说明为什么在这个巨大帝国里科学的进步如此缓慢。"[10]

中国"停滞论"在现代中国，似乎是一个中国自己的问题，由中国的思想家提出，又由中国的史学家回答。中国史学家又把对这个问题的回答集中在中国商品经济在自给自足的小农经济中无以发展所致；中国封建社会阶级关系的残酷性遏制了新型生产关系的发展所致；强大的中央集权克服了分散性也遏制了资本主义萌芽的出现和发展所致；用"亚细亚生产方式"来解释中国封建社会的停滞性；以及一些关于中国社会超稳定结构的研究；等等。中国的史学问题其实出现得比较晚，是一个近代问题。它的源头还在西方，是西方首先提出了这个问题。而这个问题在西方，又是属于17世纪的启蒙时代，是启蒙问题。在西方，中国历史的"停滞论"，是由几个方向汇集的，或者说包括着几方面的问题：一是中国历史为什么会呈现为停滞的状态？二是中国的历史发展为什么没有出现近代科学？三是中国为什么没有发展出资本主义生产方式？休谟首先提出了中国如此古老却没有科学的问题并给出了自己的简单答案。休谟提出的问题，后来单独发展，成为李约瑟提出的问题，直至后者自己皓首穷经以宏大的中国科学技术史著述，对中国古代没有科学的问题作出否定的回答，同时补充提出了为什么近代科技不是在中国发生的问题。在此，回到了中国的问题，只不过是西方人提出而已。

我们还是回到休谟、伏尔泰的启蒙时代。在叙述了中国历史的基本事实后，伏尔泰抛出了自己的问题："既然在如此遥远的古代，中国人便已如此先进，为什么他们又一直停留在这个阶段；为什么在中国，天文学如此古老，但其成就却又如此有限；为什么在音乐方面他们还不知道半音？这些与我们迥然不同的人，似乎大自然赋予他们的器官可以轻而易举地发现他们所需的一切，却无法有所前进。我们则相反，获得知识很晚，但却迅速使一切臻于完善。"[11]在这里,他第一次明确提出了"停留"(停滞)的概念,这一点又是以充分肯定中国古代的先进为前提的。在达尔文进化论理论尚未问世的时候,他在社会历史领域使用了社会进化或进步的概念。伏尔泰也是孔多塞1793年所著的《人类精神进步史表纲要》的思想先导,因为孔多塞曾是伏尔泰的崇拜者。伏尔泰在提出问题时,也对西方和启蒙时代的进步予以了热烈的赞扬,指出西方获得知识很晚,但获得知识后的进步却极其快速和达到了臻于完善的地步。这种对比和颂扬,对西方坚持按文艺复兴和启蒙运动的方向发展具有重要的鼓舞意义。他歌颂的不是中世纪的历史,而是很晚以来纠正了中世纪迷信的谬误并且获得知识以后,西方因此而来的迅速发展。伏尔泰同时也对中国停滞的原因做出了自己的分析。他说:"如果要问,中国既然不间断地致力于各种技艺和科学已有如此悠久的历史,为什么进步却微乎其微?这可能有两个原因:一是中国人对祖先留传下的东西有一种不可思议的崇敬心,认为一切古老的东西都尽善尽美;二是在于他们的语言的性质——语言是一切知识的第一要素。用文字表达思想本应是一种极其简单的手段,然而对于中国人来说,却是极端困难的事。每个词都由不同的字构成。在中国,学者就是识字最多的人;有的人直到老还写不好。"[12]这两个原因也是在东西方比较中得出的。第一个原因,有助于西方引以为戒,摈弃教条主义;第二个原因,指示了知识普及的必要性。

在伏尔泰的中国"停滞"研究的启示下,许多思想家都介入这个问题的研究中来。1776年,亚当·斯密发表《国富论》,从重农派经济学的角度探讨了这个问题。他因为既与魁奈的提倡农业观点相同,又是贸易和市场的倡导者,所以从完全不同的角度提出了完全不同的结论和评判。亚当·斯密认为,中国的停滞是因为它的农业发达、饱和,是一种发达的表现。他在《国富论》中说:"长期以来,中国一直是最富的国家之一,是世界上土地最肥沃、耕种得最好、人们最勤劳和人口最多的国家之一。但是，它似乎长期处于停滞状态。五百多年前访问过中国的马可·波罗所描述的关于其农业、工业和人口众多（的状况），与当今的旅行家们所描述的情况几乎完全一致。也许早在马可·波罗时代（他在1275年去过中国）以前，中国就已经达到了充分富裕的程度。在许多其他方面，旅行家们的记载虽有不同，而在这一点上却是一致的：在中国，劳动工资很低，人们感到养活一家人很难。……中国最下层人民的贫困，远远超过了欧洲最贫穷国家人民的贫困状况。……可是，虽然中国或许是处于停滞状态，却似乎并没有倒退。没有哪一个城市为自己的居民所遗弃。它的土地一旦被耕种过，就没有任其荒芜下去。"[13]"中国是比欧洲任何国家都富裕得多的国家，中国与欧洲的生活资料的价格差别极大。中国的大米比欧洲任何地方的小麦都低廉得多。……欧洲大部分地区正处于发展状态，而中国则似乎处于停滞状态。"[14]重农学派的观点也是立足欧洲的发展，但是他们从中国的农业历史中得出了对停滞现象的不同判断和结论。

德国思想家赫尔德的立场和出发点又与重农学派不同，他是德国浪漫主义的先驱，对德国和欧洲流行的变形了的中国风颇为反感，所以，他眼中的中国也是另一种形式的变形的中国，他以西方模仿的走样了的中国作为真正的中国予以评判，而且更多的是批判。尤其是它的停滞状态，成为赫尔德嘲讽的对象。1787年，赫尔德出版《关于人类历史的哲学思想》，他在其中议论了中国。他的材料同样来自传教士。他的评价是："拿欧洲人的标准来衡量，这个民族在科学上建树甚微。几千年来，他们始终停滞不前。我们能不对此感到惊讶吗？就连他们那些谈论道德和法令的书本也总是变着法儿，反反复复、详详细细地在同一个话题上兜圈子，千篇一律地吹捧那种孩童的义务。他们的天文学、音乐、诗歌、兵法、绘画和建筑如同千百年前一样，仍旧是他们永恒法令和千古不变的幼稚可笑的政体的孩子。这个帝国是一具木乃伊，它周身涂有防腐香料，描画有象形文字，并且以丝绸包裹起来。它体内血液循环已经停止，犹如冬眠的动物一般。所以，它对一切外来事物都采取隔绝、窥测、阻挠的态度。它对外部世界既不了解，更不喜爱，终日沉浸在自我比较的自负之中。这是地球上一个很闭塞的民族。除了命运使得众多的民族拥挤在这块土地上之外，它依仗着山川、荒漠以及几乎没有港湾的大海，构筑起与外界完全隔绝的壁垒。要是没有这样的地理条件，它很难维持住现在这个模样。"[15] 赫尔德的中国论述还有一些别的思想观点，他在这里讨论中国的停滞，用了一些尖刻的语言和比喻。但他也表明，他是从欧洲的标准和立场来看中国。一方面是肯定欧洲的不断进步，肯定这些进步来源于开放和交流；另一方面，他切中了中国的顽劣，自然的隔离、封闭和中国人自己人为的隔离、封闭、因循守旧、自命不凡是中国停滞的外因和内因。赫尔德之后的18、19世纪，这种状况在中国更是江河日下。他的判断对全部中国历史不一定准确，但对于他身后的中国却是一个准确的判断或预言。

孔多塞是18世纪法国的最后一位哲学家，也是启蒙运动最杰出的代表之一，还是百科全书派中亲身经历和参与法国大革命的人。他经历了大革命起起落落、反反复复和革命、反革命、反反革命的动荡，并在其中丧命。但他在如此动荡中，依然在逃亡和入狱中写出《人类精神进步史表纲要》，此书在他1794年亡故后于1795年出版。作为启蒙运动的猛将，他针对天命论和神学历史观，提出历史的进步是和人类理性在每个时代的进步相一致的，历史是人类理性觉醒的产物，是人类理性不断解放的过程。他知道中国很早就有了印刷术，他对印刷术带来的社会进步给予高度评价。他说："正是由于印刷术，人们便有可能传播涉及当前局势或流行意见的种种著作；因此，在任何一个地点所讨论的每一个问题，都会引起讲同一种语言的人的普遍关注。不求助于这种艺术，人们又怎样能够成倍地增加那些针对着每一个阶级的人们的人和针对着每种不同教育程度的书籍呢？唯有长时期的讨论才能够给各种疑难问题带来确凿的知识，并在不可动摇的基础之上确切肯定那些过分抽象、过分微妙、过分远离人民的偏见或学者们的共同意见的真理，而不至于很快地被忘掉或被误解；纯基础性的书籍、字典和仔细收集有大量事实、观察和经验的那些著作，其中展现了一切的证明，讨论了一切的疑问；那些收集的珍贵的，或是人们对某一种特殊的科学部门所曾观察的、写过的或思考过的一切东西，或是同一个国度所有学者每个年度劳动的成果；那些各种各样的图表之中，有些是把人类精神非经历艰辛的劳动就无从掌握的成果呈现在人们的眼前，另有一些则可随我们的意而展示我们所需要知道的事实、观察、数字、公式和事物，而最后还有一些则是以方便的形式、以有规则的秩序提供了天才们可以从中得出新的真理来的资料，所有这些能使人类精神的进程更加迅速、更加确实和更加便利的手段，也都是印刷术的恩赐。"[16]

孔多塞的历史是精神史和理性史，精神和理性的传播都有待于印刷术的革命性力量。而中国，既是古老的，又是发明了印刷术的。它的印刷术出现的时间比西方，特别是德国谷腾堡铅印活字印刷还要早。1546 年，意大利史学家焦维奥在威尼斯以拉丁文出版《当代史》，指出："广州的金属活字印刷工用与我们（欧洲人）相同的方法将历史和仪礼等方面的书印刷在长幅对开纸上……因此可以使我们很容易相信，早在葡萄牙人到印度（14 世纪）以前，对文化有如此帮助的这种技术就通过西徐亚和莫斯科公国传到我们欧洲。"[17] 门多萨 1585 年在罗马以西班牙文出版的《中华大帝国志》（1588 年译为英文出版）也指出："根据大多数人的意见，欧洲[金属活字]印刷术的发明始于 1458 年，由德国人谷腾堡所完成……然而中国人确信这种印刷术首先在他们的国家开始，他们将发明人尊为圣贤。显然，在中国应用此技术许多年之后，才经由俄罗斯（Russia）和莫斯科公国（Moscow）传到德国，这是肯定的，而且可能经过陆路传来的。而某些商人经红海从阿拉伯半岛（Arabia Felix）来到中国，可能带回书籍。这样，就为谷腾堡这位在历史上当作发明者的人奠定了最初的基础。看来很明显，印刷术这项发明是中国人传给我们的，他们对此当之无愧。"[18]

如果要指认中国的停滞，还必须回答它的停滞原因和印刷术在这里为什么不像西方那样有效，而是同样陷入困境无助于其走出停滞。孔多塞首先指出中国的停滞现象与此相关联的情况："把目光转到中国，转到那个民族，他们似乎从不曾在科学上和技术上被别的民族所超过，但他们却又只是看到自己被所有其他的民族——相继超赶过去。这个民族的火炮知识并没有使他们免于被那些野蛮国家所征服；科学在无数的学校里是向所有公民都开放的，唯有它才导向一切的尊贵，然而却由于种种荒诞的偏见，科学竟致沦为一种永恒的卑微；在那里甚至于印刷术的发明，也全然无助于人类精神的进步。"[19]科学没有运用，科学没有社会地位，所以，"从此以后，科学中的一切进步就都停顿了；甚至于以前各个世纪所曾经验证过的科学知识，有一部分也在后世消失了"。印刷术无助于中国，孔多塞认为，中国是唯一至今还在使用象形文字的民族，没有发明或进入拼音文字，而古希腊接过拼音文字的发明成果，"为人类开辟了所有通向真理的道路"。这个观点20世纪初还极大地影响过中国人自己的文字改革思潮。

此外还有专制主义、宗教迷信等也是社会进步的阻碍。孔多塞还重点关注了特定社会的精神状态与社会进步或停滞的关系。他从大航海后发现的众多原始部落和原始民族的长期停滞在后进或原始状态中，发现了停滞问题的特殊性和普遍性，把它放在文明史的视野中予以思考。一方面是进步所必需的精神状态："我们可以注意到，在根本没有经历过任何伟大革命的部落中间，文明的进步被滞留在非常落后的地步。可是当时的人们已经认识到了，新观念和新感觉的需要乃是人类精神进步的首要动力；已经认识了，对那些奢侈的、多余物品的兴趣乃是对工业的刺激；已经认识了，那种好奇心正以贪婪的眼光在穿透自然界用以遮蔽起她自己秘密的那层幕幔。"[20] 另一方面是停滞所必然的精神状态："人们为了逃避这类需要而以一种狂妄的心情在寻求并采用种种生理的办法，为自己获得可能使自己不断有新奇感的种种官能作用，诸如使用酿造的酒、热饮料、鸦片、烟草、蒌叶等。很少有哪个民族是我们不曾见过有任何这类习惯的，由此所产生的快感可以充满整个的日子或随时都可以重复，使人感觉不到有时间的重担，它满足了人的消遣或兴奋的需要；它终于麻痹了人们并延长了人类精神的幼稚状态和无所作为的期限。"[21] 这种风俗式的角度，方法论的传统来自伏尔泰；而将风俗看作一种精神活动的反面，视之为生理性内容，则是孔多塞的独创。

启蒙思想家对中国停滞论的议论或研究，虽然在每个人那里都不是一个重大问题并形成专论专著，但他们的讨论延续时间很长，每个人都有自己独特的角度和重要的思想，使这个问题既研究了历史，也关注了现实，还预测了未来，同时还分别指向东方、西方和整个人类。孔多塞之后，黑格尔、马克思也是对停滞现象发表意见的重要思想家。黑格尔认为，中国文化的幼年性使其持久、稳定，而且它的时空重叠，又使"地处东方的中国，成了世界历史时间上的起点，而悠远古老的中国历史，却成了没有时间的空间"。中国"可以称为仅仅属于空间的国家——成为非历史的历史"。"历史必须从中华帝国说起，因为根据史书记载，中国实在是最古老的国家。它的原则又具有那一种实体性，所以它既是最古的，同时又是最新的帝国。中国很早就已经进展到了它今日的情状，但是因为它客观的存在和主观运动之间仍然缺少一种对峙，所以无从发生任何变化，一种终古如此的固定的东西代替了一种真正的历史的东西。"[22] 黑格尔用抽象哲学的主观和客观的关系来回答中国为什么停滞的问题。而马克思也在鸦片战争时期评述世界大势时对中国状况使用了"活化石""停滞""木乃伊"这样的表述。他在1853年撰写的第一篇专门论述中国问题的文章《中国革命和欧洲革命》中对中国现实做出过这般描述："与外界完全隔绝曾是保存旧中国的首要条件，而当这种隔绝状态通过英国而为暴力所打破的时候，接踵而来的必然是解体的过程，正如小心保存在密闭棺材里的木乃伊一接触新鲜空气便必然要解体一样。"[23]这些概念的思想传承和被不断丰富也是显而易见的。

作为一种观察和判断中国的思想理论，停滞论是广有影响的。从伏尔泰正式提出以来，一直被人使用。直到当代西方学者研究中国，仍然使用"停滞的帝国"这样的概念。停滞论本身可以分为广义和狭义两种。广义指褒贬混合的情况，最初是褒义，然后有了贬义，但更多的情况下是中性概念。狭义的停滞论是指贬义的和否定性的中国判断。它从一开始就有，到后来成为概念主体。停滞论概念的发展在启蒙运动中成型，以后延续至今，其中有过三个阶段：第一阶段是17世纪，主体问题是中国为什么这么古老。实际上讨论的是中国的文明为什么不断，为什么会有连续性的问题。第二阶段是17、18世纪，主体问题是中国文明为什么历经元和清两次游牧民族的冲击依然存在和未被毁灭。第三阶段是19世纪，主体问题是中国为什么不能接受现代文明（如马戛尔尼使华）。为什么经不住资本主义的打击，为什么没有发生新的科学技术，这些基本上是停滞论的西方问题。它们的提出和西方思想家对这些问题的各种回答，加上中国人自己提出的问题和回答，就构成了这一中国重要问题的多层结构和多维视野，是文明史和世界史的一个重要侧面和组成。

三、伏尔泰戏剧《中国孤儿》见证和回答了文明史问题

伏尔泰不仅是一位杰出的启蒙思想家、历史学家，也是他那个时代著名的诗人和剧作家。他的史诗性长诗《亨利亚特》和悲剧《恺撒之死》享誉法国和欧洲文坛。他的中国题材的戏剧《中国孤儿》也曾一度风靡欧洲，是他中国观的重要表达，对推动欧洲认识了解中国产生了重要的影响和引领作用。他也借用《中国孤儿》提出和回答了文明史出现的一个特殊现象和重大问题。

《中国孤儿》是伏尔泰唯一一部中国题材的戏剧作品。这部作品是改编性作品。它的原本是元杂剧《赵氏孤儿》。这是元代剧作家纪君祥的戏剧作品，取材于《史记》《左传》等秦汉历史典籍和传说，反映的是春秋时期晋国一桩大忠大奸、大义大佞的极具传奇性和戏剧性的故事。在纪君祥笔下，程婴和公孙杵臼的形象被大大提升，成为传统文化中忠义的化身，这其中，前者以自己孩子的性命换取赵氏家族残存的一点骨血，牺牲个人家庭小义，成就君臣父子的大义；后者更是舍生取义，用性命获得屠岸贾的信任。经过对这两人的渲染，"义"成为这出戏剧的戏核。历史上一场家门丑事引发的血案被转变为朝堂之上的正邪之争，而赵武的戏份也变得重要起来，由一个襁褓中的幸存孤儿化身为背负血海深仇的家族希望，俨然是中国版的哈姆雷特。具有莎士比亚戏剧的矛盾冲突和深刻主题，同时又是在元代用这样的戏剧表达忠义的主题，这里是有汉蒙宋元朝代更迭的时代寓意的。可能是这两个要素都被敏锐的伏尔泰发现了，才有了他的进一步发掘。因为这两者正好具有东西方合一的境界。莎士比亚戏剧的深刻矛盾，东方历史的巨大冲突，使这部戏剧有西方戏剧的一切元素。纪君祥的《赵氏孤儿》，被传教士马若瑟于1731年翻译成法文并从中国寄回法国。随后被杜赫德以"中国悲剧《赵氏孤儿》"的名目刊登在

法国出版的《中国通志》第3卷上。伏尔泰是1740年着手新作《风俗论》的，16年后的1756年完成此巨著。1755年，伏尔泰的戏剧《中国孤儿》上演。这就是说，这两部作品是同一时期写作或者说是同时在写作的。它们是伏尔泰研究中国获得的成果双璧。这两部杰作之间必然有不可分割的联系。伏尔泰没有照搬《赵氏孤儿》，他的剧名也略有变动，是"中国孤儿"。剧情发生的时间也不是春秋时代，而是回到纪君祥和马可·波罗所在的时代元朝。剧情也做了重大调整。他的剧不再是原作表现两个时代的对立和冲突，而是两个时代的调和与融合。他甚至像恩格斯批评席勒的戏剧那样，成了一部主题先行的戏剧。但他似乎必须而且迫切地需要借助这部戏剧表达自己关于中国的一个最伟大的思想。

在伏尔泰时代，中国在西方，一方面有强劲无比的中国风，另一方面是启蒙思想家获得宣扬和批判的重要对象。而他们所处的时代，恰恰是中国发生两次令西方震惊无比的改朝换代的时代。《马可·波罗游记》呈现的就是元蒙对大宋的占领和统治，鞑靼人代表了传统的中国人。鞑靼和中国的关系，让很多西方人不得要领，也不知所以。到了17世纪，与明朝打过交道的利玛窦又进入清帝国，鞑靼又有了新的含义。鞑靼和中国又发生了巨大的关系和变化。元代的鞑靼和清代的鞑靼什么关系？元、明、清三朝是什么关系？是同一个中国吗？中国还存在吗？农耕的中国和游牧的中国是什么关系？游牧的中国占领农耕的中国后还是那个传统的中国吗？如果还是，为什么会还是呢？这些问题都不仅仅是像利玛窦和庞迪我说明鞑靼和契丹就是中国，或者卫匡国《鞑靼战争史》说明清征服和统治着中国一样，容易澄清。它们后面有深层次的问题，那就是野蛮的游牧民族征服了文明的中国或中原以后，悠久的中国文明是否还存在，如果存在，为什么会存在？这事实上是世界史和文明史的大问题。文明曾经一次次征服野蛮、野蛮国家和发展低于文明的国家和地区，并一定程度上把文明带入这些地区，扩大和推进了文明的覆盖面，这是西方事实上的血腥与残酷，而他们又觉得是在道义上的胜利，并且很少自责过。只有面对中国这样的文明国家，文明对文明时，西方才有所顾忌。莱布尼茨这样伟大的科学家和思想家都是这样，他把征服美洲和其他地方的土著视为理所当然和一种施舍式的荣耀，而对中国文明，他则极力主张尊重与和平交往。但是世界史和文明史还有另一种情况，那就是野蛮征服文明。野蛮征服文明从古至今，屡见不鲜，不足为奇。几乎所有重要的文明的消失，都是被它周围或者远道而来的野蛮民族践踏、征服和毁灭的。幸存或者反征服的寥寥无几。中国文明就是中国的绝无仅有和文明的所剩无几。在西方眼见的历史和彼此同在的同一时刻，西方就眼睁睁地看见中国两次被它北方的低于它文明程度的游牧民族血洗和征服，而它的文明成果依然存在，它的文明样态依然不变，它的文明质地和性质依然未改，它的文明积累依然在发展。这是文明史的奇迹再现或活灵活现！目睹这一切的西方思想家不可能对此无动于衷，他们一向推崇希腊罗马文明，文艺复兴更是对希腊罗马文明的直接继承和复兴，"言必称希腊"，甚至成为理所当然和不言而喻。而罗马征服希腊，又被希腊反征服，早已成为耳熟能详的文明史经典案例。因为早在罗马征服希腊初期，罗马大诗人贺拉斯就留下了名言：Graecia capta ferum victorem cepit et artis intuit agresti Latio.（被征服的希腊人，把他们的艺术带到了土气的拉丁姆，用这种方式征服了他们野蛮的征服者。）罗马著名历史学家李维也持与此相同的观点，他在他的《罗马史》中说："与其说我们征服了希腊人，不如说希腊和亚细亚的繁华征服了我们。"贺拉斯还从诗和诗的悲剧的具体情况，在说完上面那番话后，接着描述了这个被征服的文化过程及其细节："原始的萨图恩式的诗歌的河流枯竭了，新的气息驱逐了旧的气息，但是这种乡村的气息一直存在很长时间，甚至现在依然存在。直到很晚，罗马人才开始思考希腊的作品，在布匿战争之后的和平岁月里，罗马作家才开始思考索福克勒斯（Sophocles）、泰斯庇斯（Thespis）和埃斯库罗斯（Aeschylus）能为罗马提供什么有益的东西。罗马人也开始尝试，能否用一种有价值的形式把希腊人的戏剧进行转化，最后成功地进行了这种转化，这是他们引以为豪的事情，因为他们天生具有勇气和智慧。"[24] 罗马不只是承继了希腊的诗艺、戏剧和文化的衣钵，就是本来其神性跟希腊宗教毫无关系的罗马诸神，后来也都分别把他们比作希腊奥林匹斯诸神，所以"希腊、罗马神话"从古至今就被混为一谈。希腊化文化以排山倒海之势涌进罗马，结果使武力征服者的罗马人变成了被征服者。当然，从贺拉斯的叙述和希腊罗马历史关系来看，这种征服和反征服，需要两个条件，一是被征服的文明足够文明，有强大的魅力和生命力，二是征服者有足够的胸襟、气度和包容能力。这才会有野蛮和文明的历史反转。罗马学习希腊，虽然也曾惹起一些民族主义者对这种进程进行反抗，但是大多数罗马人都努力把希腊人的学问吸收过来，最终罗马人继承了希腊文化遗产。而且还由罗马远征军把它传遍世界各地，使罗马人在人类文明史上建下不朽功勋。贺拉斯的征服者被被征服者反征服的名言也随之成为传世定律。但是，历史的主流大多还是野蛮毁灭文明，野蛮征服文明又被反征服的情况极为罕见。即使作为蛮族占领罗马的日耳曼人，也只是摧毁了罗马文明，而没有延续这个文明。跑马而过的野蛮比较多，他们逞一时之快，掠夺式一扫而过。真正驻扎下来长久统治比他们更高的文明，只有希腊、罗马、印度、波斯、中国等地一些历史穿插其间。现在，一个新的历史个案出现在当下的时代和神秘的东方。伟大的历史正在东方重现。西方思想家不可能无动于衷。相反，他们必须思考，必须回答，必须有所结论。伏尔泰是这个历史问题当时时代破题的首席思想家。在《风俗论》问世之前，他首先用戏剧《中国孤儿》在大众中回答和普及了自己的回答，用中国戏剧形象，塑造了中国思想。这里，我们有必要简要摘录一下《中国孤儿》的剧情，看看伏尔泰怎么改编了《赵氏孤儿》，又是为什么要这样改编。

第一幕

第一场

伊达梅告诉心腹侍女阿塞莉，成吉思汗就是铁木真，以前向伊达梅求过婚："我拒绝了他的要求。"

第二场

伊达梅丈夫尚德上：他说帝国皇上把一个被指定为皇位继承人的新生儿托付给他。必须保证"这一不可侵犯的人质"的安全，逃往高丽，把孩子藏到一个"野蛮的隐秘处"。

第三场

尚德的随从埃坦出现。不幸的是，已经无法再逃。皇上被杀；一切全都完了。

第四场

鞑靼大首领奥克塔尔上，身边跟着一群卫士；他要求人们交出皇位继承人，藏匿者将处以死刑。

第五场

尚德和伊达梅考虑该如何救孤。

第六场

埃坦及时赶到，人们将遗孤托付给他。"请利用你默默无闻这一条件"，把这一珍贵的财富带到高丽去，由我尚德向暴君交出我的独生子，代替皇族遗孤。

第七场

尚德独自一人在台上乞求苍天："没有你，道德就要沦丧，求你弘扬道德吧。"

第二幕

第一场

尚德一人在台上自问他亲生的孩子到底怎么样了。

第二场

埃坦到。尚德劝他对伊达梅隐瞒真情:"让她暂时把假象当作真情吧。"

第三场

可伊达梅突然出现,怒气冲冲,但为及时从受到威胁的摇篮中救出自己的孩子而庆幸。"什么!我儿子活着!"贤明的尚德高声道,"必须让他死",以挽救遗孤;可伊达梅宁愿去死,也不愿交出自己的孩子。

第四场

奥克塔尔带着一批暴徒出现在台上,什么!你敢再抱起"我命令你放下的这个孩子"?

尚德假装服从,"孩子会交给您的"。可伊达梅说:"我无法接受。"奥克塔尔放开"这些卑贱的俘虏",因为成吉思汗到了。

第五场

成吉思汗颁布赦令:只要将中国皇位的继承人处死就行了。

第六场

成吉思汗单独与奥克塔尔在台上,伤感地回忆起他还叫铁木真时的过去:

五年来,整个人类都在他脚下颤抖,可这儿的一位女子却拒绝他的求婚。

对他的伤感,奥克塔尔感到莫名其妙("这番话,我真不明白")。可成吉思汗只有一个愿望:再见到他那美丽的情人。

第七场

成吉思汗的另一位副官奥斯曼上台,宣布何时要处死皇位继承人,一个狂怒的女人号叫着有人要杀死她的亲生子,而不是小皇帝。她是何许人?

传说她跟一位文人是一家,在亚洲,文人都受到敬重。

第三幕

第一场

成吉思汗与奥斯曼及一些士兵上台,他要求给他解释这个神秘的孩子:"想要欺骗我,那就处以死刑。"这时,卫兵给他带上女罪人。成吉思汗说道:

我没有弄错吗?难道是梦?是错?

是伊达梅!是她!我的……

第二场

成吉思汗表示要忘记"铁木真在这个地方所受的冒犯"。他要挽救情人的儿子,只要已故国王的孩子的命。至于尚德:"您知道我该憎恨这个胆大妄为之徒。"

第三场

人们带上尚德,他一口咬定已经交出"皇帝的儿子";可伊达梅无法接受牺牲儿子的事实,在长时间的对白中招认了调换孩子的真相,接着说道:

就请罚我一人,因我既背叛了敬爱的丈夫,也背叛了圣上之子。

成吉思汗令尚德赎罪,不然将处以死刑。接着,令夫妇俩离去。

第四场

成吉思汗独自与奥克塔尔在一起,开始"悲诉"道:

我,一个奴隶,一个幸福之奴的情敌!

……

难道我真的在爱?在追求?

何谓爱?竟这样折磨着人?

奥克塔尔对"这番令人烦腻却又奇特的温情"再次感到莫名其妙;成吉思汗原以为早已为投身"伟大的事业"而忘却了旧日的情人,可现在不得不承认:

我忘记她:她却来了,她胜了,我还爱着。

第五场

奥斯曼又出场,说伊达梅准备随丈夫尚德一起献身。成吉思汗令他"速去"找她,阻止她去死。

第六场

成吉思汗独自与奥克塔尔在台上，后者问成吉思汗该怎么办，得到的是一个可怖的暴君可能作出的回答，那就是："我要她活着。"

第四幕

第一场

成吉思汗独白，再一次低声悲诉，可这一次是因为伟业造成的束缚：啊！若是默默无闻，我将更加幸福。

第二场

奥克塔尔到，他想尽办法激成吉思汗去恨尚德。可成吉思汗却钦佩汉人；这是自然的钦佩！

一切都无法让他们屈服、颤抖。
怎么说呢？当我把关切的目光，
投向这个遭受劫掠的被虏民族，
虽然给她戴上铁镣，我却感到佩服：
发现她的创造哺育了整个宇宙；
这正是一个古老、勤勉的大民族。
她的君主以智慧建立权力威望，
幸运的立法者，共处驯服的邻邦，
统治靠的是习俗，而不是征服。
上苍赋予我们力量，却只是一半，
我们的创造是毁灭，艺术是征战，
……
我的心暗暗嫉妒他们的德行。
虽为胜者，却只想与败者持平。

令奥克塔尔愤怒的是，成吉思汗却命令把伊达梅带来。

第三场

成吉思汗独白，他"憎恨"手下的斗士，一个个全像是饿急的魔鬼、野蛮的杀手。

这是因为他这个不幸的人"知道了爱"！

第四场

伊达梅来到昔日的情人面前，他劝她离婚，让她当皇后，这是鞑靼法律所允许的。伊达梅承认她曾爱着铁木真，可汉人的习俗逼她在毫不了解丈夫的情况下成了婚：

成吉思汗：

天啊！您跟我说什么？啊，天啊！

您爱我！您！

伊达梅：

我说您对我表示的种种愿望，

绝不会令我囚禁的灵魂反感，

若我的救命恩人，那死去的圣贤，

不将相反的义务让我心灵承担。

您深知我们先辈拥有的力量，

他们是我侍奉的上帝的活像，

对于先辈，我们总是一贯服从。

总而言之：

宽恕我的这番招认，请把我们风俗尊重。

但是，请别把我的这些话告诉我丈夫，我求求您，因为我钦佩他，我爱他。这使成吉思汗感到不悦："你们的风俗"，"你们的习惯"，在我看来罪不可恕，若是将我违抗。

第五场

伊达梅独自在台上停留片刻，阿塞莉上，劝她向成吉思汗让步，因为他过去的爱"是纯洁而合法的"。可伊达梅这位富有美德的女人说：

别说了，爱情已不存在；想它便是罪孽。

第六场

尚德上。他也劝妻子嫁给成吉思汗，以救皇位的继承人。这样，他死也幸福。可她拒绝，向他建议一种荣耀的结局：尚德和伊达梅把遗孤当作战旗，设法掀起武装反抗，推翻成吉思汗政权。

第五幕

第一场
阿塞莉和伊达梅为起义的失败而悲哀。这一次"完了","可怜的孩子"又落到了刽子手的魔掌。阿塞莉劝她的主人投到成吉思汗的脚下。

第二场
奥克塔尔前来嘱咐伊达梅"在这个隐秘的地方"等待皇上。

第三场
伊达梅独自在台上请求上帝在她心间灌输:

您赐予我夫君的无上美德。

第四场
此为两位情人之间的重要场面。成吉思汗再一次请求伊达梅离婚嫁给他。他将收容她和尚德所生之子,特赦她的丈夫和皇太子。

您手中掌握着不止一人的命运。

不用说,伊达梅拒绝离弃丈夫。成吉思汗怒不可遏:

过去您有过情人,今天只有主人,

一个血腥的仇敌,残忍而且无情,

他的仇恨与您的恶意对等。

伊达梅于是求他赐以最高的恩惠,让她与尚德再见一面。此要求获准。

第五场
伊达梅和尚德在一起;伊达梅对她丈夫说不该再等刽子手来。她递给丈夫一把匕首:

拿着,让我先死;你必须这样做:你在犹豫!

尚德:

我不能。

伊达梅:

我要您这样做。

尚德:

我在发抖。

伊达梅:

> 你在伤我的心。
>
> **第六场**
>
> 伊达梅抓住丈夫的胳膊，对他高喊："我说，动手吧。"正在这时，成吉思汗带着奥克塔尔和卫士出现了。他夺下尚德手中的匕首，可面对如此的美德，突然感到自己心里发软。就像去大马士革路上的圣徒保罗，皈依改宗！
>
> 我钦佩你们夫妻，你们战胜了我。
>
> 尚德说：
>
> 啊！您让败者热爱您的枷锁，
>
> 伊达梅遂对成吉思汗说：
>
> 是什么会让您改变了主意？
>
> ——是你们的德行！

这是成吉思汗的回答，也是全剧的最后一句话。[25]

中国道德像西方宗教一样，具有至高无上的精神感召力。这个戏里的中国基本上就是伏尔泰自己理解的中国。他保留了托孤救孤的戏核，但人物却大大改动了，成吉思汗直接出场演绎爱恨情仇，最后这个令西方曾经惊惧的人物，在中国的道德力量面前放下屠刀。这是蒙古铁骑征服中国又被中国反征服的一幕。这有赖于两个伟大因素的存在与合作：一是征服者中有一个伟大的人物，他具有征服敌人又能被真理征服的品德；二是有一个伟大的文明，他有能被伟大的人物发现的高于杀戮、高于人类的真理性。这种情况下的改朝换代，就出现了野蛮征服文明，而文明又反过来征服野蛮的历史情景。所以，在伏尔泰的最后一场戏里，还有这样的表达：

> 成吉思汗说：我是征服者，你们让我当了国王。
>
> （对尚德）：
>
> 当好法律至高无上的代言人，

> 让他们的大臣像你一样神圣,
> 教导他们理智、公正、讲究德行,
> 愿被征服的人民统治征服者,
> 让智慧去做主,左右人的勇气,
> 一旦战胜武力,它便会向您致意;
> 我要做好表率,虽为您的君主,
> 但要手执武器,服从您的法律。[26]

《中国孤儿》上演后,产生了巨大反响,还进入宫廷演出并受到欢迎和好评。这在中国风和中国热盛行的时代,伏尔泰一方面用此戏剧引导大众欣赏中国文明的高尚何在,另一方面又指出了欧洲中国风猛刮的原因在于中国文明的突出成就。他用西方看得见的中国文明连续两次征服它的征服者的事实,表达了自己对这个伟大文明的敬意。对此,随后出版的《风俗论》又从文明史的叙述,给予了明确表达。他在"东方和成吉思汗"的叙事中描写成吉思汗:"当时这个鞑靼征服者60岁,他看来既会打仗,也会统治。没有一个伟大的征服者不是伟大的政治家,成吉思汗的一生便是证据之一。一个征服者是一个得心应手地、灵活地用自己的头脑支使别人的手臂的人。成吉思汗对已经占领的那一部分中国统治得这样巧妙,以至于他不在的时候,也没有发生叛乱。"[27] 实际上,成吉思汗的时代离伏尔泰的时代还是有点远,关于元的历史资料也不够丰富。但是成吉思汗的名气、影响、震撼,对西方而言,可能是超过任何一个东方君主和帝王的。伏尔泰对康熙的叙述其实更具体,更详细。康熙的影响在当时是被人拿来与路易十四相提并论的。康熙作为东方和中国的伟大帝王,他的所作所为也颇得伏尔泰的关注和好评。在叙述清代和康熙王朝时,伏尔泰指出:"时间并没有像在我们的高卢、英国和其他国家那样,使征服者民族和被征服者民众消除一切差别。但是由于满族采取了汉族的法律、风俗和宗教，这两个民族不久后就成一个民族了。"[28]他在这里直接讨论了野蛮和文明、征服与被征服的文明史问题，即使清朝的再文明化进程还没有最终完成，但是他敏锐地指出了这个趋势和结果。我们还要特别注意，在伏尔泰时代，东西方正在经历礼仪冲突，否定利玛窦规矩的一派势力很大，教皇、教会都趋向于否定中国文化，伏尔泰的立场和观点就尤为引人瞩目。他的《中国孤儿》公开表达他对中国文明的赞美，而且是对它经历过血腥的战争、战败依然给予礼敬，这是非常难能可贵的，也是他具有穿透历史迷雾的哲人目光的明证。他肯定康熙皇帝对欧洲传教士的器重和礼遇，肯定这些欧洲传教士在中国向有才智的民族传授最高级的技艺也取得了成功。就中西礼仪之争，他也同情中方立场，还从雍正的言行中再次看见了罗马征服希腊时的影子。他说，这个皇帝名叫雍正，他对传教士们说了下面这样一番话。他们曾真实地把这些话记录在名为《耶稣会传教士关于中国的有益和奇异的信札》一书中：

> 如果我派遣一批和尚和喇嘛到你们的国家去，你们会说什么呢？你们将怎样接待他们呢？如果你们已经欺骗了我的父亲，那么别想再欺骗我了。你们想让中国人采用你们的法律。我知道，你们的信仰容不得其他的信仰；这样一来，我们成了什么呢？成了你们君王的臣属。你们培养的门生只认识你们。一旦发生动乱，他们必将对你们唯命是从。我知道眼下是没有什么可担心的，但是当大批军舰驶来时，就会出乱子。

> 转述这些话的耶稣会士和其他的教士们都承认这位皇帝是历代帝王中最贤明、最宽厚的一个。他一贯关心减轻穷人的疾苦，让他们劳动，他严格地遵守法律，抑制僧侣们的野心和诡计，保持国家的和平和富裕，奖励一切有益的技艺，特别是土地的耕作。在他的治下，所有的公共建筑、交通要道和联结这个大帝国各河流的运河都得到了维修，工程宏伟而又省钱。在这方面，只有古罗马人才比得上。[29]

伏尔泰对文明征服关系的思想和对文明史的关注，在后来的马克思和恩格斯那里也有同样的回响。1853年7月22日，马克思在研究印度问题时，即肯定了这个规律是一条永恒的历史规律，同时也指出了同一个问题的另外一面，他在《不列颠在印度统治的未来结果》时说："相继征服过印度的阿拉伯人、土耳其人、鞑靼人和莫卧儿人，不久就被当地居民同化了。野蛮的征服者总是被那些他们所征服的民族的较高文明所征服，这是一条永恒的历史规律。不列颠人是第一批发展程度高于印度的征服者，因此印度的文明就影响不了他们。他们破坏了本地的公社，摧毁了本地的工业，夷平了本地社会中伟大和突出的一切，从而消灭了印度的文明。"[30]马克思首先指出了贺拉斯、伏尔泰论证过的历史规律，同时，把这个规律的另一面即更高的文明对另一个文明的征服，如英国对印度的征服，就是低文明的毁灭，也作为一个重要个案提了出来。早在马克思、恩格斯合著的《德意志意识形态》中，就对伏尔泰的理论予以言说："民族大迁移后的时期中到处都可见到的一件事实，即奴隶成了主人，征服者很快就学会了被征服民族的语言，接受了他们的教育和风俗。"[31]

应该说，贺拉斯点题后，伏尔泰以文艺的方式作出回应，为启蒙运动树立了一个东方他者的形象。此举有一箭三雕的意义：一是就中西礼仪之争表明了对中国文明包容、理解的态度和立场；二是为西方观察、把握、认识文明史和世界史的一个重大历史规律和重要个案作出了判断；三是借用中国文明的道德力量，为启蒙思想增添火焰，用中国人风俗批判神的制度和神的体系，用孔子的自然哲学，补充西方的理性哲学。当然，历史的复杂性还在于，百余年间西方突飞猛进，它的文明特别是科学技术大大超过古老中国，等到东西方在19世纪中叶至20世纪直接相遇，并且发生激烈冲突、矛盾乃至战争时，东西方文明已经不是平衡、对等、互补的了，而是西高东低、西强东弱的新时态了。历史回到了它的另一面。这一点马克思、恩格斯的观察和判断与伏尔泰有异曲同工之妙。马克思、恩格斯认为，鸦片战争会使中国腐败的帝国政治无力抵抗外国的侵略，但旧的中国可以从中获得新生，而且这种新生是"整个亚洲新纪元的曙光"[32]。整个判断与他们对印度文明的判断有极大的不同，值得细细体味。同时，今天的世界史学界的一些西方学者又围绕中国的蒙元和清时代，提出了中国不是一个民族国家概念，只是一个文明体的观念，把中国文明与中国国家割裂开来。还有人认为，蒙元和清是非中国时代，中国的文明和政体都发生了断裂。伏尔泰的历史观、中国观，以及他对这一问题的看法和戏剧说明，对于今天的文明史书写，依然有着重要的现实意义。

毫无疑问，伏尔泰在他那个时代让启蒙思想获得了巨大的胜利。他从英国把资产阶级的先进思想的风气吹进法国社会，他与法国本土的一批思想家从不同的角度批判罗马教廷和神学体系对欧洲各国政治、经济、社会、思想的全面禁锢和控制，他从东方中国找到历史的主体性和人类道德精神的力量，然后用它们的合力给予摇摇欲坠的中世纪统治最后的有力一击。历史记住了他的卓越贡献："长期来对罗马教廷和耶稣会教士的恼恨在巴黎市民中滋长，它的背后是对整个神学体系的不假思索的怀疑。伏尔泰肯定在其中起了很大的作用：他能以震撼人心的三言两语道出别人需要用15页来表达的意思（诸如出名的俏皮话：上帝按他的样子塑造了人……）；其次是他对政府、行政或司法机构内一切有意或无意彰显教会影响的权威的不懈仇恨，如对新教徒的迫害、主教们的滥权（如米普瓦主教）。与七月王朝或第三共和国初期的情况不同，1750年前后形成的'伏尔泰精神'渐渐摧毁了社会对教会人士和教会本身的敬仰；否则如何解释国王路易十六下令把一个红衣主教像坏人一样当街拘捕的举动呢？"[33]

注释

[1] ［法］安德烈·莫洛阿：《傅译传记五种·服尔德传》，傅雷译，生活·读书·新知三联书店1983年版，第711页。

[2] ［法］艾田蒲：《中国之欧洲：西方对中国的仰慕到排斥》（下卷），许钧、钱林森译，广西师范大学出版社2008年版，第156页。

[3] 转引自韩琦《通天之学：耶稣会士和天文学在中国的传播》，生活·读书·新知三联书店2018年版，第5页。

[4] ［法］艾田蒲：《中国之欧洲：西方对中国的仰慕到排斥》（下卷），许钧、钱林森译，广西师范大学出版社2008年版，第162页。

[5] ［法］叶理世夫：《法国是如何发现中国的》，载［法］谢和耐、戴密微等《明清间耶稣会士入华与中西汇通》，东方出版社2011年版，第56页。

[6] ［法］伏尔泰：《风俗论》（上册），梁守锵译，商务印书馆1994年版，第85页。

[7] 转引自何兆武、柳卸林主编《中国印象：外国名人论中国文化》，中国人民大学出版社2011年版，第53页。

[8] 转引自何兆武、柳卸林主编《中国印象：外国名人论中国文化》，中国人民大学出版社2011年版，第57页。

[9] ［法］艾田蒲：《中国之欧洲：西方对中国的仰慕到排斥》（下卷），许钧、钱林森译，广西师范大学出版社2008年版，第171、181页。

[10] 何兆武、柳卸林主编：《中国印象：外国名人论中国文化》，中国人民大学出版社2011年版，第293页。

[11] ［法］伏尔泰：《风俗论》（上册），梁守锵译，商务印书馆1997年版，第248页。

[12] ［法］伏尔泰：《风俗论》（上册），梁守锵译，商务印书馆1997年版，第249页。

[13] ［英］亚当·斯密：《国富论》，唐日松等译，华夏出版社2005年版，第55—56页。

[14] ［英］亚当·斯密：《国富论》，唐日松等译，华夏出版社2005年版，第146—147页。

[15] ［德］赫尔德：《关于人类历史的哲学思想》，引自［德］夏瑞春编，陈爱政等译《德国思想家论中国》，江苏人民出版社1995年版，第89页。

[16] ［法］孔多塞：《人类精神进步史表纲要》，何兆武、何冰译，北京大学出版

社 2013 年版，第 81—82 页。

[17] 转引自潘吉星《中外科学技术交流史论》，中国社会科学出版社 2012 年版，第 622—623 页。

[18] 转引自潘吉星《中外科学技术交流史论》，中国社会科学出版社 2012 年版，第 623 页。

[19] ［法］孔多塞：《人类精神进步史表纲要》，何兆武、何冰译，北京大学出版社 2013 年版，第 28 页。

[20] ［法］孔多塞：《人类精神进步史表纲要》，何兆武、何冰译，北京大学出版社 2013 年版，第 24 页。

[21] ［法］孔多塞：《人类精神进步史表纲要》，何兆武、何冰译，北京大学出版社 2013 年版，第 24 页。

[22] ［德］黑格尔：《历史哲学》，王造时译，生活·读书·新知三联书店 1956 年版，第 160 页。

[23] 中共中央马克思恩格斯列宁斯大林著作编译局编译，《马克思恩格斯论中国》，人民出版社 2015 年版，第 8 页。

[24] 转引自岳成《贺拉斯"希腊文化征服罗马"说考释》，《山东理工大学学报（社会科学版）》2015 年第 3 期。

[25] 转引自［法］艾田蒲《中国之欧洲：西方对中国的仰慕到排斥》（下卷），许钧、钱林森译，广西师范大学出版社 2008 年版，第 115—123 页。

[26] 转引自［法］艾田蒲《中国之欧洲：西方对中国的仰慕到排斥》（下卷），许钧、钱林森译，广西师范大学出版社 2008 年版，第 113 页。

[27] ［法］伏尔泰：《风俗论》（中册），梁守锵等译，商务印书馆 1997 年版，第 65 页。

[28] ［法］伏尔泰：《风俗论》（下册），谢戊申等译，商务印书馆 1997 年版，第 514—515 页。

[29] ［法］伏尔泰：《风俗论》（下册），谢戊申等译，商务印书馆 1997 年版，第 515—516 页。

[30] 《马克思恩格斯全集》（第 9 卷），人民出版社 1961 年版，第 247 页。

[31] 《马克思恩格斯全集》（第 3 卷），人民出版社 1960 年版，第 83 页。

[32] ［德］弗·恩格斯:《波斯和中国》,见《马克思恩格斯选集》第3版第1卷,人民出版社2012年版,第800页。关于此一内容的详细说明讨论可参见本书第十三章"黑格尔的'中国观'"。

[33] ［法］乔治·杜比、罗贝尔·芒德鲁:《法国文明史》(第2卷),傅先俊译,东方出版中心2019年版,第529页。

第十一章

中国启示与东方他者的思想资源

西方对中国的关注和研究,从传教士的囫囵吞枣到启蒙思想家的借中国之酒浇欧洲之块垒,此间关于中国信息的准确性都是次要的或无关紧要的。由于中国文明的庞大、悠久、深奥,对它的深入性研究或展开是必然的趋势。深入地展开中国,是从中国寻找对西方有益的新启示、新启迪的重要阶段。在没有穷尽中国文明的所有有益、有价值的东西之前,中国会始终作为他者存在于西方的面前。在莱布尼茨的知识中国和伏尔泰的历史中国之后,政治中国、经济中国、哲学中国,等等,也在启蒙思想家的思辨中一一展开。中国的正面意义和负面价值,都在深刻的片面中得到深刻的揭示。西方在接受东方时,也通过中国的他者意义,了解和认识了自己的优点和缺点。中国帮助西方冲击了自己的缺点,肯定了自己的优势;中国也帮助西方加速摆脱了神权的桎梏,通过批判东方的专制和澄清东方专制的性质,又促使西方在从神权的统治下走出但又避免落入人的专制,或者说在与人的专制的顽强抵抗中,走上追求资本主义的自由、民主、平等的道路。其间,魁奈及其重农主义学派和孟德斯鸠政治法律思想对中国的研究具有典型性和代表性。

一、魁奈重农主义的中国启示

中国的历史悠久和幅员辽阔,是由它的农耕文明支撑的。中国是一个农业大国，农业发生得早，而且延绵数千年，它对世界最具启示和价值的地方，应该首推农业。把这个中国价值推举出来的正是魁奈。魁奈也是被中国历史的悠久深深吸引的法国启蒙时代学者。他的观察角度与众不同。他敏锐地提出：中国的悠久是它的农业社会造成和保障的，它具有农业社会的优越性，而中国农业社会的本质是它遵从"自然法"。"在中华帝国，悠久的历史、辽阔的幅员和长期的繁荣，难道不是由于遵守自然法而确保的吗？"[1]启蒙时代的自然法是指主张天赋人权，人人平等，公正至上的法则，是整个科学的思想基础和各种具体法规的指导原则，它高于一切人定法和人为权利。自然法是永恒的、绝对的，人的理性可以认识、发现自然法，自然法超越于实在法之上，后者应当服从前者。魁奈给予中国的评价不可谓不高。

弗朗斯瓦·魁奈（Francois Quesnay，1694—1774），启蒙时代法国著名思想家、经济学家，重农主义经济学派的核心人物。重农的思想是以魁奈为中心聚集起来的一群关心经济问题的人的共同观点，他们自命为"经济学家"，后来被人称为"重农学派"。虽然有人认为他们的理论中心并不是重农，而是自然秩序，但重农思想是魁奈经济思想的一个重要方面则是不可否认的，并且他是在重农的基础上展开一系列其他理论的。他在《谷物论》中这样说："一切利益的本源实际是农业。正是农业供给着原材料，给君主和土地所有者以收入，给僧侣以什一税，给耕作者以利润。正是这种不断地再生产的财富，维持着王国其他一切的阶级，给其他职工以活动力，发展商业，增强人口，活跃工业，因而维持国家的繁荣。"在《租地农场主论》中则说："农业是君主的财宝，它的生产物都是眼睛看得见的。"在《中国的专制主义》中还说："只有农业才是满足人们需要的财富的来源，只有农业才能创立保卫财富所必需的武装力量。"这些都说明了魁奈对农业的重视。当时，法国因柯尔贝尔执行牺牲农业扶植工商业的重商主义政策，经济问题十分严重，财政困难，人民生活痛苦，这一切自然成为人们谈论的中心。正如伏尔泰所说的："全国总算谈厌了诗文、喜剧、悲剧、小说、道德观念、神学等问题，到头来讨论面包问题了。"重农学派一词Physiocrats，源于希腊语自然和主宰，意指自然力、自然法则、自然秩序，是代替上帝及其一切主宰者的，与自然法思想密切相关。魁奈从中国农业、政治、历史中论证了他的重农思想。他不仅要说明中国农业的伟大，也要说明中国政治是符合自然法则的。他的名著《中国的专制主义》表达了他的这些重要思想和观点。

魁奈把农业看作唯一的生产部门，他提出了纯产品的概念，即纯产品就是农业生产在一定时间内生产的全部农产品，扣除所消耗掉的生产资料和生活资料后的剩余产品。魁奈认为，纯产品只能由农业生产领域提供，其他部门由于没有自然力参加工作，不能使财富增值，所以不能提供纯产品。纯产品是土地赐予的产物，它也应以地租的形式归土地所有者占有。但是，魁奈并没有把农业局限于传统农业或小土地生产。他的纯产品是由资本主义大农业生产的，或者说他认为资本主义大农业是生产纯产品的最好方式。魁奈重农主义的一个重要政治特色就是它的资本主义本质倾向和他的封建主义外衣。他对中国的宣传，也是通过把中国描述成一个依据自然法建立起来的国家来宣传近代资本主义经济思想。重农学派表面上有一个拥护世袭君主制的封建外壳，实质上鼓吹的是资本主义的经济要求。马克思在《资本论》中也是这样评价："魁奈本人和他的最亲近的门生，都相信他们的封建招牌……然而在实际上，重农主义体系是对资本主义生产的第一个系统的理解。"[2]"这些重农主义者虽然带有虚伪的封建的外观，却是和百科全书派一道工作的。"魁奈被他的同时代人称为"欧洲的孔子"，又被马克思称为"现代政治经济学的鼻祖""预言法国大革命必然要取得胜利的先知"。可见他在启蒙时代的思想家中的地位。在资本主义农业尚未发展的时候,他把中国农业作为一个可以言说的范式。他认为,中国的农业是农业国的典范。包括：①中国农民具有很高的社会地位,农民普遍受到尊重,社会地位高于工商阶层,历代帝王都对农业极为重视。②政治制度以农业为基础,而农业经济的成功与失败,完全取决于是否尊重以自然法为基础的耕作法。农民的耕作法便成为国政运作的雏形。③中国历代帝王都对农业有亲耕的示范,极大地保障了农业的稳定发展。他从传教士带来的中国历史中发现了这个极其重要的历史线索。舜亲耕历山的史实和几千年后的今天清帝雍正敦劝农桑,每年举行亲耕籍田之礼以为表率,让魁奈大为钦佩。他认为这种农礼的传承,说明中国"皇帝们总是把遵守古代的礼仪和举行这些礼仪看作他们的主要责任之一。作为一个国家的首领,他们是统治人民的皇帝,是教导人民的导师,是行祭的祭司"[3]。魁奈长期在法国宫廷担任御医,他利用与蓬巴杜夫人的特殊关系,极力传达他对中国皇帝亲耕礼仪的推崇,促使法王路易十五模仿中国皇帝于1756年在皇家鹿苑举行亲耕扶犁仪式。以后,受此影响,路易十六也于1768年举办过亲耕礼仪。如此推行中国重农思想和实践,把皇室都搬出来模仿中国经验,使欧洲中国风达到了登峰造极的地步。中国是农业生产大国,清代康熙、雍正时期十分重视粮食生产,劝民耕织,于是耕织图大行其道,传入欧洲;此类绘画类于外销瓷,专供西方,将中西男女人物、景物合为一图,男耕女牧,其乐融融,恍如人间的伊甸园,充满自由浪漫轻松的生活情调,这说明重农思想深刻地影响了欧洲人对中国农业生产的兴趣,中国有关农业生产主题的西洋画也因此不断涌现。中西互动,在文化层面得到展现。从18世纪末创作的水彩画《粮食加工》《运输大米》,到19世纪中期用水彩与水粉颜料绘制祭祖、筹备农具、移苗、插秧、收获、打谷、秕谷、脱壳、称重、地主收租这十个水稻生产场景为一套组画,以及用油画颜料绘制的《珠江农庄》,先后外销到欧洲,一定程度上配合了重农主义的政治主张，当然也是重农主义与中国农耕文明之间关系的一个侧影。

专制主义，是一个西方的话语体系。其中又分为东方的专制（despotism）和西方的专制（absolutism）。东方的专制，基本上都是贬义的，西方的专制不含贬义，甚至还有褒义。"在西方的学术话语中，absolutism是他们的一个历史阶段，并不是受批判的对象；相反，despotism却是个不好的东西，专门挨他们的骂。从这里也可以体会到西方人的文化偏见。"[4] 对于以中国为代表的东方的专制，从孟德斯鸠开始，遭遇了极其深刻的批判，贬义的格局基本定型。但是，魁奈的中国专制主义研究结果，在孟德斯鸠《论法的精神》之后，而且在前者已经产生重大影响之后，魁奈的观点却完全相反，他的中国专制主义的评价是肯定的褒义的。他推进了中国专制主义的研究，提出了对中国专制主义的褒义评价，使专制成为更加复杂的文明对象。魁奈认为，"专制一词，用以称中国政府，乃因该国君主独掌国家大权"。这并不是判断专制好坏是非的标准。关键在于是合法的专制君主还是僭妄的或不合法的专制君主，在于君主是执行法律还是搞个人独裁。魁奈认为，中国的专制君主是执行法律和自身遵守法律的，而中国宪法乃基于明达不移的法律之上。他有两个意思：一是自然法高高在上，中国存在自然法；二是中国的实在法或政治法和民法，符合自然法精神。在人为制定的法律层面上，孔子"是中华帝国煊赫古代传留下来的法律、道德和宗教的最伟大的改革者"。中国人不区别道德和政治，良好的生活技术即是良好的统治技术，所以，在中国，伦理学和政治学是同一门学问。因为依据自然法的伦理道德是人类政治社会及国家的基础，所以在中国，无论古典的经书与民法等法制，无不尊重此自然法。魁奈关于中国的一个重要思想是，他认为，中国最古老的四书五经之类经典，由于其具有"经"的意义，所以，一直以来，它们也是中国最基本的法律构成的一部分。他指出："中国的法律都是建立在伦理原则基础上的，在中国，伦理和政治构成了仅有的科学。在那个帝国里，所有成文法的唯一目的，就是要维持这个政体的形式，没有任何权力能凌驾于这些法律之上。在古典著作中就可以找到这些法律，这些古典著作被视为神圣的，称作'五经'，这也就是五本书的意思。正像犹太人崇拜《旧约》、基督教徒崇拜《新约》、土耳其穆斯林崇拜《古兰经》一样，中国人崇拜'五经'。但这些神圣的书并没有区别开宗教、帝国政府和民法及政治法。这三者都不肯改变地受自然法的支配。全面地研究这些法律是统治者的一个主要目标，也是统治者所委托管理政府机构的学者们的主要目标。这样，在帝国政府中，任何东西都能永存，就像那永久不变的、全面的和基本的法律一样，帝国正是根据这些法律坚实而开明地建立起来的。"[5] 这种原始而又优越的"法律体系"，是中国专制主义的之所以值得肯定的第一个原因。第二个原因就是，作为专制主义的关键，中国皇帝的专制性有德配其位的要素。历数中国历史开端的上古史，魁奈看见，帝颛顼把宗教与君权结合起来，可以消弭许多纷乱与不合。尧是第一个创立国法的人。舜因为尧死，而服丧三年，"丧居之礼遂成为中国的风俗"。舜还投入主要精力发展农业。禹创谏制。帝太康酗酒废政，造成暴君僭越争权，给后人提供了借鉴。周灵王时，孔子诞生了。魁奈特别称赞中国皇帝"一定要有德行和能悔过"。尽管西方基督教一直有深厚的忏悔传统，卢梭的《忏悔录》曾"洛阳纸贵"风靡一时，但西方的忏悔是私密的，是个人的普遍的悔过或者自责。可能在世界历史上从来没有见过任何国家有如此制度化的皇帝悔过（指皇帝的罪己诏传统），魁奈对此连连称道，多次举例：

> 1725年，由于一条大河的泛滥，导致了一场巨大的洪水灾难。一些高级官员趁机把这场灾难的原因归咎于下级官员的玩忽职守。但当时的皇帝承担了这次责任，他说："别责备下面的官员了，这是我的罪过。由于我缺

乏应有的德行而使我的老百姓遭殃。现在，我们还是多想一想如何改正这些错误，如何减轻洪水所造成的灾难。至于你们所指责的下级官员，我原谅他们，我只能责备自己德行太少。"

连续7年的可怕旱灾把人们压得透不过气来，祈祷、斋戒、悔罪，一切办法都用过了，但毫不奏效。皇帝不知道究竟得用什么办法，才能结束这场全国范围内的灾难和平息上帝的愤怒。出自对人民的热爱，他想到应该以他自己作为献祭奉献给上帝。他对这勇敢的设想是这样的坚定，从而，他集中了全国的名流显贵，把皇袍抛在一边，换上了稻草做的衣服，然后光头赤脚，率领着全体朝臣向远离城市的一座大山进发。在那座大山上，他朝地跪拜了9次，然后对上帝说出了如下的话：

"上天啊，难道你没有体察我们正忍受着的苦难吗？是我的罪过使我的老百姓遭受这些苦难。我来这儿在天地面前向你做最谦卑的坦白，这样，我可以更好地反省自己。上天，请允许我向你发问：我和我的臣民到底在什么地方使你不高兴？是不是我的宫殿太雄伟了？如果那样的话，我将进行缩减。是不是我的餐桌上的菜肴太丰盛精美了而导致了贫穷？如果那样的话，从今以后，在我的餐桌上会看到俭朴和节制。如果这些还不能平息你的愤怒，你坚持需要献祭，那么请看着我，上天。如果你肯饶恕我那善良的百姓的话，我将愉快地死去。让大雨降到田地里吧！来满足他们的需要；让霹雳打到我的头上吧！来满足你的公正。"[6]

中国皇帝的罪己诏有很悠久的传统，一是畏天，二是畏民。有些皇帝的罪己诏在特殊的天灾人祸下，还特别动情在理。由于是公布于天下，上有神灵，下有黎民，一般都能起到一定的改善统治的作用。这个传统，对于西方来说，的确具有极大的陌生化意义，惊奇效应是客观存在的。魁奈把它强调了出来。再进一步，魁奈还发现中国皇帝的统治，也有一定的制约机制。他对此种政治机制也是欣赏有加。他指出：

中国的法律无论什么时候对劝谏皇帝的惯例都给予鼓励，法官们和大官们可以自由地无所畏惧地劝谏。皇帝受到真诚而大胆的规劝，是加强而不是取消他的权力。由于皇帝的很多指令都与人民的福利相悖,他必须废除或修改它们。皇帝特别喜好的事情之一就是通过压迫老百姓而滥用他的仁慈,这种喜好是应从他的权力中被剥夺的,并根据他的罪恶而给予惩罚。

如果皇帝不考虑这些劝谏,并把自己的不满施加于有勇气抓住社会问题的官员身上,他将会受到轻视,而这些官员却要得到最高奖赏,他们的名字将要以各种形式的荣耀和表扬,永远受到人们的纪念和歌颂。甚至是一些极坏、极残酷的皇帝也不能阻止这些慷慨的地方行政官。像最早向皇帝提出劝谏的那批人一样,他们前仆后继面对最严酷死刑的危险。那些可怕的例子并没有扑灭这些人的热情。他们还是一个接一个地站出来,一直到暴君迫于他们的勇气,屈服于他们的请求为止。但残酷和顽固的皇帝在中国毕竟是少数。他们的政府不是一个残酷的政府,它的基本宪法是不受皇帝控制的。暴力在那里受到憎恶,通常统治所采取的行为方式是与暴力相反的,他们对自己提出警告:应时时意识到自己的错误。[7]

后来的人们一般都认为传教士美化了中国,有些思想家被这些美化了的中国迷惑,据此并不真实的中国研究问题,因而科学性、真实性、准确性都要大打折扣。其实也不尽然。传教士的中国叙事可能有美化或偏差,但大多反映了中国真实的某方面。比如中国皇帝的罪己和大臣的劝谏乃至死谏、尸谏,也都是历史事实和真实。只是它的坚持和延续并不是始终如一的,有时是时断时续的。所以,魁奈看到的中国专制主义和中国政治的美好一面,不能说不是真实的中国,也不能说鸦片战争以后的腐朽的中国才是唯一真实的中国。魁奈的中国是西方启蒙主义需要的中国,是可以拿来为西方所用,刺激西方改革和进步的中国。魁奈提倡的"开明君主制",是18世纪启蒙思想家的一个重要思想潮流。"重农学派为'开明君主制'的理论提供了最完备、最彻底的形式。因此对于研究18世纪资产阶级社会思想中拥护专制制度的倾向来说,他们的政治理论具有特殊的意义。重农学派的政治理论是同官方的理论大相径庭的。这是资产阶级专制制度的理论，重农学派自己把这种理论叫作'合法专制制度'。"[8] 显而易见，魁奈从中国的专制主义中获得了巨大的思想资源。

二、孟德斯鸠的中国专制主义及其否定性

魁奈对中国专制主义的认识和思想，一定意义上是针对在他之前的孟德斯鸠的中国专制主义结论的。在魁奈之前，是孟德斯鸠首次提出了中国是专制主义政体。他以专制政体为三种基本的政府形态之一，使得专制政体成为18世纪政治思想中的一个核心主题。他是西方思想家中第一个将中国划入"专制政体"的。因此，孟德斯鸠被认为是从否定方面将中国列入一种世界模式的第一人，他对中国的负面评价和否定性批判，超过此前其他欧洲思想家，为法国和欧洲提供了一个与以往不同的中国政体形象，至今依然是很多西方人看待中国的出发点。了解孟德斯鸠的"中国观"不仅有益于与魁奈思想进行比较，也有益于了解西方对中国专制主义作出不同判断的原因和结果。

孟德斯鸠（Montesquieu，1689—1755）是法国18世纪最重要的启蒙思想家之一。他出生在法国波尔多附近的拉伯利德庄园，其家族世袭"孟德斯鸠领地"和波尔多议会议长。他本人后也继承伯父的波尔多议会议长的职务和"孟德斯鸠男爵"的尊号。孟德斯鸠年轻时代曾专攻法律，当过律师，还对学术兴趣广泛，钻研过历史、哲学、多种自然科学等，著述众多，最著名的有《波斯人信札》《罗马盛衰原因论》《论法的精神》。孟德斯鸠是一代学术泰斗，当时即蜚声于欧洲，享有许多殊荣。在法国国内，他于1716年被吸收为波尔多科学院院士，于1728年被选入法国科学院成为院士，尔后成为该院终身秘书。在国际上，他于1730年和1746年先后被选为英国皇家学会会员和柏林科学院院士。

孟德斯鸠站在世界史的广度上对世界上不同国家的政体进行了比较，提出了君主政体、共和政体、专制政体的三分法。他最重要的理论是对资产阶级的国家和法的学说做出了卓越贡献，他在洛克分权思想的基础上明确提出了"三权分立"学说；他特别强调法律的功能，认为法律是理性的体现，法又分为自然法和人为法两类。自然法是人类社会建立以前就存在的规律，那时候人类处于平等状态；人为法又有政治法和民法等。孟德斯鸠的思想和理论在后来的历史进程中产生了广泛而深刻的影响。"以孟德斯鸠的理论为利器建立资产阶级国家的首先是美国。美利坚的报刊杂志大量介绍孟德斯鸠的著作。美国独立战争（1775—1783）的领袖们熟读了《论法的精神》，并把它的分权理论订入宪法。其次，1789年开始的法国大革命最终走的虽不是孟德斯鸠所指引的君主立宪的道路，但是孟德斯鸠的影响是显著的，例如1789年的《人权宣言》宣布没有分权就没有宪法；又把孟德斯鸠认为是人的自然权利的私有财产说成是'神圣'的。其后在19世纪爆发的一系列的资产阶级革命中都可以看到孟德斯鸠思想的影响。"[9]当然，他也正是在三种政体的比较和一种政体内三权分立的基础上，形成了对中国的政体判断和对中国的价值判断。

孟德斯鸠于1748年出版的《论法的精神》得益于大航海时代后开始的全球化进程。他的世界史、世界法律比较的材料是基于全球殖民带来的全球性资料，他的地理决定论理论是基于对全球地理和不同地理环境中国家、民族、文化、历史的特点总结归纳而出的，他在著述中还对全球航海和全球贸易进行了论述。他特别指出，罗盘指南针的发明具有重大的意义。真正的世界史是这个时候才开始的。他论述了世界贸易的变革并重置了的贸易与法律的关系。他描述了这个世界史的过程：

> 罗盘针就好像把世界打开了。人们发现了亚洲和非洲，过去只知道它们的几段海岸而已；人们也发现美洲，过去对它是茫然无知的。
>
> 葡萄牙人在大西洋航行，发现了非洲的最南端；他们看到了一个大海，通达东方的印度。喀摩恩斯歌咏他们在这个海上的危险和莫扎姆比克、墨林达、加利固特的发现。喀摩恩斯的诗歌使人感到了一些《奥德赛》的娇媚和《伊尼德》的华丽。
>
> 在这以前，威尼斯人经由土耳其各邦经营印度的贸易，并且是在忍受凌辱与暴行之中经营的。由于好望角的发现以及不久以后一些其他的发现，意大利不再是商业世界的中心了；它就好像处在世界的一个偏僻角落内，而且现在还在那里。甚至对近东的贸易，意大利也仅仅占辅助的地位而已；今天近东的贸易是以各大国同东西两印度所经营的贸易为依靠的。
>
> ……
>
> 哥伦布发现了美洲；虽然西班牙派遣很少军队到那里去——欧洲的小君主也同样有能力派遣那么少军队——但是它却征服了两个大帝国和一些别的大国。
>
> 当西班牙人发现并征服西方的时候，葡萄牙人从东方推进，进行征服和发现。这两个国家互相遭遇了。它们诉诸教皇亚历山大六世，教皇划出著名的分界线，判决了一项大争讼。（指1493年划定的"教皇子午线"，线西归西班牙，线东归葡萄牙。——引者注）
>
> ……
>
> 发现美洲的后果就是把欧洲、亚洲和非洲连接起来了。欧洲同亚洲那一大块称为东印度的地区进行贸易，美洲则把贸易的货品供给欧洲。银，作为一种标记，对贸易是很有用的金属；但这时，作为商品的银，又已成为世界上最庞大的贸易的基础了。末了一点：非洲的航行成为必要的了；它供给人手到美洲的矿山和田地去工作。[10]

孟德斯鸠对世界贸易之于世界经济的重要性给予高度评价，他在讨论上述世界史事实后认为，尽管当时传教士提供的资料显示，中国的内部贸易的总量相当于甚至大于欧洲经济的总量，但是，欧洲通过国际贸易联通了欧洲、非洲、美洲之间的经济往来，而法国、英国、荷兰三国也曾贯通过整个欧洲的航行与贸易，使欧洲的发展与旧经济时代不可同日而语。贸易的范围和界限越大促进发展的力量就越大。孟德斯鸠是一位极其敏锐的学者思想家，他对银子的判断，对中国与世界的贸易对比和关系变迁的隐而不语，都在一个世纪后的鸦片战争中成为一种残酷的现实。

孟德斯鸠最重要的思想理论是他对世界各国的法律研究，提出了在不同法律基础上，世界上存在着三种政体，他划分世界各国为三种政体。他的划分原则和知识基础是他非常熟悉的欧洲法律史和旧世界时代的"世界"法律史。他娴熟地使用西方法律史的重要文献，如罗马法和《十二铜表法》《查士丁尼法典》、柏拉图《法律篇》、"乌尔拉姆法典"等。关于中国的法律资料和政体判断则主要依靠杜赫德的《中华帝国全志》。虽然杜赫德的著作依靠各种资料进行汇编，并不都是第一手资料，迄止孟德斯鸠时代，西方对中国的调查了解也还远远没有完备，但是，孟德斯鸠的天才和敏锐再一次显示出来。他依据有限的材料，对中国作出了基本准确而且长期得到认同的判断。在《论法的精神》中，除了设有专章讨论"中华帝国"外，还有一些章节涉及"中国的奢侈""中国因奢侈而必然产生的后果""中国的良好风俗""东方的道德原则""鞑靼人的国际法""鞑靼人的民法""西班牙人和中国人的性格""专制国家的礼仪和风俗""中国人的礼仪""中国政体的特质""中国人如何实现宗教、法律、风俗、礼仪的这种结合""为中国人的一种矛盾现象进一解"等。加上其他章节论述时涉及，全书有近50处论及中国，内容关涉中国的地理、气候、风俗、历史、经济、婚姻、种植、移民、宫廷、性格、宗教、农业等方方面面。从所有这些论述来看，孟德斯鸠的中国观有三个特点：一是他并不是对所有的中国现象和中国问题都持否定态度；二是他对中国的专制定性是基本准确的而且是否定的批判的；三是他的中国判断因为主观上有对传教士美化的抵触和客观上资料不全的原因所以并不是完全正确或者说相当程度上不能完全让人信服。但是他用中国材料说明了西方，论证了他的理论，启示了世界发展的历史进程。孟德斯鸠没有直接从中国获得他的研究资料，他也知道杜赫德的著作的二手性，他能使用的传教士书简和其他中国著述也是二手材料。所以，他竭力使自己的中国材料来源更丰富、更直接。1713 年，孟德斯鸠专门与一位侨居巴黎 10 年且在法国王家图书馆工作的中国福建人黄嘉略做了长时间的访谈，写下了详细的笔记。1729 年，孟德斯鸠又与法国耶稣会曾赴中国传教的傅圣泽神父做过三次访谈。傅圣泽 1698 年随白晋一行到达中国，先在江西、福建传教，1711 年被康熙诏进北京，协助白晋进行《易经》的研究和翻译。1719 年，傅圣泽著述《论由尧至秦所谓统治中国的三代》一书。1720 年离开中国，从中国带回中国典籍近 4000 余种捐给法国皇家图书馆。回到欧洲后，又于 1729 年发表《中国历史年表》。孟德斯鸠从傅圣泽处了解中国，应该说还是找到了很好的人选。

孟德斯鸠在《论法的精神》中指出，政体有三种：共和政体、君主政体、专制政体。"共和政体是全体人民或仅仅一部分人民握有最高权力的政体；君主政体是由单独一个人执政，不过遵照固定的和确立了的法律；专制政体是既无法律又无规章，由单独一个人按照一己的意志与反复无常的性情领导一切。"[1] 然后，孟德斯鸠一步步展开基于三种政体的关联论述，比如"由政体的性质直接引申出来的法律""三种政体的原则""教育的法律应该和政体的原则相适应""各政体原则的结果和民、刑法的繁简、判决的形式、处刑等的关系"等。孟德斯鸠没有一一开列究竟哪些国家属于他所说的专制政体国家。从他的正文述及和对正文作出的注释提及的专制政体国家来看，大多是东方帝国，主要述及的专制政体国家有中华帝国、土耳其奥托曼帝国、波斯帝国、阿拉伯帝国、美洲和非洲的野蛮部落和国家、俄罗斯帝国、印度莫卧儿帝国、爪哇岛上的"班谭"王国、日本、朝鲜、亚洲国家、东方各大国、伊斯兰教国，等等。当然，其中的典型代表是中华帝国。专制政体国家的状况是很糟糕的，孟德斯鸠的评价用词都是负面的。他说：

> 共和国需要品德，君主国需要荣誉；而专制政体则需要恐怖。对于专制政体，品德是绝不需要的，而荣誉则是危险的东西。
>
> 在专制政体之下，君主把大权全部交给他所委任的人们。那些有强烈自尊心的人们，就有可能在那里进行革命，所以就要用恐怖去压制人们的一切勇气，去窒息一切野心。[12]

在孟德斯鸠的眼里，"中国是一个专制的国家，它的原则是恐怖"。他在很多方面以中国作为专制政体的代表，与共和政体、君主政体进行比较，优劣的顺序则是最优共和，其次君主，最次专制。比如，关于不同政体下的"奢侈"，他说，"在一个财富平均的共和国里，是不可能有奢侈的；……这种分配的均等是共和政体的优越之点"。"要保存一个君主政体的国家，奢侈的程度就应该从农夫到手工业者，到大商人，到贵族，到官吏，到显赫的王公，到大包税人，到君主本身，一层一层地增加。否则一切就都完了。"说到中国的奢侈，孟德斯鸠首先发现一个中国的客观现实："中国……妇女生育力强，人口繁衍迅速，所以土地无论怎样垦植，只可勉强维持居民的生活。因此在中国，奢侈是有害的，并且和任何共和国一样，必须有勤劳和俭约的精神。"但是，正是从这一个特性出发，他令人叹为观止地推理出"中国因奢侈而必然产生的后果"："中国在历史上有过二十二个相连续的朝代，也就是说，经历了二十二次一般性的革命——不算无数次特别的革命。最初的三个朝代历时最久，因为施政明智，而且版图也不像后代那么大。但是大体上我们可以说，所有的朝代开始时都是相当好的。品德、谨慎、警惕，在中国是必要的；这些东西在朝代之初还能保持，到朝代之末便都没有了。实际上，开国的皇帝是在战争的艰苦中成长起来的，他们推翻了耽于逸乐的皇室，当然是尊崇品德，害怕淫逸；因为他们曾体会到品德的有益，也看到了淫逸的有害。但是在开国初的三四个君主之后，后继的君主便成为腐化、奢侈、懒惰、逸乐的俘虏；他们把自己关在深宫里，他们的精神衰弱了，寿命短促了，皇室衰微下去；权贵兴起，宦官获得宠信，登上宝座的都是一些小孩子；皇宫成为国家的仇敌；住在宫里的懒汉使劳动的人们遭到破产，篡位的人杀死或驱逐了皇帝，又另外建立一个皇室，这皇室到了第三、四代的君主又再把自己关闭在同样的深宫里了。"[13] 他从奢侈的原则解释中国朝代更迭的原因和结果，说明他的思想非常具有想象力。

由于孟德斯鸠时代西方对中国的了解还有相当的局限性，孟德斯鸠对中国的专制性表现的描述往往是缺乏全面性的，有时他对专制政体的否定，似乎与中国对不上号。而他在论述西方法律问题时，涉及整个西方法律史的材料，到了中国问题，狭义的法律文本几乎不见。事实上，要到马戛尔尼时随团的斯当东才是后世公认的成为真正的中国法律研究的专家。斯当东翻译的《大清律例》是西方第一部翻译的中国法律文本。孟德斯鸠的研究是从法的不同进而研究政体不同，再到由此产生的社会风俗和意识的不同，从而形成他的比较法学。但是，仅就其中国研究看，又是一个违背自己研究路线的向度，是倒过来的，即从风俗到政体，再到法律精神的过程，所以，经常言不及义。当然，主要的判断还是非常精彩而深刻的。孟德斯鸠是一个不愿意人云亦云的人，在他那个时代和之前，对待中国恰恰出现过两次著名的美化中国的世风。一次是马可·波罗的中国传说掀起的中国热；另一次是耶稣会士们的大举美化中国，导致数百年的中国风。这两次中国热都对西方关注中国产生了积极而广泛的影响，但是也都有相应的副作用。马可·波罗的讲述因为过于神奇，长期被西方认为是子虚乌有，甚至几百年间无人相信东方有一个中国存在。耶稣会士的夸张部分也导致中西礼仪之争，甚至也直接导致孟德斯鸠的否定和批判，至今影响着西方对中国历史的评价和认定。当然，在孟德斯鸠这里，中国作为西方的他者，最重要的意义，是它在《论法的精神》占有重要的叙事地位，是三种政体中的一种，并是此一种中的代表，对他的最重要的三权分立思想做出了重要贡献。三权分立的思想，既来源于英国政体的启示，也来自孟德斯鸠自己的三种政体的比较法学。

注释

[1] 转引自［法］贾永吉《孟德斯鸠与魁奈论中国的专制主义》，载［法］谢和耐、戴密微等，《明清间耶稣会士入华与中西汇通》，耿昇译，东方出版社2011年版，第267页。

[2] 《马克思恩格斯全集》（第24卷），人民出版社1972年版，第399页。

[3] ［法］魁奈：《中国的专制主义》，程捷译，柳卸林校，转引自何兆武、柳卸林主编《中国印象：外国名人论中国文化》，中国人民大学出版社2011年版，第40页。

[4] 钱乘旦：《西方那一块土》，北京大学出版社2015年版，第216页。

[5] ［法］魁奈：《中国的专制主义》，程捷译，柳卸林校，引自何兆武、柳卸林主编《中国印象：外国名人论中国文化》，中国人民大学出版社2011年版，第43页。另，魁奈此著还有谈敏的全译本《中华帝国的专制制度》，商务印书馆2018年版。可一并参考。

[6] ［法］魁奈：《中国的专制主义》，程捷译，柳卸林校，引自何兆武、柳卸林主编《中国印象：外国名人论中国文化》，中国人民大学出版社2011年版，第40—41页。另，魁奈此著还有谈敏的全译本《中华帝国的专制制度》，商务印书馆2018年版。可一并参考。

[7]　［法］魁奈:《中国的专制主义》,程捷译,柳卸林校,引自何兆武、柳卸林主编《中国印象:外国名人论中国文化》,中国人民大学出版社2011年版,第44—45页。另,魁奈此著还有谈敏的全译本《中华帝国的专制制度》,商务印书馆2018年版。可一并参考。

[8]　［苏］维·彼·沃尔金:《十八世纪法国社会思想的发展》,杨穆、金颖译,商务印书馆1983年版,第85页。

[9]　张雁深:《孟德斯鸠和他的著作》,［法］孟德斯鸠《论法的精神·译序》(上册),张雁深译,商务印书馆1963年版,第14页。

[10]　［法］孟德斯鸠:《论法的精神》(下册),张雁深译,商务印书馆1963年版,第68—71页。

[11]　［法］孟德斯鸠:《论法的精神》(上册),张雁深译,商务印书馆1963年版,第8页。

[12]　［法］孟德斯鸠:《论法的精神》(上册),张雁深译,商务印书馆1963年版,第26页。

[13]　［法］孟德斯鸠:《论法的精神》(上册),张雁深译,商务印书馆1963年版,第98、99—100、102、103页。

编五

东西文明的礼物礼仪
与世界历史的哲学思辨

1

2

3

4

1 中国南方的"长城"（浙江临海）
2 中国建筑
3 中国古村落
4 中国边城

5 中国民居
6 中国的桥
7 大运河
8 峡谷中金碧辉煌的寺庙
9 贺兰山岩画

10

11

12

13

5

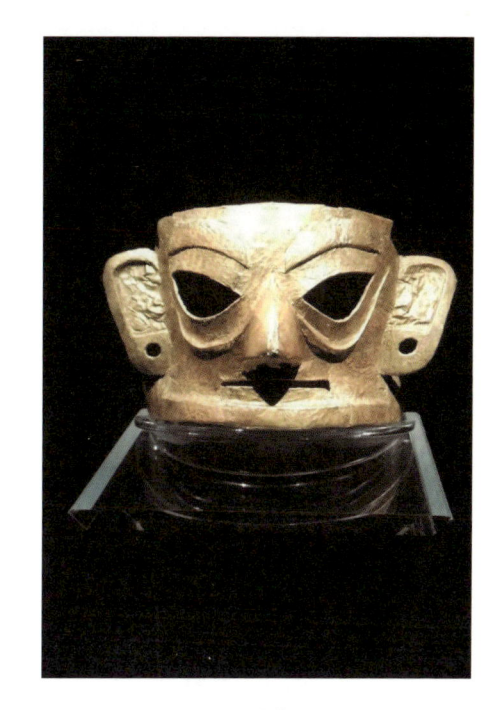

10 鸬鹚捕鱼塑像
11 少数民族服饰

12 铜塑的马
13 黄金面具

第十二章

马戛尔尼使团使华及其前因后果

历史在它鲜活的时候是由一分一秒的时间里发生的全部事实构成的。当是时，历史是丰富的、细节的，有语言、对话、声音，也有动作、表情、行为；有事件的起承转合，也有人物命运的悲欢离合。但是时间的力量如此强大，它让历史的丰富性在时间的淘洗下和遗忘中只剩下寥寥无几的遗存。时间越久远，留下的东西就越少；时间越久远，能被人们记忆和关注的史实就越稀少。历史只留下和记住那些具有长时段性价值的历史。或者说我们能看见和关注到的历史都是历史长河中掀起过大波大浪的洪水，而平静的水流和细碎的浪花早已消逝在人类的忘川。

1793年的马戛尔尼访华就是历史留给我们的具有转折性和思想价值的史实。法国著名历史学家布罗代尔对此一事件给予的评价是：这是思想史最有价值的历史事件之一。而这一历史事件的细节最终都将聚焦在"礼物"和"礼仪"之上。礼物和礼仪是此一次历史事件的核心物象和事实过程，它们描述了历史事件本身，也左右和影响着此前和此后的历史。

一、东西方两端一个大国与一个强国的遇见

1791年，乾隆皇帝80岁大寿。这对乾隆是一件大喜事。他接过父皇的班，当皇上已经有快60年，这超过众多他的前任和后任，在中国几千年的帝王史上也是凤毛麟角极为罕见的。他的祖父康熙皇帝虽然在位时间

长达61年，创下历史纪录，但康熙本人的寿龄也不过69岁。乾隆除了明确表示自己在位的时间不会超过乃祖皇上，同时对自己在皇位60余年的业绩也是相当满意和自负的。他享年89岁，在皇位60年，实际近64年。一生六次南巡、四次北上恭拜祖陵。七旬寿诞时就举办过规模盛大的满汉全席万寿宴。在登基50年纪念年（乾隆五十年）和嘉庆元年，他还两次举办千叟宴。受邀的长寿老人，每次都超过3000人。屈指算来，中国历史上，乾隆皇帝的功业可称得上是赫赫有名、独步天下。他在位期间，清朝达到了康乾盛世的最高峰。他曾五次普免天下钱粮，三免八省漕粮，减轻了百姓负担，增加了国库充盈。他自称是一位十全老人。自诩自己一身有十全武功，即两次平定准噶尔之役、平定大小和卓之乱、两次金川之役、镇压台湾林爽文起义、缅甸之役、安南之役和两次抗击廓尔喀之役。其中一些战役对维护领土完整不被分裂意义重大，影响深远。乾隆之世不仅是康乾盛世的高峰，也是中国历史最后一次繁荣高峰。所以，早在1787年，英国借给乾隆80大寿献贺的机会就派出使团专程欲赴中国。可惜由于该团使节凯思·卡特中途病故，此事夭折。但英国一直没有放弃这件事。1792年，英国再次组建更庞大、更高规格、更官方（由东印度公司操作，但英政府实则深度介入）的使节专赴中国，借给乾隆皇帝祝寿为名，欲达成一系列外交和通商诉求。英使使团由马戛尔尼勋爵任特使，于1792年9月26日自英国普利茅斯港起锚。全团由皇家战舰"狮子号"、"印度斯坦号"和护卫舰"豺狼号"组成。9个月后，乾隆五十八年（1793）5月14日抵达中国澳门，从此开始了英国使团的访华之行。

英国为此次访华做了精心准备。当是时，英国正经历工业革命的深入发展时期，科技迅猛发展，工业发展急速提升，工业产量已占世界总量百分之三十，战胜西班牙、荷兰、法国等对海外殖民地的争夺，成为新的海上霸主，是当时欧洲最有生气和军事实力的帝国。

英国国王乔治三世首先通过相应途径向中国皇帝表达了派使造访的信息和目的。在一封通报信中，英方官员向中国两广总督致信说："最仁慈的英王陛下听说贵国皇帝庆祝八十万寿的时候，本来准备着英国住广州的臣民推派代表前往北京奉申祝敬，但据说该代表等未能如期派出，陛下感到十分遗憾。为了对贵国皇帝树立友谊，为了改进北京和伦敦两个王朝的友好来往，为了增进贵我双方臣民之间的商业关系，英王陛下特派遣自己的中表和参议官、贤明干练的马戛尔尼勋爵作为全权特使代表英王本人谒见中国皇帝，深望通过他来奠定两者之间的永久和好，特使及其随员等将要马上启程。特使将携带英王陛下赠送贵国皇帝的一些礼物。这些物品体积过大，机器灵巧，从广州长途跋涉至北京，恐怕路上招致损伤，故此他将乘坐英王陛下特派的船只直接航至距离皇帝所在地最近的天津港口上岸。"[1]这封信特别值得关注的有两个信息：一是英使团将带来隆重、盛大、灵巧的机器礼物；二是由于礼物特殊，到中国后再走长途陆路恐受损坏，故请破例（外国船舶载人入华只能从广州入境）可航行至天津港（而这种航行对掌握中国沿海和沿海港口情况又具有战略意义）。这封信及其信息很快抵达乾隆皇上手中。乾隆以一种十分欢愉的心情接受了这种来自远西最大强国对东方强国的致敬和馈礼。清代史料长编《清实录》载乾隆五十七年冬十月乙酉上谕："军机大臣郭世勋等奏，据洋商蔡世文等禀，有英吉利国夷人波啷哑……等来广禀称，该国王因前年大皇帝八旬万寿，未及叩祝，今遣使臣马戛尔尼进贡，由海道至天津赴京等语，并译出原禀进呈，阅其情词，极为恭顺恳挚，自应准其所请，以遂其航海向化之忱，即在天津进口赴京。但海洋风帆无定，或于浙闽江苏山东等处近海口岸收泊，亦未可知，该督抚等如遇该国贡船到口，即将该贡使及贡物等项派委妥员迅速护送进京，毋得稍有迟误。至该国贡船虽据夷人禀称，约于明年二三月可到天津，但洋船行走，风信靡常，或迟到数月或早到数月难以预定。该督抚等应饬属随时禀报，遵照妥办。再该贡船到天津时，若大船难以进口，着穆腾额预备小船，即将贡物拨运起岸，并派员同贡使先行进京，不可因大船难以进口，守候需时致有耽延也。将此传谕各督抚，并谕郭世勋盛住知之。"[2] 可见乾隆心情大好，此前惯制也许开破，还详细安排了沿途接待，对其中可能出现的困难和延滞也有预设和应对。他未见战舰就定性他们的船队为"贡船"，对作为贡品的礼物（称之为"贡物"）尤其关注，给予急切的心思。在乾隆的思维里，这是一次传统意义上的朝贡，只不过礼物规模空前，送礼的国家又是最西方、最强盛的外"夷"："英吉利夷人"。

而正在此时此刻，英王又给马戛尔尼致信转达了指示他此次出访中国的意图、目的和策略。英王陛下通过一位国务大臣给马戛尔尼写了一件私人指示。英王在指示中认为，欧洲各国与中国通商久矣，有些国家与中国关系密切，得利很多也还因该国传教士的得力获得很多其他方面的国家利益。而英国商人在中国这个遥远的国度缺少帮助，每每被人误解而得不到尊重。"我对于自己的远方臣民不能不予以应有的关怀，并以一个大国君主的身份有力地要求中国皇帝对于他们的利益予以应有的保护。我为了开辟人类知识领域，过去曾几次组织远航，取得很大成果，获得普遍的赞同。中国是一古老国家，有它自己长久不断的独特的文化系统，可以说是地球上第一个神奇国家；因而组织这次旅行更显得有其必要。"[3] 相当一段时期以来，中国对于西方和欧洲都是一个传奇。大航海和全球化以来，中国日益进入西方视野。它不同于大航海对非洲土著、澳大利亚土著、美洲印第安人及其文明，乃至中美洲玛雅文明、印加帝国和阿兹特克文明的发现那样，可以轻易征服、血洗、掠夺、毁灭。相反，它越来越向西方证明马可·波罗早在13世纪时的关于中国的讲述，不仅不是传说或吹牛，而且是越来越真实的存在和现实。中国地域如此辽阔，人口如此众多，经济体量如此巨大，疆域封闭如此特立独行，不是任何西方强国可以随意征服、殖民、占领的。所以，这一次马戛尔尼作为英王特使使华就成为一件别具深意的历史事件。英国把这次使华看作西方强国与东方强国的强强友好往来，企望从中得到更多的商业利益和建构新型国际战略格局。中国依然按传统的朝贡关系认识和理解此时世界形势，只不过将其视为朝贡历史的顶峰而已。历史的机遇和定性是：这是一次新兴资本主义最强国家与传统封建最大最强最久帝国的正式相会，这是一次自由贸易文化最发达国家与对此最无动于衷国家之间的相会，这是一次只有800万人口的数量小而实力强的世上最强大国家欲与人口3.3亿且为天下唯一的文明国家其人口占世界三分之一的国家平起平坐的相会，这是一次最西方的国家与最东方大国的相会，这是一次最开放国家与最封闭国家的相会，这是一次海洋大国与陆上大国（同时又有漫长海岸线）的相会，这是一次已经实现日不落帝国新现实和长久自诩为居天下之中而普天之下莫非王土的旧帝国的相会，这是一次船坚炮利时代和冷兵器金戈铁马时代的相会，这是一次驯服了蒸汽机并将驾驭电力的国家与早于别国几个世纪发明了印刷与造纸、指南针与舵、炸药与火器的国家的相会。

马戛尔尼对此次访华做了充分准备。他要完成的任务包括呈送礼物，向中国皇帝面呈英王书信并获得回复。他还要单独交涉并提出其他要求。他担负的全部使命包括七方面：①为英国贸易在中国开辟新的港口；②尽可能在靠近生产茶叶与丝绸的地区获得一块租界地或一个小岛，让英国商人可以长年居住，并由英国行使司法权；③废除广州现有体制中的滥用权力；④在中国特别是在北京开辟新的市场；⑤通过双边条约为英国贸易打开远东的其他地区；⑥要求向北京派常驻使节；⑦在不引起中国人怀疑的条件下，使团应该什么都看看，并对中国的实力作出准确的估计。[4]这些使华内容和目标与乾隆皇帝的兴奋点和期待是大相径庭的。于是，以英王的名义送给中国皇帝的礼物就成掩饰或达成这些目标的至关重要的外交形式。

二、见面礼的命名与意义的阴错阳差

选择一些什么样的礼物给中国皇帝，英国着实煞费了一番苦心。英国人并没有把礼物仅仅作为纪念物来对待，他们要借礼物展示国力、实力、发明、创造、商机、利益。所以，一开始还曾经想带上最新的生产力蒸汽机、纺纱机、梳棉机、织布机等现代化的机器送给中国皇帝，由于路途遥远、体积过于庞大而作罢。最终带往中国的礼物依然规模空前。包括五大种类：一是天文仪器类，有天体运行仪、望远镜、可指示地球与日月星辰运转关系的七政仪、地球仪等；二是枪炮机械类，有铜炮、榴弹炮、毛瑟枪、连珠枪、刀剑，以及一件加配全套装备的英国现役最大军舰的舰模，该舰配有110门重炮，巨大的舰模将战舰的各个细节都表现无遗；三是一批显示手工艺术的包括各种实用的和装饰用的材料做的花瓶，有宝石花瓶、两辆送给皇帝夏用和冬用的马车等；四是一批华丽的照明器具和生活器具，有玻璃镶金彩灯、英国出产的羊毛、英国的棉织品、钢铁制成品；五是一批特殊礼品，有反映自然风光、名胜古迹和英国和欧洲历史现实的写实画，如著名城市、教堂、公园、堡垒、桥梁、湖泊、火山、船坞、古迹、陆战、海战、赛马、斗牛等，还有一批伟大人物的画像，其中包括英王陛下及其全王室的御像。[5]这些数量庞大的礼物，在从天津港转入内河水运和陆运时，共计600余件，中方动用的搬运工和纤夫达数千人。为了保证一些仪器安装、使用，英方使团也规模超大，有700余人。其中有外交官，也有军官、科学家、学者、医师、技师、乐师、画家、卫士、仆役、士兵等。使团乘坐的主要两艘船"狮子号"和"印度斯坦号"都是当时世界上一流战舰。"狮子号"隶属英国皇家海军,舰上装备有64门大炮。"印度斯坦号"是东印度公司吨位最大的船,也配有大炮42门。

在中国有史以来的国际关系史或者朝贡历史上,如此规模的使团团队、如此多样昂贵的礼物,都是闻所未闻、世所罕见的。乾隆皇帝从听闻使团到来就给予高度关注。看来没错,在中国历史上,外国或四夷、远夷来华朝贡,带来的礼物大多是名贵特产,或者奇珍异宝。商周时见于记载的贡礼有利剑、鲛盾、珠玑、玭珺、象齿、文犀、翠羽、短狗、神龟、骆驼、白玉、野马、良弓等。[6]秦汉以来,南方诸国贡于帝国的有琉璃、夜明珠、象、佛像等,西域诸国的贡礼有汗血马、火浣布、楛矢等。唐代万国来朝,印度使节多次来华,献过龙脑香、五色能言鹦鹉、波棱酢菜及统而言之的"方物",波斯来华使节献方物,另有献狮子者,有献香药、犀牛、玛瑙床、豹、真珠、琥珀等。大食的贡献有马、豹、金线织袍、宝装玉、洒地瓶、龙脑香等。[7]宋代有过一次超规模记录,天圣八年(1030),高丽王派遣过293人的庞大使团来朝贡,"贡金器、银罽刀剑、鞍勒马、香油、人参、细布、铜器、磠黄、青鼠皮等物"[8]。元时由于教会介入,西方与元朝来往并送礼,留下一些特殊记载。元定宗三年(1248)9月法王路易九世率十字军东征,驻塞浦路斯岛,12月蒙古大将伊治加台遣二使者见法王,沟通中西。法王乃决意遣教士东来。"定宗四年(1249)1月25日,伊治加台之使臣归去,法王所遣多明我会会士三人同行,为首者即隆如满,携有国书及名贵礼物。经波斯,至伊治加台军营;及至和林,知定宗已逝世,皇后乌拉海额听政,乃将国书及礼物呈献;后视为贡物,复书亦甚傲慢。宪宗元年(1251)法王使节遂西回复命。"[9]这里出现了礼物与贡物的区别,送礼被当作贡礼,平等关系成为不平等关系,西方对此是有记忆的。由于出现了郑和七下西洋这样的历史事件和航海壮举,明代记载的朝贡国家和地区达到一个盛况空前的高峰。"《明史》卷320至326

《外国传》记载的朝贡国为86个，其中包括明末与中国发生联系的葡萄牙、西班牙、荷兰、意大利等欧洲四国。《明史》卷332《西域传四》除记载今新疆、西亚、中亚等地的33个朝贡国外，还附有哈三等29部'尝奉贡通名天朝者'的名单。如此算来，朝贡国家和地区的总数多达148个。"[10] 这期间的贡物最著名的是被同时代画家用《职贡图》记录下来的受郑和感召从榜葛剌国带回来的长颈鹿。但是，此间的中外关系是混乱、模糊的。少数民族政权、附属国、周边近邻、传统友好邦国、商业交往国家、新近往来远国等是混为一谈的，长期、定期、常规朝贡国家和偶尔来往、一两次来往都以朝贡相称。

清代的天下观、世界观、国际观、朝贡观都是沿习明代传承的体制。乾隆和他的官员们，可以从英国使团及其礼物看到他们超出历史的规模和隆重这样性质的不同以往，但是他们看不出或不愿看出英使团与以往朝贡的不同、礼物与贡物的不同。所以，英使团从登靠澳门就被视为贡使团，清廷官员将他们的到来称为"航海献瑞"。迎接英使的气氛热烈而喜庆，进入内河的长长船队都插着长幡，上书醒目大字"英吉利贡使"，所有礼物登记、标签、文书时都写成了"贡物"。实际上，英国使团所携礼物，具有复杂多样的意义指向，既有炫耀科技、军事实力的意思，也有让囤积居奇成为商品交易的目的；既有交流发展成果的意思，也有制造威慑力的目的；既有全面自我介绍的意思，也有试探中国对英国作出什么反应的目的；既有纪念性礼物的意思，也有实用性先进性产品推销的目的。当它们作为礼物馈赠时，馈赠一方是可以对受赠方给予什么样的回礼有所期待或有所指向的；而当它们作为贡礼呈献时，呈现方对受献方的回献几乎是不能有非分之想的，他应该完全被动地承接。法国人类学家马塞尔·莫斯在他的名著《礼物》中认为："人们之所以要送礼、回礼，是为了相互致以和报以'尊敬'（respects）——正如我们如今所谓的

'礼节'（politesses）。"[11]"贡礼"则类似于莫斯人类学研究中的"呈献"（prestation）。莫斯说："这些所谓的自愿的呈献，表面上是自由的和无偿的，但实际上却是强制的和利益交关的。"[12] 英国使团赋予他们所带礼物的复杂意义，正如莫斯所言，"即使在伴随交易（transaction）而来的赠礼中，只有虚假、形式主义和社会欺骗，并且追根究底存在着义务和经济利益，但它们所套上的形式也几乎总是礼品或慷慨馈赠的礼物"[13]。这是英使团礼物的人类学本质。但是乾隆的贡物意义完全相反，是将英人的礼物视为呈献。呈献在人类学上的解读是："prestation"（呈献）。此词来自拉丁语，基本义是"提供、给予"，但其用义却十分丰富和广泛。例如，在法律中，它指义务性的给付，即为了做出补偿而必须付出的财物或劳务；同时，它还指劳役或财物形式的养路捐，由国家、军队等集体权威所发放的津贴或补助，运动员、艺术家、演说家在公众面前的表演，战败国根据条约向战胜国交纳的实物赔偿，等等；此外，它还指属臣向领主交纳的贡赋、新郎应向女家提供的财物或劳务，以及这种贡献所呈现出的尊敬、服从、爱慕，进而又引申为宣誓，即呈付自己的忠诚。因此，这个词可以看作是一个兼有该词的种种含义的术语，体现了赠礼作为一种"总体的社会现象"的复杂意义。对于呈现的回报可以译作"回献"。[14] 所以，在人类学意义上，礼物与贡物（呈献）是有巨大差异和不同的，无论在实践意义还是象征目的上都形似而实异。礼物的第一功能是交换。英国使团几乎是将本国核心技术、最新发明的家底都拿出来了，一方面是颇有诚意，另一方面也是为了有所交换，获得英方想要的利益。如果它们成为贡品、贡献，不仅仅是国格上有尊卑上下等级问题，而且也会与礼物的交换功能大相径庭、背道而驰。正是因此使团与中方在外交上的冲突和角力就不可避免。

三、丰厚的回礼是友善也有警觉、拒绝、无知与傲慢

中方对英国使团的到来给予了隆重的礼遇。使团入华后，特别是抵达天津港开始进入中国内陆以后，便受到超乎寻常的接待。不仅有专门的文武官员全程陪同进京，还多次免费供给丰富的后勤物资。马戛尔尼日记中记载，1793年7月31日礼拜三，"终日大风，海湾中小船不能行驶。午刻，两大员督驾大号驳船七艘，自岸上装运大宗粮食杂物到船。计牛二十头、羊一百三十头、猪一百二十头、鸡一百只、鸭一百头、粉一百六十袋、米一百六十袋、满洲面包十四箱、茶叶十箱、小米一箱、红米十箱，白米十箱，蜡烛十箱，西瓜一千个，甜瓜三千个、干制桃子二十二箱，蜜饯果子三十二箱、干制果子二十二箱、蜜饯蔬菜二十二箱、盐制蔬菜二十二箱、大号冬瓜四十篮、南瓜一千个、新鲜蔬菜四十捆、豌豆荚二十担、陶器三篓，供给之周于如此，而礼貌又优渥异常，恐世界各国之优待他国使臣者，多不能与此东方帝国比也"[15]。为了表示欢迎之情，使团进京沿途岸边还有各种场面，包括专门给他们安排的戏曲演出、张灯结彩、搭建牌楼（使团巴瑞斯上尉称之为凯旋门）、燃放焰火、军队仪仗。招待宴会更是屡屡举办。使团副使斯当东是这样记述这类宴请的："吃饭的时候，每一个游艇上开一桌，按照中国的样式，非常丰盛的饮食。有时他们也试着仿照英国的烹调方法，但做出来很不像。中国菜总是把肉品和蔬菜切成小块，加上各种调味，一样菜做出含有几种不同的味道。肉品中多是牛肉和猪肉，也有欧洲一般常吃的家禽。菜品中最贵重的是前章已经讲到的燕窝和鲨鱼的翅。这种东西同甲鱼一样，需要加很多的香料才能做得好吃。为了照顾英国人的口味习惯，中国官员嘱咐厨师把肉都切成大块来做，火鸡和鹅做成整只的。"[16]

与此同时，乾隆和他的官员们对英国使团带了什么礼物、这么多礼

物究竟有什么特殊价值，一直十分关心，希望早早知道。据英团人员记载，他们从到达广州接触广东官员直到北上沿途接触过的中国官员，皆频频向他们提出了解礼物详情的要求。正式负责陪同使团进京的天津道乔人杰、通州协副将王文雄一见使团，就向马戛尔尼正式提出了将礼品单送呈皇帝阅览的要求。英使团考虑到"假如只将各种礼品的名称翻译出来送出去，这就表面上同一般的华而不实的商品没有什么区别，显示不出礼品的真正价值。因此除了礼品名称而外，还必须附一个仿照东方格式写的关于各样礼物的性质及其功能的说明书"[17]。作为这一次外交往来的核心环节，英使团的这个考量至关重要，而他们作出怎样的说明，也是极其重要的。在具体介绍和评价各种礼物之前，英使团对这些礼物先做了一个总体性说明，表达了礼物的意义。其中写道："英王陛下为了向中国皇帝陛下表达其崇高的敬意，特从他的最优秀卓异的臣属中遴选出一位特使万里迢迢前来觐见。礼品的选择自不能不力求郑重以使其适应于这样一个崇高的使命。贵国地大物博，无所不有，任何贵重礼品在贵国看来自都不足称为珍奇。一切华而不实的奇巧物品更不应拿来充当这样隆重使命的礼物。英王陛下经过慎重考虑之后，只精选一些能够代表欧洲现代科学技术进展情况及确有实用价值的物品作为向中国皇帝呈献的礼物。两个国家皇帝之间的交往，礼物所代表的意义远比礼物本身更足珍贵。"[18]在对每一类礼物或其中的重点和代表性礼物介绍时，实际上都比较或针对着中国的现状和不足。比如，天文仪器类，当时中国尽管自元明以来就广泛接收阿拉伯和西方的天文学成果，但中国天文学的主要目的是预测、计算日蚀、月蚀，计算闰年、闰月、闰日，制定岁时历法等。所以虽然也有悠久和发达的中国天文学传统，但始终没有走出天圆地方的误区。马戛尔尼使团带来的天文学知识是建立在全新的宇宙观基础之上的。这类礼物是应用于了解宇宙的，代表着欧洲天文学和机械技术结合的最近的成就。包括显示地球运行、月亮围绕地球运行、太阳及周围行星的运行、木星和它的四个卫星、土星及其光环和卫星，等等。望远镜是比过去设计出来的看得更远更清楚的望远镜，可以用于观测天体各个部位的运行，它不同于普通望远镜的直接透视，是从旁面透视观测目标在镜头上的反射。说明为此指出，这是"我国大科学家牛顿所发明，其后又为我国天文学家赫斯色尔所改进。这两个人在科学上的重大发明创造值得将他们的名字上达贵国大皇帝的听闻"[19]。比如，对于那件配有110门火炮的舰模，说明道："英国在欧洲是第一位海军强国，素被称为海上之王。英王陛下为了表示郑重其事，本来准备派遣最大的船只载运访问使节，但鉴于黄海水浅多沙，欧洲航海家们不熟悉这段航路，不得不改为派遣较小船只前来。因此，礼品中加配一副全套装备的英国最大的军舰模型。"[20] 此外，绘画礼物中有著名画家雷诺兹等的作品，其他还有"代表着英国的最好的手工业艺术""礼品中的这副器具可以说是在欧洲最大最好的一副""这是我国最新设计的""在整个中国恐怕也找不到这样优良的火器""这些作品显示出英国人在文化艺术方面的成就高峰"，等等。

但是这些英人精心筹备的礼物，并没有实现送礼人企图实现的意图。它们从性质上始终被定性为"贡物"，因而被居高临下地俯视，而不是炫耀者想得到的仰视或惊喜惊奇。早在1793年6月17日，英使团的船队将要但还未抵达中国大陆时，乾隆就下旨："此次英吉利贡使到后，一切款待固不可踵事增华。但该贡使航海远来，初次观光上国，非缅甸、安南等处频年入贡者可比。梁肯堂、徵瑞务宜妥为照料，不可过于简略，致为远人所轻。"[21] 此中"上国""所轻""入贡"等字词，居高临下的意味十足，对英人礼物的平等视角或诉求，有先在的抵触和警惕。看过英使提交的礼物清单后，乾隆有点不以为然，或者说有所警觉与不安却故做不以为然、硬要不以为然，所以特意将这种不以为然的态度表现出来。他认为，

"单内所载物件,俱不免张大其词。此盖由夷性见小,自为独得之秘,以夸炫其制造之精奇";乾隆吩咐徵瑞"于无意之中向彼闲谈,以大皇帝因尔等航海来朝,涉万里之遥,阅一年之久,情殷祝嘏,是以加恩体恤。至尔国所贡之物,天朝原已有之。如此明白谕知,庶该使臣等不敢居奇自炫"。[22] 到了末了,乾隆回复英王致信,对这些礼物的态度依然如故。这说明他根本没有对这些礼物引起特别的关注和兴趣。他在复信中称英人"备进方物""天朝抚有四海,唯励精图治,办理政务,奇珍异宝,并不贵重。尔国王此次赍进各物,念其诚心远献,特谕该管衙门收纳。其实天朝德威远被,万国来王,种种贵重之物,梯航毕集,无所不有。尔之正使等所亲见。然从不贵奇巧,并无更需尔国制办物件。是尔国王所派人留京一事,于天朝体制既属不合,而于尔国亦殊觉无益""除正副使臣以下各官及通事兵役人等正赏加赏各物件另单赏给外,兹因尔国使臣归国,特颁敕谕,并锡赉尔国王文绮珍物,具如常仪。加赐彩缎罗绮,文玩器具诸珍,另有清单""又敕谕曰……天朝物产丰盈,无所不有,原不藉外夷货物以通有无"。[23] 这封复信拒绝了英国派使节驻京的要求,同时表达了中方的礼物观:中国的办理政务与送来的礼物无涉,英方的礼物将由保管礼物的部门收藏(相当于束之高阁),皇帝也同样给予珍贵回礼。科技、武器、战舰、生产工具这些事关国计民生的重器被忽略为"方物""献瑞",甚至视为"奇技淫巧"之类而满不在乎。工业革命、海洋战争已经势不可当之际,依然是这种"礼物"态度,堵住外交大门,封闭商品市场,那无疑是自绝于交流与发展的历史机遇。

在乾隆皇帝"礼物"态度的影响下,清代各色官吏无不表现出盲目自大、无知无畏的态度。当各种礼物集中安装好陈列在圆明园时,从王公到平民百姓前来参观的人络绎不绝。他们惊奇地发现地球仪上的中国是如此之小,以致怀疑这些"红毛人"有意把中国缩小了。他们看了很反感。皇帝的三个孙子每天来看展览，一名皇孙讲话盛气凌人："英国人一定是为他们的科学知识十分自豪才摆出那些机器的。"马戛尔尼坚持要展示华丽的四轮马车，显示其浮悬弹簧马车的优越性，斯当东梦想可以向这个广阔市场大批出口英国马车。但是中国人的注意力不在弹簧上，而集中在车夫的座位，官员们争论这个高尚醒目的座位"皇上能容忍一个人的座位比他的座位高并把背朝着他吗"。"中国人完全不懂一件复杂机械的性质，这件机械甚至可以表现天体缺乏规律的和非正圆的活动，由欧洲制造的精密装置进行调节，我们也不觉得奇怪，中国人对这件机械的外观和操作甚感失望。"军人们对先进的枪炮并不在意。"我们还有许多鞑靼将官和军官的访客，他们听说有一种能切断铁条而不伤锋刃的刀叶；而且他们惊奇地试验为真，以致他们简直不敢相信自己的眼睛。"[24] 使团负责安装礼物机械的天文学家、机械师丁维提回国后也出版有《丁维提传记》（1868），在返英前，"他站在无用的天体运行仪前痛苦地感受到这场科学较量已经失败，甚至这场科学较量会干脆被取消。同样，他也预感到那即将进行的外交较量也会失败。'您如果问他们发明如此出色的机器的人是不是优等人，他们会回答说：那些东西很怪，可有什么用呢？您有统治国家的科学吗？'"[25]

乾隆皇帝给予英国使团的回礼和赏赐是前所未有的丰厚，从数量和价值上几乎不弱于英方的礼物；从回馈礼物的性质上则符合中国的一贯礼制，是中国的"方物"：宝物、纪念物、特产等。根据皇室宫廷档案记载，仅乾隆五十八年七月二十八日军机处进拟赏物件单，所列物品包括"拟赏嘆咭唎国王物件"400余件，"酌拟加赏嘆咭唎国王物件"361件，"拟随敕书赏嘆咭唎国王物件"1110件，三者相加1800余件，大的有紫檀彩漆铜掐丝珐琅龙舟仙台、青花瓷大樽等，名贵的有白玉、玛瑙、汉玉、青玉，名产有汝釉、官釉、白瓷、青花瓷、龙缎、倭缎、彩缎、青花缎、绫、罗、杭绸，特色有玉如意、画绢、笺纸、墨、扇、桌、茶、灯、盒、御笔书画册页等等。另有"酌拟赏嘆咭唎国正使"（两次）的龙缎等48匹、瓷器茶叶等120件；"酌拟赏嘆咭唎国副使"（两次）的龙缎等36匹、瓷器茶叶等55件。此外，还有"拟赏嘆咭唎国使带赴热河官役等"，赏赐对象包括：总兵官本生、副总兵官吧尔施二名，管兵官额鲁、通事娄门、总管贡物吧咙、管船官吗喉哆嘶，代笔吗喀素门、代笔文带、医生吧郎、医生施葛第、天文生登维德、听事官白龄、听事官伊开、听事官伊登勒、听事官额勒桑德，贡使家人七名、吹乐五名、匠作五名、兵五十名、杂役七名等；"拟赏嘆咭唎国贡船留船官役兵丁水手"，赏赐对象包括：管船官噶尔、莫哽哆嘶、底百、咆啰、啰哨尔哆，兵役水手共六百五十名。以上人员包括了使团全体人员。分别对使团北上热河、分队观摩、安装礼物、留守舰船等均给予礼物。这些礼物数量另有约3930件及给下层匠役的740两银。给予英皇和使团各色人等总计礼物达5730余件。从数量、质量、货值上看，中国给予英国的回献，并不逊色，也是优渥有加，空前绝后，"平等"甚至超值地回馈了英国的美意。但是这些回献礼，有"加赏"的俯视性，并没有回应英方的真正诉求。其间，由于中英在跪拜礼仪上发生冲突和僵持，乾隆曾决定减少回赠，后因事毕，又缓和此态度，照样赏赐，在英使团返英时南下大运河的路上多次送来御书福字书法以示关心。所以，这种给予英方的"礼遇"是表面的、外在的、虚荣的、警觉的、拒斥的、形式的。

四、觐见礼仪交涉中的戏剧性与中西礼仪冲突的实质

在乾隆皇帝收到英国使华使团呈递的礼物清单或说明后，种种迹象表明，他对这些礼物的关心迅速转移，此时他对自己与英使团的见面仪式的

关注成为核心问题。自从清代国力日强、版图日大，随着西方大航海以后发现全球、殖民全球、接触全球，中国传统的华夷性宗藩式国际关系日益接触近代西方和中国宗藩朝贡体系之外的"远夷"外国。中国与外国的外交关系、外交礼仪日益失效，越来越多地出现了礼仪冲突。

中西礼仪冲突在明末清初就成为东西方的重大矛盾。利玛窦的入乡随俗式传教，由于给予中国文化特别是中国礼仪过多的理解、尊重、变通、适应，在基督教西方引起轩然大波，也使康熙皇帝对西方的过度反应勃然大怒而禁教，东西方往来因此受阻数百年。但这个时期的中西礼仪冲突，本质上还不是中国与西方在接触、相见和当面交往的礼仪不适或不合。前者是深层的内在的双方互识的礼仪，后者是表面的形式的双方互见礼仪；前者是文化与信仰认同时的仪轨是否转制的问题，后者是国家接触交往时是否平等的问题。内在的冲突终究要表面化外在化，所以，以见面礼仪不同，发生的矛盾冲突就越来越多，越来越成问题。旧有的朝贡关系以外的新型国家或强大的西方国家与中国交往、来往的情况也越来越多。

就中方而言，外人觐见皇帝是否实行跪叩之礼的冲突已经频繁发生。顺治十一年（1654），俄沙皇派遣费奥多尔·巴伊科夫来华，其使团两年后抵京，巴伊科夫因觐见礼仪与清廷相持不下，被清廷逐回。清《世祖章皇帝实录》记载此番经过，称"使至，虽具表文，但行其国礼，立而授表，不跪拜。于是部议：来使不谙朝礼，不宜令朝见，却其贡物，遣之还"[26]。康熙二十八年（1689），在中俄双方围绕《尼布楚条约》谈判时，俄方就要求在条约和中方国书中不得自称"天下主宰"并使用"上谕"之类字眼。这一要求清廷代表以未奉谕旨为由加以拒绝。1693年，俄人义杰斯以使节和商人双重身份来京，康熙以其带来的国书"将其君主写金字置前（俄罗斯官方曾专门训令其外交使节，若发现清帝致沙皇的国书未将沙皇的名称写对或写全，须要求重新书写，否则，不得将国书携回。——引者注），且不写奏字而写朋友……不合外国奏书之例，故不予接受，其文书及贡物，均着退回"。后来又终于议定接见，但特别谕示："到京之日，令来使于午门前，跪奉置黄案上，行三跪九叩礼。"[27] 中俄战争和两国一系列外交礼仪争执，已经使清廷知道天外有天，俄方甚至还要求中国向外国俯首或仰视。礼仪上也提出了使臣之间互相向对方皇帝三跪九叩或者遵从对方的皇礼，或者拒绝单方面三跪九叩，或者以单方面实现让使者行三跪九叩礼为外交上的胜利。世界格局正在变化，清廷坚持礼仪传统有不甘心，也有不得已，更有不谙时势的自大，呈现出那个时代的复杂性。康熙在阅览义杰斯所携国书译文时，对此时时事已有担忧："外藩朝贡，虽属盛事，恐传至后世，未必不因此反生事端。"[28]

在英国方面，他们进入中国与中方接待官员和他们后面遥控一切的乾隆皇帝、下层士兵、杂役、普通百姓等展开接触、观察和调查，他们就预感到此行要达到预期目的的困难程度。当英方呈书皇帝，自称"君主特使"，类于中国人理解的"皇帝的钦差大臣"，就遭到质疑和皇帝的批驳：这不等于世界上有两个唯我独尊的皇帝吗？在中国人眼里，世界上只能是天无二日，天下无二主。世上只有一个皇帝，那就是中国皇帝。同样用"钦差"这个词就等于把英王升格为平等的皇帝。来朝贡的英使团难道不是来朝贡而是来要平分天下吗？于是中方特意将英人团队挂上了"英吉利贡使"字样的旗幡，以为广泛宣传。马戛尔尼看透了中国人的这点心思，但他也不是平庸之辈，而是老谋深算的外交家。他佯装不知，却在1793年9月3日的日志中表示，他担心他如一开始就旗幡上的文字提出异议，不仅得不到纠正，甚至会使这次出使半途而废。他已经间接知道，他将面临三跪九叩礼的考验。他们也了解到"中国人从小时候吃奶起就逐步养成了对外国人和商人的偏见"。中国人对皇权绝对服从，当官员遵皇帝的旨意，以皇帝名义赐宴英使团时，中国官员在上菜前都跪拜倒地谢恩，而英国人则不管不问地吃起来。这让中方官员震惊不已，也让英人发现对皇帝的叩拜是无处不在的。他们发现，"在中国，所有人间的优点和美德被认为都集于皇帝一人之身。中国广大臣民的心目中，除了皇帝而外，世界上所有其余都无足重轻。他们认为皇帝的统治普及全世界。在这种观念之下，他们对皇帝的臣服关系是无极限的，而他们认为外国或外国人同他们的皇帝的关系和他们没有什么分别。假如他们在皇帝不在的时候向御座行供献礼，自不待言在谒见皇帝的时候要行拜见礼了。中国人称这个礼为'叩头'，它包括双膝下跪，前额碰地九次。实际上很难想像世界上还有什么礼节比它更表示行礼者的恭顺卑贱和受之者的神圣崇高的了……同一个一向闭关自守的、多疑的中国政府打交道，开头困难是预料之中的。要想树立中国的好感，只有通过外交代表的正确而有礼貌的言行，但绝不是卑躬下气的迁就。英国第一次派遣这样一个使节团到中国来，特使绝不能只图个人眼前方便，随意迁就对方提出的过分要求，在其他国家看来，损害到英王陛下的尊严和英国的名誉"[29]。

礼仪问题的提出，中方官员颇费了一番心机并充满戏剧性。马戛尔尼的日记中可以梳理出这个问题的一步步推进和矛盾的逐步升级。1793年8月15日，中方官员回复礼品清单已得到朝隆诏谕，皇帝龙颜大悦。中方钦差徵瑞、陪同官员王文雄、乔人杰与马戛尔尼开始谈天说地，然后谈到各国服饰礼制。一中方官员走过来拉起马氏的衣服襟袖说，"你们的衣服窄小轻便，我们中国的衣服宽大舒服，还是中国衣服好"。又说，"中国皇帝召见臣子时，我们的衣服是统一的，你们的衣服不同，这样见皇帝恐怕不妥"。又指马氏的紧身绑腿说，"这样穿着行礼太不方便了，觐见皇帝时要去掉这样着装"。马氏对此不解，说"我在英国经常穿这样的礼服，觐见我们国家的皇帝陛下也没有什么不方便。现在贵国，我也准备用觐见英国皇帝陛下的礼节来觐见中国皇帝陛下，相信中国皇帝不会强迫我们一定要用华礼"。中方官员说，"我们认为各国觐见皇帝的礼仪必然是一样的，我们中国觐见皇帝，一律都双膝下跪，磕响头九个，想必你们英国也是一样"。马氏马上说，"我们英国礼节与你们略有不同。我此次来使，虽然诚心诚意而且要让中国皇帝对我们事事满意，但仍然是以服务英国皇帝为第一职责。如果你们要让我放弃英国祖传礼节，强迫实行中国礼俗，这我是万万不能表态的，非要我回答，我会写出书面文书，到达北京时再交奉"。话已至此，双方尴尬，于是改谈其他。8月19日，觐见礼仪的话题再次提及，但又出现了另一种戏剧性场景。这次三位中方官员的王、乔二人到了马戛尔尼住处反复说服马氏遵从华礼。马氏在重申原意时无意间表示，一国礼节不能轻易，即使可改，也会改得不像，始终不能行标准的中国礼。两位大人立刻抓住这句话，说中国礼节非常好学。于是就在地板上作跪拜之状，非要马氏立刻照样学习。马氏不从。两大人于是要求英方译员模仿学习，向马氏示范。译员是马氏所雇请故只听马氏吩咐，马氏不许。译员竟不习跪拜。两大人不得不扫兴而去。8月29日，马氏字斟句酌地写好英方提出的觐见礼式。称"此次来使极愿使得中国皇帝满意，但我们国家也是西方第一雄主，我受英国皇帝之命而东来，仍要以英皇为本位，我服从我国皇帝，就像贵国臣民服从贵国皇帝是一个道理。就觐见礼节，我们将用觐见我国皇帝的正礼。如果贵国一定要我改用中国礼节，也未尝不可，但须请贵国派一大臣，他的职位与我这个特使相当，请他到我的住处，向那里挂出的我们英国皇帝、皇后两陛下肖像行一次觐见中国皇帝的礼节，这样对等行礼，我也就没问题了"。徵瑞一看此书，立即摇头否定。王、乔二人却说可以，并表示他们两人现在就可以去向英皇和皇后行三跪九叩之礼。马氏认为他们二人职位不能与他对等，婉言谢绝。显而易见，这些情节都被乾隆知悉并对此十分恼火。在清廷档案中记有当月（中国农历七月）乾隆谕示："现在英吉利国使臣等前来热河，于礼节多未谙悉，朕心深为不惬""英吉利国使臣不谙礼节，是以拟于万寿节后，即令回京"。此间，初到北京，中方对英方的接待开始降低标准。马氏都感慨"前此招待何其恭，今又何其一陋至此"。然后不久才又有改善。随着皇帝寿诞日（9月17日）的日益临近，英使团见皇帝的礼仪问题再也绕不过去了。9月2日，马团主要成员北上热河去觐见乾隆并参加万寿大典。9月9日，中英双方再次讨论觐见礼仪，并且再次发生戏剧性（喜剧性）情节。中方钦差徵瑞、陪同官员王文雄、乔人杰同来劝马戛尔尼"勉从中国礼节"。马表示："敝使系西方独立国帝王所派之钦使，与贵国附庸国君主所遣贡使不同，贵国必欲以中国礼节相强，敝使抵死不敢奉教。"马氏准备拼死一搏。10日，三人再来续议。马戛尔尼重申作为一国特使，不可能对别国皇帝行礼重于对本国皇帝之礼。马氏再次强调提出，如非行中国礼仪，请中国先派一名与他同身份的大臣向英国皇帝、皇后的画像行三跪九叩之礼。三人于是打听，你不肯行中国礼，那么英国人向英国皇帝行礼是怎样的方式呢？马氏说，英国礼是屈跪一膝，皇帝伸出一手，跪见者握皇帝陛下的手用嘴行亲吻礼。三人大惊，说："怎么这样？这在我们皇上面前使得吗？"马答："使得。我以见我国皇帝的礼式见贵国皇帝，这是非常的恭敬，怎么使不得！"说完，马氏还单腿跪膝作英式礼示范。三人于是离去向和珅（户部侍郎、军机大臣、文华殿大学士，英使团人员称之为"相国""阁老""中堂"）汇报。一会儿，钦差徵瑞来告，已决定让英使行英国礼，但按中国风俗，拉住皇帝的手亲嘴总不是个道理，建议贵使免去拉手亲嘴，改用双足下跪以代替拉手亲嘴。马氏表态，"早已说过不用中国礼，这双足下跪不还是中国礼么？这样的礼你们可行，我这个特使行不得"。钦差大臣于是说，"那就不管双跪还是单跪，总得把拉手亲嘴免掉"。马说，"那随你们，悉听尊便。但你们记着，这是你们的意见，不是我这个特使的意思，我本来是要向你们皇帝行个我们的全礼的，现在屈从你们，改做半礼了"。此事随后得到和珅的当面认可至此了结。这个过程如此曲折，一波三折，情节不断反转，不断节外生枝，不断发生喜剧性一幕，是中外历史和世界史上罕见的场景。马戛尔尼以死相拼的抗争，让清廷左右为难、骑虎难下。英使团来华已经被清廷自己宣传得天下皆知、无人不晓，英使带来的礼物浩浩荡荡、惊动朝野，如果将他们逐出中国，清廷也要颜面尽失；如果依照英使团用英式礼仪，祖制失礼，不伦不类，贻笑天下。模棱两可、含糊其词、恩威并重、首鼠两端、喜怒无常成为清廷上下共同的表情和心情。

跪或不跪，单跪或双跪，三跪九叩或是单跪吻手，这是中英礼仪之不同，也是双方冲突的焦点。在中国，跪字由来已久。东汉《说文》：跪，拜也。即：跪，两膝拄地所以拜也。跪而磕头，是臣服、崇拜或高度恭敬的表示。汉唐前，跪拜由于当时人们的席地而坐，是一种风俗或俗礼。宋代出现桌椅，跪拜始加重礼节的仪式性，有尊卑之分，礼俗成为礼仪。元代以后此一礼仪被官方化和规制化。三跪九叩在清代成为礼中之礼、礼中大礼。以三跪九叩为拜天之礼，奴仆（只有满人才能对上称奴，这个称谓在等级上实际是高于汉官自称"臣"的）与臣民对天子要行三跪九叩之礼，朝贡之国觐见时也须尊行此礼。所以，清廷认为，英国使节坚持不行三跪九叩之礼而要行单腿下跪礼，实际上就是将乾隆皇帝的地位等同于蛮夷外邦英国，是对大清皇帝的大不敬和对天朝上国的蔑视。在西方，跪拜理念与中国有相似内涵也有极大的不同文化意义。由于西方的宗教信仰和崇拜的普及普遍性，人们普遍信奉上帝创造世界和人类，一神论的上帝才是世界的主宰。所以，跪拜所呈现的是沉思冥想和崇敬的姿态，是天主教礼拜活动对身体文化的影响结果。在做弥撒时，在经常举行的宗教崇拜仪式的场合里，在基督教团体里对某些教徒进行惩罚时，下跪是基本的身体状态。"下跪或双膝跪拜与祈祷互相协调一致，它意味着遵从神意，与之相随的便是祈求上帝的宽恕。因而在许多的社会行为,如引诱、请求宽恕等中,人们都可以看到下跪之类的举动。"[30]圣父、圣子、圣灵的三位一体化,是道成肉身的过程。此中没有世俗国王的地位。这不像中国的帝王是上天的代表或化身,是受命于天、君权神授,跪拜帝王就是跪拜天神。西方的国王是世俗的。在西方,"国王有两种能力,因为他有两个身体,其一是自然的身体,由自然的肢体构成,就像其他人一样,就此而言他也会臣服于激情和死亡,如其他人;另一为政治的身体,其肢体就是他的臣民,而他及其臣民共同组成了集团……他与肢体融合无间,肢体于他也是如此,他就是头脑,他们则是肢体,只有他才掌控管理肢体的权力。这具身体既不会像其他身体那样臣服于激情,亦不会臣服于死亡,因为国王的这具身体根本就不会死亡"[31]。传统的大型仪式、加冕礼、国王入城式、审判大会、葬仪,均是国王的身体加诸万众眼前的关键时刻。正是这样一种政治、历史、风俗、身体人类学的传统,才形成了马戛尔尼对跪拜礼仪的基本定位:"马戛尔尼从不向他的君主叩头,不叩九次,甚至连一次也不叩,只是行单膝下跪礼,而向上帝他才双膝下跪。"[32]经受过资产阶级革命洗礼的马戛尔尼是乔治时代英格兰的"知识贵族",也是一位曾任职西印度、印度和俄国的老练的外交官。17世纪时,英国精英阶层还一边倒地赞美中国事物,18世纪就越来越视这种被中国式风格吸引的都是暴发户和缺乏鉴赏力的妇女。在马戛尔尼时代,"身体,尤其是头和脸触地,引发了资产阶级绅士们头脑中的所有令人厌恶的形象,更不用说他们总是把地或低与灰尘和'粗俗'阶层联系起来。实际上,匍匐拜倒在很大程度上变成了亚洲人奴性与女性化的典型特征。英国人看见亚洲人做此类动作时,总会觉得反感,这种例子很多。他们不可避免地将这类行为与羞辱、贬黜和他们认为的亚洲宗教具有的荒谬的鬼神崇拜相联系。在这方面,也许最令'理性的'英国人烦恼不安的是,匍匐拜倒的人离地越近,站在他面前的那个人就越显得高不可攀"[33]。史载，在希罗多德的时代，他就对在埃及所见到的跪拜礼俗表示出极大的蔑视和贬斥。16、17世纪及更晚的时候，欧洲驻扎在具有同样的跪拜礼仪（向君王致意的特定方式"跪吻大地"）的伊斯兰教地区的伊斯坦布尔、伊斯法罕、德里的大使，普遍认为，跪拜礼对自己尤其是他们所代表的君主是一种耻辱，并且力图避免向当代君主行跪拜礼。中西礼仪这一次的冲突，不仅是两个国家平等与不平等诉求之间的国家关系冲突，也是东西方文明差异相撞相见时的冲突。早在1648年，欧洲由于《威斯特伐利亚和约》的签订，建构起新型的具有法律性质的国际关系体制，确定了以平等、主权为基础的国际关系准则。在欧洲，《威斯特伐利亚和约》签订后长达几百年的时间里其原则依然是解决各国间矛盾、冲突的基本方法。虽然航海史与全球化中，伴随的是欧洲对欧洲以外民族、国家不平等的血腥的殖民史，但英国使团进入中国与此后中英关系史的形成，不能不说存在一个"先礼后兵"的过程。而此次礼仪冲突，显示的正是天朝的朝贡体系被正在形成和建构中的更大范围或者全球性现代国际关系撕开了第一道口子。

一个是欧洲国际关系新体系构成的背景，它是马戛尔尼访华团对待中华文明古国的西方态度；另一个是英国在当时国际舞台已经确立的角色意识，它是马戛尔尼访华团的英国立场。国际关系方面，西方外交是与欧洲资本主义的诞生和成长同步发展的，也是与欧洲民族国家的诞生和形成同步发展的。"而1648年各参战国在战后签订的'威斯特伐利亚和约'这个欧洲第一个大的国际条约，则标志着欧洲进入了近代史期。虽然在政治上加深了德国的四分五裂局面，但表明在'和约'上签字的国家之间必须建立起战争以外的关系，可以说西方外交史从此揭开序幕。尔后一个多世纪内，尼德兰革命、英国革命、美国独立战争——脱离英国统治的民族民主革命、法国革命，接踵爆发，资本主义与殖民开拓相伴而行，获得空前发展。至 18 世纪末，法国大革命前夕，西欧诸强虽仍均为君主制，但民族国家经过这一两个世纪已完全成形——国际关系更着重于'国家'间的关系，而不只是'君主'间的关系了，用腓特烈大帝的话来说，'不可分离的纽带使君主附着于国家''君主代表国家'。这到 19 世纪，拿破仑战争以后就更清楚了。外交在处理各国间关系问题中的作用，也就发挥到了极致。"[34] 而英国的情况更加突出，它是在欧洲立国最早、国力最强，外交的活动天地在历史上最为宽阔，经验也最丰富。"英国形成民族国家最早，是海洋国家，以海洋为依托。在打败了葡萄牙、西班牙、荷兰等早期航海国家以后，英国便成了海上霸主。在历史上，大多是英国到大陆上作战，以图在大陆上分得一部分'势力范围'。除古罗马人曾一度登上岛国土地外，1066 年诺曼底公国曾入侵过英国，以后再没有任何大陆上的欧洲军队踏上英国的土地，倒是英国多次到大陆干预那里的局势。英国又是工业革命最早的国家，比大陆欧洲早走一步。资本主义在西欧成为普遍现实后，英国即成为西方金融资本的中心，它的殖民地遍布世界各洲，建立起所谓不列颠的统治，故而在历史上最可游刃有余地在欧洲列强间纵横捭阖。英国在历史上的国际政治舞台上除在北美遭到沉重打击外，一向居于比较主动的地位。"[35] 在这样一些历史背景下，中英及其所代表的东西方的礼仪冲突，也就是必然不可避免的了。

五、胜利的仪式和失败的外交

1793 年 9 月 17 日，乾隆将在承德避暑山庄举行隆重寿诞庆典。14 日，先在万树园接见贺寿使团。在众多藩国、远夷的贺寿使团中，也有来自英国的马戛尔尼使华团。万树园绿草如茵，古木蓊郁，园内不施土木，只有数座特建的豪华蒙古包。马戛尔尼身穿绣花天鹅绒英制官服，身披缀着钻石宝星的丝徽带，外罩宽大爵士服，头戴饰有羽缨的爵士冠。斯当东副使也同样身着天鹅绒官服，因其身为牛津大学名誉法学博士，故特于官服之外加罩红绸法律博士外套。他们以隆重英式盛装参加典礼、觐见中国皇帝。马戛尔尼捧着英王给乾隆的亲笔信呈递给乾隆皇帝。马戛尔尼注意到皇帝接信后并未启阅，交给了旁边的大臣（关于这个细节，马戛尔尼、斯当东、中方文献记述不尽相同，此处暂从马氏），大臣也未阅读，将信放在一旁的锦垫上。然后皇帝向马氏赠予一柄白玉如意，请马代转给英皇。随后又另赠马氏一柄墨绿如意。马氏又回送两枚镶嵌钻石的金表给皇上。马氏在当日日记中描述如意："其物名曰'如意'，取诸事如意及和平兴旺之意，盖皇帝心中甚愿吾英国皇帝常与中国交好往来也。"这个理解还是正确的。但他又认为："唯此种如意系一种长一英尺半之白石，刻花而成，石质略类玛瑙，虽华人以为此物异常名贵，余则以为就此一物之原价而论，未必值钱。"[36]可见马氏对中国的玉和玉文化以及如意、玉雕工艺缺乏了解，他可能甚至认为这两柄玉雕如意的实际价值还不如他个人选送的两枚钻石金表（这两枚金表是经中方官员提醒，马氏临时从随员带来中国自卖商品中找来当个人小件礼物送皇帝的）。然后马氏向皇帝引荐了斯当东副使，介绍了他的职使。这时，他留下了关于此次礼仪冲突的最关键文字："于是史但顿（斯当东）自至宝座之前，曲一膝以为礼，状与吾同。"[37]关于这一英式单跪礼，使团回英后于1797年出版的斯当东著《英使谒见乾隆纪实》也有记录："特使通过礼部尚书的指导，双手恭捧装在镶着珠宝的金盒子里面的英王书信于头顶，至宝座之旁拾级而上，单腿下跪，简单致词，呈书信于皇帝手中。皇帝亲手接过，并不启阅，随手放在旁边。皇帝很仁慈地对特使说：'贵国君主派遣使臣携带书信和宝贵礼物前来作致敬和友好访问，我非常高兴。我愿意向贵国君主表示同样的心意，愿两国臣民永远和好。'皇帝陛下的这种接待大不列颠的国王代表的方式，在中国人看来是一种旷典殊荣。过去他很少坐在宝座上接见外国使节，也很少亲自接国书；多数情况是由一位大臣代接国书。这种优厚的接待方式在中国人心目中认为是中国政府对英国人另眼看待的一种表示，将在他们中间产生良好影响。"[38] 斯当东还特别记述了英使觐见完毕随后是印度（或缅甸）、从里海来的几个穆斯林部落诸代表觐见，"他们向皇帝行了三跪九叩礼很快退下"。此外，英使团众多人士在自己的记述中都记叙了这次英式礼仪，还将临时发生的乾隆召见、问询、赐礼小斯当东和后者幼稚的单腿跪拜皇帝的情景做了描述。英方随团画家威廉·亚历山大因为与在京安装大型礼物的队伍在一起而缺席盛典，但后也根据在场者讲述，用画笔描绘了马戛尔尼和小斯当东以英礼觐见乾隆的场景。第二天的正典因为场面盛大，缺乏"特写"场面，反而无关紧要了。

但是，在中方的历史文献中对此一场面却鲜有记载或语焉不详。多年以后才有若干与当时时间地点均与英方有较大出入的记载。同治三年（1864）外务部编档案《觐事备查》记，"英吉利国遣使马戛尔尼等入贡，高宗纯皇帝御澹泊敬诚殿。军机大臣同礼部堂官，带领贡使，恭捧表文跪递，命御前大臣恭接转呈御览"。《嘉庆会典事例》之"礼部·朝贡·朝仪"卷所记与前相似，都是用的"跪递"。所记事实也把万树园觐见和澹泊诚敬殿寿典混在一起，或者只提其一（英方多只记14日的万树园事，中方多只提17日的澹泊诚敬殿事）。这使后世在此问题上众说纷纭、莫衷一是，这个历史细节在双方描写中扑朔迷离、诡谲万端。事件当时，清宫内阁档案"起居注"乾隆五十八年八月初十日（1793年9月14日）记："初十日。庚午。上御万树园大幄次。英吉利国正使马戛尔尼、副使斯当东及副使之子多马斯当东等入觐召见。上各加温语慰问。赐英吉利国王玉如意、正副使臣如意。"又在《高宗纯皇帝实录》中留下简略记事，未涉具体礼仪样式，其中醒目处是记载了乾隆就此事所作诗一首《红毛英吉利国

375

王差使臣马戛尔尼等奉表贡至,诗以志事》:"博都雅昔修职贡,英吉利今效荩诚。竖亥横章输近步,祖功宗德逮遥瀛。视如常却心嘉笃,不贵异听物讽精。怀远薄来而厚往,衷深保泰以持盈。"并在诗兴缘起文字中对马戛尔尼使团的礼品作出了如此评价:"此次使臣称该国通晓天文者,多年推想所成测量天文地理形象之器,其至大者名布蜡尼大利翁一座,效法天地运转,测量日月星辰度数,在西洋为上等器物,要亦不过张大其词而已。现今内府所制仪器,精巧高大者尽有此类。朕以该国遣使远涉重洋,慕化祝釐,是皆祖功宗德重熙累洽所致,惟当益深谨凛。至其所称奇异之物,只觉视等平常耳。"[39]这种对英方礼品的贬抑乃至嘲讽,是不是对英人行英礼不满的一种宣泄呢。中方的记载缺失和双方说法不一,不仅使后来至当代的史学家对英使团行英礼还是中礼各执一端,而且在后来20多年后英国再派正使阿美士德率使团访华,其副使是已长大并成为著名中国通的小斯当东,使团再次面临经典的中西礼仪冲突:跪(单跪)与不跪(三跪九叩),双方都坚持要按马戛尔尼时做法办,但一方认为当时行了中礼,一方认为当时行了英礼。相持不下,阿美士德一行个个称病拒向嘉庆皇帝行中礼,最后被驱逐出境。嘉庆皇帝当时作为皇子曾在乃父乾隆接见马戛尔尼的现场。他显然一直对此耿耿于怀,并且不允许史书对此有真实记录。然而,民国初时的《清史稿》叙及外国贡使觐见礼,依然有这样的文字:"乾隆季叶,英使马格里(马戛尔尼)入觐,礼臣与议仪式,彼以觐见英王为言,特旨允用西礼。筵宴日,且亲赐卮酒。"[40]从本文上述有关"礼臣与议仪式"过程看,这个记述是比较可信的。此外,英使团成员之一约翰·巴罗因为负责留守北京展示礼物,没有亲历礼仪现场,但他记录了当时在北京中方官员听说热河礼仪冲突后强烈的震撼反应。他在《巴罗中国纪行》(1804年伦敦出第一版,巴罗认为斯当东《英使觐见乾隆纪实》虽然真实、详细,但因体例和文本性质,仍有很多东西未写,所以他要再写中国行纪补充此行事实和见闻,这是该著晚出的原因)中自述:"皇帝的诞辰,宫内的王公大臣穿上礼袍,会集一起,在朝见大殿向宝殿敬礼。……两天后,照常早晨去朝见殿,我发现门户关闭,那个保管钥匙的老太监,绷着脸走路,我听不到他说一句话。各种官员在院内会集,看来像发生了极可怕的或即将发生大事。没有人愿跟我谈话,我也得不到有关这怪事的一点解释,到最后我们的朋友迪奥达托出现,表情像那些政府官员和老太监一样忧伤。我问他发生了什么事,他的回答是,我们都糟了,完蛋了,而且无可救药!接着他告诉我从热河传来的消息,说马戛尔尼勋爵拒绝像朝贡国君王一样向皇帝行三跪九叩礼,除非有一位与他同品级的官员也在他的英皇陛下前行同样的礼。最后,他们同意他的请求,向皇帝致以他向本国君王行的同样礼节(单膝下跪)。尽管在热河对这事没什么影响,北京礼部即礼仪部门的国家大员却感到不安、狼狈,还有惊慌。总之,很难说这件在该国史无前例的事会产生什么后果。当皇帝开始认真看待此事时,想到宽容会损害他的威严,可能下诏叫刑部责问那些劝他接受这个请求的官员。而且该国的史书可能将此事传诸后代,作为一件有辱国体的事例,那就是打破古代传统,采纳一个夷邦礼仪。"[41]可以说,英使团访华在中西礼仪冲突的第一个回合中以胜利告终。

送礼和行礼毕竟不是英使团的最终目的。他的七条目的,除了最后一条考察中国一直在进行外,其余六条一件都没有开始。而中方已经安排使团的返程,希望英方尽早回国。所以此后进入焦虑的反而是马戛尔尼。英皇致乾隆的信没有当场展阅,其中要求能否满足不得而知。而且英王国书提的要求只是他此行七条中的一两条,其余都需要他向中国皇帝当面或在华时提出。马戛尔尼又有多种场合见到乾隆,但都不是他期待的外交会谈式见面,基本上没有机会或者中方根本就不想给机会让他提出外交请求。他甚至明确告白皇帝他此行的目的还有些外交事务想交流,但皇帝不想谈论。这使马戛尔尼忧心忡忡、焦灼不安。1793 年 9 月 21 日，英使团从热河出发回北京。乾隆不日也从热河回到北京。9 月 30 日，中方通知马戛尔尼与大臣使节们一起迎接皇帝銮驾进京。这是马氏最后一次一晃而过地见到乾隆皇帝。后者后来在 10 月 3 日最后一个仪器安装完毕就专程参观了英使带来的礼物展，但并没有叫上马戛尔尼陪同和讲解。皇帝对他的不满和冷落已经不言自明。也在这同一天，和珅这个一人之下、万人之上的中国二号人物与陪同官员见了马戛尔尼。和珅将皇帝给英国国王乔治三世的回复书信和一些赏赐交给马氏，同时答应马氏如有话说可书面陈述。回国的逐客意思一目了然，马氏回到住处抓住最后机会将六条要求一一写出转交和珅，同时提出返程。这六条将原来七项要求中的前六款具体化了，包括：①请中国允许英国商船在珠山（浙江舟山）、宁波、天津等处登岸，经营商业。②请中国按照从前俄国商人在中国通商之列，允许英国商人在北京设一洋行，买卖货物。③请于珠山附近划一未经设防之小岛归英国商人使用，以便英国商船到彼即行收藏、存放一切货物且可居住商人。④请于广州附近得一同样之权利，且听英国商人自由往来，不加禁止。⑤凡英国商货自澳门运往广州者，请特别优待赐予免税。如不能尽免，请依 1782 年之税律从宽减税。⑥请允许英国商船按照中国所定之税率切实上税，不在税率之外另行征收。且将中国所定税率录赐一份以便遵行。[42]10 月 7 日，马氏一行离京返英。当天，和珅等一应官员送行。和珅向马氏交付了皇上答复马氏的英国六条请求的复函敕书，以及皇上赐予英国国王各物品清单。中国特别批准和安排他们沿京杭大运河南下至杭州再抵广州。

乾隆给英王回复和对马戛尔尼书呈的六条要求的答复，都以给英王的口气写出，可以视为都是正式的表态。对英王来信中提出的达成贸易协定和派驻驻京使节的要求，以"此则与天朝体制不和"，表示"断不可行"。在给六条要求的答复性敕谕中，也逐条驳回，不予同意。其中关于两国贸易,因涉"更张定制","不便准行";因担心"使臣等回国后禀达未能明晰,复将所请各条缮敕,逐一晓谕",即一一否定。后世中外史学家大多认为,英国当时提出的要求,有些严重伤及主权和领土,有些则属不平等和过分要求,存在霸凌主义。中国的反应是有合理性的。所以,乾隆也嗅出其中特殊含义,发出警告对违者"定当立时驱逐出洋""勿谓言之不豫也"。至此,英使使华的两大目标即由英皇国书中提的在北京与清廷达成贸易协定、在北京设立领馆的要求和由马戛尔尼在华时提的六个目的与诉求一个也没有实现。从外交结果看,英使团当时返国舆论和后来史家评论,都认为这是一次失败的英使使华。而这个失败实际上是两败,没有胜者。英方这些诉求本来是包含在礼物的深意中的,是用礼物里的科技、武器、战舰、枪炮来实现礼物在商业层面的商品交换,换取开放通商口岸等六条商业诉求的实现。"英伦三岛外交使团这次来华,则以各门科学技术及其成果作为推销其商品的手段,实际目标是通商。与耶稣会士不同,英使团不受宗教意识限制,只要能展示其产品质量精良并以科学力量提高本国威望,他们什么都肯介绍与出售,例如所带礼物中包括演示太阳系各行星运动的大型天象仪、英国科学家牛顿发明并经改进的巨型反射望远镜、造成真空的抽气机、能熔金属的高效聚焦镜、远程照明灯、后膛装新式步兵枪、工程用改良火炮枪、高级花呢等,都是伦敦、曼彻斯特、谢菲尔德等地著名厂家最新制造的产品。耶稣会士是绝不会将这些东西带到中国的。英使还介绍西洋借热气球使人升空、为残疾人安装活动假肢、手术治愈白内障失明以及在电学方面的最新发现等。"[43] 礼物的意义或意图不存与失效,失去交换对象和交换价值,诉求必然落空。这是英方礼物受到隆重礼遇和根本不睬的悖论。但是,乾隆轻谩地忽略"该国通晓天文者,多年推想所成测量天文地理形象之器",错过在牛顿去世仅半个多世纪就把他的发明和科学突破性思想理论带到中国的机遇,中方也失去了一次转型的机会，失去一次获得尖端科学技术的机会，失去一次武器换代、发展海洋军事的机会。这些机会是送上门的良机，坐失这样的机遇，使中国历史往后推迟了近150多年，中国也从此落后于世界先进和发达国家数百年，使再一次历史转型的到来不再是和平的方式而是铁血战争及亿万人的丧生和整个民族一再的屈辱。失败者何尝不是中国自己呢？

六、最后的行程和行程最后的收获

马戛尔尼使华的第七个任务是"在不引起中国人怀疑的条件下，使团应该什么都看看，并对中国的实力作出准确的估计"。在其他任务都失落失败以后，这个任务是完成得最好也是影响最为深远的。从后来的中英两次鸦片战争和中英签订的一系列不平等条约的史实看，都有这次使华观察调查资料、分析、判断、建议、预言的影响或影子，甚至可以说这方面的收获才是此次使华最大的成功，这个成功使那些没有实现诉求的失败都不值一提。这才是本次使华的真正成功之处。刘半农在翻译马戛尔尼使华日志《1793乾隆英使觐见记》时，特别指出，清末来华的爱尔兰人濮兰德在他的著作《清室外纪》中认为，英使来华，所求互派公使，推广商业，议订税则诸事，中朝一不之许，但赐以文绮珍玩令归。故英使所得，文绮珍玩而外，仅有本人及随员之笔记而已。刘半农对此作出情绪激烈的评论道："吾则谓此笔记之值，重于文绮珍玩为倍万，而重于所求诸事者，为倍亦百。盖自有此书（指马氏及随员笔记——引者注）而吾国内情，向之闭关自守，不以示人者，至此乃尽为英人所烛。彼其尺进寸益，穷日之力，合有形无形以谋我者，未始非此书为其先导也。"[44] 刘半农说马氏一行人的记录超值不仅乾隆赐给他们的文绮珍玩一万倍不止，而且也超过他们想得而未得的访华种种诉求之事的一百倍不止。他痛彻心扉地也是一针见血地指出，正是这些中国从不示人的国情被英人烛照洞悉，从此打开西方侵略中国的潘多拉魔盒。这真是令人振聋发聩的真知灼见和见人之所未见。可惜这一识见在迄今为止的种种有关此事件的史学研究中，依然是空谷足音。把这个事实放在世界史、长时段来看，就更加清晰。此前此后的世界大势是：英使来华是大航海的结果，它不仅表明地球是圆的，也表明欧洲船只坚固得可以到达世界的任何地方。这些船只使得向地球任何地方运送商品和士兵成为可能，从而展开了历经200年的从以陆地为中心的国际关系向以海洋为中心的国际关系的转换过程。蒸汽机在1698年就已问世，"瓦特从1769年开始的设计改良使效率提高了400%，这反过来使得蒸汽动力的使用大幅膨胀。燃料的功效在1776—1850年间提高了12倍，因此在价格上有所降低，1800年到1850年间，蒸汽动力的应用在英国增加了100倍……蒸汽与钢铁的结合产生了海上的第二次革命，同时也在19世纪清除了陆地运输的障碍（指铁路网和火车——引者注）"。[45]

从一开始进入中国，沿中国海岸线一路北上，途经中国东部各个港口，沿途走走停停直至天津大沽，再走内河、运河抵达北京和热河。返程时走京杭大运河（起初乾隆有所防范，不令其了解中国内陆情况，后又着急让英使尽快离开，放松防范允其从京杭大运河直下江南）。这样大规模队伍的行程路线且贯通中国沿海与内陆是前所未有的。这给英国使团全面了解、观察、调查中国提供了千载良机。因为有备而来，英使团的科学家、技术人员、植物学家、法学家、军事专家、航海家、政治家、外交家、社会学家、语言学家、画家、制图师、炮兵测量员、传教士、天文学家、书记员、医生、数学家，等等，均从各自的角度测量、描画、访谈、记录、观察、调查中国。特别是从天津到北京、从北京到热河的往返，以及京杭大运河40来天的路途，马戛尔尼向中方陪同官员和珅、徵瑞、王文雄、乔人杰、两广总督长麟、钦差大臣松筠、在华传教士等人了解到很多详细的中国国情、资料、统计数字，以及各种风土人情。较之历史上马可·波罗式旅行游记、利玛窦等传教士们的个体调查和民间观察，此次马氏一行的中国调查观察既有一定的时间长度，又有重大时间节点；既有沿海口岸港口，又有内陆运河城市；既有皇室宫廷大臣百相，又有士农工商底层平民世态；既有国民经济统计数字，又有中国山川关隘测绘人情风俗绘画；既有中西文化比较观察，又有东西发展态势分析。

英国使华团员，上起大使、副使（副使斯当东系英国皇家学会会员，他的报告是综合性报告，具有代表性和全面性），下至团员成员，都在中国之行中担负了记录的任务，差不多人人都留下了出使日记、行记等，记录文本、字数、数量之多，堪称一时世界之盛。使团人员回英后在西方发表的著述主要有：《英使访华录：1792、1793与1794》（安德逊，1795年）、《马戛尔尼勋爵访华纪实》（附"狮子号"1793年8月5日至10月28日航行日记，安德逊，法文版，1797年）、《英使谒见乾隆纪实》（斯当东，1797年）、《中国与鞑靼内地游记》（斯当东，法译本，1798年）、《大清律例》（英译本，小斯当东，1810年）、《从历史、地理与哲学角度看中华帝国》（温特伯塞，1795年）、《巴罗中国纪行》（巴罗，1804年）、《交趾支那之行》（巴罗，1806年）、《关于马戛尔尼伯爵的一些故事及未刊文稿选》（巴罗，1807年）、《马戛尔尼勋爵使华团随团护卫塞缪尔·霍姆斯上士的日记》（霍姆斯，1798年）、《中国与鞑靼游记》（霍姆斯，法译本，1805年），以及《马戛尔尼的私人日志》、随团医生基朗的《记中国的医学、外科和化学》、《丁维提日记》、《高厄回忆录》、《赫脱南中国游记》、《巴瑞斯的中国部分港岛湾的测绘资料》、《温德日记》等。[46] 画家威廉·亚历山大在中国作了大量实地写生，他在1794年从中国回英国后，又根据在中国所画的速写与素描创作了一批有关中国风情的水彩画，部分画作制作成版画。他在1795—1800年在英国皇家美术学院展出的14

幅作品中，有 13 幅是中国题材。亚历山大出版过两本关于中国的书，即《中国的服装》（1805 年）、《中国人的服饰和习俗图鉴》（1814 年）。《中国的服装》收录 48 幅用腐蚀凹版印刷的版画，以人物画为主，亦有风景，每张画都附有亚历山大写的说明文字。《中国人的服饰和习俗图鉴》一书也收录了 50 张图片，其中 48 张图是人物画，表现中国社会各类人物和社会风俗，每张画也都附有亚历山大的说明。[47]

最有价值的中国材料是马戛尔尼向中国官员乔人杰、长麟等提出并由他们按要求去组织汇总而得的。比如乔人杰给他提供了一份详细的中国人口表和中国主要省份上交北京国库的款项（田赋、盐税等）统计表。包括了各省分省人口、面积、耕地数、年税银两等。此中不计全国总数，仅此统计，人口达 3.3 亿，耕地达 8 亿多亩。马氏的调查另有中国主要武官职别、职数、薪俸、军费、骑兵、军马、陆军、军火、军服、军用品、伙食费、饲料费等调查与统计，有英国及其他欧洲各国同中国的贸易与货易内容、货值、双方进出口货值等调查与统计（东印度公司提供），有关于由外国船和英国船从中国输出到欧洲的茶叶数额统计、价格成本税率、消费量等详细调查（含走私情况统计，根据英国船大班们的日记材料、抵达轮船发票等统计），有 1776 年以来每年由英国船和外国船从中国运出的茶叶数量一览表（涉及英、美、瑞典、丹麦、荷兰、法、葡萄牙、西班牙等 12 国），有 1776—1795 年每年由东印度公司输出到中国的货物和金银数量表，等等。长麟满足了英国人"对一切有关自然史的事物都很好奇"的好奇心，马氏不但收集了许多茶与丝的生产情况，还得到了一些茶树活标本，"他仅仅只是向长麟提出要求便获得了这些"。马戛尔尼自己在报告中对中国进行了全面介绍与分析，内容包括：风俗与品性、宗教、政府、司法、财产、人口、赋税、文武官员的等级和制度、商业和贸易、技艺和科学、水利、航行、中国语言等。[48]

关于中国军事情况，使团调查到有步兵 100 万、骑兵 80 万，估计他们主要被部署在北方。他们搜集了中国武器各种类型，描绘了从火炮到弓箭长矛等具体形状、结构和杀伤力。沿中国海岸记录描绘了重要港口的地图。在港湾停留时的经纬度、低潮高潮的落差和时间、潮流的方向风力等。中国防御性城墙和万里长城的详细测量和平面剖面图。他们已经判断出中英军事实力对比悬殊，认为中国防御很薄弱，港口、炮台、城墙大多开口处没有炮，任何一艘军舰都能毫无困难地从其海防要塞中通过。他们并不知道后来英国两艘战舰就能胜过整个清帝国的海军力量，半个夏天他们就能彻底摧毁中国沿海的所有船只，使沿海各省以捕鱼为生的居民陷入绝对的饥饿之中，人口锐减。但是，他们提供了这种可能性到来的可能性。

关于中国人的性格、风俗和城乡个性，英国使团有多方面的观察与讨论。"中国普通老百姓外表非常拘谨，这是他们长期处在铁的政权统治之下自然产生出来的。在他们的私下生活中，他们也是非常活泼愉快的，但一见了官，就马上变成另外一个人了。""中国人对一切外国人都感到新奇，但关于这些外国人的国家，他们却并不感兴趣。他们认为自己的国家是'中华'，一切思想概念都出不去本国的范围。""对于更远的区域，中国政府，如同外国人做生意的中国商人一样，只有一个抽象的概念。其余社会人士对于任何中国范围以外的事物都不感兴趣。""中国人民是极坚强的民族，能吃苦耐劳，对生意买卖和种种赚钱的手段都十分感兴趣；即使在最艰苦的劳动中他们也快活而且喜欢交谈，并非安静平和的人。""大家交换了一下刚才穿过北京城时所得的印象。他们自然知道这样匆促的走马观花无法得出一个恰当的判断。不过大家的共同感觉是，实际所看到的一切，除了皇宫而外，远没有未到之前想象的那么美好。假如一个中国人观光了英国的首都之后做一个公正的判断，他将会认为，无论从商店、桥梁、广场和公共建筑的规模和国家财富的象征来比较，大不列颠的首都伦敦是超过北京的。"（我们目前找不到乾隆和中国官员对马戛尔尼带给中国的英国城乡风景的画图是否引起特别关注，或者质疑自己还是不是天下中心、天朝第一）使团还讨论了西方盛赞和热议的园林、盆景、古塔、中医号脉、小脚、宦官、鸬鹚捕鱼，等等。北方的长城以其雄伟、巨大、险峻让使团叹为观止。由北向南贯通南北的大运河也是震惊使团的"巨大工程"，这是铁路打通内陆之前贯穿巨大大陆的交通奇迹。

关于中国的资源、技术和发明。使团的植物学家对每一地的植物标本进行了搜集、采样、登记。在"北隶省"采集了106种植物标本，在北京至热河一路采集了67种植物标本，在顺大运河南下的山东、江南两省搜集到126种植物标本，在大运河终于杭州后的陆路江西和广东搜集了97种植物标本。共计396种。仅竹子就另外记录到60余种。此外，"使团成员在各地注意考察中国工农业技术并敏锐地将其与欧洲对比，凡有可取者必详记之，且绘出图形或索取样品，以便为其本国所用"[49]。这些内容包括：脚蹬龙骨水车、水动轮水车、乌桕油蜡烛、蓼蓝等植物染料、有色棉花、风扇车、双动活塞风箱、锌及锌合金、防水密封隔舱、航海罗盘、盒子灯焰火、多种原料造纸、加帆独轮车、金箔、算盘、种痘、养蚕、丝绸，等等。基朗医生从专业角度评价和描述了中国的医学和外科、化学与金、银、铜、铁、铅、水银、坑煤、瓷、樟脑、玻璃、普通的盐、硝、火药、烟火、鞣革、植物汁和蒸馏酒、纸等。

关于中国现实的判断和未来走向与可能的预判。马戛尔尼观察到鞑靼人与汉人之间的民族矛盾。他认为，中国人在受灾难的压力下实际已失去了斗志。他们厌倦了仅仅为了争权的内斗，甘愿服从异族的统治。征服者人强马壮，性格凶悍，又有一位冷静、坚定的领袖指挥，他谨慎精明的统治使矛盾得到缓和，以致中国人现在觉得比骚乱的日子要好过。继内乱的恐慌后出现一个时期的平静，政府虽是独裁统治，但至少施政井井有序。使团人员认为，中国人占世界人口一个很大的比例。这样多的人口，在这样广袤的土地上，遵守着一个统一的政治制度和法律，有共同的语言文字和生活方式，俯首帖耳于君主一人的绝对统治之下。他们同世界其余的人在许多方面有很大悬殊，他们闭关自守，同其余世界无争，但也不愿同其余世界有任何往来。中国的邻近小国确实在各方面都比中国落后，这是他们对待外人目空一切、高傲自大的根源。在蒙古人入主中国之前，欧洲人正处在黑暗时代，当时中国文化处在最高峰。但从此以后，中国文化即停滞不前，而欧洲文明，无论技术知识和礼貌，都日新月异。马戛尔尼特别赞同一位久居中国叫安育德的神父对中英关系提出的见解。神父认为，欧洲的特使是常驻他国的，但华人将他国特使视为只有庆典盛事才来，完事即走。他们不知世界变化。缔结条约、互相通商是文明各国通例。神父认为，中国从来没听说有与他国缔约通商的事。但不能因此认为他们永远不与他国缔约交通。此事不能急躁，需循序渐进。这次特使来华受到中国皇帝诏见，就是英国人在中国立足的开始，今后英皇陛下可不时与中国皇帝书信，每有英国商船到华就通过两广总督通报，如果新皇登基立即转奏晋京庆祝等等。这样既不违背中国惯例又使英国达到与派驻特使一样的效果。将来必有瓜熟蒂落至可缔约通商、互派使臣的时候。马戛尔尼对此深表赞同。

七、人类学史析出的思想史和世界史意义

使团观察和调查的中国是立体的、鲜活的、丰富的。其中有无比丰富的细节，比如吃饭、抽烟、贩卖、居室陈设、服饰图案、铠甲材料等等。在貌似杂乱无章的似乎只是按照时间进程叙述所见所闻所遇的人事物像风景中，其实是有我们上述梳理的一条隐蔽的逻辑和深刻的寓意的。这

条重要的逻辑线索就是：第一步，能够准确全面地呈现一个国家的整体实力，它的人口、经济、地理、财富、治理等；第二步，能够掌握这个国家的军事力量：兵力、武器、部署、国防、工事，可战不可战，能否战胜，等等；第三步，可资交往、治理乃至管辖这个国家的风土人情，人民的性格，交往的特色，他们的好恶、善恶，美德与丑行，高尚与缺陷，等等；第四步，这个国家的资源、潜力、能量，有无可交往、经商甚至掠夺的价值，和平的或者战争的往来及各自的后果；第五步，这个国家的未来可能性。这个逻辑基本上就是资本主义出现和上升初期与大航海大殖民时代的历史逻辑，而其中肩负起先行使命的人类学学科正是在这种对外交往、走向海外、征服全球、殖民世界的过程中应运而生的。马戛尔尼时代，人类学尚处在萌生和孕育时期。但是对欧洲以外民族和土著民族的记录、讲述、调查已经积累了海量的材料和丰富的经验，地理学、天文学、植物学、生物学、人类进化、人种学、艺术史、文明史、社会发展史等科学和研究，正从中发生或将要发生。上承耶稣会士海外和入华传教、调查、问卷的传统和欧洲国家选派和资助地理、博物学家对海外开展调查的传统，马戛尔尼使团的调查团队的构成和调查结果，可以说是世界史上首次出现的国家级和国家性的大型调查，也是第一次展现出人类学调查和研究的方法论和民族志描写范式的调查。它随后不久就影响到法国拿破仑在征服埃及时组织的大规模多学科学者专家对埃及展开的调查。1798年，拿破仑率法军南下以占领埃及作为打击英国的战略目标，同时，他也敏感地意识到要统治这个文明古国，必须十分重视埃及古迹，了解其历史文化传统。于是精心制订了前所未有的研究埃及的计划，挑选了由考古学家、东方学家、天文学家、几何学家、化学家、物理学家、矿物学家、文学家、数学家、博物学家、建筑师、语言学家、工程师、画家和多语种翻译等组成的167人的庞大科学艺术考察团，调查埃及地理、动植物、当地人生活习俗、古代建筑遗迹等。这次研究所获成果，不仅是埃及学的肇始，而且至今影响世界文明史和世界史研究。这是欧洲对中国和埃及两个世界上最为古老的文明展开的两次类似的国家调查，深刻地影响到世界文明的研究、交流和进程，也促进了世界格局的改变。

1855年后，英国人类学鼻祖爱德华·伯内特·泰勒多次赴欧美大陆旅行，广泛搜集民族学、考古学资料，先后发表了《阿瓦纳克人——古代和现代的墨西哥和墨西哥人》(1861)、《人类古代史和文明发展的研究》(1865)等一系列人类学著作。1871年，泰勒入选英国皇家学会，同年出版了代表作《原始文化》。1881年，他撰写的《人类学》奠定了现代人类学的文化概念和理论的基础。1883年，泰勒出任牛津大学博物馆馆长，并开始教授人类学。1896年成为牛津大学设立的第一位人类学教授。这标志着人类学在著名高等学府登堂入室。"在他的课堂上经常有一些在殖民地任职、负责提供重要民族志资料的人，这其中包括美拉尼西亚传教士罗伯特·亨利·科德林顿和几内亚探险家（后来又担任殖民地官员）埃弗拉德·伊姆·瑟恩。"[50]1884年，由于泰勒的努力，人类学成为英国皇家学会一个正式分支机构，泰勒随即受命筹建一个组织，调查和出版加拿大邦西北部落人群的体质特征、语言和工业以及社会状况的报告，供政府官员等使用。人类学的调查从这个学科形成之际，就呈现出由"摇椅人类学家"依靠传教士资料到博物学家、科学家介入调查，直到人类学家直接参与调查的历程。人类学的功能也从一开始就是学术性和服务帝国殖民主义的混合性相结合的功能。"理论人类学，和其他科学一般，有它实际的应用……在对待土人的问题时，以了解土人的习惯和信仰为目的的科学自应当有它的用处。殖民地政府、传教团体、教育机关，已逐渐知道利用现代人类学的训练、人类学家的著作，以及聘请人类学家参加他们的工作，借以得到关于土人生活的正确知识和推行他们的方案。"[51]人类学的这两个特点，在马戛尔尼使团的调查及其报告,以及它的历史影响上都有充分的反映。或者也可以说,它对人类学的形成与发展产生过重要的影响和推动作用。

这一研究范式甚至到一个半世纪后的"二战"结束之际依然被复制。1944年,反法西斯战争胜利在即,美国政府急于制定关于战后日本治理的政策,需要了解两大问题:第一,日本政府会不会投降?盟军是不是要采用对付德国的办法进攻日本?第二,如果日本投降,美国要不要保留日本政府机构及天皇?美国政府为此动员和组织了众多学科的众多专家参与调查研究日本。美国人类学家本尼迪克特是其中的专家之一,在不能去交战中的日本本土的情况下,她运用文化人类学的方法,调查了居住在美国的日本人和战时拘禁在美国的日本战犯,同时收集了大量有关日本的文艺学术作品,从日常生活细节去研究日本人的思维方式和生活习俗,用"菊"与"刀"的形象揭示日本人的矛盾性格和民族性,完成了报告,并推断:日本政府会投降;美国不宜以直接的方式统治日本;美国需要保存并运用日本原有的天皇体制和政府机构。在战争结束后,她的预见和建议得到了证实和采纳。本尼迪克特的报告最后以《菊花与刀》的著作于1946年出版,在美国与日本均产生巨大反响。她的著作实际上也遵循着马戛尔尼调查报告的五个步骤。全书分为十三个部分展开论述,第一章提出问题之后,第二章研究了日本人性格的现象:战争中的日本人。本尼迪克特抓住了日本民族的两大典型性格表现,一是天皇的神圣不可侵犯,二是被俘虏的日本人与美军的高度合作。她毫不避讳地谈到了这样的性格对第二次世界大战后的日本处置有参考价值。接下来的章节里,本尼迪克特还讨论日本的等级制度和明治维新对传统等级的冲击和改变,并尖锐地指出日本对等级文化的迷信导致其在侵略外国时也试图输入这种等级观念,而这种日本独特的伦理体系当然难以为他国所接受和消化。然后她分析了日本文化的"负恩"逻辑,并进一步一针见血地指出,日本文化是一种耻感文化，和美国的罪感文化差异极大。为了洗刷耻辱，日本人最极端的行为就是自杀。日本极端的道德准则使他们的生活经常处于高度紧张状态。作为补偿，日本文化对感官享乐宽容得令人惊讶。最后，她分析和评价了投降后的日本人与对日政策。[52]

受18世纪欧洲中国风思潮影响，马戛尔尼对中国的看法，也有过从一边倒的好评到将信将疑的过程。他也曾经是一个文学爱好者，1786年还加入了英国文学俱乐部，与画家雷诺兹、诗人奥利佛·戈德史密斯等过从甚密。奥利佛·戈德史密斯模仿孟德斯鸠的《波斯人信札》于1762年出版了《中国人信札》。马戛尔尼在1786年也用诗表达了自己对游历东方的向往：

> 仿佛我游览中国幸福的海滨，
>
> 攀登她无比自豪的杰作万里长城。
>
> 眺望她波涛汹涌的江河，
>
> 她的都市与平原，
>
> 她的高山岩石和森林。
>
> 越过北方疆界，
>
> 探研鞑靼旷野，
>
> 不列颠冒险家从未到过的地方。[53]

马戛尔尼阅读了全套耶稣会士从中国寄来的书简集。与此同时，英、法等欧洲知识阶层，开始反思"中国风"，质疑中国的乌托邦性，批判中国的缺陷。文学俱乐部里也有了更多的对中国的再评价。文学俱乐部的另一位有声望的成员威廉·琼斯爵士在1790年发表过这样的中国否定性意见："他们的文字（如果我们可以这样称呼的话），仅仅只是概念的符号，大众的宗教是相当晚近时才从印度传入的，他们的哲学似乎还停留在原始的状态，以致几乎不配称为哲学，他们没有古代留下的纪念碑，凭之可以借助合乎情理的猜想来追溯他们的起源。他们的科学整个是舶来品，他们的机械工艺毫无体系可言，那些在受到造化垂青的国家里肯定会被发现和改进的工艺，在这里却一点也没有。他们有货真价实的民族音乐和民族诗篇，两者都哀婉动人，但是，若论及绘画、雕塑或是建筑等需要想象力的艺术，他们（就如同其他亚洲人一样）则一无所知。"[54] 孟德斯鸠也对中国政治和风俗有过负面评论。法国当代学者佩雷菲特在他的马戛尔尼研究专著《停滞的帝国：两个世界的撞击》中考证，马戛尔尼读过《论法的精神》中对中国的严厉批评。在全面梳理马戛尔尼访华的前因后果时，我们发现，孟德斯鸠对中国政体的定性、对专政制政体中礼物的性质、对风俗在国际交往中的作用、对具有人类学民族志材料的重视和运用，这四方面都对马戛尔尼产生了重要的影响。孟德斯鸠认为，"中国是一个专制的国家，它的原则是恐怖。在最初的那些朝代，疆域没有这么辽阔，政府的专制的精神也许稍为差些；但是今天的情况却正相反"[55]。而专制政体的特质是："一个广大帝国的统治者必须握有专制的权力。君主的决定必须迅速，这样才能弥补这些决定所要送达的地区的遥远距离；必须使遥远的总督或官吏有所恐惧，以防止他们的怠慢；法律必须出自单独的个人，又必须按照所发生的偶然事件，不断地变更。国家越大，偶然事件便越多。"[56] 对中华帝国的定性，在后来马戛尔尼的遭遇和调查中无论是整体还是细节都得到了印证或者说马氏证明了孟德斯鸠的中国是专制政体的判断。孟德斯鸠也专门讨论了共和政体、君主政体、专制政体三种不同政体下礼物的性质与意义，研究了中国和专制国家的礼仪与风俗。关于专制国家的礼物，孟德斯鸠说："专制的国家有一个习惯，就是无论对哪一位上级都不能不送礼物，就是对君王也不能例外。"[57] 马戛尔尼使团在礼物与贡物之间的角力，遭遇的礼物与回献之间的复杂暗示和文化象征，为礼物在不同政体之间的交换，增添了新的研究价值。孟德斯鸠还在第三卷中专论了法律与气候、土壤、民族的一般精神、风俗和习惯的关系，就中国问题指出了两个方向：一是在征服或影响他国时，"一般来说，各族人民对于自己原有的习惯总是恋恋不舍的。用暴力取消这些习惯，对他们是悲惨的。因此，不要去改变这些习惯，而要引导他们自己去改变"[58]。二是中国内部鞑靼人（满人）和汉人、旧王朝和新王朝之间形成的根本关系："中国并不因为被征服而丧失它的法律。在那里，习惯、风俗、法律和宗教就是一个东西。人们不能够一下子把这些东西都给改变了。改变是必然的，不是征服者改变，就是被征服者改变。不过在中国，改变的一向是征服者。因为征服者的风俗并不是他们的习惯，他们的习惯并不是他们的法律，他们的法律并不是他们的宗教；所以他们逐渐地被被征服的人民所同化，要比被征服的人民被他们所同化容易一些。"[59]这些思想无疑影响和指导了马戛尔尼对中国的观察，特别是在坚持英国礼仪、将礼物礼仪化而不是贡物化、以俗成礼并通过风俗看透中国等方面。孟德斯鸠的《论法的精神》堪称第一部完备的比较法学巨著，运用了大量历史的、现实的、海外的、旅行家和传教士的资料，其中关于中国的就有众多西方著述资料如《中华帝国志》《中国史》《波斯人信札》《暹罗记事》《波斯旅行记》《周游世界记》《鞑靼史》《北方旅行记》《世界史纲》《创建东印度公司历次航行辑览》和著名的耶稣会士书简集等。特别是民族志性材料的亲历性、在场感、直击性对准确判断远方异域他者所起的关键作用，应该是极富启示意义的。孟德斯鸠研究的人类学意义虽然在人类学史上往往被忽略，但是终于还是被学者们注意到了。法国当代思想史家茨维坦·托多罗夫指出："文化、社会和物质的多样性在孟德斯鸠笔下得到了认真对待，并让读者有所了解。正因为此我们欣然把孟德斯鸠视为现代社会科学即社会学或人类学的先驱甚至奠基人。"[60]

总体上看，马戛尔尼对中国的评价、分析、判断基本上是客观的、准确的。他虽然指出了中国军事上的薄弱环节和西方可以局部战事上战而胜之，但他也暗示中国的地大物博、超过3亿的人口、财富深厚，指出中国战略纵深辽阔，南北贯通等不同于任何小国、土著民族、其他古老文明。

当然中国也不再是西方认为的"理想国",也有许多贫困、专制、虚伪、残暴、丑陋的现象。马戛尔尼由衷地希望与这个庞大的古老的国家逐渐交往直到建立真正的双边关系和国际条约。由于过去传教士们的简单、单一地美化中国,马戛尔尼目睹的中国又有如此之多的不堪入目、不堪一击的地方,不仅坐实了休谟、孟德斯鸠、赫尔德、卢梭、亚当·斯密等人对中国的定性与批判,也使后来的黑格尔因此言之凿凿地指出:"中华帝国是一个神权政治专制国家。家长制政体是其基础,为首的是父亲,他也控制着个人的思想。这个暴君通过许多等级领导着一个组织成系统的政府……个人在精神上没有个性。中国的历史从本质上看是没有历史的;它只是君主覆灭的一再重复而已。任何进步都不可能从中产生。"由于历史的无情,或者说是中国对世界变化的无动于衷,23年后,英国更加强大,1816年再派阿美士德为正使、小斯当东为副使的使团访华。此时,觐见礼物换成中国嗜好的华而不实的工艺品,但礼仪坚决不行三跪九叩,结果被驱逐出境。47年后,1840年,中英最终走上战争之路,爆发鸦片战争并以中国失败为结果,从此中国开始了半封建、半殖民地的屈辱的近代历史进程。1842年中英签订《南京条约》,1843年英国政府又强迫清政府订立了《五口通商章程》和《五口通商附粘善后条款》(《虎门条约》)。63年后,1856年第二次鸦片战争爆发,1860年,英法联军攻入北京,清帝逃往承德(热河),英法联军闯入圆明园并掠夺珠宝、火烧圆明园。英军在这里找到了经鉴定是马戛尔尼代表乔治三世赠送乾隆皇帝的礼物"大炮",他们不仅把礼物抢了回去,还把它送回大炮的原产地也是大英帝国的军火生产基地邬尔威之皇家兵器部,以此表示"取消了先前乔治三世和乾隆皇帝的礼品交换的外交礼仪,干脆用不予认可的态度抹杀对方的主权地位。英国以此种方式,单方面宣布了18世纪英王乔治三世与乾隆皇帝的主权交往的无效"[61]。马戛尔尼访华的结果是这些曲折而悲壮历史的逻辑起点和历史幽灵。

注释

[1] [英]斯当东:《英使谒见乾隆纪实》,叶笃义译,群言出版社2014年版,第26页。

[2] 转引自刘半农译注。[英]马戛尔尼:《1793乾隆英使觐见记》,刘半农原译,重庆出版社2008年版,第2页。

[3] [英]斯当东:《英使谒见乾隆纪实》,叶笃义译,群言出版社2014年版,第28页。

[4] 参见[法]佩雷菲特《停滞的帝国:两个世界的撞击》,王国卿等译,生活·读书·新知三联书店2013年版,第9页。

[5] 参见[英]斯当东《英使谒见乾隆纪实》,叶笃义译,群言出版社2014年版,第270—274页。

[6] 参见《逸周书·王会解》(卷七)。《丛书集成初编》(第3691—3694册),商务印书馆1936年1月版。

[7] 参见方豪《中西交通史》(上),上海人民出版社2015年版,第289—293页。

[8] 《宋史》卷487,外国传三·高丽传,第14045页。

[9] 方豪:《中西交通史》(下),上海人民出版社2015年版,第440页。

[10] 李云泉:《万邦来朝:朝贡制度史论》,新华出版社2014年版,第57页。

[11] [法]马塞尔·莫斯:《礼物——古式社会中交换的形式与理由》,汲喆译,商务印书馆2019年版,第109页。

[12] [法]马塞尔·莫斯:《礼物——古式社会中交换的形式与理由》,汲喆译,商务印书馆2019年版,第5页。

[13] [法]马塞尔·莫斯:《礼物——古式社会中交换的形式与理由》,汲喆译,商务印书馆2019年版,第5页。

[14] 马塞尔·莫斯:《礼物——古式社会中交换的形式与理由》,汲喆译,商务印书馆2019年版,第5页之中译者注。

[15] [英]马戛尔尼:《1793乾隆英使觐见记》,刘半农原译,重庆出版社2008年版,第16页。

[16] [英]斯当东:《英使谒见乾隆纪实》,叶笃义译,群言出版社2014年版,第287页。

[17] [英]斯当东:《英使谒见乾隆纪实》,叶笃义译,群言出版社2014年版,第269页。

[18] [英]斯当东:《英使谒见乾隆纪实》,叶笃义译,群言出版社2014年版,第270页。

[19] [英]斯当东:《英使谒见乾隆纪实》,叶笃义译,群言出版社2014年版,第271页。

[20] [英]斯当东:《英使谒见乾隆纪实》,叶笃义译,群言出版社2014年版,第272页。

[21] 转引自[英]马戛尔尼《1793乾隆英使觐见记》,刘半农原译,重庆出版社2008年版,第91页。

[22] 清《高宗纯皇帝实录》卷1431,乾隆五十八年(1793)六月辛卯。

[23] 转引自[英]斯当东《英使谒见乾隆纪实》附录11,叶笃义译,群言出版社2014年版,第644、645页。

[24] [英]巴罗:《巴罗中国行纪》,载[英]乔治·马戛尔尼、约翰·巴罗《马戛尔尼使团使华观感》,何高济、何毓宁译,商务印书馆2019年版,第187页。

[25] 转引自[法]佩雷菲特《停滞的帝国:两个世界的撞击》,王国卿等译,生活·读书·新知三联书店2013年版,第132页。

[26] 清《世祖章皇帝实录》卷135,顺治十七年(1660)五月丁巳。

[27] 昆冈等修、刘启瑞等纂《钦定大清会典事例》卷746。

[28] 清《圣祖仁皇帝实录》卷160,康熙三十二年(1693)十月丁酉。

[29] [英]斯当东:《英使谒见乾隆纪实》,叶笃义译,群言出版社2014年版,第355页。

[30] [法]阿兰·科尔班主编:《身体的历史:从法国大革命到第一次世界大战》(卷二),杨剑译,华东师范大学出版社2013年版,第59页。

[31] [法]阿兰·科尔班主编:《身体的历史:从法国大革命到第一次世界大战》(卷二),杨剑译,华东师范大学出版社2013年版,第298页。

[32] [法]佩雷菲特:《停滞的帝国:两个世界的撞击》,王国卿等译,生活·读书·新知三联书店2013年版,第176页。

[33] [美]何伟亚:《怀柔远人:马嘎尔尼使华的中英礼仪冲突》,邓常春译,社

会科学文献出版社 2019 年版，第 91 页。

[34] 陈乐民:《〈西方外交思想史〉绪论》，载《欧洲与中国》，生活·读书·新知三联书店 2014 年版，第 350 页。

[35] 陈乐民:《〈西方外交思想史〉绪论》，载《欧洲与中国》，生活·读书·新知三联书店 2014 年版，第 365 页。

[36] [英]马戛尔尼:《1793 乾隆英使觐见记》，刘半农原译，重庆出版社 2008 年版，第 102 页。

[37] [英]马戛尔尼:《1793 乾隆英使觐见记》，刘半农原译，重庆出版社 2008 年版，第 103 页。

[38] [英]斯当东:《英使谒见乾隆纪实》，叶笃义译，群言出版社 2014 年版，第 412 页。

[39] 清《高宗纯皇帝实录》卷 1434，乾隆五十八年（1793）八月庚午。另，弘历:《御制诗五集》卷八四，中国人民大学出版社 1993 年版。又，参见秦国经、高换婷《乾隆皇帝与马戛尔尼》，紫禁城出版社 1998 年版，第 82、183 页。

[40] 赵尔巽等:《清史稿》卷 91，《礼志十·外国贡使觐礼》，第 2679 页。

[41] [英]巴罗:《巴罗中国行纪》，载[英]乔治·马戛尔尼、约翰·巴罗《马戛尔尼使团使华观感》，何高济、何毓宁译，商务印书馆 2019 年版，第 190—191 页。

[42] [英]马戛尔尼:《1793 乾隆英使觐见记》，刘半农原译，重庆出版社 2008 年版，第 160、161 页。

[43] 潘吉星:《中外科学技术交流史论》，中国社会科学出版社 2012 年版，第 32 页。

[44] 刘半农译序，见[英]马戛尔尼《1793 乾隆英使觐见记》，刘半农原译，重庆出版社 2008 年版，第 1 页。

[45] 参见[法]佩雷菲特《停滞的帝国:两个世界的撞击》附录参考资料一览，王国卿等译，生活·读书·新知三联书店 2013 年版。另，[美]何伟亚（James L. Hevia），《怀柔远人:马嘎尔尼使华的中英礼仪冲突》参考文献一览，邓常春译，社会科学文献出版社 2019 年版。又，[英]乔治·马戛尔

尼、约翰·巴罗:《马戛尔尼使团使华观感》有关文献介绍,何高济、何毓宁译,商务印书馆2019年版。

[46] 参见[英]巴里·布赞、[英]理查德·利特尔《世界历史中的国际体系》,刘德斌主译,世界知识出版社2015年版,第286页。

[47] 参见陈璐《威廉·亚历山大笔下的中国图像》,《艺术百家》2014年第2期。

[48] 参见[英]斯当东《英使谒见乾隆纪实》附录,叶笃义译,群言出版社2014年版;[英]乔治·马戛尔尼、约翰·巴罗《马戛尔尼使团使华观感》,何高济、何毓宁译,商务印书馆2019年版。

[49] 潘吉星:《中外科学技术交流史论》,中国社会科学出版社2012年版,第32页。

[50] [美]乔治·史铎金:《人类学家的魔法:人类学史论集》,赵丙祥译,生活·读书·新知三联书店2019年版,第8页。

[51] [英]雷蒙德·弗思:《人文类型》,费孝通译,商务印书馆1944年版,第152页。

[52] 参见[美]本尼迪克特《菊花与刀——日本文化的诸模式》,孙志民等译,浙江人民出版社1987年版。

[53] 转引自葛桂录《中外文学交流史·中国—英国卷》,山东教育出版社2015年版,第85页。

[54] 转引自[美]何伟亚《怀柔远人:马嘎尔尼使华的中英礼仪冲突》,邓常春译,社会科学文献出版社2019年版,第82页。

[55] [法]孟德斯鸠:《论法的精神》(上册),张雁深译,商务印书馆2019年版,第153页。

[56] [法]孟德斯鸠:《论法的精神》(上册),张雁深译,商务印书馆2019年版,第150页。

[57] [法]孟德斯鸠:《论法的精神》(上册),张雁深译,商务印书馆2019年版,第79页。

[58] [法]孟德斯鸠:《论法的精神》(上册),张雁深译,商务印书馆2019年版,第374页。

[59] [法]孟德斯鸠:《论法的精神》(上册),张雁深译,商务印书馆2019年

版,第 376 页。

[60] [法]茨维坦·托多罗夫:《我们与他人:关于人类多样性的法兰西思考》,袁莉、汪玲译,北京大学出版社 2014 年版,第 337 页。

[61] 转引自刘禾《帝国的话语政治:从近代中西冲突看现代世界秩序的形成》,杨立华等译,生活·读书·新知三联书店 2014 年版,第 297 页。

第十三章

黑格尔的"中国观":"向往西方而贬抑东方"

如果说黑格尔的哲学是他所处时代的顶峰,并且是在纵向维度上对西方哲学的集大成式的顶峰,那么,他的历史观或历史哲学就是横向维度上的一次集大成式的世界历史哲学的顶峰呈现。因此,黑格尔的历史哲学,也曾经像他的辩证法思想深远地影响世界一样,对世界历史和历史哲学产生过至今也未消退的深刻的影响。在黑格尔的历史哲学中,中国是一个重要的历史存在,也是他的一个核心叙事,他的"中国观"是他的历史哲学的一个叙事起点,也是其西方叙事的重要比较和参照物。他对中国历史的判断和对中国的总体性评价、定性,不仅影响了西方人长久以来的"中国观",也一定程度地影响了后来的东西方历史走向。

黑格尔的中国历史观是他世界历史观的重要构成。在历史视野上,他是继伏尔泰、孟德斯鸠之后,又一位以"世界历史"的宏阔视野研究历史、研究西方、研究东方、研究中国的思想巨人。

一、黑格尔"中国观"的思想和材料来源

历史哲学是黑格尔整个哲学体系中精神哲学的重要构成。同时,黑格尔的全部哲学又都贯穿着他的历史兴趣,这又使他的哲学从本质上呈现为一种广义的历史哲学,成为他对人类社会史和人类精神史的一种哲学思

考，亦即思想的发展过程是真正的历史或真正的历史是思想史。所以，虽然伏尔泰的历史著述（如《风俗论》）是一种全球视野、全球资料、全球比较的世界史，但是黑格尔的世界历史并不是历史学的史料堆砌，而是基于世界历史的历史哲学，是哲学史的一个侧面。恩格斯是这样概括黑格尔的历史哲学的："黑格尔的思维方式不同于所有其他哲学家的地方，就是他的思维方式有巨大的历史感作基础。形式尽管是那么抽象和唯心，他的思想发展却总是与世界历史的发展平行着，而后者按他的本意只是前者的验证。真正的关系因此颠倒了，头脚倒置了，可是实在的内容却到处渗透到哲学中……他是第一个想证明历史中有一种发展、有一种内在联系的人……在《现象学》《美学》《哲学史》中，到处贯穿着这种宏伟的历史观，到处是历史地、在同历史的一定的（虽然是抽象地歪曲了的）联系中来处理材料的。"[1]

黑格尔生于 1770 年，卒于 1831 年。生前除了他自己的著述外，还做过多种主题的连续性讲演。黑格尔逝去后，他的学生们根据他的讲演讲稿或学生记录的他的演讲笔记，整理、编辑和出版了他的系列讲演录，如《宗教哲学讲演录》（1832）、《哲学史讲演录》（1833—1836）、《历史哲学讲演录》（1837）、《美学讲演录》（1835—1838）。

中文译本以英译本为凭据将黑格尔的《历史哲学讲演录》取书名为《历史哲学》。从《历史哲学》中，可以发现黑格尔的历史哲学观在三方面体现出大航海时代之后到他所处时代的世界历史视野。首先，历史纵向纵深的世界历史，即从希罗多德、修昔的底斯、色诺芬、恺撒、基察第泥（原始的历史）到李维、带奥多剌斯·西科勒斯、约翰·米勒（反省的历史），再到他的哲学的历史：历史是精神的发展，或者它的理想的实现。其次，历史的地理基础是一幅已知的全球的、世界的自然地理图景，包括新世界中的澳大利亚洲、美洲（南美和北美），旧世界中的地中海（世界历史的中心地点）、高原、平原流域、海岸地，即阿非利加洲、亚细亚洲、欧罗巴洲。最后，东西方各种文明、国家、民族及其主要的历史、宗教、文化、政治、战争等，包括东方世界（中国、印度、波斯）、希腊世界、罗马世界、日耳曼世界等。

在《历史哲学》中，对中国的研究和评价从广度和深度上看，都是超乎寻常的。黑格尔对中国给出的判断和评价趋于总体上的贬低、负面和否定，其中有着深刻复杂的历史背景和他个人的情绪化偏见与价值上的误判，但他的中国研究依然具有重要的价值和深刻的思想。

在黑格尔时代，启蒙时代形成的中国正面形象在西方占主导地位的状况依然使中国在西方具有举足轻重的地位。虽然对中国的否定性评价越来越多，但在相当程度上是因为各种叙事都绕不开中国这个巨大的存在而不得不通过否定中国来实现忽视中国。越是西方中心论在全球化中强化此定位，越是要削弱中国的肯定性存在。黑格尔的历史哲学讲演之所以大幅度涉及中国，就是当时西方中国观的一个缩影。根据最早编订黑格尔《历史哲学》的爱德华德·干斯博士在1837年6月8日写的此书序言《干斯博士为原书第一版所作的序言》透露，黑格尔就历史哲学在柏林大学任教期间此一课程讲了五次，每次讲一年，这本书是依此一课程黑格尔的讲稿和学生们笔记整理的。干斯博士在整理中抱怨黑格尔在讲演中，其开始部分"对于东方部分的过分注意"，编辑者甚至对黑格尔过多地讲述中国采取了武断的大加删削。干斯在序言中辩解道："当黑格尔第一次演讲历史哲学的时候（1822年，时年52岁的黑格尔开始讲授历史哲学，以后连讲5次，讲稿经整理于他故去后在1837年出版——引者注），他把三分之一的时间，用在'绪论'和'中国'一章上面——这部分工作真是冗长、烦琐，煞费苦心。虽然他在后来几次演讲中，对于中国不再那样仔细，但是编者仍然不得不酌加删缩，免得'中国'一节所占地位侵犯和损害其他各节的论列。"[2] 可惜我们现在似乎很难还原到黑格尔讲稿的原始面貌，否则我们可能获得更多的黑格尔关于中国的思想材料。当然，从于斯博士发出的这个牢骚看，在黑格尔历史哲学的课程、讲稿、研究、思想中，中国问题的确占有重要的位置。

黑格尔对中国的研究确实是付出了相当的努力和精力。在他的时代，关于中国的历史材料的丰富性、各种资料的译述介绍和中国哲学著述的翻译都已经具有相当的规模。根据记载、自述和介绍，黑格尔阅读过当时译成西文的各种中国经籍，看过13大本的中国皇帝通鉴《通鉴纲目》，读过耶稣会士搜集的《中国通史》和《中国丛刊》，以及耶稣会士书简集，称赞"那些传教士丰富而周到的报告"。他的哲学研究和历史哲学研究涉及中国的孔子思想和哲学、老子的哲学及其《道德经》《易经》《书经》思想，他还对法国学者亚培·累蒙萨、圣·马丁等关于中国文学的研究加以利用，还在历史哲学讲演中引述了译到欧洲的中国小说《玉娇梨》。在黑格尔时代，关于中国的材料最新和最大的突破是来自英国马戛尔尼使华使团从中国返回欧洲后发表的众多著述和绘画图集，黑格尔显然深入研究了这些材料并深受其影响。他在《历史哲学》中还直接引用其中一些中国历史的细节："英国使臣马卡特尼（今译马戛尔尼——引者注）见清朝皇帝时，皇帝已经六十八岁了（中国人以六十年为一花甲），可是他每天还步行到他的母亲那里去请安，行孝敬之礼。"[3]

在西方，除了来自中国的材料不断被丰富和更新外，西方关于中国的判断和评价也在不断更新和逆转之中。时至黑格尔进行历史哲学讲演和研究的19世纪二三十年代（黑格尔在柏林大学有过5个学年的5次历史哲学课程及讲义稿，课程讲演时间分别是：1822—1823、1824—1825、1826—1827、1828—1829、1830—1831）。欧洲"中国观"的主流已经大不同于启蒙时代，肯定中国被否定中国取代，后者从局部、少数、间或逐渐成为时代主流。这来自三方面：一是西方的否定派从少数派变为多数派，成为主流；二是当时的中国加剧发生历史转折和下滑，衰败和颓势日益显眼，成为不可忽视的历史景象；三是马戛尔尼使华使团带回来的中国报告，具有官方性、全面性、客观性、真实性，虽然其团员个人报告呈现出肯定否定立场旗鼓相当、使团官方报告也较平和并力图客观，但其中负面评价描述都最终坐实中国存在的问题，从而增加了中国形象的最终被否定的权重。

学术界一般都认为黑格尔对中国的评价整体上是否定的和批判性的。对于黑格尔对中国的否定与批判是认可还是不认可，中国学术界意见分歧，西方学术界也多有异见。但是，由于黑格尔在哲学和学术界的崇高地位和巨大影响，他的中国观在当时和后世都是影响深远的。他的评价无论对错都是不可忽视的。

肯定还是否定中国，在西方从传教士引发的中西礼仪之争开始，经历了长期的两派观点博弈，起起伏伏、反反复复。至黑格尔时代进入向否定派一方反转和转折的时期，其间有着深刻的历史原因和时代变迁的关键性因素。过去，启蒙时代思想家重点是通过中国形象冲击和解决西方自身问题，现在，西方问题基本解决，西方历史进入工业化高歌猛进、资本主义经济向着世界市场开疆拓土，东方和中国正在纳入世界市场和世界版图，中国问题已经成为西方的目的地。在整个西方处于殖民主义时代和殖民主义心态的时候，西方中心主义就不仅是一种观点的偏见，而是整个西方社会的社会心理必要支撑和精神动力，正如古代中国的中央之国和自诩为世界中心主义是它无视并且无知于中国以外的世界一样。

在黑格尔之前和黑格尔之时，西方为什么会出现对中国的否定性判断和思潮？其间是怎样一个演进过程呢？德国汉学家夏瑞春在其编辑的1985年出版的《德国思想家论中国》一书的长篇"编者后记"中讨论了几个原因：其一，中西礼仪之争后，康熙皇帝反制罗马教皇 1715 年发布"禁约"禁止在中国的传教士和天主教徒参加中国的种种民俗祭祀，从而实行禁教行动，中断了罗马与北京的文化交流，"这样，亲华的耶稣会士的报告就不复存在，中国渐渐地失去了它在欧洲的吹捧者。对于欧洲人来说，那个曾经一度人人谈起的帝国，慢慢地变得陌生了，以致最后都令人不可理解了。那些曾受到启蒙思想家赞美过的东西此时也显得那么荒唐可笑。至此，开始了一个否定中国的时期"[4]。其二，流行欧洲的洛可可风在 18 世纪初受到赫尔德、歌德等著名人士的抵制，他们"反对摹仿中国、诋毁'中国式'园林艺术"，同时"反对启蒙运动，因而也由此特别反对中国人崇尚的那种实用哲学"。[5] 其三，耶稣会士入华和减少入华之后，西方人其实还在继续入华，新一代来华的"绝大多数是些好斗的重商主义的代表，他们感兴趣的只是同中国进行贸易。然而，他们的这种愿望却受到中国方面的顽固抵制。凡抵制文明，拒绝重商主义和商业贸易的人，其结果只能是落后。这样，价值观念发生了根本的转变。那些曾被启蒙思想家们当作典范极力颂扬的品质，而今却被当作了否定的评价"[6]。其四，与此相关，"欧洲把包括中国在内的其他世界各地区看作是英国重商主义和扩张主义的附庸。就是法国也持这种观点"。此间来华的航海者的中国报告基调就是如此。比如，歌德和康德都曾读过的中国报告《1774—1781 年东印度和中国之行》，是法国人皮埃尔·索内拉特所写，1783 年译为德文。他断言，"在中国，艺术和科学决不会有显著的进步"。[7] 其五，"19 世纪和 20 世纪初的中国形象被欧洲来华商人的报告扭曲了。从历史心理学角度来看，有必要把中国当作是落后的、没有教养的一个低等民族"[8]。这些分析还是颇为冷静、客观，颇有道理的。

17 世纪下半叶和 18 世纪初是西方工业革命和殖民主义高潮时期，科学技术的不断突破和运用，世界经济掠夺和血腥的原始积累不断扩大疆域，使中国形象的负面化不断加剧。在中国澳门和广州停留过一年多的英国人安德森和他的舰队，成为第一个重要转折点。1748年在英国出版的安德森所著的《环球航行记》，其中国部分认为中国的地方官员腐败成性，中国的法官诡计多端且贪赃枉法；中国人的性格中给他印象最深刻的便是逐利、欺诈和自私；中国手工艺者的基本优势似乎就在模仿，因此他们只能步人后尘，是缺乏天才的劳动者；等等。安德森的中国论被认为在相当程度上动摇了17世纪以来有关中国的正面形象，甚至被认为"此书是对法国耶稣会士推出的美好中国形象的第一次全面攻击"[9]。当然，这是就非虚构作品而言，是有亲历中国经验者对中国作出的是非好恶的判断（不过，后来的中西史学家都多次指出安德森中国之行的"军事性"，因此遭受抵制和冷遇，致其尴尬，故使之中国印象非常情绪化和负面化）。在此之后，马戛尔尼的中国报告和使团成员们的中国纪事更是成为中国形象转折中最重要的杠杆，也成为思想史、世界史、文明史上最具丰富性可能性的材料。

马戛尔尼使团的中国材料最引人关注的是这几点：①乾隆皇帝给英王的著名回信，声称"天朝抚有四海，唯励精图治，办理政务，奇珍异宝，并不贵重。尔国王此次赍进各物，念其诚心远献，特谕该管衙门收纳。其实天朝德威远被，万国来王，种种贵重之物，梯航毕集，无所不有……天朝物产丰盈，无所不有，原不藉外夷货物以通有无"。这种自高自大的态度和对外一无所知的视野，让西方既愤怒又喷饭。②中国的历史悠久和它的停滞被彻底坐实。巴罗和斯当东都对此有所强调，巴罗说："如乔治·斯当东爵士所说：'这里出现一个罕见的宏伟景观：在人类的这个泱泱大国，人们都愿意结合在一个伟大的政治实体中，全国都安静地服从一个大帝王，而他们的法律、风俗，乃至他们的语言始终没有变化。在这些方面他们和其他的人类没有丝毫相同之处。他们既不想跟世上其他地方交往,也不企图去占领。'"[10]③中英双方为三跪九叩之礼发生的一系列争执和博弈以至于访问无果而终,彻底暴露了中国对西方的傲慢无理,严重刺激和伤害了西方正在上升的殖民主义精神和傲视天下的自尊与傲慢。后世的西方学者也严肃地指出了这一点:"对中国的排斥就是这样起作用的,这是欧洲殖民主义的序曲。谁有胆量去把一个曾给予世界这么多东西的文明古国变成殖民地呢?那么,首先只有对它进行诋毁。然后由大炮来摧毁它。"[11]④马戛尔尼使团的调查显示,中国的军队、兵力、武器、训练、工事、要塞、港口、长城等近于"表面文章",与已经现代化、钢铁化、枪炮化的西方军事力量和军队素质不在一个层级,缺乏与西方战争抗衡的实力。以上四点又集中突出了两个问题:一是中国的傲慢无"礼"、世界老大的样子,刺激和激怒了西方的殖民心态;二是"中国什么也不缺"的事实和国际关系态度将严重阻碍西方的"世界主义"和全球市场进程,所以,贬低中国、负面中国乃至妖魔化中国,除了中国自身存在历史的缺陷、不足、负面现象外,更是西方发展、战略、心理、利益的需要。出版于1719年的小说《鲁滨逊漂流记》就是当时欧洲殖民主义最佳的文学代言人,笛福嗣后不久又出版了小说续篇《鲁滨逊漂流记续编》,在此虚构作品中,主人公鲁滨逊这次来到了中国,而他对中国的认识直接使用了毫不隐讳的殖民主义语言:"我们伦敦的贸易量就超过他们全国一半的贸易量。一艘配备80架枪炮的英国、荷兰或法国军舰就能摧毁所有中国船只。但他们财富之巨、贸易之盛,他们政府的力量之强和他们的军队之众可能会略略使我们吃惊,因为,如我所说,考虑到他们是个异教徒的野蛮邦国,只比野人略强些,我们没指望在他们中看到这些东西。但是尽管他们有200万人的军队,这个帝国的全部武装却什么也做不了而只能毁灭这个国家并使自己挨饿;他们的100万步兵在我们严阵以待的一个步兵团面前就会溃败,飞快地逃跑以免投降,尽管他们在数量上并非以一挡二十,如果我说 3 万德国或英国步兵和 1 万骑兵在很好的组织下可以打败整个中国的武装力量，这并非言过其实。中国没有一个设防的城镇能够抵挡欧洲军队一个月的炮轰和攻打。他们有火器，这是事实，但他们对怎么使用感到难操作和不确定；而且他们的火药威力太小。他们的军队纪律涣散，并且缺乏进攻的技巧，或撤退的勇气。因此，我必须承认，当我回到家乡，听到我们的人民在谈论中国人的力量、光荣、辉煌和贸易这类美好事情时，我感到很奇怪。因为就我所见，他们显然是不值一提的一群人或无知群氓、卑贱的奴隶，臣服于一个只配统治这种人的政府。"[12] 这几乎就是百余年后鸦片战争的预言。当然，也可以说正是这样的舆论引导和舆论氛围最终促成了鸦片战争的事实。

黑格尔的中国观就是在这样一个历史时期和历史背景下形成的。他对西方殖民新大陆美洲致使当地土著和印第安人遭遇毁灭性的命运也认为是"合理"的，他说："关于美洲和它的文化程度，特别是墨西哥和秘鲁的文化程度，我们虽然获有报告，但仅仅是一种完全自然的文化，一旦和精神（此乃黑格尔的'精神'至上的精神，亦即资本主义精神——引者注）接触后，就会消灭的。美洲在物理上和心理上一向显得无力，至今还是如此。因为美洲的土著，自从欧罗巴人在美洲登陆以后，就渐渐地在欧罗巴人的活动气息下消灭了。"[13] 他对中国作出的一个最著名的论断就是："'精神的光明'从亚细亚洲升起，所以'世界历史'也就从亚细亚洲开始。""世界历史从'东方'到'西方'，因为欧洲绝对地是历史的终点，亚洲是起点。""中国很早就已经进展到了它今日的情状；但是因为它客观的存在和主观运动之间仍然缺少一种对峙，所以无从发生任何变化，一种终古如此的固定的东西代替了一种真正的历史的东西。中国和印度可以说还在世界历史的局外。"[14] 他实际上把中国聚焦在"停滞论"上，他的中国观和历史哲学，花费了极大的力量来研究和解读为什么中国是停滞的。

黑格尔指出："历史必须从中华帝国说起，因为根据史书的记载，中国实在是最古老的国家。"这里其实隐藏着一个诡异的时代逻辑：中国是西方叙事、西方中心主义绕不过去的"高度"存在；只有"停滞"才可以降低它的历史高度，"停滞"既承认不得不承认的"古老"，又巧妙地证明了西方的进步、进化和东方的落后、非进步、不进化；"停滞"的孪生符号是"野蛮"和"专制"。"停滞"反衬西方工业革命的巨变，"野蛮"反衬西方征服东方的"文明"，"专制"反衬西方的民主、自由、精神。"停滞"是贬低中国古老的思想利器，只有解释了它为什么停滞，才能真正实现否定中国，从而增强西方的自信和殖民主义的合理性。相对于伏尔泰等启蒙思想家的"停滞"讨论，黑格尔的思辨又具有了新的内容与形式。卢卡奇认为"黑格尔的历史观点是最发展形式的资产阶级社会的反映——是法国革命和英国工业革命的产物"是不无道理的。

二、黑格尔的中国地理思想

很多人在讨论黑格尔的中国观时都会忽略他的中国地理思想，而实际上他的中国地理思想是其中国观中的重要内容，且其中不乏真知灼见，也不乏泛泛而论。

整个真正意义上的世界史或者全球化时代的到来是由地理大发现开启和实现的。所以，从这个时代到来一开始，自然地理与自然环境就成为人文和社会科学的新领域、新背景。地理学自文艺复兴以来，发展成为一门应用性极强的学科，一度也曾经在进化论研究中成为发挥过核心作用的学科。地理学从描述学进入解释学是此学科在18世纪的重大发展，在地理学思想史上被认为是"重新定位的地理学"。[15] 其特点是在方法上集合自然地理学（physicalgeography）、景观分析（landscapeanalysis）和区域描述

（regionaldescription）的最新成就，着重将研究从对天文学及自然地理学的重视转向人与环境的关系，地球上的区域差异成为解释该地人民特性的中心概念。这一时期，德国地理学家的贡献超过英国、法国。"18世纪的英国和法国曾经是地图学发展最好的国家，然其地理学者尚未为此转型做好准备。因此19世纪期间，德国乃在现代地理学的发展中取得了领导地位。"[16]德国地理学家洪堡（Alexander Von Humboldt，1769—1859）是当时最著名的学者，康德评价他的地理学是真正对地球做区域差异的研究。由于洪堡的研究"包括矿物学和植物学"，又"扩展到广泛的知识领域，包括物理学、海洋学和气候学。在气象学研究领域里，他做出了自己在地图学方面最具原创性的贡献"，而且"他熟识许多那个时代最伟大的思想家"。[17]影响人类群体的自然力量也是洪堡的研究兴趣所在。"他不认为环境是以机械的方式影响人类群体，也不认为'人与环境的关系'可以简化成因果关系。"[18]黑格尔在研究"历史的地理基础"时也特别强调"我们不应该把自然界估量得太高或者太低"，他还对此说出了一段著名的诗学判断："爱奥尼亚的明媚的天空固然大大地有助于荷马诗的优美，但是这个明媚的天空决不能单独产生荷马。而且事实上，它也并没有继续产生其他的荷马。在土耳其统治下，就没有出过诗人了。"[19]

在伏尔泰时代，由于他已经是在世界地理大发现的基础上思考和书写世界历史，所以他的地理思想主要是强调，世界语言、文化、历史的多样性是由地理（土地）和风俗（习惯）的多样性决定的。他指出："东西方风俗的差异之大不亚于语言的差异，这是值得一个哲学家注意的事。在这广袤的土地上生息的人民，纵然是最开化的，也与我们的文明大不一样。他们的艺术也与我们的艺术迥然有别。饮食、衣着、房屋、园林、法律、信仰、礼仪，一切都不相同。……一切都是土地和习惯的产物。"[20]孟德斯鸠《论法的精神》把地理环境与不同法律法治精神之间的关系提升到一个更加重要的位置。《论法的精神》一共六卷三十一章,孟德斯鸠在其中的第三卷(第十四章至十九章),全部用来阐述和论证地理与法律的关系及其前者对后者的深刻的和决定性的影响。这几章的标题分别是:第十四章:法律和气候的性质的关系;第十五章:民事奴隶制的法律和气候的性质的关系;第十六章:家庭奴隶制的法律和气候的性质的关系;第十七章:政治奴役的法律和气候的性质的关系;第十八章:法律和土壤的性质的关系;第十九章:法律和构成一个民族的一般精神、风俗与习惯的那些原则的关系。在此基础上,孟德斯鸠对东西方做出了他的不乏殖民色彩的地理判断:

> 我得到的结论是:正确地说,亚细亚是没有温带的;和严寒的地区紧接着的就是炎热的地区,如土耳其、波斯、莫卧儿、中国、朝鲜和日本等。
>
> 欧洲正相反,温带是广阔的,虽然它的四周的气候彼此悬殊,西班牙、意大利的气候和挪威、瑞典的气候便迥然不同,但是当我们由南方走向北方,气候几乎是依照各国的纬度的比例,在不知不觉之中逐渐转冷,因此相毗连的国家的气候几乎相类似,没有显著的差别,正如我刚刚说过,温带极为广阔。
>
> 因此,在亚洲强国和弱国是面对着面的;好战、勇敢、活泼的民族和巾帼气的、懒惰的、怯懦的民族是紧紧地相毗连着的;所以一个民族势必为被征服者,另一个民族势必为征服者。欧洲的情形正相反;强国和强国面对着面,毗邻的民族都差不多一样地勇敢。这就是亚洲之所以弱而欧洲之所以强的重要原因;这就是欧洲之所以有自由而亚洲之所以受奴役的重要原因。[21]

伏尔泰和孟德斯鸠的研究方法都给予黑格尔历史哲学的地理思想以重要启示和影响。但是,尽管前二人都有关于中国的重要描述与研究,但关于中国地理的具体描写和分析,往往是大而化之、语焉不详的。

西方关于中国地理的描述,从地图学看,只有放在世界地图的总图景中才能知道中国和它周边以及它与西方、与其他各洲之间的关系。世界地图的意义也是历史地理的基础。如果没有完整的世界地理，没有在此基础上建立的世界观，就很难对这个世界和它的历史做出深入肌理的研究和分析。从托勒密的世界地图开始，到弗拉·毛拉的有世界性的世界地图，哥伦布之后，才有了将新旧世界地图融合在一起的"科萨的世界地图"（1508年）。1569年，荷兰人墨卡托制作的世界地图，以大西洋为中心，被当时的人认为是"最适合航海家的新世界地图"。[22]但墨卡托把其中的中国描绘得南北颠倒了。15世纪至17世纪初和中叶，东西方各出了一版著名的世界地图，中国的地理地位再次占据重要位置。

17世纪初，利玛窦入华后以他自绘的世界地图逐渐打开中国的大门，他于1584年绘制的世界地图还被中国士人题名为《山海舆地图》。1601年，利玛窦进京觐见万历皇帝，觐见礼中就有一幅中文名为《万国舆图》的世界地图。在他的世界地图基础上，中国学者李之藻与之合作，加入了详细的中国地理和郑和下西洋以来积累的世界地理，绘就1602年版《坤舆万国全图》，成为当时世界地图中的佼佼者。此图后流入海外，现藏于美国明尼苏达大学图书馆。更详细的中国地理地图传入西方是康熙年间绘制的《皇舆全览图》。1708年由康熙下令编绘并于1717年完成，以天文观测与星象三角测量方式进行，采用梯形投影法绘制，比例为四十万分之一。地图描绘范围东北至库页岛，东南至台湾，西至伊犁河，北至北海（今贝加尔湖），南至崖州（今海南岛）。绘图人士有耶稣会的欧洲人士雷孝思、马国贤、白晋、杜德美及中国学者何国栋、索柱、白映棠、贡额、明安图以及钦天监的喇嘛楚儿沁藏布兰木占巴、理藩院主事胜住等十余人。中国学者阎宗临于1936年冬在罗马国立图书馆发现了一件白晋当时所写相关文献，并以文章《关于白晋测绘〈皇舆全览图〉之资料》在国内刊发介绍。其文曰："由是项文献，得知白晋心绪，战兢唯命。是后以病居京，总各西士之分图，制成总图。"[23]此图不久就传入西方。"根据上述资料（指《皇舆全览图》——引者注），何德神父（Father du Halde）曾委托法国制图学者唐维（Bourguignond'Anville）为其所著之《中国地理、历史、编年史、政治的描述及其特征》（1735年在巴黎出版）一书绘制地图以配合文字说明，唐维为此书绘了一幅中国全图（1730年），以及一套有42幅中国地图的地图集（1737年出版，是该书之附件），其精确度在其后近150年内无出其右者。"[24]

在西方，荷兰东印度公司制图师约翰·布劳于1648年绘制的一幅世界地图被认为是第一幅现代世界地图。布劳的世界地图影响之大还被新建的作为荷兰17世纪最大的建筑工程的阿姆斯特丹市政厅运用，将其制成镶嵌画装饰在市民大厅，在磨光的大理石地面出现三个巨大的地图半球（地球的东西半球和天球的北半球）。这幅最新的世界地图，寓意着当时在殖民贸易中称雄世界的阿姆斯特丹是世界的中心，也象征着文艺复兴的结束和一种新的世界哲学的崛起："市议员们决定在市民大厅的地板上绘制布劳的1648年世界地图，是想刻意创造出一幅全新的世界图像，以此象征欧洲文艺复兴的结束。"[25]1662年，布劳出版了当时"迄今出版过的最伟大也是最精美的地图集"——《大地图集：布劳的宇宙学》，共有11卷、正文3368页、21幅卷首插图、594幅地图，发行了法语、荷兰语、西班牙语、德语版，被誉为空前绝后之作。布劳的《大地图集》也是他自己几十年和他家族几代人的集大成之作，早在17世纪初年，布劳绘制出的世界地图上，地图顶端就画着当时最有权力的十位皇帝的骑马肖像，其中除欧洲君王外就包括有土耳其、波斯、俄罗斯和中国的皇帝。此外还有30幅描绘世界各地居民的插图配置其间，除了欧洲人外，也有刚果人、巴西人、印度尼西亚人和中国人，他们均身着各自的民族服装。也就是说，中国是与世界一起进入西方世界的。

诚然，在世界地图和详尽的中国地图进入西方之前，文字描述的中国地理在西方的中国记叙中始终都占有一席之地，从未缺席，也不断被更新。

黑格尔的历史哲学没有忽略反而十分重视历史的地理基础，他的世界史是有世界地理基础的，他的中国历史观也注意到和分析了中国的特殊地理环境和地理因素，他甚至从北、南、东、西能够准确地描述中国："它的疆土自极北起，绵延到了南方和印度相接壤；东部为巨大无际的太平洋所限制，西部伸展到波斯和里海。"[26] 在《历史哲学》的长篇绪论中，他专论了"历史的地理基础"。黑格尔的历史是以"精神"为起点的。他的"精神"就是"从世界历史的观察，我们知道世界历史的进展是一种合理的过程，知道这一种历史已经形成了'世界精神'的合理的必然的路线——这个'世界精神'的本性永远是同一的，而且它在世界存在的各种现象中，显示了它这种单一和同一的本性"[27]。所以，他指出，"助成民族精神的产生的那种自然的联系，就是地理的基础"，地理环境是"'精神'所从而表演的场地"，地理不是外在于生长于其中的民族，而是内生内在的，"要知道这地方的自然类型和生长在这土地上的人民的类型和性格有着密切的联系。这个性格正就是各民族在世界历史上出现和发生的方式和形式以及采取的地位"[28]。从地理上看，他首先认为历史的真正舞台是北温带，因为地球在那儿形成了一个大陆，"正如希腊人所说，有着一个广阔的胸膛"。其次他认为，随着北美洲的欧洲人开拓，北温带形成了历史的过去、现在、未来的历史轨迹或规律。在黑格尔时代，他已经看见了南美洲和北美洲虽然都建立了共和国家，但却出现了惊人的对照：南北美二洲呈现出相反的方向，一是宗教的，一是政治的；一是被征服的，一是被殖民的；一是以武力为基础的共和国，一是以全部联邦构成一个国家。总之，在北美洲是一番繁荣的气象，一种产业和人口的增加，公民的秩序和巩固的自由，是一种共和政体永久的楷模。所以他预言："这样看来，亚美利加洲乃是明日的国土，那里，在未来的时代中，世界历史将启示它的使命——或许在北美和南美之间的抗争中。对于古老的欧罗巴这个历史的杂物库感到厌倦的一切人们，亚美利加洲正是他们憧憬的国土。"[29] 黑格尔从地理概况中抽绎出了世界历史的大概路线：太阳—光明—从东方升起来，世界历史从东方到西方，但是，欧洲绝对是历史的终点，亚洲是起点，欧洲是终点，世界的历史有一个东方。地球是圆的，它使我们有必要划分一个地理的东方，因为欧亚大陆上太阳从亚细亚升起，然后才照亮欧洲，所以东方是起点。历史虽然不围着圆形的地球转圈，但是历史也有一个"东方"或"起点"，因为"历史必须从中华帝国说起"，因为"根据史书的记载，中国实在是最古老的国家"。再次，黑格尔用"精神"和"自由"的标准，把中国划在真正的历史之外，或者由此来贬低和否定中国。他认为"精神"的对立物是"物质"，而"'物质'的'实体'是重力或者地心吸力，所以'精神'的实体或者'本质'就是'自由'。我们说'精神'除有其他属性以外，也赋有'自由'，这话是任何人都欣然同意的。但是哲学的教训却说'精神'的一切属性都从'自由'而得成立，又说一切都是为着要取得'自由'的手段，又说一切都是在追求'自由'和产生'自由'。'自由'是'精神'的唯一的真理，乃是思辨的哲学的一种结论。……'物质'的实体是在它的自身之外，'精神'却是依靠自身的存在，这就是'自由'。因为我如果是依附他物而生存的，那我就同非我的外物相连，并且不能离开这个外物而独立生存。相反地，假如我是依靠自己而存在的，那我就是自由的。……东方人还不知道，'精神'——人之所以为人的本质——是自由的，因为他们不知道，所以他们不自由。他们只知道一个人是自由的。唯其如此，这一个人的自由只是放纵、粗野，热情的兽性冲动，或者是热情的一种柔和驯服，而这种柔和驯服自身只是自然界的一种偶然现象或者一种放纵恣肆。所以这一个人只是一个专制君主，不是一个自由人"[30]。最后，黑格尔从"自由"意识在历史中的体现程度得出他的历史判断："东方各国只知道一个人是自由的，希腊罗马世界只知道一部分人是自由的，至于我们知道一切人们（人类之为人类）绝对是自由的。"[31]在这里，黑格尔似乎解决了东西方在地理位置、历史时间和历史判断之间形成的困窘、难题和矛盾，但实际上是他抽象的唯心的思辨与客观的实在的事实的历史牵强勉强地捏合，与其说他的历史地理是有"唯物"性质的，不如说他的思辨是有"唯心"性质的。他的历史哲学在讨论地理这样的"物质"问题时，他的结论也不是历史现象学的，而是精神现象学的。

哲学和历史哲学实际上都难以跳出时代的规定和限制。黑格尔对中国地理及其历史作用的具体分析也带有鲜明的时代的和历史结果的推理。西方的历史结果与地理原因的逻辑关系也在东方中国的分析中得到应用，可以说既有一些具有说服力和启发性深刻性的思想，也有一些肤浅简单化的议论。在世界地理的总体评估下，黑格尔高度评价地中海及其周边地区，认为地中海组成旧世界的三大洲（欧洲、亚洲、非洲），使它们相互之间保持着一种本质上的关系，形成一个总体。三大洲围绕一个海，共有一个便利的交通工具，所以，地中海是地球上四分之三面积结合的因素，是世界历史的中心。没有地中海，世界历史便无从设想［这个观点也是后来的法国著名世界历史学家布罗代尔研究《地中海与菲利普二世时代的地中海世界》（简称《地中海世界》）、《15至18世纪的物质文明、经济和资本主义》的重要思想源头，此外，布罗代尔在其名著《文明史》中叙述欧洲文明时专题叙述了欧洲的"空间与自由"，似也有黑格尔哲学、历史、地理三位一体思想和方法的影子］。由地中海的中心作用，他推导出：东亚和阿尔卑斯山外的那个区域（指北欧和日耳曼地区）是历史的开始和完结——它的兴起和没落。他进一步分析世界地理，认为有三种差别性地理：①干燥的高地，同广阔的草原和平原。②平原流域——是巨川、大江所流过的地方。③和海相连的海岸区域。中国、印度、巴比伦和埃及这四大文明古国都属于平原流域，平原地区"是文明的中心"。地中海地区属于海岸区域，它"表现和维持世界的联系"。黑格尔只简单提及平原流域的农业及其适于生发伟大的王国，他重点解读的是刚刚发生的资产阶级革命和资本主义对世界的最新影响，认为这是海洋塑造的民族性精神："大海给了我们茫茫无定、浩浩无际和渺渺无限的观念；人类在大海的无限里感到他自己底无限的时候，他们就被激起了勇气，要去超越那有限的一切。大海邀请人类从事征服，从事掠夺，但是同时也鼓励人类追求利润，从事商业。平凡的土地、平凡的平原流域把人类束缚在土壤上，把他卷入无穷的依赖性里边，但是大海却挟着人类超越了那些思想和行动的有限的圈子。……从事贸易必须有勇气，智慧必须和勇敢结合在一起。……这种超越土地限制、渡过大海的活动，是亚细亚各国所没有的，就算他们有更多壮丽的政治建筑，就算他们自己也是以海为界——像中国便是一个例子。"[32] 黑格尔显然特别注意到中国与大海的关系以及中国拥有的漫长的海岸线。他不得不对此做出特别解读以便继续维持地中海的现实优越性。他分析说："在他们看来，海只是陆地的中断，陆地的天限；他们和海不发生积极的关系。大海所引起的活动，是一种很特殊的活动。"[33] 他就这样把中国排除在海洋国家之外，中国、印度、巴比伦因为发展和占有耕地并且闭关自守，他们"并没有分享海洋所赋予的文明"，"既然他们的航海——不管这种航海发展到怎样的程度——没有影响于他们的文化，所以他们和世界历史其他部分的关系，完全只由于其他民族把它们找寻和研究出来"。[34] 黑格尔指出，前述三种地理类型及其差别，导致的结果是：牛羊牧畜是高原的生计，其社会状态严格地是家长制的独立；平原流域从事农、工、商业，其社会关系是所有权和地主农奴间的关系；商业和航海在第三种土地上盛行，第三种就是公民的自由。黑格尔一向提倡矛盾运动，但他在这里恰恰将历史及其地理静止化和静态性了，似乎历史一直是并且永远是一成不变的，而他的基本立场是为他的"精神"和他所处的资本主义时代大唱赞歌。套用一句黑格尔自己的话，我们也不应该把黑格尔对中国地理的历史评价"估量得太高或者太低"。

三、黑格尔的中国历史哲学

黑格尔基于他的地理基础形成的世界史观和中国观，对历史的发展过程和阶段提出了自己的分期法。与维柯《新科学》提出的神的时代、英雄的时代、人的时代的历史分期相比，黑格尔的历史观由于他的普遍联系的辩证法思想和整体观及其理性主义，有了重大的进步意义。当然这也依然具有他自己的庞杂性和混沌感。他的历史发展顺序包含着几个层次：第一，是地理性的分布分期，即历史从东方亚细亚向西方欧罗巴发展到已知历史时间（当下或当代）的尽头，最后将在未来走向北美大陆（这个从东到西的历史起源及发展方向观，在12世纪时就由德国基督教神学普世史学家奥托描述过。奥托认为人类的一切力量或智慧起源于东方，在西方达到其顶点。但是奥托的东方限于当时的知识，只到达巴比伦。他的东西方历史路线是：巴比伦—埃及—波斯—马其顿—希腊—罗马—高卢—西班牙。黑格尔对此做了很大的改造，源头和终点都做了调整）。第二，是以自由为标志的历史进阶，即"东方从古到今知道只有'一个'是自由的；希腊和罗马世界知道'有些'是自由的；日耳曼世界知道'全体'是自由的"[35]。第三，是不同政体的历史排序，即他所说的"我们从历史上看到的第一种形式是专制政体，第二种是民主政体和贵族政体，第三种是君主政体"。[36]第四，是按照人的生理年龄进行比喻的历史分期，即历史的

"幼年时期""少年时代""青年时代""壮年时代""老年时代"。他的这几个分期互相之间可以横向排列和组合，比如亚细亚东方、一个人的自由、专制政体、幼年和少年是一个排列组合，欧罗巴、有些人的自由、民主政体和贵族政体、壮年时代是一个排列组合，日耳曼、全体的自由、君主政体、老年时代是一个排列组合。

黑格尔对以人生阶段为比喻的历史阶段做了细致解读。其中，中国的历史评价和之所以如此评价是非常清楚的。

处在"历史幼年时期"的国家是以中国为代表的东方。因为它的历史的"停滞"性，所以黑格尔认为中国是没有时间而只有空间的国家，也因此是非历史的历史。他确定东方中国的幼年性有如下特点：①它有"帝国"的堂皇建筑，有想象和自然的一切富丽，有一个国家的一切因素，但这些都是客观的种种形式，没有发展为主观的自由。②它有一切理性的律令和布置，但是各个人仍然被看作是无足轻重的，它是实体的精神性，这是一种直接的意识，而不是主观的意志，此时的主观意志和实体的精神性发生的关系只能是"信仰、信心和服从"。③各个人围绕着一个中心，围绕着那位元首，他以大家长的资格居于至尊的地位，"例如中国，这个国家就是以家族关系为基础的"。东方观念的光荣在于"唯一的个人"一个实体，一切皆隶属于它，以致任何其他个人都没有单独的存在，并且在他的主观的自由里照不见他自己。④服从之外，也有变乱，但对于历史发展而言却于事无补，在"唯一的权力"范围之外，只有反抗的变乱（边缘的农民起义、边疆的蛮族搔扰等），但是因为这种变乱是出于中心势力的范围以外，所以随意动荡而没有什么发展。⑤野蛮民族入侵的后果之一：黑格尔认为野蛮民族入侵东方国家有两种后果，一种就是中国式的，即成为持久、稳定亦即停滞的一部分。他说，"那些从高原冲下来的野蛮部落——冲进这些东方国家，把它们踏为荒土，要不就定居在那里，放弃他们的野蛮生活",然后无结果地消失在那中心的势力里边,以其持久、稳定,成为非历史的历史,而国家也只能称其为"仅仅属于空间的国家"。这是伏尔泰野蛮战胜文明又被文明反战胜命题的又一种新的解读。中国的"幼年"一是因为它的古老,二是因为它缺乏"主观"性,三是因为它一个人和各个人的关系是至尊(一个人自由)和服从(各个人不自由),总之,"它只能在那绝对的对象中而不能在它自身内觅得尊严"。"因为它的形式无限性、理想性的对峙还没有发展",所以,它既是"理性"的幼年时期,也是"长不大"或没有"成长时间"的历史幼年。

处在"历史的少年时代"的也是东方国家。这些东方国家就是中亚细亚(中亚)国家。这个时代的催生是前述野蛮民族入侵的两种后果之一。第一种后果对中国而言,是其历史的插曲而已,中国的历史是先于它的。第二种后果则是类型化的,它在中亚发生,导致的是一种历史发展。但是,由于"这个光明,还不是个人灵魂的光明",所以它的历史依然是"非历史"的,只比中国式的幼年时期略进一步,是少年时代而已。黑格尔的意思是,在中亚,野蛮民族的入侵导致"它们相斗相杀,从不停息促成了迅速的毁灭",但其中由于有了"个性的原则也夹在这些冲突的关系里边",而这个个性原则又还是长在"不知不觉的、仅仅是天然的普遍性之中",尚未充分发展。所以,"这部历史,在大部分上还是非历史的,因为它只是重复着那终古相同的庄严的毁灭"。[37] 在这里,黑格尔为了冲突、张力、变化,不惜把铁血式毁灭和不断毁灭视如中国式的持久、稳定为同一历史形式,并将不断的毁灭置于不断的持久之上,称其是高于幼年时期的少年时代,"那种属于孩童的安定和轻于信任已经不再显明了,而是喧扰骚动"。

处在历史"青年时代"的是"希腊的世界"。它的特征是渐有个性的形成,感官的东西上附有精神的东西的印记和表现,道德的东西和主观的意志相结合，但还没有经过主观自由的奋斗，道德还不是真正的道德，只是天然的道德，"这种道德还没有净化到自由的主观性的程度"。

处在历史上"壮年时代"的是"罗马国家"。国家开始了一种抽象的存在，幼年时期、青年时代中的个人牺牲了，罗马不是希腊那样的"个人"国家，"普遍"克服了个人，这种国家本身内有明白显著的对峙，但又终于在内在里产生了精神的和解，"这样便纯粹世俗地使对峙得到了和谐"。对峙被和谐了，所以它依然不是理想的历史。

处在"老年时代"的是日耳曼世界。黑格尔特别声明，自然界的老年时代是衰老萎靡柔弱不振的，但"精神"的老年时代却是完满的成熟和力量，它和自己又重新回到统一，但是以精神的身份重新回到统一。"这个日耳曼世界从基督教中的'和解'开始，但是仅在本身完成，因此宁肯说是开始了精神的、宗教的原则和野蛮的'现实性'之间的巨大的对峙。""国家所占的地位不再低于教会，而且不再附属于教会了，后者不拥有任何特权，精神的东西对于国家也再不陌生了。'自由'已经有了方法来实现它的'概念'和真理，这便是世界历史的目标。"[38]

从黑格尔的这个历史分期看，"对峙"及其"对峙"的范围、形式、性质、力度等成为不同历史时期高下的重要判断标准（这个思想在康德的历史理性批判里曾经出现。康德在《世界公民观点之下的普遍历史观念》中提出，大自然使人类的全部禀赋得以发展所采用的手段就是人类在社会中的对抗性。但是康德对这种对抗性又有所限定，即这种对抗智能局限于它作为人类社会中合法秩序建立的原因）。所以才有了后面他专论中国时的一句经典："中国很早就已经进展到了它今日的情状；但是因为它客观的存在和主观运动之间仍然缺少一种对峙，所以无从发生任何变化，一种终古如此固定的东西代替了一种真正的历史的东西。"[39] 缺少"对峙"既是中国历史停滞的原因，也是中国历史阶段低位的标志，还是导致它君主专制政体的原因。总之，对历史的解释必须回到黑格尔的精神现象学中去。这种历史哲学既有它超越前人的深刻性、独创性和鞭辟入里的地方，也有它简单化、一概而论和捉襟见肘之处。从他的"对峙"引申出来的掠夺战争式的"喧哗骚动"乃至一次又一次的部落、民族、国家的毁灭都成为历史的意义，没有具体的历史原因和是非、邪恶、美善、正义、道义之分，没有战争与和平的思考，这种基于抽象的历史判断，是哲学性的，也是脱离历史实际、泛泛而论的。黑格尔对西方历史和西方人的物质生活、精神世界都很熟悉，所以他的理念是有根基的。但是关于中国，他缺少生活、缺少"接触"、缺少来自触及的思考，他的中国历史判断和中国历史哲学相当程度上是不得要领的，就像他对中国的了解只不过是借助二手材料所以显得皮毛和肤浅一样。其实，自从中国出现在西方以后，中国一直需要一些真正伟大的西方思想家对中国进行深入细致的生活体验和研究（利玛窦等都没有达到这个思想家的高度），就像西方人类学家开展的"他者"研究，最重要的成果都是基于自己是伟大的学者又融入他者才成就伟大的理论和学术一样。20世纪初英国伟大哲学家罗素来到中国生活了几年后再去写作他的中国观，得出的结论就完全不一样。像黑格尔这样的思想家如果有过中国经历，他的很多中国结论肯定是完全不一样的。

　　黑格尔的思想或者历史哲学是高度抽象的、思辨的、哲学化的，但是他的中国观中依然要依赖历史事实，所以，他的中国观也不乏感性的呈现和对感性材料的分析。在这个时候，他分析和讨论的中国，也会显示出一个伟大哲学家的伟大的直觉和独到性。

　　黑格尔在其《历史哲学》的"中国"篇中讨论的中国，是站在西方的角度来观察的中国，同时也是基于他所处时代西方已经获得的成就，从当时的政治、哲学、法律、科学、军事、语言学、美学、艺术、宗教、道德等方面的最新理论来比较和评判中国的。他的结论与评判中时时流露出西高中低的话语态度就不足为奇了。

第一，他从欧洲人对中国的"惊叹"的地方下手，指出中国的几个令人惊叹处：一是它的历史如此古老，历史只在中国才有，"中国的传说可以上溯到基督降生前三千年；中国的典籍《书经》，叙事是从唐尧的时代开始的，它的时代在基督前二千三百五十七年"。二是中国在很久的古代时就有"五经"，即《书经》《易经》《诗经》《礼记》(含《乐经》)、《春秋》。"中国人存有若干古代的典籍，读了可以绎出他们的历史、宪法和宗教。"三是中国的独立与外在，"这个帝国早就吸引了欧洲人的注意，虽然他们所听到的一切，都是渺茫难凭。这个帝国自己产生出来，跟外界似乎毫无关系，这是永远令人惊异的"。四是中国的人口之巨大，为西方国家望尘莫及。当是时，马戛尔尼向西方报告的中国人口是3亿多，黑格尔引用了这个数字(可见马戛尔尼的中国人口数量调查对西方何等重要)，"这种人口数量和那个国家规定的无所不包的严密组织"，让西方震惊，黑格尔称之为"实在使欧洲人为之咋舌"。五是中国历史著作的精细正确，黑格尔认为这一点是比"人口数量和严密组织"更加"使人惊叹"的。中国的史家常在天子左右记录其一言一行，这些"历史家的位置是被列入最高级的公卿之中的"，因此他们有"历史的详细节目"，"他们的历史追溯到极古"。

第二，他重点关注和讨论了中国式的"家庭精神"。以他的"精神"标准，中国只有"家庭的精神"，而且这种"家庭精神"普及这个世界上人口最多的国家。按西方和黑格尔自己的"发展"观，主观性即个人意志的自我反省应与消灭个人意志的权力即实体成为对峙。以此观之，中国的"家庭精神"里是没有这种"主观性"因素的，或者说中国没有"主观性"而只有家庭关系。中国"国家的特性便是客观的'家庭孝敬'"。我们知道，中西礼仪之争核心问题就是中国的敬祖与基督教的敬上帝的仪式和信仰的冲突及其不能相容，敬祖是社会习俗也是家庭民俗。敬祖的核心理念是孝敬。黑格尔其实巧妙地把这样一个大问题不动声色地转变为一个哲学问题，而且看准了中国人的家与国的关系和家国一体的特征。"中国人把自己看作是属于他们家庭的，而同时又是国家的儿女。"中国人在家庭内不是人格，只有血统关系和天然义务，在国家内则缺少独立的人格，于是有《书经》所列举的五种义务：君臣、父子、兄弟、夫妇、朋友。他为此指出："这种家庭的基础也是'宪法'的基础。因为皇帝虽然站在政治机构的顶尖上，具有君主的权限，但是他像严父那样行使他的权限。他便是大家长，国人首先必须尊敬他。他在宗教事件和学术方面都是至尊——这个后面当详加论列。做皇帝的这种严父般的关心以及他的臣民的精神——他们像孩童一般不敢越出家族的伦理原则，也不能够自行取得独立的公民的自由——使全体成为一个帝国，它的行政管理和社会约法，是道德的，同时又是完全不含诗意的——就是理智的、没有自由的'理性'和'想象'。"[40]

黑格尔从中国的"家国"现象总结出几点：一是天子就是中心，各事都由他来决断，国家和人民的福利因此都听命于他；二是中国人既然一律平等，又没有任何自由，所以政府的形式必然是专制主义；三是基于家长政治的原则，臣民都被看作还处于幼稚的状态里，因为家族中长幼尊卑间互相应有的礼节，都由法律正式加以决定，触犯便受刑罚，这几乎等于一种奴隶制度。在这里，黑格尔对中国的家国一体的关系，从家的内部结构定性其不自由，最后指认中国的"幼稚"性和奴隶制，其批判的力度前所未有。但是，他对中国的"家庭精神"特别是其中的孝敬伦理所包含的更加人情化、人性化、人类学化的本质却完全不予理睬，使所有的中国人不能完全接受他的结论。这说明他在方法上有只知其一不知其二的缺陷。

近些年来，中国学者的研究开始触及这个"家"的难题。他们提出来的西方问题首先也是方法论上的不足。哲学家张祥龙指出:"西方哲学史是一部没有家的历史,而追随西方哲学的现代中国哲学也就罕见家的踪影。西方哲学追究过本原、数、存在、理式、普遍/个体、形式/质料、知识/德性,到近现代,又关注主体/客体、感知/理智、逻辑/经验、心灵/物质、分析/综合、意义/对象、语言/实在、意向性、时间性、身体性等,这些都与人对世界的感受、思考和生存体验有关,但却恰恰漏掉了与人最直接相关的那部分,也就是以'家'这个字为代表的那些最为亲密经验的哲理。"[41]张祥龙的著作《家与孝》有一个非常核心而重要的观点,孝是一种被完全忽视了的人类特性。他指出,孝是一种"非特殊的人类独特现象",就是说,孝不仅是中国传统文化、传统哲学或者中国传统思想中非常成熟的一种理论,它也是人类普遍的特性,只不过中国哲学将这一种来自古老人类的行为或意识不断加以民俗化、社会化、哲学化而已。他借用当代人类学的各种观察和研究的成果,指出,孝不是一种特殊的、个别的、暂时的、区域的、民族的现象,而是一种"人"的现象。动物是无孝可言的,人类的孝是从直立人(智人)就已出现了的。经过时间的沉淀,孝是人类的一种更深长的内时间意识。所有动物(包括人类)都会有亲子关系,都会有对婴幼儿的抚养、关心、热爱、呵护。但是,长期以来,人们都只关注和观察到这种亲子关系,却忽略了人类的子女辈、晚辈对父母辈、长辈的孝心和养老关系。

传统哲学虽然一直也在探讨"从低于人的自然而发迹"的人类史或人性史,却始终陷落在代际间的垂直关系陷阱中不能自拔。在这里,张祥龙跳出了旧的思维窠臼,以逆向思维的方式,发现了人类的一个更大的秘密![42]这不仅确认了孝敬的普遍性,也从哲学上批判和拒斥了西方对中国孝道、敬祖的否定性和负面性。从《礼记》的"何谓人义?父慈、子孝,兄良、弟悌,夫义、妇听,长惠、幼顺,君仁、臣忠十者,谓人之义",张祥龙认为这是人的政治发生的顺序,即亲子为源头,导致夫妇、家族乃至国家,国乃家的延伸。他的结论与黑格尔相反:在天下、国家、家庭、个人的关系中,"天下之本在国,国之本在家,家之本在身"(《孟子·离娄上》),这会导致人的内时间意识的深长化,即所谓穷一变一通一久。而"孝"意识的出现,是人在养育自己子女时,意识到过去自己父母的同样养育之恩情时,才会出现的代际切身反转。这是人类超越动物成为现代智人的标志。内时间意识之深长化、回旋化,使人可历经无数患难变迁,从数万年、数十万年、几百万年前一路行来,绵绵不绝,而曾与之同行的多少物种,乃至多少人科、人族的兄弟种,都绝灭了。华夏民族乃文化,因得此人道正脉而在世界诸古民族古文明中最能持久。[43] 由此看来,黑格尔仅仅把孝敬规定在不自由、不主观的定性上是与他擅长的整体、联系、辩证是背道而驰的,甚至成为一种狭隘的哲学偏见。

第三,他的中国文明史与世界文明史比较和中国文明评论。在东西方文明的性质上,黑格尔进行了比较,指出了其中的差异,也分别了彼此的高下。由于他的历史哲学的核心思想和出发点是他的精神现象学研究的结果,是其研究的"意识发展史"。所以,他的意识发展史阶段也就是他的历史发展阶段。黑格尔的"意识发展史"分为五个大阶段:(一)意识;(二)自我意识;(三)理性;(四)精神(客观精神);(五)绝对精神(宗教)。在这一"理念"下,黑格尔讨论了世界史上著名的"四大古文明"。这四大古代和古老的文明都位于"东方世界"(在亚细亚洲的各部分中),"第一,黄河和青河所形成的'大江平原'以及远亚细亚的高原——中国和蒙古。第二,恒河流域和印度河流域。历史的第三个舞台包括乌浒河和药杀河的大江平原、波斯高原以及幼发拉底斯河和底格里斯河的其他平原流域,就是所谓近亚细亚。第四,就是尼罗河的大江平原"[44]。黑格尔明确指出,这些人类历史上赫赫有名的四大文明及其"东方世界"在"道德"方面有一种显著的原则,就是"实体性"。在这里,一切内在的东西如"意见"、"良心"、正式"自由"等主观的东西都没有得到承认。特别是从终极上说,东西方一比较就高下立判:"我们西方人所称的'上帝'还没有在东方的意识内实现(东方还是一种'神权政体'——引者注),因为我们的'上帝'观念含有灵魂的一种提高,到了超肉体的境界。在我们服从的时候,因为我们被规定要做的一切,是为一种内部的制裁所认准的,但是在东方就不是如此,'法律'在那里被看作是当然地、绝对地不错的,而并没有想到其中缺少着这种主观的认准。东方人在法律中没有认出他们自己的意志,却认见了一种全然陌生的意志。"[45] 在这个总的判断下,四大文明各有特点和各有归宿即"国运"的宿命。

1. 中国和蒙古:历史开始于中国和蒙古人,他们所处的是神权专制政体的地方。他们以大家长宪法作为原则,我们称为内在性的一切都集中在国家元首身上或者像蒙古那样元首便是喇嘛(所谓一个人的自由)。它的国运是只有黄河、长江流过的那个中华帝国是世界上唯一持久的国家,征服无从影响这样的一个帝国。

2. 印度:统一的国家组织和像中国一样完整的机构破裂了,社会阶层自然区别,最终必然统一这些划分的是宗教的统一性,这样就产生了神权政治的贵族统治和它的专制政体。它的国运是恒河和印度河的世界也被保留下来了,思想如此贫乏的地区同样不会消失,但是它的本质决定了它会被混合、被战胜、被压迫。

3. 波斯帝国:如果说中国是纹丝不动的单一性的,是十足的、奇特的东方式国家,印度是摇摇摆摆、无拘无束的动荡国家且可以与希腊比较的话,那么,波斯就可以和罗马比较。在波斯,神权政治表现为君主政体。它把各个部门集中在最高元首手中,但元首并不是被看作专横的统治者。他的意志是作为一种他的臣民们分享的法律存在的。波斯的精神是一种纯洁的、明亮的精神。波斯的统一性是被规定用来统治许多不同民族的。海岸沟通了与外界的联系。波斯使世界历史有了真正的转变。它的国运是底格里斯河和幼发拉底河流域的那些国家都已荡然无存，留下的最多是一堆瓦砾。因为波斯帝国作为过渡的国家是注定要灭亡的，而里海旁边的各国则成了伊朗和都兰古代斗争的牺牲品。

4.埃及：埃及促成了内在的转变，在这里，抽象的对立面被贯通了。这种仅仅是自在的和解其实反映了互相冲突的决定之间的斗争。这些决定还没有能力自我联合，而是把联合的诞生作为自己的任务，把自己变成一个对己、对人都一样的谜，而谜底直到希腊世界才找到。它的国运是尼罗河畔的那个王国如今葬身在黄土之下存在于那些一言不发、现在被运到各地去的古尸之中以及那些威严的房屋里，因为地面上遗留的只是那些富丽堂皇的坟墓。[46]

在黑格尔的四大文明比较中，中国被多次提及是一个另类，似乎颇有些无从说起的意思。在他的文明比较研究中，由低到高的排序是中国、印度、波斯（两河流域文明及系列变迁）、埃及，而从消失角度看，埃及最早消失，波斯其次，然后是印度和中国的持续，其中印度是分裂了的存续，中国是静态的稳定。这种文明观当然是因为贯穿着他的"精神"性和"意识发展史"分期而致。比如他评价埃及文明说："从我们所发现的古代埃及各种表象之中，特别可以注意的一个形象，就是狮身女首怪——它本身是一个谜——一个暧昧的形式，一半兽，一半人。这个狮身女首怪可以算作'埃及精神'的一个象征。从兽体内探出人头，这表示'精神'开始从单纯的'自然的东西'里提高自己——摆脱了自然的东西的约束，比较自由地矫首四顾；不过还没有从它所加的枷锁里完全解放出来。埃及人那些数不尽的建筑物，都是一半埋在地下，一半出现在地上，升入空中。整个地方分成一个生命的王国和一个死亡的王国。麦谟嫩的巍巍的巨像回应着年轻朝阳的第一次顾盼；不过这朝阳所照耀的还不是'精神'的自由光明。文字还是一种象形的记号；它的基础只是感官的形象，不是字母的本身。所以，关于埃及的那些古迹的纪念，给了我们数目极多的形式和形象，它们表达了埃及的性格；我们从它们认出一个感觉到压迫的'精神'，这个'精神'表现了它自己，但是也只是在一种感官的方式下表现。"[47]埃及文明的重要性和突出性被黑格尔指示了出来，而且，"埃及人是首先说出人类灵魂不朽这个思想的人"，"精神"不朽的观念的含义就是个人本身拥有无限的价值。"'不朽'含有'精神'本身是无限的。这个不朽观念是埃及人首先发明的。"[48]所以，黑格尔发现的意识发展史意义上的文明史，就成为这样一个历史进程：首先是埃及的"精神"，然后埃及变成了波斯大帝国的一省，有了波斯人的"光明"，才开始有一种精神的直观。但是波斯人的抽象的原则所表现的缺点，是各种不同的对峙的、无组织的、不具体的统一，在这里面对峙的有波斯的光明观、叙利亚的奢靡淫逸、乘风破海的腓尼基人的活动和勇敢、犹太教里纯粹"思想"的抽象观念和埃及的内心冲动，是各元素的一种复合。这些元素要在希腊人这个民族里才能够相互贯彻，成为内省的精神。当波斯世界和希腊世界相接触的时候，历史的过渡和引渡也就发生了。再以后，"希腊人把统治权和文化拱手让给罗马人，罗马人又为日耳曼人所征服"。黑格尔的《历史哲学》基本上就是在文明史的基础上展开这个世界史的全部过程和进程。

令人玩味的是，黑格尔在这里又提出了一个覆没和存留孰优孰劣的问题并予以了耐人寻味的回答。他说："假如我们仔细审视这种转变，就会发生下列的问题——以波斯为例——为什么波斯沉沦覆没，而中国和印度却始终留存呢？在这里，我们首先要排除我们心头那种偏见，以为长久比短促是更优越的事情：永存的高山，并不比很快凋谢的芬芳的蔷薇更优越。"[49]但是我们看见他的回答只用了一个语焉不详的比喻，最后他又回到精神的内在程度的老话题上去了。中国和印度这样的人类古老文明的长久保留，它的历史价值和人类意义恐怕不能这样简单否定。同样，埃及和波斯的毁灭也不能这样简单地肯定，野蛮民族对文明的毁灭和它们被文明的再征服也不是可以做出一个简单的肯定性判断就万事大吉、一了百了。它们的文明融入西方文明中去了，就使西方文明获得了"毁灭"和"征服"的合法性了吗？反过来说，难道不正是那些长久保留下来的文明如中国和印度在它们的长久、稳定中不断丰富发展着它们的文明，同时也源源不断地把它们丰富和发展着的文明成果通过各种渠道、各种方式向西方和世界进行输送吗？！并不是只有消亡了的文明才对西方文明做出过贡献，也并不是没有消亡的文明就对西方从来没有产生过影响。事实上，在黑格尔时代之前，西方众多的思想家已经言之凿凿地指出过虽然中国文明特立独行、自我封闭仿佛与世隔绝，但是它的文明早已经外溢，在历史长河中从来就没有中止过对世界的影响。很快凋谢的芬芳的蔷薇固然有它的艳丽的美和短暂性的价值，但永存的高山不是也有它的巍峨之美和恒久性的价值吗？它们之间不宜简单论优长，亦不可武断地谈彼此的互相取代。我们不能用一种偏见代替另一种偏见，这不符合辩证法的基本原则。此外，即使孟德斯鸠对西方殖民给黑人带来的灾难也是予以谴责的，黑格尔的进步观里却只有"精神"的进步，无视世界交往、世界历史必须面对的正义、公道、人道问题和他身后马上就会成为人类历史重大难题的战争与和平的问题。他的"对峙"至上放在他的"精神世界"不无意义，而在历史史实里，安稳和长久与今天人们渴望的长治久安有相通之处，甚至还是发展的必要条件。由此看来，黑格尔的文明观无论对他所处的过去和未来都显然存在着严重的漏洞和偏颇。如果我们再看他在《法哲学原理》(1821)中流露出的西方中心主义乃至殖民主义思想苗头就更加令人感受到这位伟大思想家的致命错误。他在《法哲学原理》中说："世界历史的每一个阶段，都保持着世界精神的理念的那个必然环节，而那个环节就在它的那个阶段获得它的绝对权利，至于生活在那个环节中的民族则获得幸运与光荣，其事业则获得成果。"[50] "文明的民族可以把那些在国家的实体性环节方面是落后的民族看做野蛮人……文明民族意识到野蛮民族所具有的权利与自己是不相等的，因而把他们的独立当作某种形式的东西来处理。"[51]

第四，他的中国宗教、哲学、文化、艺术的评论。关于中国人的宗教情况，黑格尔总结出来的判断是：中国的宗教可以称作道德的宗教，在这个意义上可以把中国人算作无神论者。他的分析是，对西方人而言，上帝是普遍，但是他又规定自身；上帝是精神，他的存在是智慧。而中国人则不然，他们的道的思想（一生二，二生三，三生万物）这一通往思想的进步并没有导致建立起更高一级的精神宗教。道的现实性、生动性还是现实的、直接的意识。西方对世界进行了划分，除了世俗现象这个世界以外，上帝仍然是统治者。而在中国只有皇帝是统治者。中国人的天是一些完全虚空的东西。包括死者的灵魂虽然存在于天上，但也被皇帝统辖。权力所据有的一切，通通属于皇帝。皇帝被当作"天子"，他是全体，是尺度的总体。"天，作为可见的天穹，同时也是尺度的权力。皇帝直接就是天的儿子（'天子'），他必须尊重法则，并且使它得到承认。"[52] 因此，中国人的宗教是"尺度的宗教"，而"在尺度的宗教中迷信实际上是它的全部存在"。所以中国人永远畏惧一切，因为一切外在之物对于他们都有意义，都是权力，都可能对他们使用暴力，都可以侵害他们。个人没有任何自己的决定，没有主观自由。就是这个原因使占卜术在中国广泛流行。"每一个地方都有许多人从事于占卜。他们为坟墓寻找合适的位置、定点，看风水——他们整个一生都专营此道。如果盖房时另一座房屋在旁，其正面和盖的房子形成了一个角，那么就要举行一个可能的仪式，通过献礼使特殊的权力变得吉利。"[53] 中国成了一个"庞大的迷信王国"，或者即使说中国人有一个国家的宗教，也是皇帝的宗教。从这个角度看中国与西方的不同和区别，黑格尔无疑是准确而深刻的。

作为哲学家，黑格尔也多次讨论了中国的哲学和中国哲学家。他对中国哲学总体评价同样不高。黑格尔的"哲学"是有门槛的，中国的哲学被归于"史前哲学"，因为在他看来，哲学的发生只有当自由的政治制度已经形成了的时候。他讨论了《易经》哲学。莱布尼茨从数学和神学的观点出发曾经高度重视《易经》的研究。黑格尔从纯粹哲学或者他的"精神现象学"出发，解析了这个中国哲学文本。他也分析了八卦的阴阳、直线、短线及其组合的形式与关系，再加上火、水、木、金、土五行，"这就是所有中国人的智慧的原则，也是一切中国学问的基础"。他的评价是："中国人说那些直线是他们文字的基础，也是他们哲学的基础。那些图形的意义是极抽象的范畴，是最纯粹的理智规定。中国人不仅停留在感性的或象征的阶段，我们必须注意——他们也达到了对于纯粹思想的意识，但并不深入，只停留在最浅薄的思想里面。这些规定诚然也是具体的，但是这种具体没有概念化，没有被思辨地思考，而只是从通常的观念中取来，按照直观的形式和通常感觉的形式表现出来的。"[54] 同样，被莱布尼茨十分推崇的孔子及孔子哲学在黑格尔眼里也是异样的。孔子哲学只是一种道德哲学，孔子只是一个实际的世间智者，他没有提供思辨的哲学。黑格尔对老子的评价更高一些。他认为老子的思想比如阴阳、柔刚、仁义与道、名、无、有、玄、妙等"说到了某种普遍的东西，也有点像我们在西方哲学开始时那样的情形"[55]。中国人的哲学是一种十分特别的完全散文式的理智。

黑格尔对中国历史进行了一次宏观考察，注意到了焚书坑儒事件、张骞西域行和甘英寻访西方、基督教入华与大秦景教碑、朝代屡经变更和元明清的更迭、帝国从中原发迹然后向南方推进、中国的治水传统和经验等，分析了中华帝国的行政管理和"满大人"（这个名称是 16 世纪初葡萄牙人用来称呼所有中国官员的，原词意为统治或管理，此为音译，后一直被西方沿用）的构成、职权、科考和选拔制度。他还对中国作出了几个重要的判断。

一是他认为中国的科学过去虽然享有盛名现在却是落后得很远，在数学、物理学、医学和天文学上尤其如此。关键问题是各种科学并不被看作是科学，而是作为知识的枝节来裨益实际的目的；中国缺少把科学当作一种理论研究而的确可以称为科学的兴趣，这儿没有一种自由的、理想的、精神的王国而只有经验和实用，其文字也对科学构成障碍，使他们得不到较好的工具来表达和灌输思想。

二是中国的文字可以分为"口说的文字"和"笔写的文字"，就是说，他已经观察到中国语言和文字分了家、口语和书面语脱了节、今语和古语分了叉、语音和符号及意义的关系高度复杂。"口说的文字"使中国人的听觉对于分辨一字多音多义具有极其敏锐的能力，"笔写的文字"使他们的文字数目多达八九万之多，他认为这两方面的复杂性，对科学发展构成了障碍。黑格尔明确表示自己不同意莱布尼茨式的对中国文字悠长的赞美。

三是中国的审美特点和美学地位。黑格尔的美学观点是"美是理念，美的事物是符合自己的理念的事物"，"美的东西可定义为理念之感性的显现"。他的精神现象学也主导着他的美学，认为精神既是世界的真正本质和内容，那任何美的东西也就是分享精神或精神的产物。黑格尔明确的看法是伟大艺术体现了最真、最美、最善的理念，是经得起时间的考验和具有永恒性的，他同时指出艺术与历史一样具有自己的发展阶段。艺术的发展阶段是从低级向高级发展的过程，亦即一个精神战胜物质的过程。艺术的发展阶段是象征艺术—古典艺术—浪漫艺术；它们对应的是外在艺术—客观艺术—主观艺术；在主观艺术的绘画、音乐、诗歌中，诗歌居于诸艺术的最高位，其中又递进呈现为：史诗、抒情诗、剧诗。就像黑格尔对中国哲学只接触到有限的孔子、老子、孟子等，对于诸子百家庄子、墨子、荀子和韩非子等，对董仲舒、王充、禅宗、韩愈、周敦颐、张载、二程、朱熹、陆王心学、程朱理学，等等，缺乏系统性深究或者无从涉及[56]。同样，由于中国的文学、艺术材料17、18世纪之际被西方知悉的相当有限，除了陶瓷、园林、绘画外，中国戏曲、雕塑、诗词、小说、音乐、书法等众多丰富作品和样式，像编钟、兵马俑、石窟、壁画、甲骨文、昆曲、宋元山水画、宋词、明杂剧等只有零星传入西方，大多都还不为人知，甚至还未出土，所以黑格尔的《美学》里，有印度史诗，有波斯艺术，有埃及金字塔，有希腊罗马神话、雕塑、建筑、史诗、悲剧，有各种文学，等等，但是他几乎没有涉及中国艺术。就像他把中国历史置于史前和史外一样，他的艺术各发展阶段几乎见不到中国艺术的影子。他只在讨论世界史诗时顺便提及了一下中国。他说："中国人没有民族史诗，因为他们的观照方式基本上是散文性的，从有史以来最早的时期就已形成一种以散文形式安排得井井有条的历史实际情况，他们的宗教观点也不适宜于艺术表现，这对史诗的发展也是一个大障碍。但是作为这一缺陷的弥补，比较晚的一些小说和传奇故事却很丰富，很发达，生动鲜明地描绘出各种情境，充分展示出公众生活和私人生活，既丰富多彩而又委婉细腻，特别是在描写女子性格方面。这些本身完满自足的作品所表现的整个艺术使我们今天读起来仍不得不惊赞。"[57]黑格尔接触到的中国艺术和文学相当有限，他在此有限的接触中就对中国艺术历史做出草率判断，说中国离真正的宗教、科学和"艺术"很远，说中国人还不能够表现出美之为美，其图画没有远近光影的分别，就算中国画家模拟欧洲绘画惟妙惟肖，就算他能正确地看到一条鲤鱼有多少鳞纹、满树绿叶有几种形状、草木的神态和枝丫的飘垂，但是那种"崇高的、理想的和美丽的"却不属于他的艺术和技巧的领域之内。而他仅仅对中国的小说、传奇有一点了解就大加赞赏，说其很丰富发达，不得不惊赞。这反倒说明他对中国的了解还十分贫乏，因而很多否定中国的结论都站不住脚、难以服人。比如中国著名学者钱锺书先生认为黑格尔关于中国语文的一无是处的见解不无荒谬，原因就是他对汉语的无知而又掉以轻心、发为高论。

黑格尔的中国艺术观比他的中国历史观走得更远，后者只是将中国历史贬为开始和初级阶段，前者则干脆没有给中国艺术在世界艺术发展阶段上以一席之地。而明眼人一看，他之所以如此，完全是因为他对中国艺术资料无从掌握而一无所知、无从判断之故。值得注意的是，黑格尔的武断还表现在他和他那个时代对中国问题的过于自信，他声称西方现在已十分了解中国了，"我们已有了中国文学和它的全部生活，以至于它的历史之深切的知识"。这显然是言过其实的，不要说当时对中国的译介和著述仅仅涉及中国内容的九牛一毛而已，就是今天我们不是仍然有良渚、三星堆等重大考古和文明新发现不断被报告被确认其世界史和文明史的重大价值吗，况且中国人的生活那是必须在接触、体验、沉浸以后才能有真正的发言权的，这是黑格尔之后的人类学告诉我们的常识。当然，指出这些并不等于否定黑格尔"看中国"中的博大精神、宏阔视野、深刻辨析、独到见解、敏锐直觉。

四、黑格尔中国观的世界影响

在德国哲学的舞台上，继黑格尔之后又与黑格尔哲学密切相关的哲学家是费尔巴哈和马克思、恩格斯。费尔巴哈一方面公正地把黑格尔哲学叫作登峰造极的唯心主义哲学，其特征是客观唯心主义，另一方面也指出黑格尔哲学是神学的"最后避难所"和"支柱",其绝对精神是消散着的神学精神,是抽象化了的和脱离人本身的精神。这些都不无道理,但是,费尔巴哈不善于区别、挽救和批判地利用黑格尔辩证法中的合理内核。费尔巴哈是西方唯物主义哲学的重要奠基性转折性的人物,在唯心主义哲学和马克思主义哲学之间,他是重要的过渡和中介性人物。恩格斯称誉,只有费尔巴哈宣布了唯物主义的胜利。列宁则对他用了一个涉及中国的幽默称赞,说"费尔巴哈剪掉了哲学唯心主义的中国式的发辫子"(《唯物主义和经验批判主义》)。所以,费尔巴哈对黑格尔中国观的分析或批判,就十分值得关注。

费尔巴哈在其《黑格尔哲学批判》(1839)对黑格尔的东方观进行了批评,甚至认为黑格尔的带有偏见的东方观就是黑格尔全部哲学大厦的一个造型特征。费尔巴哈对此给出了一个鲜明、尖锐而且一针见血的判断:"向往西方而贬抑东方,则是黑格尔哲学及其学派的一个特征。"[58]为什么会这样呢?费尔巴哈认为是由于黑格尔哲学推崇西方的差异,同时反对东方的统一。他指出,黑格尔的精神特别显示在他的历史观和他对历史的处理上,其中最重要的表现就是只看差异、不看同一,然后成为只看东方与西方的差异、不看东方与西方的同一。他指出:"黑格尔只注视和陈述各种宗教、哲学、各个时代和民族最突出的差异,并且只是就其处于逐步上升的过程中来加以陈述的;共同的、一致的、同一的东西完全退到背后去了。黑格尔的观点和他的方法所采取的形式,本身只是排他的时间,而并非同时是宽容的空间;黑格尔的体系只知道从属和继承,而不知道任何并列和共存。"[59]费尔巴哈还对黑格尔的精神发展阶段论提出了质疑和批评,认为它仅仅是以时间为直观形式,而并不以空间为直观的形式。黑格尔没有把历史现象或存在的整体性、绝对性作为主体,所以作为独立存在的各个发展阶段只不过是作为一些影子、一些环节、一些以毒攻毒的点滴存在于绝对阶段中。不过从下面这段话中，我们也可从费尔巴哈对黑格尔哲学的东西比较观的叙述中，体味到费尔巴哈的"局限性"。费尔巴哈说："德国的思辨哲学（指黑格尔哲学——引者注）是和古代所罗门的智慧直接对立的。后者在太阳底下看不到任何新的东西，前者则只看到新的东西；东方人见到统一而忽略了差异，西方人则见到差异而遗忘了统一；前者把自己对永恒的一致性所抱的一视同仁的态度一直推进到白痴的麻痹状态，后者则把自己对于差异性和多样性的感受扩张到无边幻想的狂热地步。"[60] 费尔巴哈的唯物主义被认为是机械的、形而上学的唯物主义。

黑格尔的西方主义中心倾向和他的西高东低判断，借助他的巨大影响，使一向有"向东方压进"传统的德国在黑格尔后不久的时代就强化了其殖民扩张的政策，而且目标指向中国。1861年普鲁士代表关税同盟诸邦遣使节团赴华签订条约，就是此背景下的历史事件。因此，费尔巴哈对黑格尔哲学作出"向往西方而贬抑东方"的概括是很辛辣的。到马克思和恩格斯那里，他们对中国的看法，尽管已经出现了鸦片战争那样激烈的战争冲突，依然完全是公正的和客观的。黑格尔的"矛盾论"（对峙）式的辩证法和费尔巴哈唯物主义都被马克思主义哲学进行了科学的吸收。他们的社会历史发展阶段和分期完全扬弃了黑格尔的"精神史"及其分期，他们对自己所处的资本主义时代具有清晰的认识。他们同样具有广阔的世界史、文明史、全球史的目光。在著名的《共产党宣言》中他们指出，美洲的发现、绕过非洲的航行，给新兴的资产阶级开辟了新天地。东印度和中国的市场、美洲的殖民化、对殖民地的贸易、交换手段和一般的商品的增加，使商业、航海业和工业空前高涨，因而使正在崩溃的封建社会内部的革命因素迅速发展。他们对殖民主义的原因和结果做出了准确描述，即资产阶级，由于一切生产工具的迅速改进，由于交通的极其便利，把一切民族甚至最野蛮的民族都卷到文明中来了。它的商品的低廉价格，是它用来摧毁一切万里长城、征服野蛮人最顽强的仇外心理的重炮。它迫使一切民族——如果它们不想灭亡的话——采用资产阶级的生产方式；它迫使它们在自己那里推行所谓文明，即变成资产者。一句话，它按照自己的面貌为自己创造出一个世界。[61] 在马恩的历史视野中，中国具有醒目的位置。

1. 马克思提出了东西两极互相关联的思想。这个思想的方法论原则是从黑格尔那里来的，马克思将之运用到西方影响中国、中国也必将影响西方的判断上来。1853年6月14日，马克思在《纽约每日论坛报》以社论的形式发表文章，题为《中国革命和欧洲革命》。这是分析鸦片战争期间，由于西方列强的侵略，引发中国人民的太平天国革命。太平天国运动由于规模大、历时长，既借用西方宗教思想，又实践了建立天朝的理想，不仅撼动大清王朝，也使世界瞩目与震惊。马克思的文章直接从黑格尔开篇，他写道：

> 有一位思想极其深刻但又怪诞的研究人类发展原理的思辨哲学家（指黑格尔——引者注），常常把他所说的两极相联规律赞誉为自然界的基本奥秘之一。在他看来，"两极相联"这个朴素的谚语是一个伟大而不可移易地适用于生活一切方面的真理，是哲学家所离不开的定理，就像天文学家离不开开普勒的定律或牛顿的伟大发现一样。
>
> "两极相联"是否就是这样一个普遍的原则姑且不论，中国革命（指太平天国运动——引者注）对文明世界很可能发生的影响却是这个原则的一个明显例证。欧洲人民的下一次起义，他们下一阶段争取共和自由、争取廉洁政府的斗争，在更大的程度上恐怕要决定于天朝帝国（欧洲的直接对立面）目前所发生的事件，而不是决定于现存其他任何政治原因，甚至不是决定于俄国的威胁及其带来的可能发生全欧战争的后果。这看来像是一种非常奇怪、非常荒诞的说法，然而，这决不是什么怪论，凡是仔细考察了当前情况的人，都会相信这一点。[62]

马克思认为由于西方殖民东方,在中国引发太平天国革命,这是欧洲和中国即西方与东方"两极相联"的现象,二者不是孤立、独立、毫无关联的,中国革命由欧洲引起,中国革命也会因此引发"欧洲人民的下一次起义,他们下一阶段争取共和自由、争取廉洁政府的斗争,在更大的程度上恐怕要决定于天朝帝国(欧洲的直接对立面)目前所发生的事件"。马克思此文章发表18年后,1871年3月18日,法国巴黎发生无产阶级革命,通过武装起义建立了巴黎公社,成为世界历史上一次伟大事件。这算不算是对马克思此预言的回应和应验呢?至少,这两件发生在东西方的革命性事件,它们的内在精神上有很多相通之处。此外,过去人们只注意到西方向东方殖民对东方产生的单向的作用,马克思看见了其中的逆反运动和双向互动作用。同样,过去的西方人只看到法国革命、英国革命、美国独立战争时欧洲西方人在自己民族、国家、种族内部在摆脱神权统治、获得"人权"后又进一步提倡和追求人与人之间的自由、平等、博爱,但这种自由、平等、博爱是并不施行于非西方的非洲、亚洲、美洲印第安人的。但是,在马克思和恩格斯这里,他们赞扬的共和、民主、自由、平等、博爱也是必须让非西方世界(包括中国)享有和获得的。他们在《时评:1850年1—2月》中写道:"当然,中国社会主义之于欧洲社会主义,也许就像中国哲学与黑格尔哲学一样。但是有一个事实毕竟是令人欣慰的,即世界上最古老最巩固的帝国八年来被英国资产者的印花布带到了一场必将对文明产生极其重要结果的社会变革前夕。当我们欧洲反动分子不久的将来在亚洲逃难,到达万里长城,到达最反动最保守的堡垒的大门的时候,他们说不定会看见上面写着:中华共和国自由,平等,博爱。"[63]

2.马克思对经历鸦片战争的中国寄予新生的希望。马克思和恩格斯时期,西方以鸦片贸易为突破,进而发动两次鸦片战争,引发中国人民的抵抗和太平天国运动。马、恩及时搜集了大量的信息资料,随时对中英形势进行分析，表达了自己的鲜明态度。他们写作发表了《中国革命和欧洲革命》《英中冲突》《议会关于对华军事行动的辩论》《俄国的对华贸易》《英人在华的残暴行动》《英人对华的新远征》《波斯和中国》《鸦片贸易史》《英中条约》《中国和英国的条约》《新的对华战争》《对华贸易》《中国纪事》等文章。他们从经济、文化和政治上分析近代中国社会的特点，揭露英、法、俄、美等对华战争的侵略、殖民、掠夺的本质和血腥暴行，谴责西方列强的不平等贸易，同情中国人民遭受的苦难与屈辱，支持中国人民反抗的正义斗争，对中国寄予殷切希望。从中国的衰落和惨败中，马克思恩格斯认为其原因包括：①"社会基础停滞不动，而夺得政治上层建筑的人物和种族却不断更迭。"②"依靠小农业与家庭工业相结合而存在的中国社会经济结构"导致生产力落后、生产力水平低下、生产方式阻碍经济发展。③"以手工劳动为基础的中国工业经不住机器的竞争，牢固的中华帝国遭受了社会危机。"④长期的闭关锁国。"与外界完全隔绝曾是保存旧中国的首要条件，而当这种隔绝状态通过英国而为暴力所打破的时候，接踵而来的必然是解体的过程。"⑤安于现状。"一个人口几乎占人类三分之一的大帝国，不顾时势，安于现状，人为地隔绝于世并因此竭力以天朝尽善尽美的幻想自欺。这样一个帝国注定最后要在一场殊死的决斗中被打垮。"⑥帝国政治的腐败，其腐败"无论是控制自己的人民，还是抵抗外国的侵略，一概无能为力"。其腐败除自生性外，还叠加了外来性的"所有的官吏都被英国人弄得道德堕落"。⑦鸦片成了人民的统治者，皇帝和官员们因此丧失了自己的统治权。所以，马克思恩格斯预言旧中国行将死亡，但是新的曙光即将出现。"有一点是肯定无疑的，那就是旧中国的死亡时刻正在迅速临近……过不了多少年，我们就会亲眼看到世界上最古老的帝国的垂死挣扎，看到整个亚洲新纪元的曙光。"[64]

总之，在马克思恩格斯的中国观里，即使是对中国的否定性评价，也丝毫没有黑格尔式"西方中心主义"的道德优越感和历史的"无情性"，同情的道义和道义的同情都在字里行间渗透。他们无情地批判腐朽的历史，他们也无情地批判血腥的历史。他们的预见性判断证明，东方和西方过去曾经互相照亮，未来也应该有新的互相照亮的时刻。

注释

[1] 《马克思恩格斯选集》(第2卷)，人民出版社1995年版，第42页。

[2] 《干斯博士为原书第一版所作的序言》，[德]黑格尔:《历史哲学》，王造时译，上海书店出版社2006年版，第13—14页。另参见《黑格尔生平和著作年表》，刊于[德]黑格尔《美学》(第三卷下册)，朱光潜译，商务印书馆1981年版，第367—398页。

[3] [德]黑格尔:《历史哲学》，王造时译，上海书店出版社2006年版，第115页。

[4] [德]夏瑞春编:《德国思想家论中国》，陈爱政等译，江苏人民出版社1995年版，第271页。

[5] [德]夏瑞春编:《德国思想家论中国》，陈爱政等译，江苏人民出版社1995年版，第272页。

[6] [德]夏瑞春编:《德国思想家论中国》，陈爱政等译，江苏人民出版社1995年版，第273页。

[7] [德]夏瑞春编:《德国思想家论中国》，陈爱政等译，江苏人民出版社1995年版，第274页。

[8] [德]夏瑞春编:《德国思想家论中国》，陈爱政等译，江苏人民出版社1995年版，第275页。

[9] 何芳川主编:《中外文化交流史》(下卷)，国际文化出版公司2016年版，第878页。

[10] [英]乔治·马戛尔尼、[英]约翰·巴罗:《马戛尔尼使团使华观感》,何高济、何毓宁译,商务印书馆2013年版,第461页。

[11] [法]艾田蒲:《中国之欧洲》(下卷),许钧、钱林森译,河南人民出版社1994年版,第387—388页。

[12] 关于笛福的中国题材写作另可参见葛桂录《中外文学交流史·中国—英国卷》,山东教育出版社2015年版,第38页;又,葛桂录《雾外的远音——英国作家与中国文化》,福建教育出版社2015年版,第70页。

[13] [德]黑格尔:《历史哲学》,王造时译,上海书店出版社2006年版,第75页。

[14] [德]黑格尔:《历史哲学》,王造时译,上海书店出版社2006年版,第110页。

[15] [法]保罗·克拉瓦尔:《地理学思想史》(第3版),郑胜华、刘德美、刘清华等译,华昌宜校,北京大学出版社2007年版,第69页。

[16] [法]保罗·克拉瓦尔:《地理学思想史》(第3版),郑胜华、刘德美、刘清华等译,华昌宜校,北京大学出版社2007年版,第69页。

[17] [美]诺曼·思罗尔著:《地图的文明史》,陈丹阳、张佳静译,商务印书馆2016年版,第157页。

[18] [法]保罗·克拉瓦尔:《地理学思想史》(第3版),郑胜华、刘德美、刘清华等译,华昌宜校,北京大学出版社2007年版,第84页。

[19] [德]黑格尔:《历史哲学》,王造时译,上海书店出版社2006年版,第74页。

[20] [法]伏尔泰:《风俗论》(下册),谢戊申、邱公南、郑福熙等译,郑福熙、梁守锵校,商务印书馆1997年版,第20页。

[21] [法]孟德斯鸠:《论法的精神》(上册),张雁深译,商务印书馆2019年版,第328—329页。

[22] [日]宫崎正胜:《航海图的世界史:海上道路改变历史》,朱悦玮译,中信出版社2014年版,第205页。

[23] 阎宗临:《传教士与法国早期汉学》,阎守诚编,大象出版社2003年版,第173—174页。

[24] [法]保罗·克拉瓦尔:《地理学思想史》(第3版),郑胜华、刘德美、刘清华等译,华昌宜校,北京大学出版社2007年版,第56页。

[25] [英]杰里·布罗顿:《十二幅地图中的世界史》,林盛译,浙江人民出版社

2016年版，第209页。

[26]　[德]黑格尔:《历史哲学》，王造时译，上海书店出版社2006年版，第112页。

[27]　[德]黑格尔:《历史哲学》，王造时译，上海书店出版社2006年版，第9页。

[28]　[德]黑格尔:《历史哲学》，王造时译，上海书店出版社2006年版，第74页。

[29]　[德]黑格尔:《历史哲学》，王造时译，上海书店出版社2006年版，第80页。

[30]　[德]黑格尔:《历史哲学》，王造时译，上海书店出版社2006年版，第16页。

[31]　[德]黑格尔:《历史哲学》，王造时译，上海书店出版社2006年版，第17页。

[32]　[德]黑格尔:《历史哲学》，王造时译，上海书店出版社2006年版，第84页。

[33]　[德]黑格尔:《历史哲学》，王造时译，上海书店出版社2006年版，第101页。

[34]　[德]黑格尔:《历史哲学》，王造时译，上海书店出版社2006年版，第94页。

[35]　[德]黑格尔:《历史哲学》，王造时译，上海书店出版社2006年版，第96页。

[36]　[德]黑格尔:《历史哲学》，王造时译，上海书店出版社2006年版，第96页。

[37]　[德]黑格尔:《历史哲学》，王造时译，上海书店出版社2006年版，第98页。

[38]　[德]黑格尔:《历史哲学》，王造时译，上海书店出版社2006年版，第101页。

[39]　[德]黑格尔:《历史哲学》，王造时译，上海书店出版社2006年版，第110页。

[40]　[德]黑格尔:《历史哲学》，王造时译，上海书店出版社2006年版，第116页。

[41]　参见张祥龙《家与孝：从中西间视野看·序》，生活·读书·新知三联书店2017年版，第1页。

[42]　参见笔者拙文《破解一个哲学人类学的真问题——读张祥龙〈家与孝——从中西间视野看·序〉》，刊于2019年7月3日《中国艺术报》。

[43]　张祥龙:《家与孝：从中西间视野看》，生活·读书·新知三联书店2017年版，第109页。

[44]　[德]黑格尔:《历史哲学》，王造时译，上海书店出版社2006年版，第106页。

[45]　[德]黑格尔:《历史哲学》，王造时译，上海书店出版社2006年版，第105—106页。

[46]　[德]黑格尔:《历史哲学》，王造时译，上海书店出版社2006年版，第106—109页。

[47]　[德]黑格尔:《历史哲学》，王造时译，上海书店出版社2006年版，第184页。

[48]　[德]黑格尔:《历史哲学》，王造时译，上海书店出版社2006年版，第199页。

[49] [德]黑格尔:《历史哲学》,王造时译,上海书店出版社2006年版,第204页。

[50] [德]黑格尔:《法哲学原理》,范扬、张企泰译,商务印书馆1961年版,第353页。

[51] [德]黑格尔:《法哲学原理》,范扬、张企泰译,商务印书馆1961年版,第355—356页。

[52] [德]夏瑞春编:《德国思想家论中国》,陈爱政等译,江苏人民出版社1995年版,第103页。

[53] [德]夏瑞春编:《德国思想家论中国》,陈爱政等译,江苏人民出版社1995年版,第109页。

[54] [德]黑格尔:《哲学史讲演录》(第一卷),贺麟、王太庆译,商务印书馆1983年版,第120页。

[55] [德]黑格尔:《哲学史讲演录》(第一卷),贺麟、王太庆译,商务印书馆1983年版,第125页。

[56] 关于中国文化、典籍等"中学西传"的情况,可参阅张西平:"耶稣会中学西传事业的翻译数量和时段划分",载张西平《儒学西传欧洲研究导论——16—18世纪中学西传的轨迹与影响》,北京大学出版社2016年版,第165—194页。

[57] [德]黑格尔:《美学》(第三卷下册),朱光潜译,商务印书馆1981年版,第170页。

[58] [德]费尔巴哈:《黑格尔哲学批判》,见[德]费尔巴哈《费尔巴哈哲学著作选集》(上卷),荣震华等译,生活·读书·新知三联书店1959年版,第45页。

[59] [德]费尔巴哈:《黑格尔哲学批判》,见[德]费尔巴哈《费尔巴哈哲学著作选集》(上卷),荣震华等译,生活·读书·新知三联书店1959年版,第45—46页。

[60] [德]费尔巴哈:《黑格尔哲学批判》,见[德]费尔巴哈《费尔巴哈哲学著作选集》(上卷),荣震华等译,生活·读书·新知三联书店1959年版,第46页。

[61] 参见《马克思恩格斯选集》(第3版第1卷),人民出版社2012年版,第401页。

[62]　[德]卡·马克思:《中国革命和欧洲革命》,见《马克思恩格斯选集》(第3版第1卷),人民出版社2012年版,第778页。

[63]　《马克思恩格斯全集》(第2版第10卷),人民出版社2000年版,第278页。

[64]　[德]弗·恩格斯:《波斯和中国》,见《马克思恩格斯选集》(第3版第1卷),人民出版社2012年版,第800页。

编六

明清时代以来中国对西方文化的定性与定位

1

2

3

4

5

6

7

8

9

10

11

12

13

1、2、3、4、5、6
人类的互相凝视与"他者的眼光"·
东西方人物肖像和世相

7、8、9、10、11、12、13
人类的互相凝视与"他者的眼光"·
东西方人物肖像和世相

14

15

16

17

18

19

20

21

22

23

24

25

26

14、15、16、17、18、19、20
人类的互相凝视与"他者的眼光"·
东西方人物肖像和世相

21、22、23、24、25、26
人类的互相凝视与"他者的眼光"·
东西方人物肖像和世相

27

28

29

30

31

32

33

34

35

36

27、28、29、30、31
　人类的互相凝视与"他者的眼光"·
　东西方人物肖像和世相

32、33、34、35、36
　人类的互相凝视与"他者的眼光"·
　东西方人物肖像和世相

第十四章

"西学中源"说及西学在中国引发的诸种问题

"西学中源"是中国文化接触接受西方文化特别是西方科技过程中出现的一种学术思想，这一学说萌芽于东西方接触之际，形成于清初康熙年间，以后又延续到乾嘉学派时期，一直到近代的洋务运动和现当代的中西科技史研究都有若隐若现的影响。"西学中源"说的出现既有东西方交流和文明互鉴中的历史的必然性，也有文明碰撞的特定原因和固有规律，是一个古老文明面对突如其来的冲击时的一种反应，也是它接受和适应强大冲击时的一种策略。"西学中源"说导致的中国文明对外来文明的反应，既有有利的一面，也有造成弊端的一面。这一学说提出的文化溯源问题至今还存在，依然启示着东西方众多研究把学术目光停留在东西方文明的比较、溯源、影响、互鉴的方向。它是一个历史现象，也是一种有效的或者说重要的文化研究方法。

一、"西学中源"说的提出和它的学术源头及更深层的历史原因

明清之际是西方文化大举入华的重要时期。耶稣会士一批批来到中国传教，首先是为了传播基督宗教和信仰，为了传播福音思想和神学理论。但是，传教士们面对的是一个古老而又强大的东方文明，它自身有强大的佛教、道教和儒家学说，无论是宗教的征服还是文化的征服，基督教

文明都面临着前所未有的挑战。恰好明清之际正是西方科技突飞猛进的发展时期，这使传教士们有了传播福音的秘密武器和绝技。用崭新又强大的科技知识吸引、征服、战胜中国古老文明，敲开中国的传教大门，成为西方传教士的不二之选。西方科技首先在天文学上占据优势，其对日月食天象的观察、计算、测时都较传统中国天文学准确。其次是西学和西式历法更加先进。最后是西方数学几何学超越中国旧学算学。其他还有测地、水利、农学、西医等传入中国后都显示出标新立异的优势。面对这些卓越的海外"来客"，一向对权威、圣言、历史、学识有追根溯源传统的中国士人学者不能不扪心而问：它们来自哪里？中国历史上有这些新知的蛛丝马迹吗？

有着东西方两方面知识背景的康熙皇帝首先明确地提出了"西学中源"说。

康熙对西学的态度有两个大的背景不能不加以特别注意。一是清帝国建立，为了征服和统治中国，清朝几代帝王都巧妙地运用了西方的优势文化为其改朝换代服务。二是康熙个人在确立和巩固自己的帝王地位时借助了西学然后又适时地转向中学从而获得统治汉人和汉文化的合法性。

从明朝转向清朝，清军不仅大量缴获明末制造的西洋火炮用于与明军的战争并运用其技术大力制造红夷大炮，从而在战争中获得优势并最终战胜明军和农民军。入关入京后，清帝国为了显示自己统治中国的合法性和优越性，按照中国传统的惯制，首先在颁布新历上做出事关国计民生又覆盖全国各地和人民生活方方面面的修历定制，启用了传教士们用西法修订而又在明末未及颁行的《崇祯历书》，汤若望稍作修改，改名为《西洋新法历书》，获得清朝认可并颁行为《时宪历》。此前明代的《大统历》已经与实际的天象运动有颇多误差，徐光启等人会同传教士龙华民、邓玉函、汤若望、罗雅谷修成《崇祯历书》137卷。大概也因为《崇祯历书》修订复杂，多有未完善处，还因为换历涉及内政外交、国运民事，《崇祯历书》的颁行阻力重重，终未能推广社会。1644年，清军入京不久，汤若望就上疏新朝，请用其新法。清《世祖章皇帝实录》卷五记载："修改历法，西洋人汤若望启言……曾用西洋新法厘正旧历，制有测量日月星晷、定时考验诸器，尽进内廷，用以推测，屡屡密合。近闻诸器尽遭贼毁，臣拟另制进呈。"卷六记载："修政历法，汤若望启言……再照臣所修西洋新法，已蒙钦定为时宪历，所有应用诸历，从此永依新法推算，其颁行民历式样，俟完日进呈。摄政王和硕睿亲王谕：所进准留览，应用诸历依新法推算，其颁行式样，作速催竣进呈。"清代颁布新的历法，一方面表明新朝取代旧朝是替天行道，由于历法不但用于天象、节气的推算，而且是指导民事、农事、风俗、礼仪的依据，人人得而习之，因此具有了将新朝的合法性昭告天下的作用。另一方面，新法总体上准确于旧法，也是证明着新朝优于旧朝。1646年，顺治加封汤若望为正四品"太常寺少卿皇帝祭祀"，后又加封正三品"太仆寺卿""通玄教师"，再赐正一品"光禄大夫"。应该说，这其实是对传教士在建立清朝取代明朝、满人统治汉人的过程中在铁骑和屠刀的武力之外，就其合法性做出的文治方面的贡献的褒奖。

不仅是一个新朝的合法性，就是帝王个人也需要这种合法性。康熙登基时，还只是一个8岁的孩童。清王朝征服和统治中国，是一个文明被野蛮征服然后野蛮又被文明反征服的特殊历史进程。征服是一种战胜，需要突出胜利者的优越、优势、优胜，贬低被征服者的腐朽、没落、软弱，在这个过程中，清王朝借用传教士们带来的西方科技得以实现。征服以后是统治，统治需要合法性，需要与被统治者建立起文化认同。这种文化认同就清室而言，完全没有"全盘西化"即完全接受传教士带来的基督教文化的可能性（传教士们只是为了传播宗教信仰，也根本没有让中国全盘西化的愿望和企图，这与现在的时代语境无论中外东西都有"全盘西化"的主张完全不同），只能是将认同更博大精深的中原文明或汉文化作为唯一的选择。所以，在清廷巩固其对中国的统治中，就必须建立起与中国传统文化的认同和正统的关系。康熙时代的几次偏中又偏西、再偏中的反反复复，个中原因就在这里。

由杨光先发起得到辅政大臣鳌拜支持的"康熙历狱"是清建朝以后第一次中西文化博弈。1664年，杨光先上疏弹劾汤若望，指摘汤若望新历书封面上不该用"依西洋新法"五字，并认为这是中国人的耻辱，把满汉矛盾转移为中西矛盾，巧妙地逼迫清实际统治者鳌拜等（康熙年幼未掌实权，"康熙历狱"实为康熙初年发生的"历狱"而不是康熙本人制造的"历狱"）迁就杨光先等中原士人（杨本人实为汉人中的无赖文人，鲁迅先生在杂文中讽刺过他的文集《不得已》）。杨光先还指责汤若望在中国推广天主教是图谋推翻皇朝统治；反对中国礼法：烧纸、酒醮、肉祭，以敬祖；散布圣像、教义，是魔术和阴谋不轨，天主教是邪教；等等，共计十条罪状。而触发此次诉状的又是杨光先拿来说事的中国风俗传统。杨光先指责汤若望用《时宪历》择定顺治皇帝的皇子荣亲王的葬期，由于择日不当，不合风水祀日，祸及顺治，由是致使顺治皇帝早逝。这个罪名可谓摧毁性的，加上皇室内部各种势力纠缠、内外矛盾重重，最终汤若望一派成了替罪羊。在这种情况下，杨光先甚至在其《日食天象验》（收入其文集《不得已》）一文中说："宁可使中夏无好历法，不可使中夏有西洋人。"他排斥西学的态度和目的都是坚定不移的。康熙四年（1665）三月，礼刑两部判决汤若望处斩，其余传教士杖责充军，朝中信奉天主教的李祖白、宋可成、宋发、朱光显、刘有泰等五人处斩，若干人罢官。但是此后不久，天象反常，连续出现彗星（中国传统认为此为"扫帚星"，是为灾星，它的出现是灾难出现的表征）、地震、御殿城火灾等等。中国的天文学从来都是指导农事和隐喻人事的，中国人看待天象也从来都是关联人间事象的，所以，一连串的天象异常使顺治的母后即康熙的太皇太后认为天谴可畏，是针对"历狱"的错判的，于是谕令赦免传教士，汤若望得以免死。但经此一事，他已是身体不济，次年便病逝，遵其遗嘱葬于利玛窦墓地北京二里沟。这个案件的反转动因也是中国传统天象俗信。太皇太后用同一种中国传统文化理论打败或者反转了杨光先的"传统文化"。汤若望等人的西学只有在中国传统的笼罩下才有生存的空间或反转的可能。

"康熙历狱"发生时，康熙本人才12岁，一方面他还未亲政，另一方面也对他的成长产生了深刻的影响。这个影响其实包含了两方面：一是对他学习西学产生了深远的影响，二是对他最终确认中西文化的定位、主次、体用等终极判断和立场产生了决定性的影响。康熙之所以能够继位顺治，有一个重要的历史细节，那就是青年顺治突然病故是因为他不期然染上了致命的天花，仅仅三天便告别人世。在这三天里，可以继承皇位的有多人可以备选，包括传位给顺治的堂弟，或者给顺治的4个儿子之一。八旗王公与太皇太后会商倾向于传子。病危中的皇帝立即派人征求"玛法"（满语：爷爷）汤若望的意见。汤若望立即上奏赞同太后和王公会议传子的意见。但他在顺治4个儿子中提议选择庶出的第三子玄烨，理由是这位皇三子已出过天花，由他继位可保皇位传继无虞。正被天花索命的顺治，被这个理由打动，立即下诏立玄烨为储君，不久就撒手人寰。玄烨因此对汤若望、南怀仁乃至传教士抱有好感也在情理之中。

康熙六年（1667），玄烨正式亲政。1668年，康熙命杨光先与汤若望的弟子南怀仁同测正午日影所止之处，以便验证回回历法与西洋新法的优劣。南怀仁大获全胜。康熙由此革除了杨光先的钦天监监正之职，同时录用南怀仁为钦天监官员。1669年，康熙16岁时用智谋除掉了飞扬跋扈的鳌拜。同年，康熙为历狱平反，恢复汤若望"通玄教师"名誉，并书挽联祭奠汤若望："鞠躬尽瘁，臣子之芳踪；恤死报勤，国家之盛典。"在此之前，康熙在太皇太后的悉心呵护下，接受了全面系统的中国传统文化的教育。由此之后，康熙开始全面接触和学习西方科技知识。在杨光先和汤若望的历法争讼中，双方都从自己的立场对对方进行了攻击，同时也为自己的理论进行了辩护。这实际上就是又一次中西礼仪之争，或者说是一次中西方文化的大论辩和论战。杨光先的观点基本上都收入了他的结集《不得已》中，包括批判西洋历法的《摘谬论》，攻击基督教的《辟邪论》，以及《叩阍辞疏》《日食天象验》和向礼部呈上的《正国体呈》等。汤若望方面，利类思撰有驳斥《辟邪论》的专著《天学真诠》，李祖白的驳论《天学传概》。与此同时，汤若望等人还受到来自西方基督教大本营的质疑。由于汤若望进入中国传教，在到达中国内部的层次上远远超过利玛窦，他甚至成为首开担任中国政府公职的纪录的西方来华传教士。而且官衔之多、职级之高，空前绝后。这在教士之间和教会内部也引发了批评和质疑。明末，汤若望即被来华传教士向耶稣会中国教区和耶稣会总会控告。1652年，汤若望不得不自我辩白，向耶稣会总部上报《辩驳书》，极力证明钦天监不是迷信机关，历书也不是以占卜迷信为内容，以星象说明人体和地上人类命运，是教会所肯定的，同欧洲当时历书上的预言预测是相同的。汤若望的助手南怀仁也于1661年写了长篇备忘录替其辩护。罗马教廷两次审理围绕汤若望的争讼，都支持了汤若望的传教策略，同意他在中国担任钦天监监正。

这些内内外外的争辩乃至你死我活的斗争，迫使成人后的康熙开始专注于天文学和对西方科技的好奇心。他说到过个中原委，他说："康熙初年时以历法争讼，互为讦告，至于死者，不知其几。康熙七年（1668）闰月，颁历之后，钦天监再题欲加十二月又闰。因而众议纷纷，人心不服。皆谓从古有历以来，未闻一岁中再闰。因而诸王、九卿再三考察，举朝无有知历者。朕目睹其事，心中痛恨，凡万几余暇，即专志于天文历法二十余年，所以知其大概，不至于混乱也。"[1]在另外的场合，他更加明确地叙说了他为什么要直接学习天文历算等西洋科学。他说："朕幼时，钦天监汉官与西洋人不睦，互相参劾，几至大辟。杨光先、汤若望于午门外九卿前，当面睹日影，奈九卿中无一人知其法者。朕思，己不知，焉能断人之是非？因自奋而学焉。今凡天算之法，累辑成书，条分缕析。后之学者视之甚易，谁知当时苦心研究之难也。"[2]一个帝王对知识和科学能有这样迫切的求知欲望并且为之付出几十年心血孜孜以求，古往今来世所罕见。1687年，法国太阳王路易十四派遣的法国耶稣会5名传教士洪若翰、李明、白晋、张诚、刘应抵达中国。康熙闻报，从中考选了张诚、白晋进京留用，同时要求二人学习满语。此后，二人曾每日轮班向康熙"以清语授量法等西学"，"或每日或间日授讲西学，并谕日进内廷，将受讲西学翻译清文成迭"。"1690年，张诚、白晋等系统地向康熙讲授过几何学与算术。张诚、白晋编写了满文实用几何学纲要；安多编写了一本算术和几何学运算纲要，里面包括一些中西算书中的问题。3月7日，张诚、白晋将满文欧几里德几何学带入宫中，次日，开始讲解几何学，隔日一次。半年之后，康熙就掌握了几何学的基本原理。张诚所用的教科书是法国数学家巴蒂（I. G. Pardies）的《实用及理论几何学》（*Geometrie Practique et Theoritique*）。后来，张诚、白晋的满文讲稿整理成册，并译成汉文，由康熙亲自审定作序。这就是现在故宫博物院所藏满文本《几何原本》，而汉文本则收入了《数理精蕴》。1690年4月，安多制作了一份积分表，并与徐日升向康熙讲解对数。康熙不久就掌握了对数运算。"[3]西方传教士带来的西学和西方科学知识，先入满语满文，再译为汉文，这个语言的曲折转换过程，正是清统治者借助西方先进的科学知识征服中原文明过程的写照，也是康熙个人借助西学在朝廷和汉人之中树立个人权威和形象的见证。

在完成了权威塑造以后（野蛮征服文明），康熙要做的是如何将新朝和他个人再造为中华正统的代表。实际上也就是完成野蛮被文明再征服的过程。恰恰在这个时候有一些历史细节不经意间浮现出来。

一是莱布尼茨的二进制与易卦思维问题。1697年，白晋奉康熙之命以钦差的身份返回欧洲招募具有科技知识的传教士，此间得见莱布尼茨新著《中国近事》，大为欣喜，于是与其通信并寄赠自己的《康熙皇帝传》给莱氏。次年返回中国前白晋又给莱布尼茨写信，提到了他正在研究的中国《易经》。1701年，莱布尼茨给白晋写信介绍了自己发明的二进制数学，并表示，这个发现对于重视数学的中国科学家乃至康熙皇帝都十分重要，建议白晋把二进制及其重要意义介绍给康熙皇帝。1701年11月4日，正在痴迷地研究中国《易经》的白晋回信莱布尼茨，高度认同后者的研究成果和结论（神学的和数学的）。认为二进制和伏羲八卦有不谋而合之处。但他没有提到康熙对此有什么反应和评论。实际情形是，他的周易研究持续了十余年，始终未有结果，一直不能令康熙满意和认可。显然他也在努力消化莱布尼茨的二进制数学理论，但似乎未能取得显而易见的突破。康熙也曾命汉人理学名臣李光地领衔编撰易经，得为《周易折中》，用以阐述朱熹学说。康熙等于是组织了白晋、傅圣泽的西学团队和李光地等人的中学团队共同研究同一课题。结果，可能还是中学团队占了上风。康熙还让两个团队互相交流。李光地了解白晋研究后有一上奏到达康熙："接魏廷珍、王兰生手札，蒙皇上所发出西洋图样三幅，图说一篇，命臣观看，钦此。臣反复累日，粗得意旨，大抵与比例数同根，而用先天加倍之法，则从前所未闻，其与八卦、六十四卦之位相应处，尤为奇妙。"[4]此中隐约可见二进制的运用，也说明白晋把莱布尼茨的建议反馈给了康熙，只是没有达到预期的效果而已。但在根本问题上可能还在于康熙批评白晋的研究是一锅乱炖，资料上的大杂烩，"博津（白晋——引者注）撰文内引言，甚为繁冗","嗣后博津注释《易经》时，务令裁其繁芜"。与此同时，白晋也看了李光地的研究成果并有评价。一道由主管西士事务的王道化进呈给康熙的奏折中提及此事："初九日，恭接得上发下大学士李光地奏折一件，并原图一幅，说册一节，即与白晋看。据白晋看，拜读之下，称深服大学士李光地精通易理，洞晓历法，我皇上贯彻古今，凡理数之学，尤加详密，今大学士如此博学，真圣君贤相也。"[5]可见，在《易经》释读和研究中，白晋的西学与李光地的中学比较是相形见绌了，康熙看出了二者的差距，白晋自己也是自愧弗如的。

二是白晋学易问题。1678年，南怀仁向欧洲教会致信请求增派传教士赴华。路易十四任命白晋等6名法国耶稣会士为"国王的数学家"前往东方。1687年，除1人留在暹罗外，其他5人抵达中国。白晋留在皇室宫廷后，学习满语满文和汉语汉文，为康熙讲授西方天文学数学等科学知识，同时开始钻研中国文化典籍特别是《周易》。1693年受康熙之命赴欧洲招募传教士，白晋撰著《康熙皇帝传》呈送给路易十四，又在巴黎发表演讲，把《易经》视为与柏拉图、亚里士多德的哲学一样完美、合理的哲学。他还将中国典籍《诗经》《书经》《春秋》《礼记》《易经》《大清律》《本草纲目》《资治通鉴纲目》等几十种书籍带到欧洲。在中国，白晋等还协助康熙完成了中国历史上第一次大规模的地理勘测，1718年绘制成《皇舆全览图》及各省分图。他们还传播西方医学，讲解人体解剖学，用金鸡纳霜（奎宁）治好了康熙的疟疾，使西医在中国得到更大推广。白晋对《易经》的着迷，是为了更好地传播天主教，因为他认为西方宗教与中国古代哲学是完全一致的，把两者的关联打通，是让中国人理解西方宗教的最好的方法。但是他的《易经》研究尽管耗费了他一二十年的工夫，包括得到莱布尼茨的理论和数学方法的支持和傅圣泽的帮助与支持，康熙也一直以宽容的心态对待他的研究，但是却始终没有突破性的进展。此时，颜当和刘应等又挑起礼仪之争，康熙一方面支持和保护白晋一派，另一方面也担心白晋的研究不得要领，徒增传教士内部的纷争。早在康熙四十九年（1710）七月初五，康熙就向王道化了解白晋释易情况："上问：'白晋所释《易经》如何了？钦此！'王道化回奏：'今现在解算法统宗之攒九图、聚六图等因具奏。'上谕：'朕这几月不曾讲《易经》，无有闲着……白晋释《易经》，必将诸书俱看，方可以考验；若以为不同道，则不看，自出己意敷衍，恐正书不能完。即如邵康节乃深明《易》理者，其所言占验，乃门人所记，非康节本旨；若不即其数之精微以考查，则无所倚，何以为凭据？尔可对白晋说：必将古书细心校阅，不可因其不同道则不看。所释之书，何时能定，必当完了才是。钦此！'"第二天，王道化把同白晋的谈话向康熙做了报告："奉旨问白晋：'尔所学《易经》如何了？钦此！''臣蒙旨问及，但臣系外国愚儒，不通中国文义，凡中国文章，理微深奥，难以洞彻。况《易经》又系中国书内更为深奥者。臣等来中国，因不通中国言语，学习汉字文义，欲知中国言语之意。今蒙皇上问及：所学《易经》如何了？臣等愚昧无知，倘圣恩不弃鄙陋，宽假年月，容臣同傅圣泽细加考究；倘有所得，再呈御览，求圣恩教导。谨此奏闻。'"[6]白晋花费十数年心血注释《易经》的《易经稿》，虽几经修改康熙仍不满意，指出："该书内所引事项甚多，但全篇文章、书名、前后、初终、始末，其意义各异，倘若择其一二句暂为依据，则于和尚、道士、喇嘛等经内，何样好句无有，选用之不尽，现在可用也。尔等教内之人议论万事，乱无决断。此一二句，虽略近于理，但全篇文章学问各异，日后难以回答。朕为此甚忧，故退回此书，著尔等详议具奏。"[7]这几则史料可以见出康熙一开始就对白晋研究给予重视和对其研究成果的不满意。可见，从始至终，白晋的《易经》研究都没达到康熙预期的效果，这也让康熙在了解西学的长处外，发现了西学的不足或短板。

三是传教士藏拙问题。康熙五十年（1711）发生一次日影观测事件，使康熙对传教士及其带来的西学的态度产生了转变。他自己亲自实践勘测日影计算夏至时刻，结果却与依西洋法测验的钦天监的结果不同。康熙测试准确无误，钦天监却出现谬误。康熙分析原因，对此早已有所怀疑。他就此对大臣说："天文历法，朕素留心。西洋历大端不误，但分刻度数之间，久而不能无差。今年夏至，钦天监奏闻午正三刻，朕细测日影，是午初三刻九分。此时稍有舛错，恐数十年后所差愈多。"[8]实际情况是，钦天监使用的是在西方已经被视为落后了的第谷宇宙体系。"明清之际入华的耶稣会士先后介绍了几种西方的宇宙体系，如利玛窦、阳玛诺曾传入过亚里士多德的水晶球宇宙模型，汤若望等参与改历，编译《崇祯历书》，顺治年间修订为《西洋新法历书》进呈清廷，采用的均是丹麦天文学家第谷的宇宙体系，同时也介绍了托勒密体系。康熙中叶，黄百家通过传教士而了解到哥白尼日心说。"[9]钦天监的测影失误正是他们采用第谷体系所致。康熙的正确恰也是他在1710年接触了一批新近来华的耶稣会士，其中有数学家杨秉义和外科医生罗德先等。康熙在热河就日影问题询问了杨秉义。杨秉义用了新出的西方天文表进行计算，结果与钦天监预计不同，康熙由是知道钦天监耶稣会士对他隐瞒了天文学体系的不同。杨秉义为了维护在华传教士的声誉和利益，加以遮掩，只说是不同天文表之间的差别不能称之为错误。这让康熙甚至怀疑到传教士的人格人品问题，在一次批奏中对他们使用了"何其卑鄙"这样的怒斥！"从1668年南怀仁观测日影，到1711年，时间已经过去了四十多年，而在这期间，欧洲天文学有了长足的进步。首先是明末传入的蒙气差理论，到了18世纪初，已有了较大的修正，对这些因素作出重要改进的是天文学家卡西尼等人。其次，'地半径差'（parallax）理论在当时也有新的变化。上述因素，导致了黄赤交角数值的变化。1711年日影观测的争论，和耶稣会士传入的欧洲天文学新进展有密切联系。后来康熙御制《钦若历书》（雍正初改名《历象考成》）和乾隆时《历象考成后编》的编纂，正是引进了上述新的成果。"[10]

这三个历史细节的发生，在这个时候都产生了重要的历史合力。

传教士来华传教在利玛窦时用的是入乡随俗的策略，得到了康熙的认同和赞许。南怀仁开始进而采取了入仕任官的策略，为清建立新朝立下了汗马功劳。白晋在中西文化间追根溯源，企图在文化和宗教的源头找到同一性，虽则未有突出贡献，但留给康熙的启迪是显而易见的。这个时候，一方面西方教宗发起了礼仪之争，另一方面清朝对中国的统治从表层进入深层，需要文化上的起源性认同。以上三个历史细节又促使康熙做出文化选择，提出重大的文化判断，以便在古今东西间游刃有余，左右逢源，对中对西都既能借势又能钳制。"西学中源"说就是这样应运而生、呼之而出的。

康熙的"西学中源"说思想可能还是受到了白晋索隐派思想的重要启示和影响。只不过白晋的索隐是将中国古文化向西方宗教信仰的源头引述，而康熙则是向另一个方向索引，即将西学的源头引向中国古代文化。

康熙的"西学中源"说是逐渐明晰和渐进式表达出来的。1703年，康熙撰写《御制三角形推算法论》一文，表达了"西学中源"的思想观点，其中说："论者以古法今法之不同，深不知历。历原出自中国，传及于极西，西人守之，测量不已，岁岁增修，所以得其差分之疏密，非有他术也。"康熙将历法的起源归于中国，然后认为西历是中国传出。就像同时代西方对中国历史确凿可记，且以天文事象来证实中国古籍所记不差一样。与此类似，当中国历史的古老传到欧洲引起震惊，同样，传教士西传的观点肯定也在中国先行流传。这对西学中源的形成也会造成影响。康熙此文刊行后，在文人士大夫之中立即引起关注。著名学者梅文鼎正好于此有自己的见解，见闻之后，盛赞康熙此思想，作诗曰："圣神天纵绍唐虞，观天几暇明星烂。论成三角典谟垂，今古中西皆一贯。（梅注：御制三角形论言西学实源中法，大哉王言，著撰家皆所未及）"[11]梅文鼎在此提到康熙的观点是"西学实源中法"，且把此观点的发明权给了康熙。他又指出，康熙的学问和论断都是贯通"今古中西"，这个评语还是很有视野和洞见的。迄今为止，古今中西依然是我们文化上的一个大问题，任何研究都逃不脱这个圈子。1709年康熙在撰写《量天尺论》一文中，出现了类似的表述："圣人作而有太极阴阳，河图洛书出焉，所以仰观俯察，用一三五七九之奇数、二四六八十之偶数，验之于推测，考之于鸟兽草木，而后定历元，分闰余，察黄钟之律，而万事之本得矣。齐政授时黎民于变时雍者，圣人之德也。后世不察究天文历元之所由来，只求于末节，图捷易为，所以日离月远而不悟。兼之文章聪明各出己见，后世数学茫然不传矣，岂不惜乎？"[12]从这些话里，多多少少可以看见白晋和莱布尼茨关于二进制和八卦关系论断的影响。中国文化的源头性思想和这个源头已经断流、断裂的判断此时已经初露端倪。这个思想进一步丰富了西学中源说，增加了关于中国源头文化不及后来西方科技的原因，指出了发生过断流的可能性解释。1711年，康熙又从历法进入算法，从天文学旁涉数学，拓宽了西学中源的范围。他在谕旨中说："夫算法之理，皆出自《易经》。即西洋算法亦善，原系中国算法，彼称为阿尔朱巴尔。阿尔朱巴尔者（algebra，代数学，阿拉伯数学，后传入欧洲——引者注），传自东方之谓也。"[13]康熙御制、从康熙五十二年（1713）编写至康熙六十一年（1722）完成的《数理精蕴》是当时包括西方传入中国的数学知识和中国古今数学的数学全书类的丛书，它的开卷"周髀经解"中说："我朝定鼎以来，远人慕化，至者渐多，有汤若望、南怀仁、安多、闵明我，相继治理历法，间明算学，而度数之理，渐加详备。然询其所自，皆云本中土所流传。"[14]这些史实说明，康熙晚年把推广"西学中源"说作为一项重要的事情身体力行，也再次说明这个观点曾得到传教士的印证甚至是率先言说，而不仅仅是中国人的自说自话。

提出"西学中源"说，是康熙在古今中西之间完成定位、选择、判断的标志，也是他开启代表中国文化正宗性统治地位的历史新阶段的标志。当然，我们也可以从世界史角度判断这是他从野蛮的征服向被中华文明反征服的一个标志和转折。因为他的征服并不完全是仅靠满族部落的铁骑和萨满文化，而是也曾强力地借用了西方文化，所以，这个反征服就必须表现为东方对西方的优胜才更具有影响力、说服力和象征性。这是"西学中源"说的文明转折性的深层含义所在。

二、"西学中源"说在文化史的思想渊源和方法论必然

一种文化与另一种文化相遇，必然引起比较。有同有异是不可避免的。同，引起共鸣，产生亲切和亲近；异，引起惊奇，产生学习或抵触。东西方文明在明末清初的相遇是人类历史上一次最重要的文明相遇，它的影响之巨之远之深和撞击烈度、裂度与深度，超过西方文明产生以来与任何一种文明相遇产生的后果，也超过中国文明史上与任何一种外来文明接触的后果。

徐光启和白晋代表了东方和西方对两个文明相遇在同和异的问题上先于"西学中源"说作出反应的两个人物。他们的思想构成了"西学中源"说的理论前提。

徐光启，上海人，生于明嘉靖四十一年（1562）。徐光启身处晚明颓势昭然，衰亡危机赫然之际，不仅朝纲不振，而且文人也只追空谈时风，沉湎于追求仕途的空洞八股文。这使崇尚实际、志在强国富民的徐光启极度苦恼。他20岁就考中秀才，然后又在家乡设馆教书，当了一名私塾先

生。他的文章追求是"益于德，利于行，济于事"，反感"摘藻华繁，飞辩云涌"。所以，虽然他早中秀才，但此后15年的不断乡试中，却始终不第。1594年后，他受雇于赵凤宇在其家塾中执教，并有机会随雇主前往广东韶州。此时，利玛窦已于1589年从肇庆迁至韶州，在这里居住停留了6年。徐光启到韶州时，利玛窦已离开韶州北上南昌。在韶州的传教士是名叫郭居静的外国人。但是徐从郭的住处见识了天主教和基督信仰，也第一次见到了利玛窦来华后为中国士大夫绘制的世界地图《山海舆地图》。他和其他士人一样，对这幅完全不同于中国传统坤舆图内容和形式的世界地图震惊不已。引发震惊的焦点有二：一是地球是圆的而不是天圆地方；二是中国不是世界独大，中国之外，国家众多且遍布全球。这不仅让徐光启大开眼界，而且改变和重塑了他的世界观（包括对世界的认知和认知的方法，以及思维的世界图式、世界观）。这是西方文化和外来知识对徐光启的第一次撞击和震撼。他后来为利玛窦的《万国二圜图》撰写序言时还说："西泰子之言天地圆体也，犹二五之为十也。"说得斩钉截铁，可见深受影响且深信不疑。这说明这些外来的地图知识是他在中国传统知识中闻所未闻的。

1597年，徐光启专赴北京应试，一举得中解元，旋即名噪京师。但在后面的考进士会试中，再次落榜不第。嗣后返回老家上海。1600年，徐光启再从上海去北京参加会试，途经南京，专程拜访了利玛窦，这是他们首次相见。徐氏评利氏是"海内博物通达君子"。就像徐光启进京会试又重演了他乡试时的屡考屡败一样，利玛窦从南京向北京的进发与接近皇宫，也频频遭遇困顿挫折。巧的是在利玛窦终于被万历皇帝赏识并恩准驻留北京时，1604年，徐光启再次入京赴会试，并且一举高中，得点翰林，任翰林院庶吉士。史载，1604年至1607年，徐、利二人在三年间几乎天天见面，切磋科学，探讨人生。所谓"每布衣徒步，晤于邸舍，讲求精密，承问冲虚"。关于西方科学的新知、基督信仰、人文思想是吸引徐光启的三个主要方面。这三方面都有中国本土闻所未闻的内容。徐氏曾经对利氏明言："一物不知，儒者之耻。"如果说西方科技征服晚明徐光启等士大夫是理所当然或可以理解的，那么，利玛窦用西方思想谈中国人习焉不察的事物时的真知灼见就必然深深吸引徐光启们的注意力。比如在利、徐二人合作，由利口述、徐笔录的中文著作《畸人十篇》，就有这种情况："所包含的道德训诫是中国人闻所未闻的"，"是一种以对死亡的反复沉思作为维持人生的正当秩序的方法"（《利玛窦中国札记》）。书中的《常念死候利行为祥》第三和《常念死候备死后审》第四两篇，是利氏回答徐氏关于生死问题的，利氏尽量引用了教会圣贤和欧洲古哲人论死亡的名言来论述生死，让徐氏为之心悦诚服。在"第三"中，利玛窦谈到了与中国传统死亡观完全不同的宗教哲学观，这让徐光启无比震惊，以至于彻夜不眠，第二天又向利氏请教，于是有了"第四"。在这一篇中，利玛窦说，常常想到死，有五大好处：第一，"知寿数不长，则不敢虚费寸阴"。第二，不会被一时的欲望迷惑，而做出有损德行的事情。第三，将"财货功名富贵"看轻看淡。第四，可以克服人的傲气。第五，可以不畏死，当死之将近，坦然面对。利玛窦的这一死亡观实则并不完全是他自己的心得和思想，而是出自古希腊众多哲学家和斯多葛学派，特别是著名的伊壁鸠鲁的思想。

伊壁鸠鲁是古希腊著名哲学家，他曾在自己的"伊壁鸠鲁花园"传授哲学，主张以克服对死亡的恐惧和对死亡的消解求证生和生的快乐，因而被认为是第一位医治"死亡创伤"的哲学家。第一，伊壁鸠鲁肯定了死后灵魂随人的生命一起消失，因而提倡生的快乐主义伦理。第二，伊壁鸠鲁倡导对死亡保持理性，"正确地认识到死亡与我们无干，便使我们对于人生有死这件事愉快起来，这种认识并不是给人生增加上无尽的时间，而是把我们从对于不死的渴望中解放了出来"。第三，伊壁鸠鲁认为懂得死亡本质的人，是不会自寻烦恼的。第四，伊壁鸠鲁认为超过力所能及的欲望就是贪得无厌，不能正大光明地、谨慎地、正直地活着，就不可能有快乐，也就不可能避免对死亡的恐惧。第五，伊壁鸠鲁认为，应该像圣人、贤人和智者那样生存，那样坦然对待死亡；正确地对待生死，关键是把握现在，使生活更充实、更有意义。第六，伊壁鸠鲁主张，只有了解自然、人生和事物的发展变化，才能正确地对待生死，"如果一个人不知道什么是宇宙的性质，而是生活在对那些关于宇宙的寓言所说的事的恐惧之中，对于这个人来说，排除对所谓最主要的事物的畏惧，就是不可能的"。[15] 伊壁鸠鲁虽然奠定了古罗马的唯物主义思想基石，但他也没有完全否定神的存在和神学，他抛开神的存在论讨论真正的、纯粹的人生和人生的快乐主义。这种人生观，从伦理角度加以运用，似乎对于传教士的传教也没有根本的妨碍，所以，利玛窦向徐光启宣说的死亡观五大好处，也就处处都有伊壁鸠鲁和西方古代哲学的影子了。因为徐光启想听到的是"子之邦何如？"即西方国家是如何看待死亡的。利玛窦的回答就是一个宽泛的思想史范畴而不拘泥于天主教神学，甚至其中还有寓言、城邦死亡习俗和生死观。而马克思则曾盛赞伊壁鸠鲁的思想："伊壁鸠鲁拯救了我们，使我们获得了自由。"[16] 徐光启被再一次击中了，仿佛茅塞顿开。徐光启惊叹道："於戏！此皆忠厚语，果大补于世教也。"利玛窦于是又及时地把天主教信仰与人的死亡观结合起来阐述一番。利玛窦当即看见了徐光启的震撼，他在写给罗马耶稣会吉洛拉莫·科斯塔神父的信中，提到了这个场景："神父，您想不到'畸人'的这两点思想给予中国哲人的刺激有多大啊！数年前就有一知名学者因而抛弃了他祖先给他留下的大批图书，因为他在书中找不到一个'死'字。死亡一词在中国表示生命的结束且为不祥之事。而我这两篇正提供他们莫大的劝言与启示，这是中国向所未闻的。因此很多人争相阅读，再三向我索取此书。"[17]

《畸人十篇》于1608年在京城刻印出版，是利玛窦在中国出版的一本重要中文著作。其中，除了利玛窦与徐光启两篇问答外，还有利氏与当时名士吏部尚书李戴、礼部尚书冯琦、吏科都给事中曹于汴、工部郎中李之藻，以及吴中明、郭敦化、龚三益等人的对话。除了用天主教教义回答中国士人的提问外，利氏也广涉西方风俗、历史人物、国王训诫、哲学家思想等，此书中第一次将古希腊的伊索寓言故事介绍到中国，也多次直接引述和介绍西方哲学家的思想。书中常有此类言语："中古西陬一大贤琐格剌得氏，其教也以默为宗"；"蔽乡之东，有大都邑，名曰亚德那，其在昔时，兴学劝教，人文甚盛，所出高俊之士，满传记也"；"邦伴氏，至德之士，初发志修学，即入学"；等等。利玛窦在给家乡的神父写信时提到和介绍了这本书，说其中有"与这一命题有关的哲人和圣贤""插入了很多优秀的格言与故事""讲了许多因迷信占卜而导致祸灾和死亡的事例"等。这些西方历史、文化、哲学、宗教，对中国士大夫而言，的确是闻所未闻的新知新识。除了佛教思想外，中国人很少认为中国以外还曾有过超过中国思想的思想。所以，这个震撼与其说是利玛窦的震撼，不如说是西方文明带来的震撼。在中国之外，中国之远，还有高度文明、智慧的思想和思想家存在，这如同利玛窦的世界地图一样，再一次震撼和改变了徐光启等众多中国士人的世界观。这一点，利玛窦也是心明眼亮的，他在书信中告诉欧洲同仁说："在我用中文出版的这些作品中，没有一本能像不久前出版的一本名为《畸人十篇》的书那样反响强烈并受到文人的热烈欢迎……我们寓所附近住着一位大学者，此人非常固执，是中国很有名的讲学家，他的家里总是聚集着许多的听众。凭借他的德行，他由一个小官被提升为一名朝廷重臣。我们曾多次邀请他来了解我们的文化和我们教授的新知识，以及我们圣善的教义。但两年来，谁也无法说服他来见我们。我不知道他是怎么得到这本《畸人十篇》的，但这令他非常高兴，马上十分谦恭地来拜访我，而我也已应邀到他家中去了两三次。现在他经常来看我们，还把他的朋友们带来，这些人全都是非常重要的人物。从这里您可以看到，在中国通过出版书籍的方式可以有多么大的收获。"[18] 他看见了两个都有高度的文明是可以在互补中互相吸引，这是在中国这个古老文明国度进行传教的特殊性和特别之处。

在徐光启与利玛窦密切相处交往的若干年中，徐光启如饥似渴地从后者那里汲取着全新的科学技术文化哲学的西方知识，他的确发自内心地践行"一物不知，儒者之耻"的信念，对外部世界和新鲜知识保持着强大而旺盛的好奇心和求知欲。在东西方文明相遇时，当双方都有人意识到东西双方的文明水平实际上处在相当的水平，不可互相轻慢，而应该互相学习和吸收时，只有两个人在整体对对方的认识和评价率先达到了人类文明的总体性高度，那就是西方的莱布尼茨和东方的徐光启。莱布尼茨认为，中国和欧洲交流是"为了照亮我们这个时代"，"人类最伟大的文明与最高雅的文化今天终于汇集在了我们大陆的两端，即欧洲和位于地球另一端的——如同'东方欧洲'的Tschina（中国）。我认为这是命运之神独一无二的决定。也许天意注定如此安排，其目的就是当这两个文明程度最高和相距最远的民族携起手来的时候，也会把它们之间的所有民族都带入一种更合乎理性的生活"。[19] 在此之前，徐光启也产生了几乎同样的思想，认为科学和文化的进步（"超胜"），即要超过古人和西法，就必须"会通"。他在上书陈述新旧《大统历》变革，主张融汇中西，认为："《大统》既不能自异于前，西法又未能必为我用，亦犹二百年来分科推步而已。臣等愚心，以为欲求超胜，必须会通；会通之前，先须翻译……翻译既有端绪，然后令甄明大统、深知法意者，参详考定，熔彼方之材质，入大统之型模。"[20] 虽然这里讲的是修订历法，但本质上讲的是中西互鉴的方法论和目的论，境界不俗。会通、超胜以后成为中西文化互学互鉴的重要理念，后世认为，"中学为体，西学为用"的思想也是以此为滥觞。莱布尼茨和徐光启还有一个共同点就是都重视翻译对方经典。莱氏说："如果我们欧洲人对于中国文献有足够的了解，那么我们借助于逻辑学、犀利的批判力、数学和我们的概念这种更加精确的表达方式很有可能会在产生于如此久远过去的中国典籍中，发现许多为今天的中国人，甚至也为古代典籍的近代诠释家们——不论有人把他们看得具有多么高的经典性——所不知道的东西。"[21]徐光启则明言"会通之前，先须翻译"。

在徐光启和利玛窦的西学中译工作中，中西互相溯源和认同就一直是重要的核心问题。

利玛窦孤身独闯中国大陆，从澳门到肇庆，再到南昌、广州、北京，其传教历程可谓艰苦卓绝，费尽心机。在把西方概念、知识、信仰中国化方面，他通过溯源把中西关联和打通起来，最著名的是他关于天主、上帝的中西同源考辨。他在《天主实义》中对中国人说："吾天主乃古经书所称上帝也。《中庸》引孔子曰：'郊社之礼，所以事上帝也。'朱注曰：'不言后土者，省文也。'窃意仲尼明一之不可以为二，何独省文乎？《周颂》曰：'执竞武王，无竞维烈，不显成康，上帝是皇。'又曰：'于皇来牟，将受厥明，明昭上帝。'《商颂》云：'圣敬日跻，昭假迟迟，上帝是祇。'《雅》云：'维此文王，小心翼翼，昭事上帝。'《易》曰：'帝出乎震。'夫帝也者，非天之谓，苍天者抱八方，何能出于一乎？《礼》云：'五者备当，上帝其飨。'又云：'天子亲耕，粢盛秬鬯，以事上帝。'《汤誓》曰：'夏氏有罪，予畏上帝，不敢不正。'又曰：'惟皇上帝，降衷于下民，若有恒性，克绥厥猷惟后。'（此应为《汤诰》——引者注）《金縢》周公曰：'乃令于帝庭，敷佑四方。'上帝有庭，则不以苍天为上帝可知。历观古书，而知上帝与天主，特异以名也。"[22]利玛窦在这里运用的是中国传统文人作文的考据、引典、索隐的功夫,要没有中国文人的帮助,他自己很难做得到这么一番对"上帝"的钩沉,引经据典不可谓不繁复。尽管中国的"上帝"与西方的"天主"肯定意义相去甚远,但他这么一溯源比附,天主的意思就好理解了,难怪今天"上帝"一词依然不可更替。

徐光启在与利玛窦一起用中文翻译《几何原理》时,采取了同样的方法和手段。他为西方数学和几何学从中国语言、词汇和文化中找出的对应概念、表述,也是一直沿用到今天。从中国翻译学开始以来,中西方的翻译或互译,就不仅仅是语言的转换,更是文化的互换、互译、互释。

1601年,当利玛窦终于阴错阳差得到机会觐见万历皇帝时,他向皇帝奏疏介绍了自己远道而来的经历、所带的礼物,以及自己的感激之情,同时也不忘记说自己的礼物中的天文学仪器"与中国古法吻合":"天地图及度数,深测其秘。制器观象,考验日晷,并与中国古法吻合。倘皇上不弃疏微,令臣得尽其愚,披露于至尊之前,斯又区区之大愿。"[23]这里与天文学相关的"与中国古法吻合"应该是"西学中源"说最早最近似的表述。

"西学中源"的思想一旦出现或萌芽,它必然面临两个跟进的问题:一是源头为什么在中国断流而在西方得以传续?二是这个源头是通过怎样的路径传播出去的?徐光启和利玛窦在深度合作翻译和推广西方科技时触碰过其中的第一个问题。第二个问题则是在"西学中源"说成型时由梅文鼎来研究回答的。1611年,在利玛窦去世后,徐光启仍然大力推进中西科技交流,促成并亲自翻译了传教士熊三拔的《简平仪说》,使其出版刊行。徐为此书写序。序中说到中国天文学早已有之但如今不发达的原因。他特别强调了利玛窦对他陈述的一个观点时说:"西土之精于历无他谬巧也,千百为辈,传习讲求者三千年,其青于蓝而寒于水者,时时有之。以故言理弥微亦著,立法弥详亦弥简。"徐光启由此反观中国,认为中国古代也有天文学，但"学士大夫罕言之"，尽管不乏祖冲之、郭守敬等名家，但时间延续上却是"越百载一人焉，或二三百载一人焉"，直到当世，"能言其所为故者，则断自西泰子（指利玛窦——引者注）之入中国始"。徐光启比较中西此重大差异，认为由此产生了中西的巨大落差，他指出："为彼千百为辈，传习讲求者三千年，吾且越百载一人焉，或二三百载一人焉，此其间何工拙可较论哉？"他于是有强烈的拿来学来从而奋起直追的呼吁："必若博求道艺之士，虚心扬榷，令彼三千年增修渐进之业，我岁月间拱受其成，以光昭我圣明来远之盛，且传之史册，曰：历理大明，历法至当。自今伊始，夐越前古，亦其快已。"[24]

明万历四十四年（1616）五月，时任南京礼部侍郎的沈㴶向皇帝上《参远夷疏》，状告西方来华传教士秘密来华，宣传异端邪说，动摇皇帝的最高精神权威等。是年8月，沈㴶发兵包围南京教堂，逮捕神父王丰肃及两位教友，随后又监禁了更多的传教士，是为南京教案。事起之初，徐光启就从天津返回北京，上书皇帝《辩学章疏》，为传教士申辩。这也是中西文化和传教士来华引起的首次震动朝野中外的冲突，与以后各种教案、礼仪冲突有着内在的联系和共同的思维模式。徐光启的辩护不仅从理论上为传教士辩护，而且提出了三种试验方法当即检验传教士带来的西学、西知、西教与中国文化的关系和与佛道比较的优劣。他的理论和评价是，天主教与中国圣贤之教是"理相符合"的，天主教可以"补儒易佛"使国家致盛治，其修身事天足以劝善戒恶、易俗移风。他的三种试验方法重点是翻译了解、比较优劣。第一种是对西来教理之书和科学著作，"尽召疏中有名陪臣，使至京师，乃择内外臣僚数人，同译西来经传"。在全面翻译的基础上，大家"共定其是非"，以免凭空臆断。这既符合考证文本的中国优良学风，也说明徐对西文西书的优点很是自信。他想以此证明天主教与儒学是相合的，即"合儒""补儒"。第二种是让传教士与著名僧道当面辩论，同时令儒臣共同议定，以论辩明了一种思想是否可取，以便证明天主教比佛教、道教高明，是其"易佛"即耶儒会通而排斥佛老的思想。第三种是"令诸陪臣将教中大意、诫劝规条与其事迹功效，略述一书，并已经翻译书籍三十余卷，原来本文一十余部，一并进呈御览"[25]。就是让皇帝自己裁定，当然他认为皇帝会做出与他一样的判断与选择。

康熙时代来到中国的传教士白晋与徐光启有类似的思想经历，他往西方的源头探索，构建中西文化的共同基础。白晋的思想方法是一样的，只是他的方向不同而已。白晋的学术被人称为"索隐派"，与"西学中源"说不同的是，它实则也可以说是"中学西源"说。

白晋是将中国文化向西方回传和用西文、西法、西化手段解释诠释中国文化的重要功臣。在此过程中，特别是受到莱布尼茨二进制与八卦数数比较研究的启发，他把中西互释中的核心问题的解决也放在了溯源和同源问题上。因此形成了与中国人"西学中源"说类似的学术流派，是为在西方闻名一时的索隐派。

进入清代，在中国语境下，基于中西文化相较大环境下，首先提出"中学西源"说的是汤若望的弟子、从小受到传教士西学影响后又入士钦天监、终在康熙历狱中罹难的李祖白，他在其著作《天学传概》中说："初人子孙聚处如德亚（犹太）……其后生齿日繁，散走遐陬……在中国为伏羲氏，天学因其所怀来也。先氏子孙，家传户习，此时学之在中国必倍昌明于今之世……下迄一代，君臣告戒于朝，圣贤垂训于后，往往称天呼帝……虽秦代周，任法律弃诗书，从前载籍，尽遭烈焰，而天学不复睹其详矣。"[26] 他用西教上帝创世造人说把中国伏羲人祖视为西来，并且携带西方天文学知识在中华传承，然秦代以后毁于战乱，从此"天学不复睹其详矣"。

"中学西源"在中国虽然没有形成正式的学术派别，但是它在中西之间求同存异的思想观点和方法，还是在传播西学的传教士和接受西学的中国士人中都有影响。由此形成的学术流派则是索隐派。索隐派的方法并不是起源于来华传教士。它本是西方宗教史上的一种阐释方法，主要被用来指称基督教对《旧约》的一种索隐式的注释方法，如通过探赜索隐求证《旧约》中所记录的具体事件所蕴含的象征意义，揭示其中所隐藏的、未来的信仰秘密和发展情况，以及教会的历史寓意。因而也被称为"旧约象征论"。从公元前到中世纪，此风绵延不绝。为古埃及文字坐实"象形文字"的德国古代神学家基歇尔就是用的索隐派方法，他宣称，埃及文字不是世俗意义上的文字，而是一种包含着古埃及人宗教真理和神学理论的象征体系，是一种"象形文字"。所以，当白晋在中国发现汉字也是"象形文字"后，他沿着索隐派思路走入中国古代文化，开创中国的索隐一派也就不足为奇了，况且莱布尼茨在神学、数学、哲学上都为他提供了充足的论据和结论。来华传教士中的索隐派重点研究《圣经》《道德经》《易经》和中国文字与古史，著名的人物有白晋、傅圣泽、马若瑟、郭中传等。他们的宗教目的是说服中国人相信天、儒二学本原一致，传教士所传天主教义真理恰恰是中国上古天学本义，其客观作用，一是减轻在中国的传教阻力，使易为接受；二是借此反击欧洲神学界对来华传教中的误解，证明中国人的有神论。"白晋神父提出了关键性的三条意见：一、中国人所宣扬的哲学与天主教教理没有任何相互违背的地方；二、'太极'恰如其分地表达了天主教的'天主'；三、《易经》是中国人有关物质与思想理论的综合著作。"[27]与白晋合作研究过《易经》的傅圣泽，独自著述有《中国神学问题》，他还专门从传说学的角度"索隐"中国传说与圣经犹太人传说之间的关系。他的结论包括："一、据一个传说记载，亚当在挪亚洪水时代前后，便将其崇高真理传授给了他的侄子们；二、摩西在巴比伦被以斯拉（Esdras）囚禁期间，又重新提出了犹太人中的这一古老传说；三、这一传说不仅是以口传为基础的，而且还包括口头解释的许多模棱两可的著作；四、这一传说的片断主要是在中国人中流传下来了。"[28]马若瑟被誉为"传教中国诸传教士中于中国文学造诣最深者"，因此也是他最早将中国戏剧《赵氏孤儿》译至欧洲。他还著有《中国语言志略》《中国人论世界古代史》《中国人之无神论》，其代表作则是《儒教实义》。《儒教实义》从书名上看就与利玛窦《天主实义》互为呼应，其方法也是索隐派的，而宗旨也是以诠释儒家经典的名义来传播天主教义理，以耶合儒的思想和策略贯穿全书始终。比如在他的释读下，中国人的"天"就与天主上帝无二，具有无所不能、至尊至大、创造万有、昭示普天、全知全能的力量，由是打通中西对"天神"的共同想象、信仰和崇拜。尽管索隐派在打通中西古代经典方面常常牵强附会甚至沦为无稽之谈，但是他们也开启了中西文化深度比较或者比较研究的先河，发现了许多属于人类共性的特征，沟通和加强了中西的交流、往来、理解、认同。索隐派也为"西学中源"说留下了阐释空间，给后者以重要的方法论启示。

三、"西学中源"说的中国学人主张和文化立场

"西学中源"说在中国的出现，它的文化基础还是中国的传统学术。没有学术的根基和影响力，康熙的学术自觉就不可能出现，他的政治策略也无从建立。从学术进入满汉统一的深层次统治治理，是一条切实有用的可行路线，传教士们意识到了这一点，清统治者也意识到了这一点。汉族学人则正是运用这一学术策略传续和弘扬文明的古老性和正当性。

与康熙的"西学中源"说几乎同时间且在路径上是殊途同归的汉族学者，是同样独自提出"西学中源"说的明末清初的一批学者，如黄宗羲、方以智、王锡阐、梅文鼎等。

黄宗羲和方以智对天文历算西强中弱状况的解释还是传统的观念，视西方外国为蛮夷之地，如果他们竟然超过中国，那不是偷窃就是礼失于野。乾隆年间浙东学派代表人物全祖望十分推崇黄宗羲，他在研究其学术思想时判断黄宗羲"尝言勾股之术乃周公商高之遗而后人失之，使西人得以窃其传"（全谢山《梨洲先生神道碑铭》）。方以智则说得雅些，意思却是一样："万历之时，中国化洽，太西儒来，浮豆合图，其理顿显。胶常见者诚以为异，不知其皆圣人着急所已言也……子曰：'天子失官，学在四夷。'"[29] 王锡阐的天文历算学识远超前二人，所以，他提出五条证据，证明"西学中源"。他在《历策》中说："今者西历所矜胜者不过数端，畴人子弟骇于创闻，学士大夫喜其瑰异，互相夸耀，以为古所未有，孰知此数端者悉具旧法之中而非彼所独得乎？一曰平气定气以步中节也，旧法不有分至以授人时，四正以定日躔乎？一曰最高最卑以步朓朒也，旧法不有盈缩迟疾乎？一曰真会视会以步交食也，旧法不有朔望加减食甚定时乎？一曰小轮岁轮以步五星也，旧法不有平合定合晨夕伏见疾迟留退乎？一曰南北地度以步北极之高下，东西地度以步加时之先后也，旧法不有里差之术乎？大约古人立一法必有一理，详于法而不著其理，理具法中，好学深思者自能力索而得之也。西人窃取其意，岂能越其范围。"[30] 不过这五条证据都被后世认为过于牵强乃至大谬不然。五条证据涉及日月运动，行星运动，交食，定节气，授时等，包括当时历法主要内容，他认为在这些方面，西法号称优于中法，但实际上"悉具旧法之中"，中国古已有之。现在的结果是"西人窃取其意"，从中法偷偷学走的。这种推测性的"窃取"结论近乎荒诞无稽，是这些长期居天下之中终成井底之蛙的中国文人对中不如西现象的一种强词夺理，也是他们求解不出其中原因后给出的一个可笑的答案。这说明当时中国文人根本没有确立起符合世界大势和世界激变的世界观，根本没有从传教士的到来推导西方的进步和变化，根本不愿意改变视远国为"四夷"和"野"的自大文明观和自我中心论。尽管它在客观上有促进中西同源而认同并且加深互相融入的作用，但是它实际上是出于抵触和对抗西方文明的意图，所以它在文明境界上远远低于索隐派，它的荒谬是可悲的，而索隐派的荒谬只是可笑而已。"西学中源"的观点到了梅文鼎手中，有了一个重要变化，它更加学术化和理论化了，甚至更加政治化。梅文鼎着手解决的第一个问题（也就是前文所述第二个问题）就是"西学中源"的传播途径和路径问题。在他看来，不说清楚传播路径，"西学中源"说就存在致命的缺陷，就失去了理论根基。

梅文鼎（1633—1721），字定九，号勿庵，安徽宣城人。自幼痴迷天文学和数学，是前清时期中国最著名的数学家。他所在时代，中学中算衰落，西方先进的科学、天文学、数学以较大的规模和态势传入中国。梅文鼎并不是抱残守缺的迂腐文人，他操练中学，但面对西学也能以学问之道求其通，主张"法有可采何论东西，理所当明何分新旧"，践行"务集众长以观其会通，毋拘名相而取其精粹"。这种唯真知是举，无论东西的态度和方法，与他的科学家身份还是相吻合的。所以由他来解释"西学中源"并最终使之成为一种学术思潮是有说服力的。梅文鼎著述颇丰，有88种、200卷之多。他的数学著作主要有《筹算》《笔算》《度算释例》《平三角举要》《弧三角举要》《方程论》《环中黍尺》《堑堵测量》《勾股举隅》《方圆幂积》等，在中国数学史留下了浓重的一笔。梅文鼎因为与康熙提出"西学中源"有不谋而合的默契，加之得到康熙的器重，于是在"西学中源"说的阐释上颇为不遗余力。他在著作《历学疑问》中先有若干中国源头强大的论述，如《论盖天周髀》《论周髀仪器》《论周髀所传之说必在唐虞以前》，在其《历学疑问补》（两卷）中则顺势论述了"西学中源"，且有论文若干形成系列，如《论西历源流本出中土即周髀之学》《论周髀中即有地圆之理》《论浑盖之器与周髀同异》等。其观点鲜明，一目了然。他以明末李之藻的《浑盖通宪图说》和熊三拔的《简平仪说》为例，讨论"浑盖通宪"这些西法即古周髀盖天之学，结论是："知盖天与浑天原非两家，则知西历与古历同出一原矣。"他还将地圆说、星图、地球五带分划这些西方知识都归源于中国："今考西洋历所言寒热五带之说与周髀七衡吻合""《周髀算经》虽未明言地圆，而其理其算已具其中矣""是故西洋分画星图，亦即古盖天之遗法也"。[31] 与杨光先当年对西历和地圆说的嘲笑与无知相比，梅文鼎还是全盘接受和承认了西学，只是他企图用西学中源来自我肯定或贬低西学而已。《周髀》又称《周髀算经》，成书于公元前1世纪，是中国最古老的天文学和数学著作。关于它的著述与成书年代，两汉以来有诸种讨论，乾嘉学派更是对它作了刨根问底的考据。它在中国和世界天文数学史上都有自己的地位。"髀即股，周朝立八尺之表为股，表影为勾，故称周髀。此书主要阐明当时的'盖天说'和四分历法，计算天文题时用数算法和开平方法，又最早利用勾股定理。《周髀算经》和《九章算术》被列入中国古代十部算经之首。"[32] 梅文鼎将西学附会周髀所以也不能说丝毫没有理由，他可能是在中西文化交流背景下，最早最系统地认识到中国古代天文数学的世界价值的人。他大概也是较早意识到中西差异本质的学者之一。他不仅指出了中西的相同，也指出了二者的不同。在《历学疑问》中，他说："中法言盈缩迟疾，而西法以最高最卑明其故；中法言段目，而西说以岁输明其故；中法言岁差，而西学以恒星东行明其故；是则中历所著者，当然之运；而西历所推者，乃所以然之源，比其可取者也。"中国人注重的是"当然之运"，西方人注重的是"所以然之源"，梅文鼎抓住了中西思维方式和科学方法的根本不同，而且认为西方求所以然之源的特点是其值得学习和借鉴的地方。这在当时是难能可贵的，对倡导"西学中源"说的中国学人来说尤其难能可贵。

梅文鼎还特别讨论了中学西传的路线与途径。首先，他根据《史记·历书》记载，周室衰落后，"畴人子弟分散，或在诸夏，或在夷狄"，由此得出："盖避乱逃咎，不惮远涉殊方，固有挟其书器而长征者矣。"就是说，周王朝式微乃至解体，天文历算世家学人技匠四散，有的入夷，还有的更是远涉殊方，使中学西传。其次，他又根据《尚书·尧典》记载的"乃命羲和，钦若昊天"，以及羲仲、羲叔、和仲、和叔四人"分宅四方"的传说，提出自己的假设：东、南有大海之阻，极北有严寒之畏，唯有和仲向西方之西没有阻碍，"可以西则更西"，于是将"周髀盖天之学"传到了西方。西方人因此有聪颖之人发扬光大至如今盛达。所谓："远人慕德景从，或有得其一言之指授，或一事之留传，亦即有以开其知觉之路。而彼中颖出之人从而拟议之，以成其变化，固宜有之。"（《历学疑问补》卷一）清初始修于1645年，成书于1739年的《明史》在"历志"中采用了同样的表述，使此说成为明清正典正说。《明史·历志》曰："西洋人之来中土者，皆自称欧罗巴人。其历法与回回同，而加精密。尝考前代，远国之人言历法者多在西域，而东南北无闻。盖尧命羲、和仲叔分宅四方，羲仲、羲叔、和叔则以嵎夷、南交、朔方为限，独和仲但曰'宅西'，而不限以地。岂非当时声教之西被者远哉？至于周末，畴人子弟分散，西域、天方诸国接壤西陲，非若东南有大海之阻，又无极北严寒之畏，则抱书器而西征，势固便也。欧罗巴在回回西，其风俗相类，而好奇喜新竞胜之习过之。故则历法与回回同源，而世世增修，遂非回回所及，亦其好胜之俗为之也。羲、和既失其守，古籍之可见者，仅有《周髀》，而西人……皆不能出《周髀》范围，亦可知其源流之所自矣。夫旁搜采以续千百年之坠绪，亦礼失求野之意也，故备论也。"再次，他认为西方历法与回回历具有密切关系，它们都是源于盖天周髀。他认为"西洋人精于算，复从回历加精"，"回回泰西，大同小异，而皆本盖天"，"要皆盖天周髀之学流传西土，而得之有全有缺，治之者有精有粗，然其根则一也"（《历学疑问补》卷一）。西历、伊斯兰历、中历三者之间存在关联和关系，这本来是一个重要判断。梅文鼎把前二者的源头一并归于中历属于臆断，但是它们三者之间存在关联也是一个重要的认识上的贡献。由于阿拉伯地区是中西往来的陆路必经之地和海陆重要中转，历史上，中国的数学和天文历算都曾传入阿拉伯，阿拉伯的数学与天文学也曾影响欧洲。同时，在其他时期，西方影响阿拉伯再影响中国的反向式文化传播或交流也时有发生。比如《九章算术》中的盈不足术算法9世纪就曾传入阿拉伯帝国，巴格达智慧馆的波斯数学家和天文学家花拉子米就著有阿拉伯文著作《中国算法》。元朝时期，在阿拉伯帝国阿巴斯朝地方建立的蒙古伊利汗国就有波斯文本历法，其中第一章就是《中国-回纥历法》（1270）。元代时更有大量传入中国的阿拉伯天文仪器和历算书。明清之际新历、旧历之争，杨光先与汤若望之斗法，一定意义上是西法与回回历的对峙和冲突。梅文鼎在讨论"西学中源"说时，把阿拉伯的地缘因素和历史实情考虑进来，对研究中西文化交流关系中的中介地域及其文化作用，在方法论上的启示是具有积极作用的。当然，他的具体结论是一个误导性的判断。过于强烈的维护中国文化正统的文人责任和道德使命，遮蔽了他们的科学精神和理性。这是中国科学在西方知识大举来华后依然不能发展的重要原因。不是中国科学家没有科学的才智，而是他们的道德感不允许他们冲击和动摇传统的根基，改变历史的逻辑和已有的体制。这也必然导致"西学中源"的倡导者对西教产生抵触和对抗，当传教士们以科技和文化为手段，越来越追求他们传教的目的时，遇到的反感就越强烈。在中与西之间，虽然存在着很多中间和过渡的空间，西学中源和中学西源都有调合两端的功能。但是一旦中方唯我是举，西方唯教是求，那么情形就会向恶化的方向滑落。梅文鼎已经处于这样的境地。1734年法国传教士宋君荣给法国写回一封信透露了此中消息："我发现一本在康熙时代写成的书，由一位博士执笔，他是回回的朋友,并且实在是欧洲人的敌人;况且他非常能干;这位博士姓梅,他对这个难题(指历法问题——引者注)进行了考证,并且解决了它。"[33] 从此信语气看,来华传教士们一方面在学术上对梅文鼎这样的中国士人是敬畏的,另一方面也意识到他的思想对传教构成威胁,甚至是欧洲人的敌人。

我们也看到梅文鼎在中国学术界获得了极高的评价。清亡以后,学者梁启超在其名著《中国近三百年学术史》总结有清一代学术史时,对梅文鼎是不惜笔墨地给予了盛赞。他历数梅的80余种历算著作一一介绍,然后列了五大类项述其成就:

> 第一,自来言历法者,多杂以占验迷信。看《汉书·艺文志》之"数术略"及各史历志便知,虽唐、元两代所输入之西域学亦所不免。历学脱离了占验独立,而建设在真正科学基础之上,自利、徐始启其绪,至定九(梅氏,字定九。引者注)才把这种观念确定。

> 第二,历学之历史的研究,自定九始。——恐怕直到现在,还没有第二个人比他研究得更博更通。凡一种学问经过历史的研究,自然一不会笼统,二不会偏执。定九所以能成为斯学大家者,以此。

> 第三,向来治历学者,多认为一种单纯技术,虽黄梨洲、王寅旭似尚不免。定九认定历学必须建设在数学基础之上。所以明末清初因历学发生争议,其结果仅能引起学者社会对于历学之兴味。自《梅氏历算全书》出世,始引起多数人对于算学之兴味。老实说,从前算学是历学附庸,定九以后才"蔚为大国",且"取而代之"了。

> 第四,定九并不是专阐发自己的"绝学",打"藏诸名山"的主意,他最努力于斯学之普及。他说:"吾为此学,皆历最艰苦之后,而后得简易。从吾游者,坐进此道,而吾一生勤苦,皆为若用矣。吾唯求此理大显使古人绝学不致无传,则死且无憾,不必身擅其名也。"(《畴人传·本传》)观此可以见大学者之态度及愿力。历算能成为清代的显学,多由定九的精神和方法浚发出来。

> 第五,定九生当中西新旧两派交哄正剧时,他虽属新派的人,但不盲

从，更不肯用门户之见压迫人；专采"求是"的态度，对于旧派不唯不抹杀而且把许多古书重新解释回复其价值，令学者起一番自觉，力求本国学问的独立。后此戴东原（震）、焦里堂（循）、李尚之（锐）、汪孝婴（莱）等辈，皆因研究古算书得有新发明。这种学风，不能不说是定九开辟出来。[34]

梁启超在这里除了充分肯定梅文鼎的学术贡献、学术品格外，还特别指出梅的"西学中源"说努力在重释古典上的贡献，一在发掘价值，二在西学冲击下确保本国学问的独立，这些都是崭新的评价。

随着康熙对西方传教士传教行为和目的加大防范和阻止，康熙的"西学中源"说与汉族士大夫的"西学中源"说合流，清朝越来越在统治的合法性上占据主动，也就越来越以维护中国正统者自居，因而也就越来越鼓励汉族学者的"西学中源"说。所以，梅文鼎以后，"西学中源"说越来越具有抵制西教的政治属性，越来越偏离中西比较、认同、沟通的立场，走向极端化立场。而历史的发展是，从康熙之后，包容中西的文化气象逐渐在科技（天文历算）领域撤退和萎缩，经历过一段由科学转向哲学、艺术、文化、建筑的泛化时期。"西学中源"说的余绪实际上一直延续到清末民国初年，但已经完全在中西冲突背景下展开，鸦片战争以后更是在中西仇视中叙事，使之具有了新的文化内容和时代内涵。"西学中源"从最初在中西关系笼罩下解决的是满汉冲突，然后在中西矛盾日益严重、加剧、上升中日益回到它的原义，从传教冲突渐渐转变为经济冲突、军事冲突、殖民与反殖民的冲突，它也就去掉面具，成为解决真正的中西矛盾和冲突的学术文化问题。

从乾嘉时期开始，"西学中源"说的延续在这时候出现了两个情况：一是从雍正朝开始，中西礼仪之争导致西学东渐基本停滞，近一百多年的时间里，西学再没有大规模进入中国，同时，康熙末年御制的数学专著《律历渊源》等三书完成，西方天文学和数学因其科学性高于中学成为清王朝的钦定学说，中学只是背景或者"源头"意义上的虚名而已。因此，中国学者们对西学认识加深，也有更加深入的可能。二是乾嘉学派的兴起，《算经十书》等古算专著被挖掘出来，士人对传统算学有了重新认识，自信心大大增强。中西学的差距似乎变小了，以戴震、阮元为代表的中国学者沿用"西学中源"理论，把西方天文算学纳入中学，西学与中学之间的关系获得了更加深入的讨论。在某种意义上说，以"西学中源"之说为思想标签的乾嘉学派，其主要代表人物是戴震。面对所处的西学低谷期，他通过古籍、考据不断探索西学中化的方法与途径，让西学在中学的外衣包装下剔除"异类"颜色，促使是流而不是源但又青胜于蓝的西学在中国传播。这里有面对西学强于中学引起的心理矛盾，也有会通超胜的努力与致力。戴震20岁时拜在江永门下。江永此时已年过60岁，但他精通天文、地理、算学、三礼之学，在学问上对戴震大有帮助。在江永门下，戴震从20岁至30岁，仅仅用了10年时间就完成了两卷《筹算》、三卷《六书论》、十卷《尔雅文字考》，以及《诗补传》《屈原赋注》《周髀北极璇玑四游解》《勾股割圜记》等著述，名动一时。乾嘉学者擅长的是回归典籍原始，对各种学术问题进行详细到不厌其烦、烦琐无比的考据。从学术上看可能有捡了芝麻丢了西瓜的弊端，但也有知识考古的重大意义乃至发现。比如，通过对典籍的整理和研究，乾嘉学者发现中国传统历算学在宋元时期取得的成果比起明清之际传入的西洋历算来也有创新。这大大刺激了这些学者的民族自尊心，更加坚信中算必优于西洋历算。因此乾嘉学者在论述"西学中源"时大多不乏对西学的贬低。在对待西学的具体方式上，乾嘉学者谈西学多以中源为依归，研究西方也往往要借用中法。在这方面，戴震的中西打通和兼收并蓄，最后又完全成为典型的中式学问，做得无人可与匹敌，可谓独树一帜。戴震在阐释西学时不仅仅是改几个名词而已，他还通过列举《周易》《论语》《考工记》和汉书律历志等经籍中的例子来说明其合理性。如:"古漏刻之法,昼夜百刻。每一刻为六十分,以十分为一小刻,分隶十二辰,每一辰八大刻二小刻。梁天监中,改用九十六刻,每一辰惟八刻,始变古法,旋废不用。今欧逻巴以昼夜为二十四小时,一小时四刻,合之凡九十六刻,盖本于梁天监中所改者耳。"[35] 受"西学中源"思想的影响,戴震始终相信西方的科学知识起源于中国,其《与是仲明论学书》云:"中土测天用勾股,今西人易名三角、八线,其三角即勾股,八线即缀术。然而三角之法穷,必以勾股御之,用知勾股者,法之尽备,名之至当也。"[36] 此外,戴震所著的《勾股割圜记》《迎日推策记》等书所叙述的也都是西学思想,但是戴氏却用古人传记文体来论述,确认这些思想在中国自古有之。乾嘉学派和戴震的考据学研究从方法论上来说,喜好的是追根溯源,从典籍版本、流传路线、真伪添减、字词意理、音韵训诂、隐喻暗托、本源干支,无不推翻重来一番,这是"西学中源"特别偏好的研究,所以它们在学术上是一脉相承的。乾嘉学派对"西学中源"的贡献,一在增加了更多的线索、源头、话题,二在已有的话题上找到了更多的可溯源的材料、证据、原典。戴震的贡献在这两方面都很突出。不过他也有一个突出的特点就是研究的总体思路和方法路线与梅文鼎保持高度一致,对梅的观点和结论坚信不疑,始终继承。在《策算》中,戴震提出,从明朝万历年间至明朝灭亡,西方人所翻译的《新法历书》实际上就是照抄照搬《周髀算经》和郭守敬的《授时历》中的内容,很多地方只字不差。戴震能得出这些结论,主要是他精于数学考据和古籍印证,这使得西学正其源流可见中学乃西学之源显得有理有据。他并没有因此否定西学,他强调的是西学在中学基础之上青出于蓝,即西学缘自中学、西学已经高于中学。这个学术意图不仅仅局限于民族自尊和文化自信心的维护,而且还是很有民族自励和警世意义的。

　　"西学中源"说在明清之际和其后的乾嘉学派中流行是西学东来在中

国学人引起震动后的又一种集体性群体式反应的表现。清初学者杭世骏描写过他所处时代的此种状况："自明万历中利玛窦入中国，制器作图颇精密……学者张皇过甚，无暇深考中算源流，辄以世传浅术，谓古九章尽此，于是薄古法为不足观；而或者株守旧闻，遽斥西人为异学，两家遂成隔阂。鼎（梅文鼎）集其书而为之说，稍变从我法，若三角、比例等等，原非中法可该，特为表出，古法方程，亦非西法所有，则专著论以明古人精意。"[37]明末清初学者张潮编《虞初新志》也指出："泰西人巧思，百倍中华，岂天地灵秀之气，独钟厚彼方耶，予友梅子定九，关子师邵，皆能通乎其术，今又有黄子履庄，可见华人之巧，未尝或让于彼，祇因不欲以技艺成名，且复竭其心思于富贵利达，不能旁及诸技，是以巧思逊泰西一筹耳。"[38]作者在这里还总结了一下中国科技不发达的社会体制上的原因，思想相当深刻。阮元"作为戴学的最后重镇"（侯外庐语）也通过他的名著《畴人传》对在"西学中源"说中发挥重要学术作用的梅文鼎、戴震等给予了高度评价。阮元在学术上甚至还提出了日心说源于东汉张衡和他的地动仪。阮元认为，张衡的地动仪原理与原因是"地动天不动之仪"，法国耶稣会传教士蒋友仁带来的地动（证明）日心说可能与张衡"或本于此，或为暗合，未可知也"，牵强附会但也相当有想象力。阮元故世时，第一次鸦片战争已经爆发。此后，"西学中源"说继续流行，但必然也会因此再生变化。

鸦片战争后进入晚清时代的"西学中源"说，面对的是用坚船利炮开道而来的"西学"，它不仅是血腥的、强悍的、霸气的，也是强权的、以强欺弱的、不可一世的。中国人不仅有丧权辱国的晚清贵族，也有揭竿而起的太平天国和扶清灭洋的义和团，不仅有崇洋媚外的卖国奴，也有企图师夷长技以制夷的洋务派。"西学中源"说已经流行了百数余年，它还有什么生命力可以显现出来呢？第一，作为一种学术传承，它还有传承余续和余脉；第二，它的源头典籍和学科范围都有待于突破天文学和数学，还有巨大的学术空间可以拓展；第三，现实中已经出现西学全面进入中国，涉及各个领域和各种各样的学问学科，社会需要一定接受理由和接受理论化解文化上的尴尬和不适。晚清时期的"西学中源"说面对的西学，已不再单单是前清时传教士带来的以天学历算为主的西学，目的也不再是传播宗教福音，而是以坚船利炮为手段，谋求在华的各种利益。其坚船利炮后面则是包含整个西方文明的西学。这个时候，"西学中源"成了一把双刃剑。剑刃的一面可以刺激中国学习西方，减少拒斥心理，实现师夷长技以制夷的目的；剑刃的另一面则会刺激中国抵制与排斥学习西学，更加地走向自大自负和闭关锁国。但是，显而易见，要用"西学中源"说解释清楚西方近代力量的无比强大，无疑会是杯水车薪、无所适从的。师夷长技已经是紧迫的现实，有没有理由都必须施行，所以这个学说实际上已经在现实面前可有可无或者说十分苍白了。

洋务时期的学者张自牧接过徐光启的思想为实行洋务开辟道路，他的口号也是从徐光启"儒者以不知为耻"而来，意思则直接改造成为"儒者当以不知西学为耻"。他考证西学的中学源头的视野更加开阔了，涉猎的典籍广及经纬子史，特别是先秦的诸子百家，如墨子、管子、《淮南子》、《论衡》等等从中论证众多新来的西方科技知识。他在自著《瀛海论略》（1876）、《蠡测卮言》（1879）中，论证西学中学彼此相通，且证明西学各科，分别源于中国某学某书。如《大戴礼记》《周髀算经》《尚书考灵曜》《春秋元命苞》《河图括地象》中有地动说，《墨子》为化学、光学、力学之祖，《亢仓子》有蒸汽机原理，《礼记·孔子闲居篇》《关尹子》《淮南子》中讲电学最先，《墨子》《韩非子》《吕氏春秋》记载了机械技术，等等。他说："今西国格致会分十五家……其源多出于《墨子》及《关尹》《淮南》《亢仓》《论衡》诸书。"此外，宗教、政治、社会、制度、艺术都有"西学中源"现象。如，基督教与墨家的明鬼、兼爱思想相一致，"其教以煦煦为仁，颇得墨氏之道。耶稣二大诫，一曰全灵魂爱尔主神，即明鬼之旨也；二曰爱尔邻如己，即兼爱之旨也"。"凡欧罗巴艺术文字，皆著于经上之篇，以此知墨为西学之鼻祖也。"

张自牧喜研讨外国史地，曾言欲采英、法等国史，用中国史书体例编成一书，未成。郭嵩焘出使英法，尝疏请他充参赞官，为人所劝罢。他指出泰西格致之学"覃精研思，考求真实，皆卓然可观"，"自成千年之绝技……本高出宋明，固无所庸其讳饰"，由是主张中国"采用其所长，于制器利用皆有所益"。《瀛海论略》《蠡测卮言》被国内学界认为是开风气之书，颇具影响。严复知道郭、张为好友，也认识到张自牧的"西学中源"说具有积极开拓西学的意义。不过严复也看到张自牧思想中与旧有观念的妥协面。其时，力倡学习西方科学技术以自强的洋务派，在中国社会中并未得到普遍支持，相反时常受到社会歧视。光绪十八年（1892）"湖南通省公议"攻击洋务派，还把具有认同西学思想的郭嵩焘、曾纪泽、朱克敬、张自牧称为"四鬼"。可见，张自牧的"西学中源"说还有良苦用心和迂回而进的策略考虑。

黄遵宪则将西学重点与墨学进行比较和打通，既解释了西学，也重新发掘了墨学的价值。他的"西学中源"思想也是来自他的外交官生涯和深厚的传统学问，所以他把此思想集中在西学源于墨学的观点上，予以集中阐发，因为他认为"仆向读《墨子》，以谓泰西术艺，尽出其中"。他的主要著作除诗文集外，学术性专著是《日本国志》。他的观点从两方面展开，一是认为西方的各种社会制度和机制，都是"用墨之效"，就是说包括国家政事、荐贤授能、社会关系、人情世故、机构设置、器用学问、道德法律，等等，都有一套公选公认公证或实事求是的良善法则，"余初不知其操何术致此，今而知为用墨之效也"。二是将西方发达强盛的原因归结为"用墨之功",但中国人明了此后,最终还是要明确必须向西方学习,参照西法变革维新。他打了个比方,说明中西关系,"譬之家有秘方,再传而失之于邻人,久而迹所在,或不惮千金以购还之"。他反对一些人对西学"不考夫所由来,恶其异类而并弃之,反以通其艺为辱,效其法为耻,何其隘也!"但他倡学西学,依然要通过"西学中源"的缓和与过渡,可见学西或者说师夷之不易。因为师夷就是文明向蛮荒学习,是文向野低头,这是有悖文明等级层次,有悖"进化论"的。所以阻力不是一般的大。黄遵宪其实并没有说清楚西学的进步到底是怎样"用墨"才进步了,他只是罗列现象然后比附而已,他的目的不是获得方法,而是扫清心理障碍。清末利用诸子之学为"西学中源"说大肆张目的还有王韬、王仁俊、薛福成、郑观应等,虽都指认西学源于中学,但有些人从贬低西学立论,意在"表彰古学,扬中抑西",阻止西学东渐;有的人则是"以子证西",为沟通中西、寻求超胜而努力。

四、"西学中源"说的现代重述与科学表达和追问

"西学中源"说可以说是从大航海以后西学大举进入中国后就发生了的一种学术思维。作为一种学术思维得以存在和发生,它的前提是中国文明和中国学术具有悠久的历史和文化传统,具有相应的世界性高度。历史和高度,是"西学中源"说产生的基础。同样,西方索隐派及其"中学西源"思想,也是基于基督教文明的博大精深。所以,这两种互相交叉和比较的学术溯源实际上是两种高度发达的文明的对话。如果这两种文明始终还存在着交流、交往、比较、互动,这种求同存异或求异存同的溯源就会不断以变异的形式存在和演绎。按照现代的科学思维看,"西学中源"或文明溯源研究,会不断以某种事物出现的最早时间为基准,从而判断它出

自哪种文明和何人发明，找到这个时间原点，再看此一事物的分布和传播范围，从而指出此后的传播都是从这个原点和源头出发的。在这个意义上说，"西学中源"实际上为东西方文明的比较和互相溯源开辟了更加广阔的学术可能和学术空间。

"西学中源"的历史，经历了利玛窦的策略、徐光启的好奇、康熙的心机、梅文鼎的会通，这是方法论和目的论的差异和不同选择；从对待西学的态度上则出现了徐光启的融西、杨光先的拒西、梅文鼎的源西、康熙的用西。耶稣会传教士开创的西方汉学和索隐派，虽然是以传教为目的从而进入中国，但也产生了一个意外的效果：从一开始就为中国文化进入西方进行了西方价值观的转换、嫁接、转述和打通，开辟了中学西传的可能，同样，中国学人的"西学中源"说也是用中国价值观为西学东渐打开了价值观认同的历史大门。从文明互鉴看，这是两者方法一致、殊途同归。就中国而言，"西学中源"对于普及、传播、接受和普及西方科学知识也在客观上和无意中做出了贡献。在礼仪之争加剧中西冲突之际，"西学中源"说表面上接续和强化中西冲突，但它有意与愿违的一面，就是在深层心理层面，调和着中西冲突。所以到了晚清，梁启超回溯此中西特殊的交往学术史，还是给予了高度评价："清代算学，顺康间仅消化西法，乾隆初仅杂释经典。其确能独立有所发明者，实自乾隆中叶后，而嘉、道、咸、同为盛。推厥所由，则皆天元、四元两术之复活有以牖之。徐文定所谓'会通以求超胜'，盖实现于百余年后矣。"[39]

从主观性和客观性、主动性和被动性来看中西文化交流史和"西学中源"说，我们发现，中国接受西方知识、科技、文化、思想，其历史主干都表现出是欠缺主动性的。当然，其中也有支干、短时、偶然表现为主动。徐光启和"西学中源"都属于此类，或者说是局部的主动接触和接受西学。与此相反，西方接受东方都一直是比较主动的。传教士们使东学西传，启蒙思想家在好奇心驱使下，由惊讶进而借鉴，先是用东方参与改造和改变西方，继而又用东方的知识参与征服中国。从此以后，东方的被动性西方知识或被动性接受西方，继续成为被动但又全面接受西方，西方因此全面进入中国并改造东方。后来的中国改革开放其实就是中国借助西方重新强大、重返西方或世界，重建东方话语权，借助西方知识，使东方文明新生、重建、转型、现代，从而具有东方独特的文化主权，重出世界舞台，而且不是简单的西方附庸。其历程，颇类西方启蒙时代。这说明莱布尼茨对东西方关系的憧憬具有超越时空的预见性和判断力。梁启超先生在评论中国的"西学中源"说是非功过和时人的种种议论或非议时，也以一种超迈的眼光看见了其中的历史深意，道出了其中的古今中西深刻的关联。他反对老辈学人蔑视外国，也反对少年轻薄蔑视本国。他从古今中西的差异或个性中看到了此心此理同也，是为共性或普遍性，也是"西学中源"说发生的心理机制。他说："清季承学之士，喜言西学为中国所固有，其言多牵强附会，徒长笼统嚣张之习，识者病焉。然近世矫其弊者，又曾不许人稍言会通，必欲挤祖国于未开之蛮民，谓其一无学问，然后为快。嘻！抑亦甚矣。人智不甚相远，苟积学焉，理无不可相及，顽固老辈之蔑视外国，与轻薄少年之蔑视本国，其误谬正相等。质而言之，蔽在不学而已。他勿具论，即如算术中之天元、四元，苟稍涉斯学之樊者，宁能强词斥之谓为无学问上之价值？又宁能谓此学非我所自有？清圣祖述西士之言，谓借根为'东来法'。英人伟烈亚力，与李壬叔同事译业者也，深通中国语言文字，能读古书，其所著《数学启蒙》第二卷有'开诸乘方捷法'一条，缀以按语云：'无论若干乘方，且无论带纵不带纵，俱以一法通之，故曰捷法。此法在中土为古法，在西土为新法，上下数千年，东西数万里，所造之法若合符节。信乎！此心此理同也。'夫伟力是否谰言，但用天元一试布算焉，立可决矣。竺旧之儒，必谓西法剽窃自我，如梨洲所谓'汶阳之田可复归',诚为夸而无当。然心同理同之说,虽好自贬者亦岂能否认耶?是故如魏文魁、杨光先之流,未尝学问,徒争意气,吾辈固当引为大戒。乃若四香、茗香、壬叔诸贤,真所谓'旧学商量加邃密,新知涵养转深沈',盖于旧学所入愈深,乃益以促其自觉之心,增其自壮之气,而完其独立发明之业,则温故不足以妨知新,抑甚明矣!而最损人神智者,实则在'随人脚跟,学人言语',不务力学,专逐时谈之习耳。世之君子,宜何择焉?"[40]

"西学中源"式文化(包括科技)溯源思维在考察文化史时出现了几种中西比较的阶段性确认现象。一是中学先于西学,此时间上的先后,指认的是先行的中学优于后来的西学。二是中学向西传至西方形成西学,中学与西学于是在东西两个方向向前发展。三是在东西两个方向发展时,科技性这一部分内容中学失传、中止或消失,西学则不断发展壮大,以至于西学优于中学,是为青出于蓝而胜于蓝。四是既然西学源于中学,只要中学重振旗鼓、重拾旧学,就能再次反超西学,回到原来的优先位置。五是中学在历史长河中从一开始到历史的各个阶段,不断地有中国发明创新先于西学并影响西学,同时西学也不断进入中学,东西方一直在互相影响,东西方可以融合,可以会通超胜。这些中式判断,有些主观臆断,有些牵强附会,有些自言自语,有些深刻冷静,都是面对强大的西学东渐而作出的反应,都是从同一个思想出发点出发,但终于在不同的方向分道扬镳。

中学和西学、东方与西方在交流来往中,曾经出现过两次重大冲突、危机和断崖式阻隔,一是中西历法之争,二是中西礼仪之争。这两次事件都导致东西方交流的严重挫折,也使东西方都对中西交往的利蔽产生巨大的关切。经此两次事件,东西方都再也不能无视对方的存在,再也不能否认对方是一个巨大的存在,主观上的、暂时地切断双方往来,客观上是承认对方的文明体量和质量,将对方置于文明对手和文明平行的位置。这是一种文明的集体无意识。对于中国而言，无论问题由中国人提出还是西方人提出，这必然在最终的时刻或者必要的时间引发一个历史性的追问：为什么工业革命和现代科学只发生在西方而不是东方？中学不仅是失传与中断在历史长河中，而且错失了历史机遇，丧失了某种思维和智慧的能力？特别是当英国科学史家李约瑟在研究中国科技史和发现中国古代众多的影响世界科技史的古代科技发明时，他不得不提出他的困惑，即著名的"李约瑟问题"。在李约瑟问题之前，这个追问已经出现。当18世纪的启蒙思想家观察、判断、讨论、研究中国的"停滞"现象时，"停滞论"本身就带有李约瑟问题镶嵌其中。"西学中源"说是中国人自己的李约瑟问题式判断，本质上说的也是中学未能进入和发生现代科学。更明确的表述出现在18世纪中叶。法国皇家科学院科学家德梅朗提出过他的最大困惑：中国人比其他任何地方的人对发展科学更有条件，而且他们的文明四千多年来几乎没有中断过，但为什么在思辨科学方面要比欧洲差得多？为什么中国的历法还要等到利玛窦、汤若望、南怀仁和其他一些神父去编呢？[41]1925年，英国科学哲学家怀特海坚信中国自己的科学微不足道而且中国自己不能产生科学进步。他说："中国科学实际上是微不足道的。毫无理由相信，倘若只凭它自己，中国会产生任何科学进步。"同一时期，德国汉学家魏复光也提出问题："中国为什么没有产生自然科学？"[42]维也纳学派学者、犹太哲学与历史学家赤尔素流亡美国后于20世纪40年代在美国发表《科学的社会学根源》，"他的基本论题是：既然现代科学出现于欧洲资本主义早期即16世纪，那么相关的社会结构转变就是其必要条件。这个论断基于以下观察：现代科学的数量方法得自大规模货币商业所需要的计算；至于科学实验之兴起，则是由于学者与工匠、工程师开始紧密接触，从后者吸收了实地测试的方法。在此论题以外，他还提出在不同文明之间作比较的问题：中国同样有货币商业和学者、工匠阶层，那么为什么中国没有出现资本主义，也没有出现实验科学？"[43]1949年，德国思想家雅斯贝斯出版了他的名著《论历史的起源与目标》，不仅提出了著名的"轴心时代"理论，也几乎在与李约瑟同时期提出了李约瑟问题的中国问题："但在过去的几个世纪中，一种在本质上全新的独特事物出现了：科学及其在技术上的后果。自有记录的历史以来，没有一个事件像科学一样从里到外彻底改变了世界……如果说西方创造了科学和技术，那么人们便会问：为什么这仅仅在西方而没有在其他两大世界（指中国和印度——引者注）发生呢？西方在轴心时代是否可能已经存在某种特性，而这种独特性只是在最近几个世纪中才产生了这些影响呢？那些最终在科学中得到展示的东西，是否在轴心时代就已经出现了萌芽？"[44]雅斯贝斯是从西方的特异性角度，站在西方个性的立场对这个问题自问自答。他还进一步引申出西方怎样看待和发现亚洲东方的意义，对文化起源或中学西源、西学中源进行了思辨性判断，提出了类于莱布尼茨东西方观的超迈性思想："我们可以提出这样一个普遍存在的问题：西方在科学、理性的方法论、人格的自我存在、国家政权以及具有资本主义特征的经济秩序等方面所取得的成就，在东方有它们的萌芽吗？我们接着寻找与西方具有同一性的东西，并且想知道，它为什么没有在东方展开过。我们受到这种观点的影响，即我们在亚洲根本认识不到什么新的东西。我们已经了解了那里的一切，它们只不过是用另外的方式强调了一下而已。欧洲人的自我满足感可能导致了他们把这一领域的世界仅仅当作怪物来看待——也就是说，在那里所思考的问题，我们考虑得更清楚，抑或无可奈何地认为，我们只能理解我们固有的东西，而不是起源于东方的东西。在欧洲一切领先的情况下，西方失去了什么？只有当我们提出这个问题的时候，亚洲才对我们变得至关重要。在亚洲存在着我们所缺乏但又与我们密切相关的东西！"[45]看来，无论古代还是现代，东西方发展上的反转，以及西方对东方的迅速反超和东方自身的停滞，实在是世界史上过于吸引眼球和令人震惊的现象。人们不可能不对此进行追问。

上述追问和科学史思想深刻地影响了以《化学胚胎学》著述登上科学家殿堂的英国青年李约瑟。他在1937年就开始关注中国文明与科技问题，并开展研究，有志著述一部有关中国文化区之科学、科学思想和技术的系统、客观与权威的著作。1941年，他荣获英国皇家学会会员称号，同年以中英科学合作馆馆长身份出使中国。在数载间开展了一系列中国科技史调查研究后，他否定了前人关于中国自来无科学的结论，同时提出了他著名的李约瑟问题。此后他陆续撰文至1966年完成并于1969年结集出版《文明的滴定》。同时，自1966年开始他与鲁桂珍等合作撰著宏编巨制《中国科学技术史》（英文原名《中国的科学与文明》）。

李约瑟问题是李约瑟在文章、论述、著作中不断表述不断讨论不断出现的。凝练的表达包括了两个问题："为什么现代科学没有在中国（或印度）文明中发展，而只在欧洲发展出来"以及"为什么从公元前1世纪到公元15世纪，在把人类的自然知识应用于人的实际需要方面，中国文明要比西方文明有效得多"。李约瑟问题来自东西方文明的比较，包含着丰富的世界史的内容，引起了广泛的关注和持久的研究讨论，也促使他本人孜孜不倦地将大半生都投入中国科技和文明的研究之中。弗洛里斯·科恩在其《科学革命的编史学研究》中评论说："在20世纪的学术史上，鲜有一个朴素的问题能够引出如此壮观的成果。"[46]

我们有必要看看这个问题产生的过程和它旁涉的问题，这将有益于对这一重要问题的理解。李约瑟问题，提出于20世纪30年代，1944年在演讲中表述，1964年成文《东西方的科学与社会》发表。在伦敦发表的论文《东西方的科学与社会》中，李约瑟说："大约在1938年，我开始酝酿写一部系统、客观、权威的专著，讨论中国文化区的科学、科学思想和技术的历史。当时我认为最重要的问题是：为什么现代科学没有在中国（或印度）文明中发展，而只在欧洲发展出来？不过随着时光的流逝，我终于对中国的科学和社会有所了解，我渐渐认识到还有一个问题至少同样重要，那就是：为什么从公元前1世纪到15世纪，在把人类的自然知识应用于人的实际需要方面，中国文明要比西方文明有效得多？"[47]他在文章中认为东西方这种差异和差别，不是思维缺陷造成的，而是特殊的社会文化造成的。他说："我相信，不同文化之间的巨大历史差异可以通过社会学研究来解释，而且总有一天会得到解释。当中国的科技成就像其他一切种族的文化河流一样汇入现代科学的海洋之前，我越是深入细致研究这段历史，就越是确信，科学突破只发生在欧洲与文艺复兴时期欧洲在社会、思想、经济等方面的特殊状况有关，而绝不能用中国人的思想缺陷或哲学传统的缺陷来解释。在许多方面，中国传统都比基督教世界观更符合现代科学。"[48]1954年出版《中国科学技术史》第一卷，在其中的序言中，李约瑟以前述问题为核心，密集地发出了6个疑问。他言道："中国的科学为什么会长期大致停留在经验阶段，并且只有原始型和中古型的理论？如果事情确实是这样，那么中国人又怎么能够在许多重要方面有一些科学技术发明，走在那些创造出著名的'希腊奇迹'的传奇式人物的前面，和拥有古代西方世界全部文化财富的阿拉伯人并驾齐驱，并在3世纪到13世纪之间保持一个西方科学所望尘莫及的科学知识水平？中国在理论和几何学方法体系方面所存在的弱点，为什么没有妨碍各种科学发现和技术发明的涌现？中国的这些发现和发明往往超过同时代的欧洲，特别是15世纪之前更是如此（关于这一点可以毫不费力地加以证明）。欧洲在16世纪以后就诞生了现代科学，这种科学已经被证明是形成近代世界秩序的基本因素之一，而中国文明却没有能够在亚洲产生与此相似的近代科学，其阻碍因素又是什么？从另一方面说，又是什么因素使得科学在中国早期社会中比在希腊或欧洲中古社会中更容易得到应用？最后，为什么中国在科学理论方面虽然比较落后，却能产生出有机的自然观？"[49]也就是说，李约瑟问题其实包含着整个文明史和世界史，是东西方文明全面比较研究的巨大题课。在一种基于东西方文明互相欣赏、互相借鉴、互补互动的认识论作用下，李约瑟展开了漫长的中国科技史研究。他曾经十分动情地说出自己痴迷于中国文明的原因："我很愿意把我深入考察中国哲学典籍以及中国技术发展进程的体会分享给大家。它非常令人兴奋，因为中国文化其实是唯一与我们西方文化具有同等复杂性和深刻性的伟大思想体系——至少有过之而无不及，但肯定是同等复杂……而中国文明却具有完全不同的、难以比拟的美，只有这种完全不同的文明才能激起我最深挚的爱和最深切的学习渴望。"[50]

李约瑟在系统地用现代科学技术知识考察中国古代科技成果和成就中，也得出了类似于"西学中源"的思想。他的研究方法不像明清学者重在中西典籍比较和中西天文历算学比较。他也不仅仅是乾嘉学派及其之后学者从经学向诸子学拓展。他的中国科技史范围是十分广阔的。他的《中国科学技术史》是在他去世后才由他人最终完成，他自己在世时完成7卷近30个分册的撰写，包括导论，科学思想，数学、天文学和地学，物理及相关技术，化学与相关技术，生物及相关技术，社会背景这些卷目。涉及分册撰著的具体学科有力学机械、土木工程、水利与航海、造纸与印刷、炼丹术源流、外丹及早期历史、炼丹术理论及中外比较、生理炼丹（内丹）、军事技术：火箭与攻防、火药的史诗、纺织技术、钢铁冶金、陶瓷技术、矿业、植物学及古代进化思想、农业、农工与林业、发酵与食品科学、医学、语言和逻辑等，此外还有金属、盐业、园艺等。如此系统、如此范围，与古代的研究不可同日而语。但他在方法上却与古代高度相似，即外国学者与中国学者密切合作，比如利玛窦与徐光启、伟烈亚力与李壬叔等。李约瑟的华裔合作者众多，包括王铃、鲁桂珍、钱存训、何丙郁、黄兴宗等。正是这样的研究思路和研究方法，他才会有类似"西学中源"说的说法。他说："中国、印度和欧洲—闪米特的文明是世界三大历史文明，但直到近年来，人们才开始研究中国的历史文明对科学技术的贡献。除了希腊个人的伟大思想和制度，从公元1世纪到15世纪，没有经历过'黑暗时代'的中国人总体上遥遥领先于欧洲。直到文艺复兴晚期发生科学革命，欧洲才迅速领先。但是在那之前，不仅在技术进程方面，而且在社会的结构与变迁方面，西方都受到了源自中国和东亚的发现和发明的影响。除了培根爵士所列的三项发明（印刷术、火药和磁罗盘），还有其他上百种发明，比如机械钟、铸铁法、马镫、有效挽具、卡丹环、帕斯卡三角形、弓形拱桥、运河水闸、船尾舵、纵帆航行和定量制图法等，都对社会更不安定的欧洲产生了影响，有时甚至是极为重要的影响。"[51]这里的"中源"包括了三层含义：一是中学（发明和发现）在西方是由东方传入的，西方大受其益；二是中学传入西方后被西方运用、改造、创新，成为重要科技形式；三是中学传入西方影响西方甚巨（如三大发明）。由于时代的更新，许多原来不能认识到的现象不断被人们所认识。明清时代白晋等索隐派代表人物和梅文鼎等"西学中源"说派代表人物都苦苦求之不得的传播现象越来越被人们发现源于中国且在西方历史特别是工业革命中影响甚巨。培根提到的中国三大发明改变世界历史就是这种情况。"西学中源"说被置于现代语境给予崭新叙事，其学术面貌也为之焕然一新。培根说："我们当然想看看发明的力量、优点和作用。而最明显的例子，当见于古人所不知的三大发明：印刷术、火药和磁石，其来源虽在晚近，却仍模糊不清。这三大发明已经改变了整个世界的面貌和事态，第一种在文献方面，第二种在战争方面，第三种在航海方面。由此又引出了无数变化，以致任何帝国、任何教派、任何星辰对人类事务的力量和影响似乎都不及这些机械性的发现。"[52] 马克思显然是接过培根的话重述了这个重要历史现象："火药、罗盘、印刷术——这是预兆资产阶级社会到来的三项伟大发明。火药把骑士阶层炸得粉碎，罗盘打开了世界市场并建立了殖民地，而印刷术却变成新教的工具，并且一般地说变成科学复兴的手段，变成创造精神发展的必要前提的最强大的推动力。"[53]

中国的发明和西学中源在时间上看，近代以后，都属于过去时或者已经过去的历史。有更多睿智的西方学者、科学家、思想家从这一现象中厘清了西方何以胜出、何以创造近代科学的根本原因，从而为西方认识自己、坚定西方自信提供了参照和说明。比如，爱因斯坦说："西方科学的发展基于两项伟大的成就：希腊哲学家发明了形式逻辑体系（在欧几里得几何学中），以及（在文艺复兴时期）发现可以通过系统实验找出因果关系。在我看来，中国的贤哲没有走出这两步，那是用不着惊奇的。令人惊奇的倒是，这些发现竟然被做出来了。"[54] 这个认识在许多西方学者中都有共识，可谓是"西学西源"说，当然，它也是从东西比较中获得的认识。李约瑟对这个思想过程进行了梳理。他引用吉利斯皮的话再次抛出这个话题，然后将它纳入自己的问题研究，试图为中国科技和科技史做出一番全新的解读。吉利斯皮说："爱因斯坦曾经说过，我们不难理解为何中国或印度没有创造出科学。问题应该是，为什么欧洲竟然创造出了科学，因为科学是一种极为费力而未必能够成功的事业。答案在于希腊。科学最早源于希腊哲学的遗产。诚然，埃及人发展了土地测量技术，并以卓越技巧做了些外科手术。在运用数值来预测行星位置方面，巴比伦人也极富巧思。但任何东方文明都无法超越技术或魔法去好奇一般的事物。在希腊人的一切思想成果中，最出乎预料、最新颖的恰恰是他们把宇宙理性地构想成一个受法则支配的有秩序的整体，这些法则可以在思想中去发现。"[55] 李约瑟对此展开了为东方的辩解，他以"新科学在旧世界的起源"为题，从东方的数学史、托勒密天文学的失误、现代科学的基石并不是仅在几何学、科学实验与观察的东方起源与西方起源比较等探讨现代科学的发生学难题,对西方"西学西源"共识提出疑问。他的结论是:"我们最好承认亚洲人也曾帮助奠定了中世纪数学和所有科学的基础,从而为西方人在文艺复兴时期有利的社会经济环境下实现决定性的突破做好准备。当然,我们最好更加关注这些非欧洲文明的历史与价值观,事实上,这些文明的高贵和启发性绝不在欧洲文明之下。那么让我们放弃那种思想上的傲慢,不再吹嘘什么'我们是生来就有智慧的民族'。让我们以现代科学诞生于欧洲而且只诞生于欧洲这个无可否认的历史事实为荣,但不要借此而要求一种永久的专利。因为在伽利略时代诞生的乃是一位普遍的守护神,是不分种族、肤色、信仰、地域的全人类的有益启蒙。所有人都有资格,都能参加。是现代的普遍科学!不是西方科学!"[56]

注释

[1] 康熙:《三角形推算法论》,载《圣祖仁皇帝御制文集》第三集,卷十九,第7—8页。

[2] 《大清圣祖仁皇帝庭训格言》,清光绪二十三年(1897)刻本,第50页。

[3] 尚智丛:《传教士与西学东渐》,山西教育出版社2012年版,第29—30页。

[4] 《康熙朝汉文朱批奏折汇编》第8册,档案出版社1985年版,第1171页。

[5] 梵蒂冈教廷图书馆Borgia Cinese,317(4)fol22。转引自韩琦《白晋的〈易经〉研究和康熙时代的"西学中源"说》,载台湾《汉学研究》第16卷第1期,第195页,1998年6月。

[6] 转引自陈乐民《中西之交》,北京出版社2017年版,第87页。

[7] 中国第一历史档案馆编:《康熙朝满文朱批奏折全译》,中国社会科学出版

社 1996 年版，第 725 页。

[8] 清《圣祖仁皇帝实录》卷二四八，康熙五十年十月辛未。

[9] 韩琦：《通天之学：耶稣会士和天文学在中国的传播》，生活·读书·新知三联书店 2018 年版，第 247—248 页。

[10] 韩琦：《通天之学：耶稣会士和天文学在中国的传播》，生活·读书·新知三联书店 2018 年版，第 97 页。

[11] 梅文鼎：《绩学堂诗钞》卷四《雨坐山窗》(1706)。

[12] 《御制文第三集》卷一九，第 9 页。见《四库全书总目提要》，康熙三十七年至五十年(1698—1711)。

[13] 《清圣祖实录》卷二四五，第 431 页。

[14] 转引自韩琦《通天之学：耶稣会士和天文学在中国的传播》，生活·读书·新知三联书店 2018 年版，第 115 页。

[15] 转引自北京大学哲学系外国哲学史教研室编译《古希腊罗马哲学》，生活·读书·新知三联书店 1957 年版，第 344 页。另见[英]罗素，《西方哲学史》(上卷)何兆武、[英]李约瑟译，商务印书馆 1963 年版，第 305—319 页"伊壁鸠鲁派"。

[16] [德]马克思：《德谟克利特的自然哲学和伊壁鸠鲁的自然哲学的差别》，《马克思恩格斯全集》(第 1 卷)，人民出版社 1995 年版，第 35 页。

[17] [意]利玛窦：《利玛窦书信集》，文铮译，[意]梅欧金校，台湾光启出版社 1986 年版，第 358 页。另见利玛窦《利玛窦书信集》，文铮译，[意]梅欧金校，商务印书馆 2018 年版，第 295 页。

[18] [意]利玛窦：《利玛窦书信集》，文铮译，[意]梅欧金校，商务印书馆 2018 年版，第 294—296 页。

[19] [德]G. G. 莱布尼茨：《中国近事》，[法]梅谦立、杨保筠译，大象出版社 2005 年版，第 1 页。

[20] 徐光启：《徐光启集》，王重民辑校，上海古籍出版社 1984 年版，第 374—378 页。

[21] [德]G. G. 莱布尼茨：《论中国哲学——致尼古拉·戴·雷蒙的信》，转引自朱雁冰《耶稣会与明清之际中西文化交流》(附录)，浙江大学出版社 2014

年版，第 330 页。

[22] 转引自方豪《中国天主教史人物传》，中华书局据香港公教真理学会、台湾光启出版社 1970 年版影印，第 74—75 页。

[23] 转引自尚智丛《传教士与西学东渐》，山西教育出版社 2012 年版，第 14 页。

[24] 以上均见徐光启《简平仪说序》，引自徐宗泽《明清间耶稣会士译著提要》，中华书局 1989 年版，第 271—272 页。

[25] 转引自陈卫平、李春勇《徐光启评传》，南京大学出版社 2006 年版，第 159 页。

[26] 转引自李志军《西学东渐与明清实学》，巴蜀书社 2004 年版，第 159 页。

[27] ［美］魏若望：《法国入华耶稣会士傅圣泽对中国的研究》，载［法］谢和耐、戴密微等《明清间耶稣会士入华与中西汇通》，耿昇译，东方出版社 2011 年版，第 326 页。

[28] ［美］魏若望：《法国入华耶稣会士傅圣泽对中国的研究》，载［法］谢和耐、戴密微等《明清间耶稣会士入华与中西汇通》，耿昇译，东方出版社 2011 年版，第 329 页。

[29] 方以智：《浮山文集后编》卷二，见《清史资料》第六辑，中华书局 1985 年版。

[30] 王锡阐：《历策》，《畴人传》卷三十五。

[31] 梅文鼎：《历学疑问补》卷一。

[32] 潘吉星：《中外科学技术交流史论》，中国社会科学出版社 2012 年版，第 98 页。

[33] 转引自韩琦《通天之学：耶稣会士和天文学在中国的传播》，生活·读书·新知三联书店 2018 年版，第 122 页。

[34] 梁启超：《中国近三百年学术史》，江苏人民出版社 2015 年版，第 146 页。

[35] 戴震：《戴震全书》（第 2 册），黄山书社 1994 年版，第 274 页。

[36] 戴震：《戴震全书》（第 6 册），黄山书社 1994 年版，第 371 页。

[37] 杭世骏：《道古堂集·梅定九徵君传》，转引自许苏民《比较文化研究史》，云南人民出版社 1992 年版，第 481 页。

[38] 见《虞初新志·黄履庄传后》，转引自许苏民《比较文化研究史》，云南人民出版社 1992 年版，第 481 页。

[39] 梁启超：《中国近三百年学术史》，江苏人民出版社 2015 年版，第 337 页。

[40] 梁启超：《中国近三百年学术史》，江苏人民出版社 2015 年版，第 336—337

页。梁文中提及人物均为清时著名数学家。李壬叔除自著数学著作外,还曾与伟烈亚力合译《几何原理》全本15卷中的后9卷,弥补了利玛窦、徐光启仅译其前6卷的不足。

[41] 参见韩琦《十七、十八世纪欧洲人对中国科学停滞原因的分析》,载刘钝、王扬宗主编《中国科学与科学革命:李约瑟难题及其相关问题研究论著选》,辽宁教育出版社2002年版,第70页。

[42] 怀特海、魏复光语,均转引自陈方正《继承与叛逆——现代科学为何出现于西方》(上),生活·读书·新知三联书店2011年版,第14页。

[43] 陈方正:《继承与叛逆——现代科学为何出现于西方》(上),生活·读书·新知三联书店2011年版,第15—16页。

[44] [德]卡尔·雅斯贝斯:《论历史的起源与目标》,李雪涛译,华东师范大学出版社2018年版,第74页。

[45] [德]卡尔·雅斯贝斯:《论历史的起源与目标》,李雪涛译,华东师范大学出版社2018年版,第81页。

[46] [荷兰]H.弗洛里斯·科恩:《科学革命的编史学研究》,张卜天译,湖南科学技术出版社2012年版,第542页。

[47] [英]李约瑟:《文明的滴定》,张卜天译,商务印书馆2016年版,第176页。

[48] [英]李约瑟:《文明的滴定》,张卜天译,商务印书馆2016年版,第177页。

[49] [英]李约瑟:《中国科学技术史》,《中国科学技术史》翻译小组译,科学出版社1975年版,第3页。

[50] [英]李约瑟:《文明的滴定》,张卜天译,商务印书馆2016年版,第164页。

[51] [英]李约瑟:《文明的滴定》,张卜天译,商务印书馆2016年版,第1页。

[52] 转引自[英]李约瑟《文明的滴定》,张卜天译,商务印书馆2016年版,第51页。

[53] [德]马克思:《机器、自然力和科学的应用》,载《马克思恩格斯全集》(第3卷),人民出版社1995年版,第207页。

[54] 转引自[英]李约瑟《文明的滴定》,张卜天译,商务印书馆2016年版,第32页。

[55] 转引自[英]李约瑟《文明的滴定》,张卜天译,商务印书馆2016年版,第

31页。

[56]　［英］李约瑟:《文明的滴定》,张卜天译,商务印书馆2016年版,第43页。

编七

何谓东方或何谓西方

1

2

3

1、2、3　今日珍珠港

4　夏威夷珍珠港战争纪念馆
5　珍珠港战争的痕迹
6　夏威夷的土著记忆
7　夏威夷的中国影像
8　夏威夷的历史图景
9　夏威夷的日本影像
10　夏威夷街景
11　美军珍珠港阵亡者名录墙

UNITED STATES NA

**TO THE MEMORY OF THE GALLA
HERE ENTOMBED AND THEIR SH
WHO GAVE THEIR LIVES IN
ON DECEMBER 7, 1941 ON THE U.S.S.**

	M. V. PEERY	S1c	D. A. ROT...		G. W. SUTTON	S1c	L. J. WILLETTE	S1c
COX	M. PELESCHAK	EM1c	S. R. SAMPSON	RM1c	C. E. SWISHER	OC1c	A. D. WILLIAMS	MUS2c
MSMTH	J. A. PELTIER	S1c	M. K. SANDALL	SF1c	H. SYMONETTE		C. R. WILLIAMS	S1c
MATT1c	H. L. PENTON	F1c	E. T. SANDERS	ENS			G. W. WILLIAMS	RM3c
	G. E. PERKINS	FC1c	J. H. SANDERSON	MUS2c	V. C. TAMBOLLEO	SF1c	J. H. WILLIAMS	ENS
S1c	A. H. PETERSON, Jr.	FC1c	T. S. SANFORD	F1c	R. A. TANNER	GM1c	L. "A" WILLIAMS	MATT1c
S1c	E. V. PETERSON	FC1c	F. SANTOS	OC1c	E. C. TAPIE	MM2c	W. D. WILLIAMSON, Jr.	RM2c
SF1c	H. W. PETERSON	S2c	W. F. SATHER	PMKR1c	L. R. TAPP	GM3c	R. K. WILLIS, Jr.	S1c
MUS2c	R. E. PETERSON	CRM	W. S. SAVAGE, Jr.	ENS	J. TARG	CWT	B. M. WILSON	RM1c
S1c	C. R. PETTIT	S1c	T. SAVIN	RM2c	A. G. TAYLOR	MATT1c	C. A. WILSON	CBM
F1c	J. J. PETYAK	S1c	M. SAVINSKI	S1c	C. B. TAYLOR	EM1c	H. W. WILSON	F2c
F2c	G. E. PHELPS	S1c	J. SCHDOWSKI	S1c	H. T. TAYLOR	GM2c	J. J. WILSON	CHMACH
S1c	J. R. PHILBIN	EM1c	G. A. SCHEUERLEIN	GM1c	R. D. TAYLOR	COX	N. M. WILSON	RM1c
S2c	H. L. PIKE	S1c	E. SCHILLER	MM1c	C. M. TEELING	CPRTR	R. M. WILSON	GM1c
BM1c	L. J. PIKE	S2c	E. P. SCHLUND	S1c	A. R. TEER	EM1c	P. E. WIMBERLEY	MACH
S2c	A. W. PINKHAM	GM1c	V. J. SCHMIDT	BKR1c	R. C. TENNELL	F2c	E. WINTER	CMM
WT1c	W. G. PITCHER	S1c	H. A. SCHRANK	BM1c	J. R. TERRELL	S1c	F. P. WOJTKIEWICZ	ENS
MATT1c	E. L. POOL	S1c	H. SCHROEDER	SK1c	R. THEILLER	COX	G. A. WOLF, Jr.	BM2c
F1c	R. E. POOLE	CMM	H. L. SCHUMAN	EM1c	H. O. THOMAS	S1c	H. B. WOOD	S1c
MM1c	D. A. POST	S1c	J. SCHURR	SF2c	R. J. THOMAS	F1c	H. V. WOOD	F1c
WT1c	G. POVESKO	S1c	H. H. SCILLEY	S2c	S. H. THOMAS	COX	R. E. WOOD	S1c
WT2c	T. G. POWELL	RM2c	A. J. SCOTT	MUS2c	V. D. THOMAS	S1c	V. W. WOODS	S2c
S1c	W. H. PRESSON	S1c	J. L. SCRUGGS	F1c	C. L. THOMPSON	S1c	W. A. WOODS	MM2c
S2c	A. E. PRICE	SK1c	R. O. SEAMAN	S1c	I. E. THOMPSON	SC1c	A. A. WOODWARD	S2c
F1c	R. L. PRITCHETT, Jr.	SF1c	W. E. SEELEY	S1c	R. G. THOMPSON	S1c	H. F. WOODY	CWT
SK1c	E. L. PUCKETT	SC1c	C. C. SEVIER	S1c	J. C. THORMAN	EM2c	N. B. WOOLF	S2c
SK1c	J. PUGH, Jr.	S1c	W. A. SHANNON	GM1c	G. H. THORNTON	GM1c	E. H. WRIGHT	S1c
	A. B. PUTNAM		H. R. SHARBAUGH	MM1c	R. R. TINER	F2c	R. L. WYCKOFF	F1c
SF1c	E. PUZIO		L. P. SHARON	S1c	W. E. TISDALE	CWT		
MUS1c	M. J. QUARTO	MATT1c	C. D. SHAW	S1c	T. E. TRIPLETT	S1c	E. E. YATES	SC1c
FC2c	J. S. QUINATA		R. K. SHAW	MUS2c	T. TROVATO	S1c	C. YEATS, Jr.	COX
SM1c	N. J. RADFORD	MUS1c	G. R. SHEFFER	S1c	R. E. TUCKER	COX	F. P. YOMINE	F2c
S1c	A. S. RASMUSSEN	CM1c	W. J. SHERRILL	Y1c	E. E. TUNTLAND	S1c	E. R. YOUNG	ENS
S1c	G. V. RASMUSSON	F1c	R. S. SHERVEN	EM1c	J. M. TURNIPSEED	F1c	G. R. YOUNG	S1c
S2c	W. RATKOVICH	WT1c	H. E. SHIFFMAN	RM1c	L. H. TUSSEY	EM1c	J. W. YOUNG	S1c
SC2c	G. D. RAWHOUSER	F1c	P. E. SHILEY	S1c	R. TYSON	FC1c	V. L. YOUNG	WT1c
S1c	C. J. RAWSON	BM1c	M. I. SHIMER	S1c				
BM1c	H. J. RAY	BM2c	M. H. SHIVE	RM1c	A. C. UHRENHOLDT	ENS	J. V. ZEILER	S1c
CTC	C. REAVES	S1c	B. F. SHIVELY	F1c			S. A. ZIEMBICKI	S1c
F1c	C. C. RECTOR	SK3c	I. SHORES, Jr.	S1c	R. D. VALENTE	GM1c	F. ZIMMERMAN	COX
S1c	J. J. REECE	S2c	M. J. SHUGART	S1c	G. W. VAN ATTA	MM1c	L. M. ZIMMERMAN	S2c
TC1c	J. B. REED, Jr.	SK1c	D. D. SIBLEY	S1c	J. R. VAN HORN	S2c	M. ZWARUN, Jr.	S1c
S2c	R. E. REED	S2c	R. L. SIDDERS	S1c	F. VAN VALKENBURGH	CAPT		
EM1c	P. J. REGISTER	LCDR	J. H. SIDELL	GM2c	COMMANDING OFFICER			
S1c	J. M. RESTIVO	Y2c	J. SILVEY	MM1c	B. VARCHOL	GM1c		
EM1c	E. A. REYNOLDS	S2c	W. H. SIMON	S1c	W. F. VAUGHAN	PHM2c		
CM2c	J. F. REYNOLDS	S1c	A. E. SIMPSON	S1c	G. E. VEEDER	S1c		
S1c	B. R. RHODES	F2c	H. L. SKEEN	S1c	G. S. VELIA	SM1c		
ENS	M. A. RHODES	S2c	C. J. SKILES, Jr.	S1c	A. E. VIEIRA	S1c		
GM1c	W. A. RICE	S1c	E. SKILES	S2c	W. A. VOJTA	S1c		
S1c	C. E. RICH	S1c	E. C. SLETTO	MM1c	A. A. VOSTI	GM1c		
	W. J. RICHARDSON	COX	J. G. SMALLEY	S1c				
FC1c	F. L. RICHISON	GM1c	G. D. SMART	COX	M. J. WAGNER	SC2c	UNITED STATES	
FC1c	A. W. RICHTER	COX	H. H. SMESTAD	RM2c	S. A. WAINWRIGHT	PHM1c	MARINE CORPS	
GM2c	G. A. RICO	S1c	A. J. SMITH	LTJG	W. L. WAIT	S1c		
S1c	E. E. RIDDELL	S1c	E. SMITH, Jr.	ENS	B. WALKER	S2c		
S2c	F. RIGANTI	SF2c	E. SMITH	GM1c	H. O. WALLACE	WT1c	L. D. AMUNDSON	PVT
S2c	G. H. RIGGINS	F1c	E. W. SMITH	FC1c	J. F. WALLACE	S1c	J. C. ATCHISON	PVT
S2c	F. U. RIVERA	MATT2c	H. SMITH	S2c	R. L. WALLACE	F1c	G. R. BAILEY	PFC
ENS	D. F. ROBERTS	F1c	J. A. SMITH	SF1c	R. H. WALLENSTIEN	S1c	J. BARAGA	SGT
S2c	K. F. ROBERTS	BM1c	J. E. SMITH	S1c	C. A. WALTERS	S2c	D. W. BARTLETT	CPL
S2c	M. T. ROBERTS	CPHM	L. K. SMITH	S1c	W. S. WALTERS, Jr.	FC1c	F. BEATON	PVT
ENS	W. C. ROBERTS	BKR1c	M. L. SMITH	S1c	E. A. WALTHER	FC1c	A. D. WALTON	Y2c
S2c	W. F. ROBERTS	S2c	M. R. SMITH	S1c	A. L. WARD	S1c		
PHM1c	W. S. ROBERTS, Jr.	RM1c	O. S. SMITH	ENS	W. E. WARD	COX		
S2c	E. ROBERTSON, Jr.	MATT1c	W. T. SMITH	MATT2c	L. L. WATKINS	F2c		
S2c	J. M. ROBERTSON	MM1c	H. M. SOENS	SC1c	W. L. WATSON	S1c		
SK2c	H. T. ROBINSON	S2c	J. F. SOOTER	RM2c	S. M. WATTS	HA1c		
	J. J. ROBINSON	EM1c	H. E. SORENSEN	S1c	V. E. WATTS	GM1c		
	J. W. ROBINSON		C. B. SOUTH	S1c	R. W. WEAVER	S2c		
	R. W. ROBINSON	PMH1c	M. J. SPENCE	F1c	H. D. WEBSTER	S2c		
	R. A. ROBY	S1c	R. L. SPREEMAN	GM1c	C. A. WEEDEN	ENS		
	J. D. RODGERS	S1c	C. H. SPRINGER	S2c	W. P. WEIDELL	S2c		
	H. T. ROEHM	MM2c	K. B. STALLINGS	F1c	L. F. WELLER	CSK		
	T. S. ROGERS	CWT	C. STARKOVICH	EM1c	F. A. WELLS	RM2c		
	S. ROMANO	OC1c	J. STARKOVICH, Jr.	F2c	H. A. WELLS	SF2c		
	D. R. ROMBALSKI		A. P. STAUDT	S1c	R. V. WELLS, Jr.	S1c		
	V. M. ROMERO	S1c	J. P. STEFFAN	BM2c	R. C. ERS...			
	M. L. ROOT	S1c	L. L. STEIGLEDER	COX	W. B. WELLS	S1c		
	C. C. ROSE	BM1c	L. D. STEINHOFF	S1c	B. F. WEST	S1c		
SC2c	O. A. ROSENBER	SF2c	W. W. STEPHENS	EM1c	W. P. WEST	S1c		
	D. L. ROSS	S2c	H. D. STEPHENSON	S1c	W. P. WESTCOTT, Jr.	S1c		
BM1c	W. F. ROSS	GM1c	J. H. STEVENS	S1c	I. A. W...RFIELD	S1c		
BM1c	E. J. ROWE	S1c	T. R. STEVENS	AMM2c	D. ...VES... IN	F1c		
BKR1c	F. M. ROWELL	S2c	T. L. STEWART	SC1c	F. ...WESE...LUND	BM2c		
SF1c	W. N. ROYALS	F1c	G. F. STILLINGS	F1c	...WHE...KER, Jr.	S1c		
OS2c	H. D. ROYER	GM1c	H. W. STOCKMAN	FC1c	E. WHI...COMB	EM1c		
S1c	J. F. ROZAR	WT2c	L. A. STOCKTON	S2c	...W. WHI...	S1c		
S1c	J. S. ROZMUS		W. E. STODDARD	S1c	V. D. WHI...	S1c		
S2c	C. R. RUDDOCK	FC1c	J. J. STOPYRA	RM1c	V. R. WHI...			
	W. RUGGERIO	BUG1c	L. Y. STORM	Y...	U. L. WHI...HEAD, Jr.			
	R. G. RUNCKEL		C. O. STRANGE		P. M. WHI...OCK			
	N. RUNIAK		J. R. STRATTON	S1c	E. H. WHI...ON, Jr.			
	R. P. RUSH		W. A. SUGGS	S1c				

12

13

14

15

16

17

18

19

20

7

12　日本风景
13　日本奈良影像
14　乡土日本
15　日本的庙宇
16　日本的信仰民俗
17　日本的风俗

18　日本浮世绘
19　日本浮世绘
20　日本绘画中的航海图

第十五章

日本文明的东西徘徊与文化的契机和楔子

一、问题：日本是东方还是西方

日本地处欧亚大陆东部最边缘的日本列岛，是东亚之更东，欧亚大陆外围的岛国。它属于东方，属于最东方都是毫无疑义的。如果说在地理上它有"西方"的含义，那也只是它处在太平洋的西部而已。但是在文明和文化上，日本却在其明治维新以后进入了西方阵营，成为一个身在东方，其文明程度、文明形态却在西方的国家，所谓"身在曹营心在汉"就是指的日本的这种状况。这一点，一百多年前就表现出来并且被西方人、中国人、日本人都看出来了。让我们看看以下历史资料中的史实。

1876年，美国庆祝独立100周年，在各种庆典活动中，有一项是最隆重盛大的，那就是在费城举办的百年庆典博览会。其中除美国自己的参展布展外，还有25个国家应邀参展，展示的是各自国家的风情特色、发展成就。800万人参观了展览，占当时美国全国人口的五分之一，这个展览可谓盛况空前。"在这次博览会上，美国机器攫住了中央舞台，实至名归。威廉·迪安·豪威尔斯参观美国机器展品后评论说：'我们的机器质量上乘，优雅、实用和精巧一望而知，在这些钢铁机器的身上，公民的天才得到最自由的表达。'"[1] 在这次博览盛典中，中、日两国的展馆毗邻。中国馆广泛吸引了眼球，是最受欢迎的展馆之一；而日本馆展示了日本正在世界舞台上迅速上升的强劲的发展势头。来自展览现场的记者报道是这样描述的："日本馆和中国馆并排紧邻。如此，最古老的东方帝国就和西方进步的最新势头形成鲜明的对比。这里是蹒跚的古老中国，她的大多数展品未开箱（中国馆展场太小，中国的720个箱子展品很多不能展出，中国布展又进场太晚，布展匆忙，故记者有此状写——引者注）。商品主要是瓷器。中国的表征就是瓷器……在1776年，甚至在更早的1476年，也许她能走这样的路线罢……与日本的抱负、奋进和进步相比，这是多大的反差呀！日本准备好了，显然她急于露面让人看……在通道这边，一切都生机勃勃；在那一边，杏眼的天朝人自孔夫子以来几乎没有学到什么东西。"[2] 美国、中国、日本，一个代表西方，一个代表东方，一个代表亦东亦西或非东非西。它们预示着全球化时代格局中的组成元素和各自微妙的关系。日本的亦东亦西或非东非西从日本人在博览会上的衣着服饰表现了出来。众多的记者中，又有敏锐的记者发现了这个文化或文明上的细节及其寓意的象征："'幸福岛'的参展人与邻馆的'华夏王国'的参展人……形成了奇怪的反差。日本人的服装和美国人一样，举止够绅士派头，看上去很愉快，大多数操流利英语。中国人的丝袍颇有女人味，他们蓄长辫，几乎不说英语。日本人是进步的蒙古人，中国人是坚定的保守派。看见他们在相邻的展馆里又像又很不像，觉得很怪。这说明，天性固然重要，冲动的方向更重要。日本必然会越来越进步，中国必然会越来越保守。即使在我们建国百年的时候，中国废除与外国签署的条约，关闭通商口岸，那也不会太令人吃惊。"[3] 西方记者从同属蒙古人种的中国人和日本人看见了相同和同类，他们又从两国参展人一穿中式民族服装、一穿西式西服看见了不同，并且从后者又看见了日本人与西方国家美国人的相同之处。他们从这些相同和不相同的交叉互换中评价了进步与落后、开放和保守、正常与奇怪。中日形成一对奇怪的存在和对比，而这种服装变化和不变引起的奇怪对比，变化（不着民族服装）者被视为正常得到褒赞，不变（坚持民族服装）者则被视为不正常遭到冷嘲热讽。显然，日本的东西跨界和兼容成为人类文明史和文明交流发展中的一种特别值得研究的现象。

长期以来，日本作为与中国一衣带水的邻国，其历史、文化、经济、社会、风俗、宗教、信仰、哲学，中国文化人都是心知肚明的。明治维新以后日本的各种变化也受到中国人的密切关注，引起思考。日本人改着西服现象也受到特别关注。在美国100年庆典博览会的前一年1875年，中国清朝重臣直隶总督兼北洋大臣李鸿章就与日本驻华公使森有礼深入询问过此问题。是年年底，森有礼前往保定拜访李鸿章，二人就日本易服进行了论辩。虽然西方记者的上述中日服饰问题的报道比这个对话晚了大半年，但这个对话依然可以看作是其问题的一个解释或回答。对话内容如下：

李：对于近来贵国所举，很为赞赏。独有对贵国改变旧有服装，模仿欧风一事感到不解。

森：其原因很简单，只需稍加解释。我国旧的服制，正如阁下所见，宽阔爽快，极适于无事安逸之人，但对于多事勤劳之人则不完全合适，所以它能适应过去的情况，而于今日时势之下，甚感不便。今改旧制为新式，对我国裨益不少。

李：衣服旧制体现对祖先遗志的追怀之一，其子孙应该珍重，万世保存才是。

森：如果我国的祖先至今尚在的话，无疑也会做与我们同样的事情。距今一千多年前，我们的祖先看到贵国的服装优点就加以采用。不论何事，善于学习别国的长处是我国的好传统。

李：贵国祖先采用我国服装是最贤明的。我国的服装织造方便，用贵国原料即能制作。现今模仿欧服，要付出莫大的冗费。

森：虽然如此，依我等观之，要比贵国的衣服精美而便利。像贵国头发长垂，鞋大且粗，不太适应我国人民，其他还有很多事不能适应。关于欧服，从不了解经济常识的人看来，虽费一点，但勤劳是富裕之基，怠慢是贫枯之源。正如阁下所知，我国旧服宽大但不方便，适应怠慢而不适应勤劳。然而我国不愿意怠慢致贫，而想要勤劳致富，所以舍旧就新。现在所费，将来可期得到无限报偿。

李：话虽如此，阁下对贵国舍旧服仿欧俗，抛弃独立精神而受欧洲支配，难道一点不感到羞耻吗？

森：毫无可耻之处，我们还以这些变革感到骄傲。这些变革决不是受外力强迫的，完全是我国自己决定的。正如我国自古以来，对亚洲、美国和其他任何国家，只要发现其长处就要取之用于我国。

李：我国决不会进行这样的改革，只是军器、铁路、电信及其他器械是必要之物和西方最长之处，才不得不采之外国。

森：凡是将来之事，谁也不能确定其好坏，正如贵国四百年前（指清军入关——引者注）也没有人喜欢现在这种服制。

李：这是我国国内的变革，决不是用欧俗。

森：然而变革总是变革，特别是当时贵国强迫作这种变革，引起贵国人民的忌嫌。[4]

这场对话由服饰问题涉及中日文化的古今东西问题，也鲜明地显示出中日两国对待西方文明完全不同的态度和选择。森有礼对中国的明清之变及其易服变制给予了冷嘲热讽，借以说明变化是普遍现象。他还申明日本的变革有历史传统，所以变才是维护传统而不变则是断绝传统，这与中国的想法和做法都大相径庭。虽然日本的变革其实是被动、无奈和被迫的，但是也是主动地适应历史潮流的果断抉择，所以其国民不以为耻反以为荣，在这一点上日本的确是以实用主义和保种保国的态度无问东西的。其实，此中反映出来中国和日本是具有巨大不同国情的两个国家，不能因为同处亚太地区、同在一个东方文明范畴就"一视同仁"。大航海带来的全球化冲击，是三千年未有之大变局，如何应对，都是面临着生死存亡的大考，东西身份较之生死存亡退而居其次了。

二、西方发现日本与日本发现西方

偏安一隅的日本，如果只是简单地从世界地理和国土面积来看，几乎就是微不足道的。但是在全球化历史和世界近代史以来，日本却成为一个巨大的存在，这里有着独特的历史叙事逻辑。

就像世界史、全球史是被马可·波罗及其游记启示和启动的一样，日本进入西方和世界视野也是《马可·波罗游记》的功绩。在游记中，中国和日本一起被记录并惊艳世界。日本虽小，但它在游记中的样貌因为金碧辉煌、黄金遍地，成为冒险家的向往之地和探险乐园。在游记第三卷，马可·波罗用三个小节记述了日本群岛的情况，包括"日本岛和大汗对它的攻击""大汗远征军的结局""日本岛所崇拜的众多偶像的特点和喜欢吃人肉的居民"（梁生智译本）。他说："日本是东洋的一个海岛，位于距大陆或蛮子（指中国南方地区——引者注）海岸一千五百英里的海上。这个岛的面积很大，居民面目清秀、体格健壮、举止文明、崇拜偶像。他们不受任何外国势力的控制，只受自己君王的统治。他们的黄金产量极其丰富，不过君王从不让黄金任意输出。……曾经到过这个国家的人告诉我们，该国皇帝的宫殿极其富丽堂皇，简直是一个奇景。这些宫殿的屋顶全是用金箔覆盖的，和我们用铁皮盖屋顶，更恰当地说，盖教堂一样。宫殿的天花板也同样是用黄金做成的，许多房间内都摆有很厚的纯金小桌，窗户也用黄金装饰，这个皇宫的豪华程度简直无法用笔墨形容。这个岛上还盛产珍珠，是淡红色的，圆形，体积很大。它的价值与白珍珠相等，有的甚至还要高于白珍珠。……大家应当知道，日本岛所在的海叫作秦（中国）海。这个东方的海十分广阔，据有经验的海盗和时常来往的水手——他们应该知道情况——的叙述，这个海所包括的岛屿不下七千四百四十个，其中绝大部分都有人居住。据说岛上生长的树木没有一种不发出香味的。这些岛出产多种香料和药材，特别是泻药和大量黑白两色的胡椒。这些岛上的金子和其他物品的数量简直无法估量，但它们与大陆相距甚远，航程中有诸多麻烦与不便。"[5]日本和中国海诸岛被马可·波罗描绘成黄金遍地，珍珠、香料、药材也是唾手可得。哥伦布对日本的黄金垂涎欲滴，他将其视为中国之行的首先抵达之目标。当他抵达美洲大陆以为到了东方的中国边缘时，还曾把古巴误认为他心目中的日本。

麦哲伦继哥伦布之后完成环球航行，中国和日本的地理位置得以确定和确认。随之而来的是全球贸易和耶稣会士的东方传教活动。于是东方特别是中国和日本的物产、珍宝、香料、丝绸、陶瓷、艺术品等不断涌入西方，直至形成久盛不衰的"中国风"和弥漫西方文化的东方情趣。由于中国明王朝中晚期以来一直实行严格的海禁政策，登陆中国大陆开展贸易和传教都困难重重，日本于是成为西方船舰登陆的重要选择。1549年之前，当时称雄世界海洋的葡萄牙船只已经到过日本海岸。1549年，著名的耶稣会教士方济各·沙勿略从鹿儿岛登陆日本。由于发现日本文化与中国文化的亲密关系，他意识到基督教要进入东方，必须首先进入中国。但中国对外国人管控严格，1552年他离开日本来到广东的上川岛，在这里等待进入中国大陆的机会，最终依然未能如愿，因病客死上川岛。1568年，葡萄牙耶稣教会取得日本统治者织田信长的支持，在日本稳固地建立组织开展传教活动。但到1598年，德川家康执掌大权，允许西方传教的态度开始反转。1605年，德川秀忠继任幕府将军后，开始了对基督教的残酷迫害。1639年，日本也对外关闭了开放之门，除了荷兰人得到例外保留交往外，其余所有的外国人都被驱逐出日本。荷兰人之所以例外，是因为荷兰所设的东印度公司将主要的远东扩张活动放在了东印度群岛，这使日本觉得并未受到威胁，但是日本也于1641年将荷兰商人迁入长崎港湾里的出岛居住，使这里成为后来200年日本与外界的联系点。荷兰是继葡萄牙人和西班牙人之后在东亚竞争角逐中胜出的西方国家。荷兰的舰队1600年就抵达中国广东，虽然西班牙和葡萄牙联军阻止荷兰人开拓常规的贸易路线，但他们还是逐步落脚澎湖列岛、台湾岛，开始同中国和日本人商贸往来，后来设法垄断了日本的贸易。17世纪后期和18世纪，除了大量的中国商品，所有运往欧洲的日本瓷器和漆器都是荷兰人的功劳。也是在这个过程中，西方从原来只知东方印度，逐渐知道了东方中国，又知道了东方日本。特别是将中国和日本逐渐认识到是两个国家，正是此间荷兰与日本贸易所起的客观作用。在16、17世纪，东方文物风靡欧洲，其中，皇室和贵族无不以拥有昂贵价格买来的最精巧的中国陶瓷、最精美的日本漆器、最精细的印度纺织品为炫耀。比如，1614年，"丁香号是第一艘（实为唯一一艘）从日本返回的英国船只，船上装载的货物十分丰富，包括'日本器皿、写字台、大衣箱、屏风、茶杯以及各种各样光泽极佳的碟子'……'小衣箱，或者是用镀了金或内嵌珍珠母的日本材料做的、有各种各样抽屉和匣子的柜子'。"[6]日本漆器是欧洲"东方风"中的醒目标志之一，日本也因此从模糊的笼统的"东方"概念中被西方辨识出来。由于风行一时，荷兰不得不仿制日本漆器供应欧洲。艺术史家对此这样描述："在17世纪后期和18世纪初期的欧洲，人们对真漆家具的爱好已是非常普及。但与那些受法国影响的装饰不同，这种家具罕见地出自荷兰。在整个17世纪的后期，荷兰都在大张旗鼓地开发远东贸易，并想获得直接从日本进口漆器到欧洲的实际垄断权（顺便提一下，这种漆器要比从中国来的漆器品质高出许多）。但是，进口尚不足以满足需求。荷兰漆工（日本漆的漆工）发现了一个需要仿制品的现成的市场，而且他们早在世纪之初就开始为这个市场进行生产了。同其他任何一个欧洲国家的产品相比，17世纪末18世纪初制作的荷兰漆器在质地和图案上更接近原物，有时东方学家也很难将它同来自日本的'出口'漆器区别开来。甚至有人提出，日本漆工可能被引进到了荷兰，以训练当地的工匠。"[7]

与日本漆器漆艺在世界或西方齐名的日本艺术是日本的绘画艺术浮世绘。浮世绘不仅是江户时代最有特色的绘画，而且还由于它对西方现代美术的影响而闻名世界，在西方甚至被作为整个日本绘画的代名词。从制作上看，浮世绘分为两种：木版画和肉笔画。前者是刻制印刷而成，后者是手绘而成。江户时代的人们更珍惜比版画产量小的肉笔画，也留下许多优秀作品。但是，浮世绘之所以能在长达两个世纪以上的时间内保持旺盛的生命力，很大程度上是因为在木版画这一未开拓的领域中追求新技法和新形式的各种可能性。因此，浮世绘样式的世界性展开，主要是在版画中进行的，也包括浮世绘后期对中国木版年画的借鉴。19世纪中期开始，欧洲由日本进口茶叶，因日本茶叶的包装纸印有浮世绘版画图案，其风格也开始影响了当时的印象派画家。1865年法国画家布拉克蒙将陶器外包装上绘的浮世绘介绍给印象派的友人，引起了意外的回响。凡·高可能是受浮世绘影响最深的著名画家。1885年，凡·高到安特卫普时开始接触浮世绘，1886年到巴黎时与印象派画家有往来，其中马奈、罗特列克也都对浮世绘情有独钟，例如马奈的名作《吹笛少年》即运用了浮世绘的技法。同样地，凡·高也临摹过多幅浮世绘，并将浮世绘的元素融入他之后的作品中。浮世绘的艺术风格让当时的欧洲社会在"中国风"之后又刮起了和风热潮（日本主义）。19世纪后半期，浮世绘被大量介绍到西方。在中国经历鸦片战争显得一蹶不振、呈现出一派衰败景象时，日本却在明治维新后与西方齐头并进且有欣欣向荣的气象，这使西方的东方情调有了移情的对象。当时西方的前卫画家，如马奈、惠斯勒、德加、莫奈、劳特累克、凡·高、高更、克里木特、溥纳尔、毕加索、马蒂斯等人都从浮世绘中获得各种有意义的启迪。此中许多印象派画家的世纪名作打上了日本的烙印。毕沙罗的布面油画《切尔西桥》（1871）从日本美术中为自己找到了印象主义绘画的根据。马奈的布面油画《街头歌手》（1863）在人物、服饰、情态上都有浓郁的浮世绘意味。马奈给马拉美诗歌《牧神的午后》所作的插图中的植物、动物形象，从日本浮世绘画家葛饰北斋《北斋漫画》中模仿而来；他的布面油画《左拉像》（1868）人物背景里有日本屏风、日本浮世绘版画作品等。将左拉置于这种环境，也说明了当时日本主义的流行。莫奈的布面油画《日本人》（1876）画的是莫奈妻子卡米耶身着艳丽的日本和服，手执日本折扇，背景是日本团扇装饰。惠斯勒的布面油画《金色屏风：紫色与金色随想》（1865）描绘了画家的情人及模特乔安妮·赫夫曼正在观赏日本版画，背景是日本屏风。凡·高的布面油画《唐居伊老爹像》（1888），背景是满屏的日本版画及人物，显现出一种别致的东西方的结合与汇聚，也形成了强烈的东方与西方的对比。东方艺术对西方美术产生如此巨大的影响在世界艺术史和人类文明史上都是罕见的现象，也可以说是西方发现日本的一个明显特征和重要收获。

在西方船舰抵达日本并发现日本的时候，实际上也同时是日本发现西方的时候。

1543年8月25日，一艘驶向中国的葡萄牙船由于台风而迷失方向，最终停靠在日本九州鹿儿岛县的种子岛。这是西方船只第一次出现在日本。种子岛因此在日本彪炳史册。葡萄牙船上有100多人，日本人发现他们的肤色、穿戴、语言、面貌都与自己不同，葡萄牙人还向当地人展示了一种铁质武器，称其为步枪，说是欧洲最新的发明。西方人首次登陆日本，就展示出全新的世界和外界的样貌，从此，"种子岛步枪"打开了日本历史的新篇章。1549年，西班牙天主教会的传教士方济各·沙勿略到达鹿儿岛，拉开了日本传教史的序幕。1583年，日本的天主教堂已达200所，信徒发展到20万之众。1585年，丰臣秀吉就任日本关白，此后逐步统一日本。再后又一改此前宽容天主教的态度，于1587年颁布禁除天主教的"禁教令",明令"日本乃神国,由天主教国所传来的邪法万万不可"。丰臣秀吉之后,德川家康于1603年开始统治日本。此后,禁教、锁国,成为德川家族统治日本的基本政策。1633年至1636年,仅锁国令就连颁五道。由此形成的基本格局是:禁止天主教在日本传播,对潜入日本的传教士,日本人有义务予以告发,官府接到报告后将立即逮捕,任何与天主教有关的书籍一律不准进口;禁止日本人出国,在国外的日本人也不准回国;除荷兰、中国外其他国家的人和船只一律不准来日本,荷兰、中国的商船也仅限长崎一地。正是禁锁中留了一个荷兰的尾巴,所以,日本依然翻译和输入了许多西方的科技、文化、哲学、历史、医药等书籍,以至于在此期间,还形成了一门兰学,即"荷兰的学术"。兰学其实泛指整个西洋学术,故又称"洋学"。第八代德川幕府将军德川吉宗不仅自己酷好兰学,还派人去学习荷兰语及自然科学。史载,至明治维新前日本建有30多所教授兰学的学塾,先后培养了9000多名了解西方科学的学生,社会上还出现了"兰癖家",也有地方实权大名也成为"兰癖大名"。这种社会状况为明治维新奠定了顺利接受和转向西方西学的基础。世界史的基本史实证明,日本的兰学热绝不是空穴来风。16世纪以来,直至17、18世纪,荷兰的出版业之发达,堪称世界之最,出版社就有2500多家,也可以说荷兰因此是当时欧洲和世界的出版业和知识中心。荷兰一直是日本对西方的唯一窗口。荷兰将西方所发生的科学革命及工业技术传至日本。日本向荷兰购买及翻译了许多科学书籍,获得西方的珍品及制品,并接受了各种西方创新的发明。17和18世纪,荷兰可以说是欧洲在经济上最富裕、科学上最为进步的国家,这让他们有着特权地位去将西方知识传至日本。

在中国发生的中英鸦片战争及中国在战争中的失败,是促使日本转向的又一个外部助力。鸦片战争起于鸦片在中国的泛滥。一方面鸦片泛滥导致中国的白银大量流出海外,另一方面鸦片的成瘾方式致使中国人普遍的吸食上瘾并精神萎靡，成了"东亚病夫"。当中国人民抵制和销毁鸦片的时候，英国悍然发动了鸦片战争。1840—1842年，英国对中国发动第一次鸦片战争。1856—1860年英国又联合法国对中国发动第二次鸦片战争。鸦片战争时期，马克思、恩格斯对事态予以密切关注，此时，马克思受约担任《纽约每日论坛报》驻伦敦通讯员，于是，他以新闻记者的观察和笔法，又融入他们思想家的犀利，对鸦片战争进行了报道、观察、分析、批判，陆续刊发了十数篇文章。在《鸦片贸易史》一文中，马克思回顾和统计了英国向中国输入鸦片的情况：1767年，200箱；"1800年，输入中国的鸦片已经达到2000箱"；"1820年，偷运入中国的鸦片增加到5147箱，1821年，达7000箱，1824年达12639箱"。"1824年到1834年的10年当中，就由12639箱增加到21785箱。""尽管天朝政府拼命抵制，在1837年还是把价值2500万美元的39000箱鸦片顺利地偷运进了中国。"[8]马克思在陈述这些事实时，都不得不称之为"触目惊心的贸易的产生和发展"。他引征英国人蒙哥马利·马丁的话，批判鸦片的罪恶："不是吗，'奴隶贸易'比起'鸦片贸易'来，都要算是仁慈的。我们没有毁灭非洲人的肉体，因为我们的直接利益要求保持他们的生命；我们没有败坏他们的品格、腐蚀他们的思想，也没有毁灭他们的灵魂。可是鸦片贩子腐蚀、败坏和毁灭了不幸的罪人的精神存在以后还杀害他们的肉体；每时每刻都有新的牺牲者被献于永不知饱的摩洛赫（古腓尼基人的火神，奉行人祭——引者注）之前，英国杀人者和中国自杀者竞相向摩洛赫的祭坛上供奉牺牲品。"[9]一向以中国为师的日本始终都在密切地关注中国的鸦片战争。老大的中国如此不堪一击，如此民愚国朽，而西方的船坚炮利如此势如破竹，都令日本人无比震惊！一些记录描写鸦片战争的图书引起日本朝野的广泛关注，如《阿芙蓉汇闻》《鸦片始末》《陆海战防录》《外邦太平记》《鞑靼胜败记》《新说明清合战记》《满清纪事》等。鸦片战争改变了日本对中国的认识，也彻底改变了日本对西方的看法。

"黑船事件"是压垮日本东方身份的最后一根稻草。1853年7月，一支美国舰队向江户湾驶来，舰队由4艘军舰组成，率领这支舰队的是美国东印度舰队司令马修·佩里。佩里的战舰是当时世界上最先进的蒸汽动力船，由于它们的表面被漆成黑色，故在当时就被人们称为"黑船"，这就是对日本近代历史产生了巨大而深远影响的"黑船事件"。《日本开国小史》对此写道："'黑船'就在眼前。它堵塞在浦贺的入口处，像巨人般屹立在那里！"而佩里自己在进入江户湾的日记中写道："一个文明之国对另外的文明之国有何要求时，没有必要以礼相见，也没有必要为了获得许可而苦苦地请求，只需要明确地提出自己的权力主张……一定要让那些有排外行为的人、那些非常注重表面形式和礼仪的人尊敬我！"[10]佩里要求在江户湾登陆且向幕府递交了美国总统的国书。国书要求美日缔结通商条约。有鉴于中国的教训是缔结了条约，其后就是一个接一个的不平等条约接踵而至；不缔结条约，随后而来的必然是强大的武装进入。德川幕府左右为难，想方设法让佩里来年再来。第二年，佩里再来日本，其舰队更加庞大，有7艘军舰，而且舰队直接开进了江户湾，到达横滨附近。一时间，枪炮外交兵临城下。在美国舰队的最后警告下，幕府不得不接受美国的条件，日美双方签订了《日美亲善条约》，其中还确定了美国的最惠国待遇，就是说，日本一旦与其他国家签订条约，如果增加了相应优惠条款，美国将自动获得这些优惠待遇。这是日本近代以来第一个不平等条约，标志着日本闭关锁国时代的终结。潘多拉魔盒一经打开，英国、俄国、荷兰、法国等列强纷纷要求与日本缔结条约，于是，日本又分别与这些国家签订了一系列不平等条约。自此，西方完成了对日本的发现和锁定，日本历史进入世界史和全球史中。

日本此次开国，与其当年掀起"兰学"热潮时不可同日而语。荷兰商人以有求于人的姿态与日本人交往，他们带来的是货物、玩具、机械和医学、植物、天文等科学知识的书籍，而黑船带来的是大炮、蒸汽机、铁甲舰、枪弹，其后面还有傲慢的态度和强权霸权的政治。科技的进步与殖民主义态度和霸权的国际关系混合在一起，世界格局已经完全被重塑了。这个新的世界的到来，让日本人感到无比震惊。日本人由利公正描述了佩里舰队进入浦贺港时给当时日本人带来的视觉冲击和心理冲击："选派一侦探抵达浦贺。其至时恰遇军舰收起锚链，冒着黑烟去某处测量。一眼望去便觉是一庞然大物，即或从侧面亦难靠近之。军舰上装有巨炮，显然，用火枪根本不能将其击退，因我方由火绳枪装备，故被此等洋人观之，实为可笑。望其巨舰发动，其速难以比及。舢板、帆船与其相比，皆如树叶一般。至此，我深感那种迂腐之论无用……阅读向幕府献策之书信，更多慨叹。往昔人不识世界交往相通之事，故以锁港攘夷之苟且之计来保其国体不变。然今观其巨舰之威后略加思索，便觉原有国策实毫无用处。由此始知攘夷只是空论。彼国何以能有如此精锐之装备，应必引日本人深思，以究其根源之所在也。"[11]

三、近代历史开启时日本的东张西望

迫于强大的压力，日本选择了开国开门开放。但是，开门允许西方进入以后，日本自己如何走向，依然一片茫然。不过，从古至今，日本都有一个历史和文化习惯，那就是喜欢考察他人之长处，并且善于学习。于是他们又操练起他们的利器调查与学习，开始了向东和向西的考察。

首先是向中国派出考察团，看看这个一衣带水、近在咫尺又长期是其学习对象的庞大巨人般的中国究竟是怎么了。1859年3月，有地方行政官员向幕府提出派遣使团去中国，目的地是黑龙江的河口、上海和香港，目的是调查，其次才是开展外交和商贸活动。那时的日本还没有可供远洋的大吨位船舶，最后花了34000两银元向英国商人购买了"阿米斯得号"，然后改名"千岁丸"，寓意可以使用千年的船。此船到上海调查，开列的调查提纲，包括26项调查内容，具体是："1.中国的金银铜货币的种类；2.货币的通用交易场所和兑换比率；3.鸦片及烟草的输入量；4.耶稣教取缔情况及中国政府的态度；5.西洋人雇用中国人到外国工作，中国政府如何处置；6.西洋人墓地买卖及借贷关系；7.西洋人纳中国女性为妾及所生子女，中国政府如何处置对待；8.从上海到出海口的江水深浅标数；9.西洋人在上海近郊狩猎，政府如何处置，是否取缔；10.中国商人输入日本产的铜，需向政府支付的金额；11.公用的驿站所能提供的人马数量；12.国内的主要港口名称；13.西洋军队担负国内警备，中国政府是否依赖于此；14.运输所的银价与市中交易银价有差异的理由；15.官秤与市中通用秤有差异的理由；16.道台与各国领事之间交换文书的格式；17.上海城内的户数和人口数；18.是否向条约缔结国派遣史臣；19.没有签订条约国家的人为了商务进入中国，对此中国有何具体规定；20.关于在西洋人的租界里居住，有无规定；21.对外国人租赁土地、卖土地有无规定；22.除日本、朝鲜、琉球、香港以外，中国船是否还有发送地；23.朝鲜、琉球对中国的朝贡关系；24.西洋炮术的传习状况；25.中国妇人从事的产业；26.道台与西洋各国领事的交涉场所及翻译关系。"[12]这些调查内容，除了对中国国情的研究外，重点是中国与西方的相处、西方进入中国后双方的关系、国与国之间的外交政策、西洋人在华权益等。日本考察团在中国发现了一个重要的反差：外国租界的繁华和中国本土本民落后贫困。在租界和西洋人泊船的港口，使团成员写道："午前渐到上海港……欧罗波诸邦商船军舰数千艘停泊，樯花林森，欲埋津口。陆上则诸邦商馆粉壁千尺，殆如城阁，其广大严烈，不可以笔纸尽也。"（高杉晋作《航海日录》）同行者的记录也有:"各国商馆相连,停泊的船只之多难以形容。南面连檐林立,一望无际。'千岁丸'在各国船间行十里多抛锚。江面上几乎被船只覆盖,陆地房屋鳞次栉比,这是何等昌盛之景!"(日比野辉宽《赘肬录》)港口租界的外面,则是另一种惨状:"其一,上海市坊通路之污秽难以言说。小衢间径尤甚,尘粪堆积,无处插足,亦无人清扫。或曰,出市街即为旷野,荒草没路,唯棺椁纵横,或将死尸以草席包裹,四处乱扔。炎暑之时,臭气熏鼻。清国之乱象,由此可知。其二,上海中,粪芥满路,泥土埋足,臭气冲鼻,其污秽难以言状。其三,每街门悬街名,酒店茶肆与我邦大同小异,唯恐臭气之甚而已。"市容市貌如此,人的精神状态更是不堪:"此人(中国引水员)来到我们住处,从一个精美的盒子里取出烟具,平卧着抽起来,约半刻钟,大家都凑过来看稀奇。其烟充满了屋内,其味难闻。因此就制止他吸烟,可他根本听不进去,眸神荡漾,如醉如睡。过了一会儿,恐有事故,仓之助大喝一声,把手放到刀把上,脸上露出怒色。见此,那人吃了一惊,匆忙收起烟具走了。"(纳富介次郎《上海杂记》)[13]中西在实力和"文明"两方面的巨大反差,使日本人再一次眼见为实。"千岁丸"考察团在中国两月有余,团员们回国后发表了众多的报告和见闻录,轰动全日本,引起了"对清国策"的讨论,改变了日本的中国观,也为明治维新铺平了舆论道路,奠定了思想和民意的基础。

在向中国派出使团的几乎同时,日本也开始了规模越来越大的对西方的访问,从1860年开始,一批一批地派出访西的使团。到1867年幕府垮台时,第六个使团还正在海外。此间,各方博弈加剧,发生了一系列针对外国人的刺杀、袭击、冲突事件。明治元年(1868),为了获得列强的支持,明治政府主动展示自己的开明性,于三月十四日,由睦仁天皇(明治天皇)在京都御所内的紫宸殿上,率公家、诸大名及文武百官,对天地神明发布誓文。这就是日本近代史上著名的《五条誓文》。五条誓文是:

"一，广兴会议，万机决于公论。二，上下一心，盛行经纶。三，官武一途，下至庶民，各遂其志，不倦人心。四，破旧来陋习，遵天地之公。五，求知识于世界，振皇统之根基。"[14]其中"求知识于世界"，进一步掀起了对西方考察访问的深度与广度。日本攘夷派此时相当于做了最后一次试错，在"下关事件"中对西方强硬然后被西方火炮击碎其狂妄。"下关事件"的失败，从反面确证了日本比中国更没有资格闭关锁国和对西方强硬，明治维新不得不施行。1869年6月，明治天皇密集宣布一系列重大改革政策，包括奉还版籍、废藩置县、富国强兵、殖产兴业、文明开化等。这就是明治维新。其总的精神就是向西方国家和西方文化接近、靠拢、模仿、效法。1871年，日本派出了有史以来规模最大、时间最长、级别最高的出访使团，历时21个月，在美国逗留205天、在英国停留122天，在其他国家，如法国、德国、俄国及欧洲各小国无不留下足迹。自1871年到1873年，历时二十一个月的岩仓使团让政府领导人亲身观察世界。这不是一般的游历。为首的特命全权大使岩仓具视公爵在新政府中享有最高威望，是政府首脑之一，是由外务卿转任右大臣的高官。副使包括很有影响力的大藏卿大久保利通、参议木户孝允、工部大辅伊藤博文和外务少卿山口尚芳。前两者是推翻德川幕府的萨长联盟的领袖，而后者之一伊藤博文将成为日后日本近代国家体制的主要设计人。"当时有人怀疑，让这些中心人物长时间离开日本是否明智，或者使团采取的预防措施是否明智，即他们与留守政府的同僚们约定，在其离开期间不采取任何未经其讨论的重要变革。为扩大使团的考察范围，政府各部门都派出代表，于是使团的书记官、专员以及其他官员接近五十名。但这些也只不过是一个更大团队的中心人物而已。长州、肥前、福冈和加贺的前藩主，万里小路正秀和清水谷公考两位公卿带着随员参加，北海道开拓使也派出代表；五名作为学习西方女子教育先驱的少女以及几十名留学生随团前去留学。因此，整个使团的人数近百。在送行仪式上，天皇命令使团访问与日本有邦交的国家，观察他们制度的各个方面并呈交报告。他们在尚处建设中的横滨火车站举行欢送仪式；一位明治初期的画家，以西洋画的技巧全力描绘码头送别时的绚烂与肃穆场面。"[15]

岩仓使团的具体目的是三个：第一，访问各条约缔结国，向元首捧呈天皇国书，以彰显新政府之礼节；第二，进行条约修订的预备谈判；第三，调查和研究外国科学、艺术、制度、法律等，以及探讨今后日本想建立的国家制度。后来史家发现，前两个目的都因故未能实现，只有第三个目的得到了实现，即"使团一开始就打算把欧美发达国家的制度、机构、财政、经济、产业、军事、社会、教育、文化等全面吸收"。使团在出国前就做好了充分的准备，分别组织了考察政治、经济、军事、文教等专门班子，拟出了详细的考察大纲。使节团的正副大使们也各有考察重点，如岩仓着重考察各国帝室制定，木户考察各国宪政，大久保则侧重于西方国家的工商业状况。岩仓使团的考察归国报告书由佐贺藩出身的儒学者、武士久米邦武执笔完成，全书共有五大编一百卷，名为《特命全权大使美欧回览实记》。使团历访美欧12个国家。对于西方国家，岩仓使团重点关注了三种类型的发展模式：一是大国的发展情况，二是小国的发展情况，三是与日本地理环境相似的岛国英国的发展情况。报告书认为，东方和西方基本的不同在于西方民族的不安、浮士德精神，以及对物质世界的强烈竞争意识。西方人天生欲望强烈，而东亚人则韧性较差。西方人相信人性本恶，故有节制竞争的必要，而东方人则相信人性本善。美国的经验证明了联邦共和制的力量，美国人民亦以信仰坚定和精力充沛著称。岩仓使团对美国感兴趣的是意志、资源与生产力的结合。在法国，岩仓使团确认巴黎是"文明之中枢"，是"世界工业产品的市场"，同时，他们也切身感受到法国政治变动之剧烈，认识到文明国家内部也会存在激烈的阶级矛盾。在俄罗斯首都圣彼得堡，使团发现该国的贵族专制程度超乎想象，因此对其国力产生怀疑，并反省了日本对俄罗斯抱有的过度的恐惧。在奥地利，使团参观了正在那里举办的世界博览会，他们看见了在展品背后，是和平的战争，即资本主义自由竞争，同时还敏锐地发现，展品的良莠与文明程度、民主与自由的程度紧密相关。在德国柏林，使团拜见了俾斯麦和毛奇。俾斯麦在接风宴会上向使团讲述了欧洲弱肉强食的政治生态，强调了大国国力即军事实力是何等重要，令使团成员感慨万千。对小国的考察包括比利时、荷兰、萨克森、瑞士、丹麦等。如果说大国是日本强国与发展的范例，那么欧洲小国就是与日本作为东方小国相近的重要参考。报告书显示，使团对小国进行了细致入微的观察，所书报告超过十二卷之多。使团关注这些小国在19世纪中叶以来，欧洲的剧烈动荡中如何保持中立和独立，如何自强。比利时和荷兰在贫瘠的土地上富民强国，在大国的夹缝中生存，甚至成为实力大国。报告指出："他们之所以有如此大的能量，是因为人民勤勉、相互鼓励、团结一致、众志成城。这些国家给我们带来的启发甚至超过了美、英、法三个大国。"[16]对英国的观察是使团的一个突出重点。首先，使团发现英国也是一个像日本一样的岛国，两个国家，一个在西方，一个在东方，都在大陆的边缘，两者具有极大的可比性。其次，在两国的地理相似性以外，两国却又具有极大的反差性，即英国是一个工业和贸易大国，是海洋大国和强国。再次，日本与英国差距巨大，日本落后英国大约有三十年的落差。最后，英国工业化和近代化以后，进入了资本主义社会，但是它与共和制的美国不一样，实行的是君主制，这对建立天皇制国家的日本具有重要意义。所以，使团在英国逗留了122天，报告书所用篇幅也比美国的397页更多，达到443页，比德国和法国都多出一倍。这也成为日本人对这一工业革命发祥地进行考察的开山之作。使团归国后，使团成员大久保利通负责起草日本的《宪法制定意见》，他就明确提出应以英国君主制为蓝本而有所取舍，建立一个天皇集权下的近代国家，这便是立宪方案的目标，而这进一步决定了明治政府向西路线的方向。

岩仓使团归国后发表的各种访西见闻或言论，既把他们的观感、震撼、思考介绍给民众，也让真实的西方发达国家震惊了日本。向西还是向东、学西还是学东，舆论指向已经不言而喻。比如，关于西方的强大现实如何扭转攘夷论者的立场。有人记叙道："一年前，丹羽雄九郎笑着对我说，当时同行赴美的使节中的两三个攘夷论者，在还未踏上美国国土前竭力主张排外。但在桑港上岸后，却发生了有趣的变化。在火车站上看到开出的火车鸣着汽笛，从加州平原的铁路上驶过，我们目送着它直至从遥远的视野中消失，真有些茫然若失，目瞪口呆。觉得原有的激昂的攘夷豪气从口中泄出，好像变成了棉花人，嘴里只是喃喃道：'真是……真是……'从此，我们便把那个车站称为攘夷论者的泄气场。"（久米邦武《久米博士九十年回顾录》）[17] 又比如，关于西方的工业和工厂，是日本和东方传统农业社会不可想象的场景："每日各处游览，亦参观诸制造工厂……因此，见其能造任何器物之设备之精，工厂之大实在出人意料。其中，特别广大者每日有五六千工人劳动，而且厂内有长达十二英里之铁路。造蒸汽铁船、蒸汽机车，将厚钢板锻伸为铁轨，造玻璃，制砂糖，酿啤酒，亦造肥皂、橡胶等。车间宽敞，设备精致，以此来造金银工艺，纺织棉花羊毛，纺织细纱、天鹅绒，制造陶器，造纸张等，皆珍奇物品。依靠蒸汽力，水力节省人力，只需稍动手指，车即运动，其巧妙笔口难述，极令人惊异也。"（岩仓具视《岩仓具视关系文书》）[18] 再比如，关于英国伦敦工业革命发祥地的工厂林立："巡览中去各种工厂参观。在首都伦敦有各种工厂。其中大者有利物浦制造厂、麦琪斯道尔棉花纺织厂、克拉斯高炼铁厂、克利沃兹克制糖厂、伊契恩柯劳克造纸厂、尼卡兹绍尔炼铁厂、普拉兹德豪尔丝织厂、毛纺厂、斯兹黑尔德钢铁厂、银器厂、巴米恩柯姆啤酒厂、玻璃厂、琼斯达沃盐矿等。其厂皆极宏大，器械精工。而类似如此大小工厂不胜枚举，以此足可知英国富强之因。对其道路桥梁之通畅，感受极深，无论何其偏远，皆畅通无阻。到处以便利为先，马车自不待言，火车亦无处不至也。"（大久保利通《明治五年十月十五日予西乡隆盛等书信》）[19]岩仓使团归国后，使节们便把收集到的新知识付诸实践。19世纪80年代的欧化运动是日本崇尚西方制度与方法的高潮。1887年，日本外相井上馨外直接表白说："让我们把帝国变成一个欧洲式帝国，让我们把人民变成欧洲式人民，让我们在东海建立一个欧洲式帝国。"[20] 在对以中国为代表的东方和美国、欧洲的西方进行全面考察的基础上，日本今后选择坚守东方还是学习西方，已经是一目了然的事情了。日本是一个善于学习的民族，就当时而言，他们的选择和判断，是经过比较、研究、预判而得出的结论，是为了避免沦为殖民地而做出的选择，是适应近代历史变革、工业革命发展、开启现代化进程、从落后进入先进的抉择。为了这些原因，至于自己身处何处，是东方还是西方，是大国还是小国，是东洋还是西洋，都不是问题的关键或者说是无足轻重的了。在这样一个历史时期，日本的西化，是不得不为之，是没有选择的选择。这与当时的中国，既有相似的处境，也有本质的不同。

四、福泽谕吉的文明观与日本的文明抉择

一个民族要改变自己已有的身份，无论如何都不是一件简单的事情。况且，日本是一个历史悠久的国家，长期以来深受中华文明的影响，不仅具有深厚的佛教底蕴，甚至还具有浓厚的儒学氛围。在这种背景下，要迅疾地进行现代化或西方化的转变与改造，如果没有更深刻深层的思想和哲

学的阐述、解读、论辩，仅仅靠浮光掠影的舆论和舆情的造势，是不可能形成巨大的时代推力的。福泽谕吉的出现和他的思想的深刻性与影响力，完成和满足了日本近代化这一最重要的时代需求。

福泽谕吉（1835—1901），是恰逢明治维新前后的时代性人物。他被后人誉为"日本的伏尔泰"，是明治维新时代最有影响的启蒙思想家，他逝世的时候，日本国会众议院破例以全票通过向他致哀的决议，他的头部肖像还被印在日本纸币最高面额的万元币上。福泽谕吉对日本历史的贡献，最突出的在于他推进了日本的近代化，避免了日本被西方殖民化；在于他全面介绍了西方的历史、政治、军事、财政、经济、科技、文化、教育等情况，打开了国人的眼界，看清了日本与西方的不同和日本的差距，激励人们励精图治；在于他准确而且深入地分析了西方文明的本质、内涵、阶段、利弊、地位，为日本的文明进步和历史选择，确定了别无选择的出路；在于他用犀利的思想指出了日本向文明迈进的方法与步骤，使日本找到了迅速崛起的路径。当然，他的思想也埋伏了日本的自我矛盾和发展悖论，使日本当时和后来犯下反文明的历史错误乃至历史罪恶。

福泽谕吉的思想贡献，来自他丰富的学习西学的经历。1854年，福泽谕吉开始学习兰学，从研习荷兰语入门，初习炮术，然后主习西方医学。此后，发现荷兰语在与外国人交往中鲜有用武之地，英语才是实用的外语，于是又再习英语，掌握英文。在佩里及其黑船来日前，西方知识和兰学主要传入日本的是前蒸汽机时代的西方科技，此后才是飞速发展的工业革命和工业发展的西方科技，而这些东西都是以英语为语言载体的。福泽谕吉对兰学和新西学的倾力投入，为他奠定了传播西学的坚实基础。从1860年到1867年，福泽谕吉得到机会，开启了多次出国去西方考察的历程，使他切身地打开了眼界，感受到真实的西方，获得了对西方和日本进行比较的发言权。1860年，他随幕府派遣的军舰，参加了日本首次派遣的使节团访问美国。1861年，他又随日本访问团赴欧洲访问，历时一年之久。1867年，他又参加日本使团再访美国，这个使团就美国作出了详细的调查报告，使团成员也归国发表了私人记述。对美国和欧洲都有了比较深入的了解后，福泽谕吉坚定了日本必须学习西方文明的信念和选择，开始不遗余力地推行自己的主张。

首先是翻译和介绍西方，其中《西洋国情》影响最广。根据作者自述，它的写作方法是作者"赴欧洲实地考察时所见所闻的手记，同时又查阅了经济学论等书籍编辑而成"。就是说，其内容包括作者对西方的描写，也包括对西方文献的翻译和西方资料的呈现，还包括作者自己对西方的评价和判断以及与日本的比较。这样的"西洋国情"是生动的、具体的、通俗易懂的、真实的，无怪乎它风靡一时，被史家誉为"日本幕府末期的超级畅销书、西洋文明的经典启蒙读本、推进日本近代化进程传世之作"。《西洋国情》共有三大编计十余卷（初编、外编、二编），从1866年开始出版，至1870年出齐。在初编中，福泽谕吉按条目介绍了西方事情，包括政治、税收制度、邮票、国债、纸币、商社、外交关系、军队制度、学问与科技、学校、报纸、图书馆、医院、贫民院、聋哑院、盲人院、疯人院、痴呆儿童院、博物馆、博览会、蒸汽机、蒸汽船、蒸汽机车、电报机、瓦斯灯等，然后详细地单独介绍了美国、荷兰、英国、俄罗斯、法国、葡萄牙、普鲁士等国的国情。在外编中，他以论述的方式讨论了英国、欧洲和西方的人类观、家庭观、人的权利和义务、社会的文明开化、贵贱贫富的差异、社会的互相竞争、民众的国别划分、各国外交、政府的本分、政府的形态、国法及风俗、政府的职责、国民的教育、经济、私有财产的本质、劳动和贡献的异同、发明专利、版权、保护私有财产，等等。在二编中，以英国为样板总论了人权、税收问题，然后重点介绍和讨论了俄罗斯、法国的历史和现状。其中，既有孟德斯鸠式的君主立宪制、贵族合议制、共和政治三种政体的划分、介绍、比较，也有美国独立宣言译介、英国的人权内涵和《大宪章》、法国大革命的始末，以及文明的六条标准和瓦特传记、史蒂芬森传记等等。此外，福泽谕吉的同类著作还有《西洋导游》《西洋衣食住》《穷理图解》《洋兵明鉴》等。尽管中国明代在利玛窦时候，西方宗教科学文化早于日本就有比较大的输入传播规模，影响到了帝王和高层知识分子，但与福泽谕吉时代和福泽谕吉的做法相比，以下三点差别可能是致命的弱点：一是中国对西方的了解和学习仅仅局限于科学、技术、天文、地理、兵器等等，哲学多为人生哲学和伦理道德方面，缺乏对西方了解学习的系统性、全面性、准确性；二是仅仅通过传教士来华传入，没有激发起中国统治者和重要的士人阶层像玄奘取经一样对西方抱有好奇、崇敬和探究的心理，缺乏实地去接触、调查、了解、认识西方真谛的访问实践；三是即使鸦片战争后，在福泽谕吉稍晚时代的中国人中有严复这样的启蒙思想家，但后者的方式与前者依然有明显的不同，也存在着不可避讳的差距，其中仅通俗易懂一条，中国几乎要到辛亥革命后白话文运动兴起才得到解决。

其次是思想启蒙和倡导文明观念。福泽谕吉立志推进日本近代化历史向西方学习一切有益的事物，他为此选择了自己独特的人生道路，那就是参政议政但不从政，他坚持思想独立，以笔为旗，以文字为宣言，以思想为引领。他的写作可以分为三类：一是域外译述综述类，代表作是《西洋国情》；二是思想哲学类著述，代表作是《劝学篇》《文明论概略》；三是报刊文章和社论类，代表作是《脱亚论》一文，以及结集出版的《时事大势论》等。从这里可以看出，福泽谕吉为了日本的近代化，开展了立体的攻势，从各个层面展开了一场规模浩大的文字战争，意图整体性地改变日本人的思想观念和行为方式。明治维新的西方转向，表明他基本上实现了他的宏伟构想。福泽谕吉把一个东方的日本引导到西方的发展轨道上来，的确是人类文明史上的一件奇葩之事。他的视野辽阔，思想深刻，观点敏锐。他的文明观念来自西方，比如受到法国基佐的《欧洲文明史》和英国巴克尔的《英国文明史》的影响，但是，他又有自己的创新和超越。他是第一个在东方提出文明问题，在世界文明的广度上看亚洲、日本、中国的人。他又是第一个从文明的纵向阶段上看问题，从纵向共时角度提出"文明冲突论"（假如亨廷顿的"文明冲突论"是横向平行的文明关系之间的冲突论的话）。他也是第一个打破地域限制，以文明属性和文明选择归类东方文明和西方文明的思想家，为东方的日本果断选择西方文明提供了哲学思考和思想基础。

福泽谕吉要把东方日本带入西方文明，就要跨过几道沟坎。

第一道沟坎是日本文明的传承历史。日本虽然是一个岛国小国，但它也是一个历史悠久文化深厚的国家。福泽谕吉还发现了日本的历史特点，有一个重要特征是它的国体曾经延绵不绝、从未中断。"我国的皇统是和国体共同绵延到现在的，这是世界上绝无仅有的例子，这也可以叫作一种国体。"[21]皇统绵延在中国和日本这样的传统国家，成为变革的最大障碍。福泽谕吉针对这个问题，提出了自己的见解："据日本古今的一般论调，都自诩是金瓯无缺，冠绝万邦，大有洋洋自得之慨。所谓冠绝万邦，只是为皇统绵延而自豪么？皇统绵延并非难事，即使北条、足利等叛臣，尚且保持了血统的绵延。是否由于政统冠绝万邦呢？我国的政统，自古至今迭次变革，情况与外国相同，没有什么值得夸耀。那么所谓金瓯无缺，究竟是什么呢？只是在于从开国以来，能保全国体，政权从未落入外人之手这一点而已。所以应该说，国体是国家的根本，政统和血统，只是随着国体的盛衰而共同盛衰。中古时代，王室虽曾失去政权后发生过血统的正逆之争，但这些问题正因为发生在金瓯无缺的日本，今天方能洋洋自得。"[22]所以，他鲜明的立场和结论是："日本人当前的唯一任务就是保卫国体。保卫国体就是不丧失国家的政权。为此，必须提高人民的智力。提高智力的办法固然很多，但是，首先在于摆脱旧习的迷惑，汲取西洋的文明精神。"[23] 中国的大清王朝也曾为了面对西方侵略、冲击，考虑是维新变法，还是死守陈规。清朝统治者此时考虑的并不是中国的存在与否，他们考虑的是清王朝的存与亡。如果不变法而存清旧制，宁可不变。如果维新变法而强大却使清朝面目全非，宁可不变。清朝重臣甚至在反对戊戌变法时说"宁可亡国，不可变法"。意思是宁可亡掉中国（包括清王朝），也不能变法，被西方强权灭亡也是中国和清玉石俱焚。如果变法学习西方，动摇、改变和削弱清统治，那么虽然中国还在，但清已经不同，所以此路不通。在清朝统治者眼里，变，是清死而中国在，这是一死；不变，中国和清都会死。两种选择都是一死，之所以宁可选择后者，是因为此一死法是"全身而死"。及至1899年义和团运动爆发，清统治者对外对内的态度和策略都令人不可思议的荒唐，当时就被人一针见血地指出："庚子排外祸作，清朝群贵以祖宗三百年社稷为之孤注。"[24] 这真是一出历史的巨大悲剧！这里的皇统、血统、政统、政制问题，与日本几乎没有两样，但最终的选择却大相径庭。一个视西方为可资效仿的对象，一个视西方为洪水猛兽。由此可见福泽谕吉对日本明治维新的作用和贡献。

与此相关的问题是日本如果选择西方文明，如何看待和评价日本的传统文化和日本深受其影响的中国传统文化。日本文化受中国文化的影响，这是不言而喻的。在对待外来文化方面同样如此。比如，中国有华夷观念，摒弃外夷，视夷夏之别为夷贱夏贵，可以"用夏变夷"，却不容"用夷变夏"。所谓"舍华效夷，义将安取"（顾欢《夷夏论》，见《南史·顾欢传》）。此种观念，在日本就表现为神夷之辨，即日本是皇国、神州或神国，西洋诸国则是夷狄、戎狄和黠虏。同样，近代以来，中国有"中体西用论"，主张中学为体，西学为用。即"以中学为主，西学为辅，中学为体,西学为用。中学有未备者,西学补之;中学有失传者,以西学还之。以中学包罗西学,不能以西学凌驾中学,此是立学宗旨"(《苏学会简明章程》)。在当时,这种学西和西学态度,是很尴尬,也很无奈的。日本则出现了类似的"和魂洋才论"。和者,大和,日本国也;和魂,就是日本的精神;洋才,西方的学问、艺术、技能。即"东洋道德,西洋艺术"。由于"和魂洋才"是从"和魂汉(汉学)才"演变而来,就说明了日本对待外来文化的态度,从东方中国转向了西方欧美,当然此转变也是不彻底的。此种转变能否实现日本的近代化是让人颇有疑义的。福泽谕吉对此予以了否定。他指出:"儒学和佛教对于日本今天的文明,都各有一定贡献,但是都不免有厚古薄今的弊病。宗教的本旨在于教化人心,其教义是永不移易的。佛家和神道家,用千万年前的故事劝谕今世的人,这也是当然的。但是儒学和宗教不同,专讲人伦社会的道理和礼乐六艺之事,一半是属于有关政治的学问。这种学问直到现在还不知道变通改进,这岂不是憾事么?人类的学问是日新月异的,昨日之得,可能变成今日之失,往年之是,将变成今年之非。必须对每件事物都抱怀疑态度,然后努力探讨钻研,从事发明改革,子弟胜过父兄,后进赶过先进,如此积年累月地一代一代发展下去,才能达到进步和昌盛。"[25]福泽谕吉还直陈了日本的国家和国民的惰性,把历史的传承不绝也像西方批评中国停滞论一样,指责日本停滞论的弊端。他说:"日本人缺少普通人类所具有的朝气而沉溺于停滞不动的深渊中。这就是为什么日本在德川统治二百五十年间极少有人敢于创造伟大事业的根本原因。这也是最近虽有废藩之举,而国民风气依然未变,统治者与被统治者的界限,还是十分清楚毫未改变的原因所在。"[26]福泽谕吉给予传统的瓦解造成了巨大的分崩离析的思想力量,它本身也有强大的逻辑力量。

第二道沟坎是东方日本对西方文明的理解与接受。1875年,福泽谕吉的《文明论概略》刊行。他以"文明"为论述的核心概念，这在整个东方传播、宣传、接受西方文化、制度、文明的历史中还是一个独一无二的做法。在福泽谕吉这里，文明并不是我们现在认为的世界文明及其具有历史性和地域性的文明板块和版图。他指定和认定的文明，首先是西方文明，其次是目前文化中最先进的文明，再次是经历过工业革命后的近代社会性的文明。福泽谕吉把他认定的文明作了这样的描绘："这里已经把社会上的一切事物都纳于一定规范之内，但在这个规范内人们却能够充分发挥自己的才能，朝气蓬勃而不囿于旧习；自己掌握自己命运而不必仰赖他人的恩威；敦品励学，既不怀慕往昔，也不满足现状；不苟安于目前的小康，而努力追求未来的大成，有进无退，虽达目的仍不休止；求学问尚实用，以奠定发明的基础；工商业的日益发达，开辟幸福的泉源；人的智慧似乎不仅能满足当时的需要，而且还有余力为将来打算。这就叫作现代的文明。"[27] 福泽谕吉推崇的文明，是现代文明而不是古代文明，他的文明论，不包括古代文明。对现代文明和现代文明以外的其他文明（阶段），他以纵向的刻度将文明史分为三个阶段：一是野蛮的阶段，二是半开化的阶段，三是文明的阶段。土耳其、中国、日本等都是半开化阶段的国家，非洲、澳大利亚的土著民族等则是野蛮阶段的民族或国家，欧洲和美国等则是文明国家或西洋文明。福泽谕吉的文明论采信了基佐的欧洲文明观，视欧洲的历史为文明史，把文明史置于世界史的范围来观察或者等同于世界史，文明是历史中的伟大事实。基佐认为，"文明由两大事实组成：人类社会的发展及人自身的发展。一方面是政治和社会发展，另一方面是人内在的和道德的发展"[28]。"究竟有没有一种普遍的人类文明、一种人类的命运；各民族究竟有没有一种世代相传的东西，它从未曾丧失而只会增加，形成一个越来越大的团块，这样继续下去直到永远？就我而论，我深信，在现实中存在着一种普遍的人类命运，一种文明集合体的传递，因而存在着一种有待于撰写的、全世界普遍的文明史。"[29] 基佐实际上对东方文明是赞美有加的。他对马可·波罗的事迹耳熟能详，因此他对东方的存在之于西方的意义有浪漫的想象和深刻的感知，推崇整个西方和东方相识和互相访问的历史阶段。他引用法国学者阿贝尔·雷米萨的话指出："著名的马可·波罗……旅行者带着他们本土的技艺远游异国，带回来了同样宝贵的知识。他们自己还不知道这种交换带来的利益超过了商业贸易。通过这些途径，不仅丝绸、瓷器和印度货物的贸易有了扩展和便利，开辟了新的商业路线，而且，更为重要的是，异域习俗、前所未闻的国家、稀奇的物产对着这些自罗马帝国覆亡后困守一隅的欧洲人汹涌袭来。……他们开始学习当地人的艺术、信仰和语言……世界似乎在东边开着口，地理知识跨出了一大步。发现新事物的欲望给欧洲人的探险精神披上了新外衣。对自己所在的半球了解更多以后，另一个半球的存在不再是无稽之谈。哥伦布发现了新大陆，正是因为他想找到马可·波罗所说的'捷潘格里'。"[30] 福泽谕吉对基佐的思想做了有选择的改造和转写，放弃和遮蔽了其中的东方文明观和东西方互补的思想，强调了欧洲文明和欧洲文明漫长的历史的重要性。经他剪裁后的文明，就仅仅指向西方的文明形态，这可以保证日本进行文明选择时，目标与定位更加明确。

针对邻近的古老的中国及其"停滞"的历史，对比西方文明的生机勃勃，福泽谕吉强调了他推崇的文明的一个重要特征是"多事的社会"（或译"复杂的社会"）。与之相对的未开化社会是"无事的社会"（或译"单纯的社会"）。无事的社会是停滞的、单一的、一元的社会，多事的社会是进步的、竞争的、多元的社会。中国是无事的社会的典型，欧洲诸国的社会，则是多事的社会。他认为人类社会的进步必须通过多样化的竞争而来，指出："若人类的活动越单一，思想也将越专一；若人类思维越专一，社会权力也将越偏颇。从前社会事业少，人们没有足够的活动空间，权力势必偏重于一方。然而随着时间流逝，人们为了满足身心需求而不断开发新的活动空间，无事的社会逐渐变为多事的社会。如今欧洲诸国的社会，正是多事的社会。所以，文明进步的关键是开发人们的活动、提高人们的需求。无论事业规模的大小轻重，都要以积极开放的态度去吸收，这样可以使人们精神活动更加活泼、多元。"[31] 这个"多事的社会"的文明观显然有着黑格尔思想的影子。在比较了中日两国的政治、文化的异同后，他认为"在汲取西洋文明方面，可以说，日本是比中国容易的"。福泽谕吉此思想的来源是基佐。基佐认为："埃及和印度，文明原则的单一性有一个不同的效果：社会陷入一种停滞状态。单一性带来了单调。国家并没有被毁灭，社会继续存在，但一动也不动，仿佛冻僵了。"[32] 福泽谕吉对此做了发挥、补充、丰富，并且运用于中日的比较。不进则止，不进则退。这就是日本学习西方文明的合理性。中国的停滞，还导致这个过去一直是日本学习对象的中国或者说文化高于日本的中国，成为负面对象。清朝对中国的占领和统治，被叙事为夷狄对华夏的据有，现在的华夏文明因此已经被下拉至低位。加之按照现代西方的政体三分法，中国属于专制政体，是专制国家，是专制导致无事和单一，它不仅不是日本可以仿效的对象，而且是正在和已经不及邻国日本。这就是福泽谕吉"以西洋文明为目标"的必然结论。福泽谕吉还将自己的文明思想进一步提升到一个新的"高度"，认为日本落后于西洋文明，日本必须学习西洋文明，否则就会没有出路。他指出："文明既有先进和落后，那么，先进的就要压制落后的，落后的就要被先进的所压制。在从前闭关自守时代，日本人还不知道有西洋各国，然而，现在已经知道有西洋国家，并且也知道了他们的文明情况。同他们的文明相比，知道彼此之间有先进和落后的差别，也知道我们的文明远不及他们，并知道落后的要被先进的压制的道理。这时我国人民首先考虑到的就是自己国家独立的问题。"[33] 这里流露出明显的社会达尔文主义思想，完全站在西方殖民主义的立场上考虑文明之间的关系，倡导和认同弱肉强食的丛林主义。其中也为日本后来的军国主义埋下了思想线索，使日本的东西选择成为复杂的混沌的纠缠的现象。

第三道沟坎是日本西方化的正确路径在哪里。在怎样学习西方文明的方法上，福泽谕吉的思想也是别具一格的。他首先把文明极简化，"文明有两个方面，即外在的事物和内在的精神。外在的文明易取，内在的文明难求"。一般的学习方法都是先易后难或由易而难。福泽谕吉反其道而行之，他明确主张，日本学习西方文明要先难后易。从难到易，就是从内在精神入手，再到外在事物。"谋求一国的文明，应该先攻其难而后取其易，随着攻取难者的程度，仔细估量其深浅，然后适当地采取易者以适应其深浅的程度。假如把次序颠倒过来，在未得到难者之前先取其易，不但不起作用，往往反而有害。"[34] 方法的步骤和层次，这是其一。

外在文明是指从衣服饮食器械居室以至于政令法律等耳所能闻目所能见的事物，文明的精神就是人民的风气，就时间来说可称作"时势"，就人来说可称作"人心"，就国家来说可称作"国情"。这是文明化的难点。怎么加入呢？福泽谕吉说："有人说要汲取西洋文明，必须首先研究本国的人情风俗这句话，虽然在字句上似乎不够明确，但是，如果详细加以分析，意思就是：不应单纯仿效文明的外形而必须首先具有文明的精神，以与外形相适应……我的主张是先求其精神，排除障碍，为汲取外形文明开辟道路。"[35] 方法的步骤和层次，这是其二。

福泽谕吉还涉及了更具体的顺序："首先变革人心，然后改革政令，最后达到有形的物质。按照这个顺序做，虽然有困难，但是没有真正的障碍，可以顺利到达目的。倘若次序颠倒，看来似乎容易，实际上此路不通，恰如立于墙壁之前寸步难移，不是踌躇不前，就是想前进一寸，反而后退一尺。"[36] 方法的步骤和层次，这是其三。

应该说，福泽谕吉的启蒙具有高瞻远瞩的特色，是具有顶层设计的宏观性突出的文明思想，同时又具有切实可行的操作性，其提出的"智德之辨"，即智慧与道德的文明两点论，中国要到新文化运动出现才有德先生（民主）、赛先生（科学）可以与之媲美。无怪乎他能对日本近代化产生如此巨大的影响。

五、日本的悖论：在东西之间

为了遏制东方大国，西方列强对日本明治维新以后全面转向西方予以了默认和支持。在列强看来，日本的崛起不足为惧，相反还可以成为制约和平衡中国的砝码。日本获得了难得的机遇和发展时间与空间，并且迅速发展起来。它首先通过"华夷变态"，使中国之名，从中国，一变而为清国，再变而为"支那"，终于使原来文化上仰视的中国，去掉中心之国和天下中心的褒义，戴上"支那"的旧名，而此旧名却添了新意，即与贫弱、懒惰、无能、因循守旧、傲慢不逊、不讲卫生等联系在一起，不仅是贬义而且是蔑视。其次，它对中国的征服之心也在对中国的轻蔑鄙夷中滋生，为了以小博大，逐渐试探向中国提出利益诉求，至1871年，终于签署《中日修好条规》。通过此条规，日本与中国首次平起平坐。这是近代以来中国与日本签订的第一份正式条约，结束了两国数百年没有建立正式官方关系的历史。旧的宗藩和朝贡关系瓦解后，日本的此条约，将它送入中国与西方列强的关系体系中去，日本实际上获得了西方强国的身份和待遇。再次，日本与中国关系的重新定位，使日本与朝鲜、琉球、台湾的关系，日益复杂与微妙，直至发生根本改变。中日随后在台湾和琉球问题上数度交手和交战，日本海军力量日渐强大，终至日本出兵台湾，吞并琉球。正当中日在朝鲜问题上的博弈日益白热化的情况下，1885年3月19

日，福泽谕吉在《时事新报》上发表了对日本影响深远的文章《脱亚论》，再一次明确提出日本的西方化和去东方化，预言中国和朝鲜将亡国。潜台词是日本应由脱亚而参与到列强的瓜分东亚的行列中来。他在文中特意把中国改用具有蔑视色彩的"支那"。其文有曰："虽然我日本之国位于亚细亚东部，但国民的精神已经开始脱离亚细亚的顽固守旧，向西洋文明转移……既然如此，作为当今之策，我国不应犹豫，与其坐等邻国的开明，共同振兴亚洲，不如脱离其行列，而与西洋文明国共进退。对待支那、朝鲜的方法，也不必因其为邻国而特别予以同情，只要模仿西洋人对他们的态度方式对付即可。"[37]从哥伦布以来，西方文明在发现东方和世界的时候，他们的文明，他们的自由、民主、平等、人权等都只是针对欧洲人或白种人的。日本学习西方，也学习了他们的种族主义，甚至为此不惜脱亚入欧，就像拔起自己的头发欲以离开地球一样。此时此刻的日本既想做西方人加入文明阵容，又想当亚洲的霸主做东方的文明模范。1894年（甲午年），中日爆发战争，因为双方以海战为主，史称甲午海战。战争以中国北洋水师全军覆没、中国失败而告终，1895年，双方签订《马关条约》，中国割地赔款。日本在甲午战争中的胜利，似乎证明了他们脱亚入欧的胜利。这不仅使日本得以加入西方列强参与瓜分和殖民中国的行列，也使日本在今后的返亚中，越来越野心膨胀，越来越东方化。日本军国主义对中国的领土欲求，肆无忌惮地发动侵华战争，都是它的东方情结使然。也就是说，在它叫嚷脱亚入欧的时候，它就开始了东西方之间的徘徊，它就成为一个非东非西、亦东亦西的矛盾体，陷入尴尬的悖论之中。实际上，日本的尴尬、矛盾、悖论一直就有，差不多是与生俱来的。日本人的菊花与刀的性格矛盾，小国与大国的纠结，东洋与西洋的悖论，以及弱与强、古与今、海洋与陆地、现代与传统、文明与野蛮、中心与边缘、主导与从属等矛盾困扰，几乎是日本的宿命。在后来的日本侵华战争中，日本与西方的法西斯国家联手，是它在西方阵营中选择列强中的列强。珍珠港事件，日本向美国开战，似乎有一雪佩里黑船事件之耻的复仇快意，客观上又形成了日本的东方情结发酵，开始向西方宣战，东方身份大大彰显。在东西意义上，侵略中国是它挟西方文明征服东方，开战珍珠港是它以东方霸主拒斥西方染指它的东方。东方和西方，本来是地理概念，本身并没有什么高下之分，不存在孰优孰劣的价值判断。然而在殖民主义时代后，欧洲中心主义出现，有了西高东低、西文东野的区分。日本后来向西方美国宣战，说明它的东西方价值观又一次反转，它已经形成了自己的中心主义：日本中心主义，实则是日本军国主义。这说明日本加入西方文明，一开始就没有"道义"原则，它只以文明、野蛮作为国际是非标准，视战争为伸张本国利益的手段，从不讨论战争的正义与否。所以，它的殖民主义精神最终变成军国主义、殖民冲动、大国野心。

日本在东西之间徘徊，还有它的历史原因。打开世界史，恐怕没有任何一个民族像日本一样虚心好学，这个传统延续了一千多年。它的好学，从一开始就是不问东西的。福泽谕吉曾经回忆明治维新后日本的学西景象。他说："维新一举，从根本上确立了人心的方向，社会的一切事物都从西洋近代文明中找到了根据。看看当时的情景，国人争先恐后，读西洋书，学西洋科学，用西洋之物，行西洋之事。从蒸汽船、蒸汽车、电信、邮电、印刷技术，到著书报纸、炮和轮船的制作，无一不学，真是不胜枚举。不停地发展，在东方出现了一个新的文明国家。我们维新以来十余年的事业，其发展速度使海外也感到震惊。"[38] 实际上，这种大规模学习、进步、发展的景象早在中国大唐盛世的时候就在日本出现过，这就是日本的遣唐使现象。大唐初兴就呈现了繁荣景象，引起周边国家高度关注。就像波斯胡人大举来华一样，日本的遣唐使不是个体的、商人的、零散的来华，而是有组织、有计划、有规模的使团性来华。从630年首次派出遣唐使，此后绵延264年，共任命遣唐使20次，成行16次，到达中国15次，"堪称世界古代中世纪史上的一大奇观"。日本遣唐使成员，一般均有使团四官，即大使、副使、判官、录事，此外就是船长、造船技师、翻译、医师、画师、文书、各行业工匠、音乐师、警卫、杂役、水手及主神祭祀、阴阳师等近30类职别的成员，还有随行的数十名留学生和留学僧。遣唐使来华的任务是全面广泛地考察、学习、吸收、引进中国的政治法律制度，经济制度以及工艺、生产、建筑、儒学、佛学、道家、法家、文化、艺术、天文、历法、书法、音乐、舞蹈和衣食住行、生活习俗等。两百多年的遣唐使往来和对中国文明的"拿来主义"，使日本政治经济文化各方面都留下深深的中国印记。

在政治经济体制方面，影响最大的是大化改新。大化改新是日本以中国隋唐的政治、经济、学制等为效法进行的一次重大的社会政治、经济改革。当时遣唐使中的留学生（僧）南渊请安、高向玄理、僧旻等人，曾在中国几十年，回到日本后都在大化改新中发挥过重要作用。大化改新后的日本中央和地方官制基本上仿照唐的官制，建立起中央、省、地方三级体制，依照唐律，制定《近江令》《大宝律令》。由此，日本成为以律令为基础进行统治的中央集权国家。经济上仿唐实行租、庸、调和徭役，土地按唐法实行均田制式的"班田收授制"，且称大唐的均田制为"班田制的母法"。学制和课程亦与唐朝相同。在技术方面，大量的中国工艺技术流入日本。农田水利上仿效中国制造了各种水车，从中国引入的大型农锄名为"唐镢"，传入日本的唐代冶炼技术叫作"唐锻冶"，此外还有"唐纸""唐织""唐物""唐绘"等。唐代医学传入日本使之形成了"汉方医学"。遣唐使还有一个重要使命是购买中国书籍（包括佛教经卷）。第二次遣唐使大使吉士长丹等因为由唐带回书籍之多，受到天皇赏赐，留学生吉备真备回国日本带回《唐礼》《乐书要略》等一百五十余卷，留学僧玄昉一次带回经卷五千多卷。奈良、京都的城市规划和宫城建筑、著名的佛寺建筑等，都是唐式形制。正仓院的收藏是唐代工艺传入日本的见证。儒学、佛教、茶叶、书法、琵琶、乐谱、舞蹈、假面、服饰、日本文字，可谓事无巨细，到处都是大唐影响。其中，日本文字的发明和使用及其对中国书法的借用和化用，标志着日本文明的一大进步。中国在东亚、东方的影响是不可估量的。"中国的这种影响就像蒸汽压路机一样势不可当……甚至朝鲜和日本也受到了中国的巨大影响，不过它们在地理上与中国相隔绝的状态，保证了它们没有像热带东南亚那样失去自己的语言以及体质和遗传特征。朝鲜和日本在公元前第二个一千年中采纳了中国的水稻，在公元前第一个一千年采用了中国的青铜冶炼术，在公元第一个一千年中采用了中国的文字。"[39]从日本当年学习中国的劲头，能看出它后来明治维新学习西方的影子。这个国家和民族，曾经对东方文明和西方文明都作出巨大的努力加以学习和模仿，一方面是他们的勤于学习善于学习令人敬佩，另一方面是具有将东西方文明融会贯通的可能条件，具有不可预测的能力和优势。可惜，他们也曾掉入历史的圈套和陷阱不能自拔。

中日甲午战争再一次震惊中国！鸦片战争中国之败，打开了中国闭锁着的国门，让中国人见识了世界之大，天外有天。甲午战争中，中国再败于东邻小国日本，老大帝国几乎无地自容。清朝统治的根基和延续的可能性受到摧毁性打击，西方武装下的岛国、小国学习西方文明后竟然可以如此之快速的强大和不可战胜，使中国人必须认真对待西方文明。此后，日本在中国成了西方的象征和近在眼前的存在，它在中国的东方，但是它又是中国的西方。日本成了中国学习西方的目的地。中国学习西方始终不像日本学习中国和西方那样，出现大规模的人员抵达式的学习，这一直是中国学习外来文明的短板。这条短板不补齐，中国永远走不出自闭。而这个走出，是从中国人大规模走向日本开始的！从1896年开始，中国向日本派出学生留学日本，同时自费和自己去日本留学的热潮也随之而来。1905年留日学习者达8600名。每年数千人的留日规模，甚至达到"中国留日学生总数要超过八万人"[40]的状况，其中还有数百名女学生在日学习过，赴日考察、游历、游学、避难后又在辛亥革命、五四运动、中国革命中发挥重要作用的中国政治家、思想家、文化人也是不胜枚举。这造成了中国向日本学习，通过日本向西方学习的空前的景象。仅学校教材一项，留日学生几乎将日本中学教材全部翻译介绍到中国。中国从日本引进的外来语或借用的日语词汇据统计达到844个。很多我们现在耳熟能详的词语其实都是来自日语，"如：文化、文明、民族、社会、科学、经济、知识、思想、高潮、时代、真理、教育、国际、干部、革命、阶段、共产主义等等"。[41]中国学习日本其实不是学习日本，而是通过日本学习西方，这是日本人也清楚的事情。"明治以后日本的迅速发展令中国人瞠目而视，尤其是日清甲午战争之后，中国主动派遣了大量留学生，此后对日本文化的摄取与日渐增，以至于形成中国近代化的很多因素都是受到日本文化的影响。然而，即使在这种情况下，中国所寻求的也不是日本文化本身，而是要学习日本获得的近代西方文化。"[42]

但是，中国由于借助日本这个传播西方文明的桥梁走出了中世纪统治，而日本自己却始终在人格和文化的自我分裂中几度误入歧途。最重要的是它陷入了我者和他者的悖论之中不能自拔。这个悖论，利玛窦就曾经深陷其中。不过利玛窦是个人个体的情况，而日本是全民的国家的情况。利玛窦的宗旨是用成为他者从而改造他者。成为他者，只能融入其中，甚至是完成被改造，又怎么可能再改造呢？当完不成这一使命，原在国文化就会产生排异。这是文化交流、文明相遇中的深刻命题和命运悖论。传教士来东方的使命是传播基督天主教，"归化千千万万的中国人"，改造一切人民成为教徒，进而改变其信仰和文化。把信仰和文化完全一体化的理想，实际上是行不通的。这是利玛窦时代传教士使命的本身命运悖论。所以，这里有一个双重的命运悖论。日本与此相同的是它要成为西方，但是它的历史、人种、语言和地理都是东方的，它周边的国际关系特别是中国这样的巨大存在也是东方的，况且它还有在周边和东南亚开疆拓土的野心，都让它不能完全成为西方。它就像中国的小品艺术，有人说是曲艺，有人说是戏剧。假如曲艺是以我者身份搬演故事的话，戏剧就是以他者身份表演故事。中国曲艺有一些表演形式是跳进跳出的，即一会儿是我者，一会儿是他者，我者时是曲艺，他者时是戏剧，这使它的艺术身份模棱两可、模糊不清，很难界定或分类。日本的我者（东方）和他者（西方）身份或关系，正与此相类，而且它是跳出的次数、时间、比重越来越多。只是日本并没有传教士归化天下的另一层悖论关系。日美关系的起源、变更、反转、重塑，最能说明日本的文明处境。同样，日中关系的学习、反学习、再学习、又学习、反学习的复杂形态，则说明两国一善传承，一善学习，既唇齿相依，又曾互相伤害和轻蔑，使东西方在中日间近距离汇合、冲撞、互鉴、互警，还曾给并将继续给世界带来巨大的想象力。历史是不是证明：西方人的完全东方化（利玛窦）和东方国家的完全西方化（日本），都是在给历史出难题或者成为历史的难题？东西古今、大小强弱是一个需要清醒定位的重大问题。

六、日本是西方打入东方的一个楔子吗

从文明转折的一开始，日本就知道自己作为在地理上的岛国，狭小、边缘、东方的特性。所以，日本很好地利用了自己船小好掉头、政体上易转型、文化善于吸纳、海洋位置便利的条件，迅速掉转历史走向，成为东方中的西方或西方里的东方。按照莱布尼茨的直觉，东西方在高端上互补

互鉴，将为世界带来崭新的文明图景。具备深厚的借鉴中国文明的传统，又不遗余力获得西方文明的最新成果，日本在一个局部的个案上一定程度或者一个时段上实现了东西方的融合。日本文明也因此被西方认为是一个独特的不同于中国文明也不同于西方文明的文明。在文明史学者的眼中，很多人都认可，日本既是一个国家，也是一个文明，这在学者们指出大多数文明都包含着两个或两个以上国家的情况下，实属罕见。奎格利、汤因比、斯宾格勒、麦克尼尔、巴格比、布罗代尔、梅尔科等在分类不同文明时，逐渐有人单列日本文明。梅尔科总结有12个主要文明，其中7个文明已不复存在，它们是美索不达米亚文明、埃及文明、克里特文明、古典文明、拜占庭文明、中美洲文明、安第斯文明；5个仍然存在，它们是中国文明、日本文明、印度文明、伊斯兰文明、西方文明。美国学者亨廷顿认为现有7个文明：中华文明、印度文明、伊斯兰文明、西方文明、拉丁美洲文明、非洲文明。其中关于日本文明，亨廷顿指出："一些学者在一个单一的远东文明的称呼下把日本文明和中国合并在一起。然而，大多数学者不这样看，而是承认日本文明是一个独特的文明，它是中国文明的后代，出现于公元100—400年之间。"[43]这个判断显然并不是基于日本文明的西方属性，而是基于它的东方属性。其中既承认它的中国影响，又承认它的独特性。在如此概括性简约化的文明分类中把日本文明独自确认，在文明分类中绝无仅有，给予日本文明很高的定位。这恐怕也有很大的对日本文明西方化后带来的情感和好感因素。因为，同样将西方文明等同于近代化和现代化的国家绝不仅仅日本一国，著名的土耳其的全盘西化，被称作基马尔主义，却被认为"基马尔使土耳其成了一个'无所适从的'国家"，即一个在其宗教、遗产、习俗和体制方面是伊斯兰的社会，但是其统治精英却决心使它成为现代的、西方的和与西方一致的国家。[44]此中微妙，颇可琢磨，也耐人寻味。亨廷顿在划分文明种类和文明分布后，指出了文明的冲突，并认为文明冲突的发生，集中在文明的断层线，即存在文明的断层线冲突。这样看来，似乎已经发生的日本与中国的冲突、日本与东南亚的冲突、日本与俄国的冲突、日本与美国的冲突，或者未来在这些历史的裂缝中可能发生的冲突，都是因为文明交界和断层导致的。这很难让人信服。历史上的日中、日亚、日俄、日美冲突或战争，只有特别强调日本文明的单独性、单立性，才能在表面上看来符合断层线理论，但实质上都是利益、野心、殖民主义之间、法西斯和反法西斯之间的战争。而从文明角度看，日本文明在东方文明中，与中国、朝鲜、东南亚诸国有着千丝万缕的甚至是文明血缘性的联系。它们之间很难说有什么断层线存在。它们之间的冲突如果说是文明的冲突，那也只能说是西方文明与东方文明的冲突。在国家、民族之间没有建立起真正的公道、平等、主权、正义的国际关系的时候，冲突就绝不会因文明差异而起，文明差异导致文明冲突，只是真正的战争原因的遮羞布而已。所以，文明的断层线不能定义和划界文明冲突。相反倒是存在着一个文明交汇点的风暴中心，即以文明和非文明互相定义的时候，呈现出"文明与野蛮"的对峙。所谓文明的一方，以自己的道义高度实现自己的非分诉求。日本从近代到现代经历的从自强到列强，从自保到扩张，从入欧到反美，从战胜到战败，从军国主义到经济崛起，已经不是简单的文明之间的关系，也不是简单的东西方关系。它可以是东西方融合的典型，也可以是东西方深层差异的危机体。如今，与其说它是东方的一个独立独特的文明，不如说它是西方打入东方的一个历史的楔子。它仍然具有两面性，也依然具有正与负的两种可能性。所以说，从文明史角度观察、分析、研究"日本文明"，就东方地理而言，具有极大的典型性，它是一个高度复杂的存在。文明的自我定位、文明的价值选择、文明的发展路径、文明的比较与相处、文明的交流与互鉴，一直伴随着人类的历史，甚至越来越成为历史的主流、主角。人类的现在和未来，会面临着更多的文明观引发的误会或者理解，冲突或者包容，战争或者和平。无论是西方文明，还是东方文明，或者非东非西的文明；无论强大强势的文明，还是先强后弱又由弱而强的文明，或者善学善变的文明，今天都需要建立和秉持一种科学的、正确的、先进性的文明观才是文明之道、文明大道、文明正道。

在文明多样性和多元化基础上，大力推进文明平等、文明对话、文明互鉴才是文明共存之道，才是人类不同文明的共同未来和光明前景。

注释

[1] ［美］约翰·海达德：《中国传奇：美国人眼里的中国》，何道宽译，花城出版社2015年版，第309页。

[2] ［美］约翰·海达德：《中国传奇：美国人眼里的中国》，何道宽译，花城出版社2015年版，第317页。

[3] ［美］约翰·海达德：《中国传奇：美国人眼里的中国》，何道宽译，花城出版社2015年版，第321页。

[4] 参见中国社会科学院近代史研究所《近代史资料》总126号之《1876年李鸿章与森有礼保定会谈记录》，转引自王中江《严复与福泽谕吉：中日启蒙思想比较》（修订版），中国人民大学出版社2020年版，第140页。

[5] ［意］马可·波罗：《马可·波罗游记》，梁生智译，中国文史出版社1998年版，第225—230页。

[6] ［英］休·昂纳：《中国风：遗失在西方800年的中国元素》，刘爱民、秦红译，北京大学出版社2017年版，第52页。

[7] ［英］休·昂纳：《中国风：遗失在西方800年的中国元素》，刘爱民、秦红译，北京大学出版社2017年版，第81、82页。

[8] ［德］卡尔·马克思：《鸦片贸易史》，载马克思、恩格斯著，中共中央马克

思恩格斯列宁斯大林著作编译局编译《马克思恩格斯论中国》，人民出版社 2015 年版，第 72 页。

[9] 转引自［德］卡尔·马克思《鸦片贸易史》，载马克思、恩格斯著，中共中央马克思恩格斯列宁斯大林著作编译局编译《马克思恩格斯论中国》，人民出版社 2015 年版，第 68 页。

[10] 转引自陈忠海《晚清中国与日本：博弈百年》，中国发展出版社 2019 年版，第 14 页。

[11] 转引自［日］家永三郎《外来文化摄取史论》，靳丛林、陈泓、张福贵等译，大象出版社 2017 年版，第 82 页。

[12] 转引自陈忠海《晚清中国与日本：博弈百年》，中国发展出版社 2019 年版，第 19—20 页。

[13] 转引自陈忠海《晚清中国与日本：博弈百年》，中国发展出版社 2019 年版，第 22、24、25 页。

[14] 转引自［日］田中彰《岩波日本史·明治维新》，张晶、马小兵译，新星出版社 2020 年版，第 69 页。

[15] ［美］马里乌斯·詹森：《日本的世界观》，柳立言译，上海三联书店 2020 年版，第 60—61 页。

[16] 转引自［日］田中彰《岩波日本史·明治维新》，张晶、马小兵译，新星出版社 2020 年版，第 112 页。

[17] 转引自［日］家永三郎《外来文化摄取史论》，靳丛林、陈泓、张福贵等译，大象出版社 2017 年版，第 88 页。

[18] 转引自［日］家永三郎《外来文化摄取史论》，靳丛林、陈泓、张福贵等译，大象出版社 2017 年版，第 193 页。

[19] 转引自［日］家永三郎《外来文化摄取史论》，靳丛林、陈泓、张福贵等译，大象出版社 2017 年版，第 193 页。

[20] 转引自［美］马里乌斯·詹森《日本的世界观》，上海三联书店 2020 年版，第 75 页。

[21] ［日］福泽谕吉：《文明论概略》，北京编译社译，商务印书馆 1960 年版（2019 年第 14 次印刷），第 23、24、25 页。

[22] ［日］福泽谕吉:《文明论概略》,北京编译社译,商务印书馆 1960 年版(2019 年第 14 次印刷),第 23、24、25 页。

[23] ［日］福泽谕吉:《文明论概略》,北京编译社译,商务印书馆 1960 年版(2019 年第 14 次印刷),第 23、24、25 页。

[24] 严复:《海军大事记·弁言》,见《严复集》第二册,中华书局 1986 年版,第 352 页。

[25] ［日］福泽谕吉:《文明论概略》,北京编译社译,商务印书馆 1960 年版(2019 年第 14 次印刷),第 10 页。

[26] ［日］福泽谕吉:《文明论概略》,北京编译社译,商务印书馆 1960 年版(2019 年第 14 次印刷),第 155 页。

[27] ［日］福泽谕吉:《文明论概略》,北京编译社译,商务印书馆 1960 年版(2019 年第 14 次印刷),第 165 页。

[28] ［法］基佐:《欧洲文明史》,程洪逵、沅芷译,商务印书馆 2005 年版,第 262—263 页。

[29] ［法］基佐:《欧洲文明史》,程洪逵、沅芷译,商务印书馆 2005 年版,第 5 页。

[30] ［法］基佐:《欧洲文明史》,程洪逵、沅芷译,商务印书馆 2005 年版,第 160 页。

[31] 转引自［日］子安宣邦《福泽谕吉〈文明论概略〉精读》,陈玮芬译,生活·读书·新知三联书店 2019 年版,第 33 页。

[32] ［法］基佐:《欧洲文明史》,程洪逵、沅芷译,商务印书馆 2005 年版,第 24 页。

[33] ［日］福泽谕吉:《文明论概略》,商务印书馆 1960 年版,第 177 页。

[34] ［日］福泽谕吉:《文明论概略》,商务印书馆 1960 年版,第 12 页。

[35] ［日］福泽谕吉:《文明论概略》,商务印书馆 1960 年版,第 13 页。

[36] ［日］福泽谕吉:《文明论概略》,商务印书馆 1960 年版,第 14 页。

[37] 转引自陈忠海《晚清中国与日本:博弈百年》,中国发展出版社 2019 年版,第 162—163 页。

[38] 转引自王中江《严复与福泽谕吉:中日启蒙思想比较》(修订版),中国人民大学出版社 2020 年版,第 324 页。

[39] ［美］贾雷德·戴蒙德:《枪炮、病菌与钢铁》,谢延光译,上海译文出版社 2006 年版,第 355 页。

[40] 何芳川主编:《中外文化交流史》(上卷),国际文化出版公司2016年版,第245页。

[41] 何芳川主编:《中外文化交流史》(上卷),国际文化出版公司2016年版,第248页。

[42] [日]家永三郎:《外来文化摄取史论》,靳丛林、陈泓、张福贵等译,大象出版社2017年版,第75页。

[43] [美]塞缪尔·亨廷顿:《文明的冲突与世界秩序的重建》,周琪、刘绯、张立平等译,新华出版社2002年版,第29页。

[44] 参见[美]塞缪尔·亨廷顿《文明的冲突与世界秩序的重建》,周琪、刘绯、张立平等译,新华出版社2002年版,第65页。